KB108107

서경덕과 화담학파

조선 중기 주자학의 도전자들

한영우

지식산업사

한영우韓永愚

1938년 충남 서산에서 태어났다. 서울대학교 인문대학 사학과를 졸업하고 같은 대학원에서 박사를 받았다. 서울대 사학과 교수, 하버드대 객원교수, 문광부 사적 분과위원장, 한국사연구회장, 서울대 규장각 관장과 인문대학장 등을 역임하고 한림대학교 한림과학원 특임교수, 이화학술원장 등을 지냈으며, 현재 서울대학교 인문대학 명예교수로 활동 중이다. 경암학술상, 수당학술상, 민세안재홍상 등 학술상을 아홉 차례 수상했다. 주요 저서로는 《왕조의 설계자 정도전》, 《정조평전: 성군의 길》(상·하), 《조선 수성기 제갈량 양성지》, 《실학의 선구자 이수광》, 《꿈과 반역의 실학자 유수원》, 《과거, 출세의 사다리》(전4권), 《한국 선비지성사》, 《역사학의 역사》, 《다시찾는 우리역사》, 《세종 평전: 대왕의 진실과 비밀》 등 다수가 있다.

초판 1쇄 인쇄   2022. 1. 28.
초판 1쇄 발행   2022. 2. 4.

지은이   한영우
펴낸이   김경희
펴낸곳   (주)지식산업사
본사 ● 10881, 경기도 파주시 광인사길 53(문발동)
전화 031 - 955 - 4226~7 팩스 031 - 955 - 4228
서울사무소 ● 03044, 서울시 종로구 자하문로6길 18 - 7
전화 02 - 734 - 1978, 1958 팩스 02 - 720 - 7900
영문문패 www.jisik.co.kr
전자우편 jsp@jisik.co.kr
등록번호 1 - 363
등록날짜 1969. 5. 8.

이 책에 대한 문의는
지식산업사로 연락해 주시길 바랍니다.

역사 속에 살아 있는 인간 탐구 40

서경덕과 화담학파

조선 중기 주자학의 도전자들

한 영 우

지식산업사

들어가면서

조선시대 500년을 시대구분할 때 왜란을 경계로 하여 전기前期와 후기後期로 나누고 있으나, 이는 각 시기의 특성을 이해하는 데 적당한 방법이 아니다. 조선 중기를 설정하여 세 시기로 구분하는 것이 조선시대 변화과정을 이해하는 데 한층 더 설득력이 있다.

조선 초기는 유학과 실용학(기술학)을 통합하고, 유불선儒佛仙도 통합한 문교정책으로 국력이 커지고 민생이 안정되었으나, 중기는 '중쇠기中衰期'로 불리는 난세로서 국력과 민생이 무너져 가던 시기였다. 뜻있는 지식인들은 당시의 국가를 '담이 부서지고 기와가 깨진 낡은 집土崩瓦解'에 비유했다. 또 중병이 든 환자에 비유하기도 했다. 용한 목수가 와서 수리하고, 명의가 와서 치료하지 않으면 나라가 무너진다고 진단했다.

온건개혁파는 경장更張을 부르짖고, 급진개혁파는 혁명革命을 내걸고 수구세력과 대결하던 시기였다. 그러나 경장도 실패하고 혁명도 실패하여 사화士禍, 왜란倭亂, 호란胡亂의 참화를 입었다. 조선 중기를 상징하는 내우외환內憂外患의 상처들이었다.

조선 후기는 '왕조중흥'의 회춘기였다. 중기에 실패한 경장更張을 되살려 국력과 민생을 상당한 정도로 회복한 시기였다. '중쇠'가 있었기에 이를 극복한 '중흥'이 있었다. 그러다가 다시 19세기에 '세도와 민란'의 시대로 후퇴한 가운데 산업화된 외세와 만나 근대화를 시도하다가 실패한 것이다.

　역사의 흐름에는 기복이 있고, 춘하추동과 원형이정元亨利貞의 반복이
있다. 정치사로 보면 조선 중기는 중쇠기의 병증病症을 앓던 시대였지만,
사상사로 보면 이를 치유, 극복하려는 새로운 학문과 사상이 기라성처럼
떠오르고 있었다. 대낮에는 태양만 밝게 보이고 별들이 보이지 않지만,
어둠이 내리면 뭇별이 반짝이는 이치와 같다. 태양이 임금이라면 뭇별은
신하들이다. 시대가 밝았던 창업기와 중흥기에는 임금이 더 빛나고, 어
둠이 내린 중쇠기에는 반대로 임금보다 신하들이 더 빛났다.

　조선시대는 시종일관 주자학朱子學에만 매달려 온 것으로 이해하지만
실상은 그렇지 않다. 창업기에는 '10학十學'이 발달했는데, 유학儒學은 그
가운데 하나에 지나지 않았고, 나머지는 모두 실용적 기술학들이었다.
유학은 성리학性理學을 말하지만, 중국 성리학에도 경제실용을 강조하는
사공학파事功學派와 수기修己를 강조하는 도학파道學派가 있었다. 주자는
그 가운데 도학파에 속했고, 북송의 주돈이(周敦頤; 濂溪), 소옹(邵雍; 康
節), 장재(張載; 橫渠), 남송의 진량陳亮 등은 사공학파에 속했다.

　조선시대 성리학도 여러 유파가 있었다. 창업기의 성리학은 도학보다
는 사공학에 더 가까웠고, 그것이 무학武學, 천문天文, 지리地理, 음양복서
陰陽卜筮, 역학譯學, 의학醫學, 산학算學, 율학律學, 이학吏學, 자학字學, 화
학畫學, 악학樂學 등 기술학과 합쳐져 국력과 민생의 안정을 가져왔던
것이다.

　국가 운영에는 실용학도 중요하지만, 도덕성을 높이는 것도 못지않게
중요했다. 그 도덕성을 높이는 데에는 유교 경전도 도움이 되지만, 고대
로부터 전승되어 온 불교나 민간신앙의 풍속에도 아름다운 도덕이 내포
되어 있었다. 그 경제적 폐단만 제거하면 얼마든지 도덕문화로 수용할
가치가 있었다. 불교에는 탐욕을 억제하고 자비를 숭상하는 미덕이 있

고, 민간신앙과 풍속에는 향도香徒나 두레(社) 등에서 보이는 공동체문화와 홍익인간弘益人間의 미덕이 있었다. 또 천지인天地人을 하나의 생명공동체로 바라보는 음양오행陰陽五行의 역철학易哲學도 그 안에 담겨 있었다.

세종을 비롯한 초기 임금들은 유불선儒佛仙을 하나로 통합시킨 삼교회통三教會通을 통해 전통문화에 길들여진 백성을 넓게 끌어안았다. '훈민정음'이라는 위대한 창조물은 '10학'과 '삼교회통'문화를 토대로 만들어진 것이지 성리학만으로 만들어진 것이 결코 아니었다.

조선 중기에 들어가면 학문과 사상에 변화가 나타났다. 연산군의 폭정과 뒤이은 사화士禍를 경험하면서 성리학의 중심이 수기修己를 강조하는 도학道學으로 기울어졌다. 조광조趙光祖와 이황李滉 등의 학문이 그러했다. 그러나 도학만으로 국가를 재건하고 민생을 안정시키는 데 한계가 드러나고, 더욱이 일반 선비들은 입으로는 도학을 말하고 몸으로는 이욕을 탐하면서 도학을 출세의 수단으로 여기는 풍조가 만연했다.

고통에 시달리던 서민층을 대변하는 지식인들은 도덕도 중요하지만 경제실용을 겸비하고 삼교를 통합한 새로운 지도이념을 만들어 중쇠기의 병증을 치료하는 대안으로 들고 나왔다. 그 선구자가 바로 중종 때 개성의 서경덕徐敬德이다. 선조 때 개성에서 가까운 파주의 율곡 이이李珥 등은 이를 계승 발전시키고, 선조 말-광해군 초에는 서울의 성시산림城市山林을 자처하는 수십 명의 '침류대학사枕流臺學士'들이 시사詩社를 결성하여 서울학풍을 바꾸어 놓았다. 그 가운데 유몽인柳夢寅, 한백겸韓百謙, 이수광李睟光, 허균許筠 등 실학자들이 배출되었다.

그동안 학계에서는 도학파에 대한 연구는 비교적 활발했으나, 경제실용과 삼교통합의 실학파에 속하는 서경덕과 화담학파에 대한 연구가 상대적으로 매우 부진했다. 그 이유는 그 후손들이 빈약한데다 그 유적지가 휴전선 북쪽에 있고, 그 영향을 받은 동인, 근경 남인, 그리고 호남 선비들이 정치적으로 몰락한 데 있었다.

서경덕과 그를 따르던 화담학파에 대한 연구 부진은 조선 중기 사상사를 불모지不毛地로 만드는 결과를 가져왔다. 주자학의 영향만이 실제 이상으로 크게 부각되어 왔다. 주자학이 큰 영향력을 발휘한 것은 호란胡亂 이후의 일이다. 여진족 후금後金에게 수모를 당하고 남천南遷한 남송 주자학사의 정서와, 호란으로 여진족에게 수모를 당한 조선 선비들 사이에 공감대가 형성되면서 주자학이 맹위를 떨치게 된 것이다.

그러나 호란 이전까지는 주자학의 영향력은 제한되어 있었고, 이단적異端的인 조류가 오히려 중기의 시대정신에 만만치 않은 힘을 발휘하고 있었다. 특히 서경덕과 화담학파의 정치적 위상과 사상적 영향력은 결코 과소평가할 수 없다.

서경덕의 공적은 한두 가지가 아니다. 첫째, 가난한 평민 출신이면서도 우주자연의 근본을 물질적인 기氣에서 찾고 그 기가 움직이는 변화를 수학數學으로 설명하는 이른바 상수역학象數易學을 거의 독창적으로 발전시킨 학자이다. 가장 어려운 과학철학의 선구자라 할 만하다. 그의 상수역학은 과학성을 띠고 있기에 경제실용의 실학實學으로 발전하는 길을 열어 놓았다.

둘째, 서경덕은 비록 짧은 글이긴 하지만, 경기도 백성의 땅이 왕릉땅으로 빼앗기고, 왕릉의 석물石物 때문에 백성들이 받는 고통을 호소했으며, 임금이 왕실 재정을 사유화하고 있는 것은 《주례周禮》의 정신에 맞지 않는다고 비판했다. 그가 뒷날 '경세지재經世之才'가 있다고 평가받은 이유도 여기에 있고, 화담학파에서 이지함李之菡, 유몽인柳夢寅, 한효순韓孝純, 한백겸韓百謙, 허균許筠, 유형원柳馨遠, 윤휴尹鑴, 허목許穆, 이익李瀷 같은 남인 실학자들이 배출된 이유가 여기에 있다.

셋째, 서경덕은 도학道學의 가치를 무시하지 않았으나, 도학은 이미 수많은 유교 경전儒教經典에 정립되어 있다고 보고 굳이 연구할 필요가 없다고 보았다. 불교와 민간신앙 등에도 도덕규범이 있으므로 이를 포용했다. 유교의 가치가 가장 높지만, 불교나 선교仙教, 민간신앙 등에도 미덕이 있다고 여겨 '유불선 삼교일치'의 통합문화를 몸으로 실천했다.

서경덕은 평소 개성과 지리산, 속리산, 금강산 등지의 승려와 수련도인修鍊道人들을 만나 교유하고, 《장자莊子》를 읽기도 했다. 뒷날 한무외(韓無畏, 1517~1610)가 지은 《해동전도록海東傳道錄》이나 홍만종洪萬宗의 《해동이적海東異蹟》에서 서경덕을 우리나라 수련도교의 도통을 이은 인물로 넣은 이유가 여기에 있다.

넷째, 서경덕의 상수역학은 훈민정음의 성음구조聲音構造를 처음으로 역학易學으로 해석하는 길을 열어 놓았다. 조선 후기 신경준申景濬 등의 '훈민정음 성음 연구'도 여기서 비롯된 것이다.

다섯째, 서경덕은 조선 중기를 풍미한 당시唐詩의 선구자였다. 주리설主理說을 따르는 도학파들은 이성理性과 도덕을 강조하는 송시宋詩를 선호했으나, 서경덕과 화담학파는 인간의 타고난 감성感性, 곧 천기天機를 강조하면서 사회비평의 성격을 지닌 당시唐詩를 선호했다.

《화담집》에 담긴 서경덕의 글은 대부분 시들이다. 그 시들은 대자연에서 원형이정元亨利貞으로 반복되는 생명의 영원함과 아름다움을 노래하면서, 여기에 노장적老莊的인 정서를 담고, 나아가 오염된 정치를 풍자하는 내용을 담고 있었다.

조선 중기를 풍미한 당시唐詩의 대가들이 대부분 화담학파에서 배출된 점을 주목할 필요가 있다. 서경덕은 문학사에서도 간과할 수 없는 인물이다.

여섯째, 서경덕과 화담학파는 서민사회를 대변하는 진보적 사상가들이고 그들의 사랑을 받은 벗들이기도 했다. 황진이黃眞伊는 자신과 서경덕과 박연폭포를 '송도삼절松都三絶'로 불러 화제를 일으키기도 했지만, 서경덕은 서민의 참벗이기도 했다. 그의 문인들 일부는 서울과 근교의 양반자제들이기도 했지만 낙백落魄한 집안 출신이 적지 않았고, 서얼이나 일반 평민이 적지 않았다. 야사野史에 수많은 일화를 남긴 것도 그를 사랑하는 서민들의 입을 통해서였다.

서경덕 문인들 가운데 양반 출신 문인들은 대부분 뒤에 높은 벼슬아치로 출세하여 명종 때 훈척들을 비판하는 청류로 활동하고, 선조 이후에는 동인東人과 근경 남인南人으로 큰 활동을 벌였으며, 서얼이나 서민 출신들은 서울과 그 인근 지역, 또는 호서와 호남지역에서 교육자로, 시인으로 큰 활동을 벌여 수많은 후학을 길러냈다.

당색으로 본다면, 이이李珥와 성혼成渾 후학들이 서인西人이 되고, 조식 문인들이 대북大北으로 되었다가 인조반정 뒤에 크게 몰락하고, 이황李滉 문인들은 영남 남인으로 뿌리를 내렸다.

서울지역 학문은 서경덕과 이이의 학풍이 주도하여 실학으로 발전하고, 18세기 '호락논쟁湖洛論爭'에서 낙파洛派로 불리는 서울 노론들이 인성人性과 물성物性을 같다고 보는 '인물성동론'을 주장한 것도 서경덕과 이이의 주기론과 관계가 깊다. 북학北學이 서울 노론에서 발생한 것도 우연이 아니다.

비록 서경덕에게 직접 배운 문인은 아니더라도, 그를 사숙하면서 사상적으로 큰 영향을 받은 학인들이 선조 말년과 광해군 초에 큰 시인 동아리를 형성한 사실도 잊어서는 안 된다. 이른바 '침류대학사枕流臺學士'들이다. 서경덕 문인 남언경南彦經의 제자로 서얼 출신이었던 촌은村隱 유희경劉希慶이 창덕궁 왼편 계곡에 살면서 장안의 청류 선비들을 모아들여 시사詩社를 결성했는데, 그 구성원들이 수십 명에 이르렀다.

침류대학사들은 조식曺植이나 정인홍鄭仁弘을 대표로 하는 '재야산림'과 구별하여 스스로 '성시산림城市山林'으로 자처했다. 이들은 광해군정권이 영창대군과 인목대비를 제거하는 정책을 반대하다가 쫓겨나자 서울 근교에 은거하면서 학문에 전념하여 실학자實學者 또는 양명학자陽明學者로 성장하기도 하고, 일부는 인조반정 후 재기하여 벼슬길에 나아가 청류淸流로 활동하기도 했다. 한백겸韓百謙, 이수광李睟光, 유몽인柳夢寅, 신흠申欽, 이식李植, 장유張維 등이 그렇다.

'중쇠기'의 난세로 불리던 조선 중기에 샛별처럼 나타나, 정치, 철학, 문학 등 여러 분야에서 새 바람을 일으킨 서경덕과 그를 따르던 기라성 같은 인재들이 화담학파를 형성하여 서울 학풍을 일변시킨 점, 그리고 그 유산이 조선 후기 왕조중흥의 한 축을 형성했다는 점은 마땅히 재평되어야 할 것이다.

2021년 6월
관악산 기슭 호산재에서
한 영 우 쓰다

〈화보 1〉 18세기 중엽에 작성된 개성고지도(해동지도 수록). 하단에 서경덕 생가가 있었던 탁타교가 보이고, 오른편에 화담서원(화곡서원)이 보인다.

〈화보 2〉 화담집
(국립중앙박물관 소장)

〈화보 3〉《송도기행첩》의 백화담

〈화보 4〉 겸재 정선의 박연폭포(왼쪽)와 강세황의 박연폭포(《송도기행첩》).
전자는 음양을 강조한 진경산수 화법이며, 후자는 사실주의적 작품이다.

〈화보 5〉 강세황의 《송도기행첩》에 실린 개성 시가(국립중앙박물관 제공).
뒤에 보이는 큰 산이 송악산이고, 앞에 보이는 대문이 남대문이다.

〈화보 6〉 개성시 용흥동에 위치한 서경덕 선생의 묘. 뒤에서 찍은 사진과 정면 모습(오른쪽).

차 례

제1편

서경덕 평전

1. 서경덕의 일생

1) 16세기 중후반 개성문화의 새바람

서경덕은 성종 20년(1489), 개성 동남방 변두리 탁타교 부근의 평민 집에서 태어났다. 조선왕조가 건국된 지 100년이 지나고 왕조의 문물이 정비되어 경국대전체제가 완성된 시기였다. 정치적으로도 큰 갈등이 없고, 선비들이 꿈을 안고 출세의 길을 걸어갈 때였다.

그가 10여 세가 된 연산조 이후의 16세기 역사는 급속도로 정치가 타락하고, 사화士禍와 당쟁黨爭이 잇따르고, 민생이 파탄되고, 도적이 횡행하고, 국력이 쇠퇴하는 이른바 '중쇠기中衰期'로 접어들었다. 16세기 후반 율곡 이이李珥를 비롯한 뜻있는 선비들이 모두 그렇게 불렀다. 정치는 기득권을 지키려는 훈척勳戚들과 이를 바꾸려는 개혁세력 사이의 끊임없는 갈등으로 이어졌다. 그런 병증病症이 왜란을 초래하고, 그 결과 국력은 더욱 약해지고 민생도 또한 파탄났다.

중쇠기의 병증 속에서 가장 먼저 개혁 지향의 새바람을 일으키고 등장한 것이 500년 고려 왕도王都의 잠재력을 지니고 있던 개성사람들과 개성문화였고, 그 횃불을 앞장서서 들고 일어난 인물이 화담花潭 서경덕(徐敬德; 1489~1546)이었다.

조선 건국 과정에서 개성의 부패한 귀족들과 귀족문화는 모두 제거되고, 남은 것은 선량한 평민들과 그들의 서민문화였다. 그 서민문화 속에는 새 수도 한양漢陽이 갖지 못한 묵은지처럼 농익은 유불선儒佛仙의 전통문화가 되살아나고, 국제도시와 상업의 중심지였던 만큼 수학을 비롯한 기술문화도 잠재되어 되살아났다. 서경덕은 개성과 개성 서민들이 만들어낸 샛별 같은 존재였다.

조선왕조가 건국된 직후의 개성은 피해자의 처지에서 새 왕조를 바라보고, 새 질서에 저항하는 모습을 가장 먼저 드러냈다. 빈번한 방화사건과 무기를 든 화적火賊들이 떼지어 서울에서 약탈을 일삼았는데, 범인을 붙잡아 보면 대부분 이들의 본거지가 개성과 그 인근 지역들이었다. 이 지역은 또 명나라 사신들과 조공을 바치러 오는 여진족 추장들의 접대 때문에 백성들이 더욱 큰 고통을 받고 있어서 불만세력이 만만치 않았다. 일부 몰락한 구세력이 이들을 배후에서 지원하고 있었다.

100년이 지난 성종대에 이르러 왕조체제가 안정되자 저항세력은 거의 사라지고, 새 왕조에 참여하기 시작하면서 점차로 힘을 축적해 갔다. 경제적으로도 부유한 개성상인들이 등장하고, 문인, 예술가들도 늘어났다. 서경덕이 살았던 시대보다 조금 뒤인 왜란 이후의 개성 주민의 생활과 문화를 알려 주는 기록이 있다. 죽천竹泉 이덕형(李德泂; 1566~1645)이 선조 37년(1604)에 개성 무사들을 선발하기 위해 시재어사試才御史로 갔을 때 보고 들은 일들과 인조 7년(1629)에 다시 개성 유수留守로 갔을 때 듣고 본 일들을 기록한 책이 《송도기이》(松都記異; 또는 松都雜記, 1631)이다.

이 책을 보면, 서경덕徐敬德, 차식車軾, 안경창安慶昌,[1] 황진이黃眞伊, 한명회韓明澮, 차천로車天輅, 한호韓濩, 그리고 노비 이유성李有成 등 유명 인사들에 얽힌 뒷이야기들이 흥미롭게 소개되어 있다.

---

[1] 안경창은 서민 출신 처사處士로서 아호를 사내四耐라고 했다. 4내란 굶주림, 피곤함, 추위와 더위 등 네 가지 고통을 참고 살겠다는 뜻이다. 그는 이언적, 이황, 성혼, 이이, 노수신 문하에 드나들면서 학문을 배웠다고 한다.

그런데 이 책의 첫머리에서 이덕형은 개성의 풍속과 생활 수준을 다음과 같이 알려 주고 있다.

숭정 기사년(인조 7: 1629)에 내가 개성 유수開城留守로 나갔다. 세대가 멀어져서 고려조의 남은 풍속이 변하고 바뀌어 거의 없어졌는데, 오직 장사하고 이익을 좇는 습관만은 전에 견주어 더욱 성해졌다. 이 때문에 백성들의 녁녁함과 물자의 풍부함이 우리나라에서 제일이라고 이를 만하다. 상가商街의 풍속은 저울눈을 가지고 다투기 때문에 사기로 소송을 벌이는 일이 많을 듯한 데도 순후한 운치가 지금까지 오히려 남아 있어서 문서 처리할 것이 얼마 되지 않았다. ……

위 기록에서 이덕형은, 당시 개성 주민들이 상업으로 부를 축적하여 생활 수준이 높고 물자의 풍부함이 전국에서 제일이라고까지 말하고 있다. 또 상인들의 상도商道가 정직하여 소송사건이 거의 없다고 하면서 놀라움을 보이고 있다. 이것이 비록 17세기 초의 개성 모습이라고 하더라도 16세기 중엽의 서경덕시대와 그리 멀지 않은 시기이므로 큰 차이가 없다고 보아야 할 것이다.

이렇게 개성의 경제력과 문화가 되살아나는 분위기 속에서 정신적 지도자로 등장한 것이 바로 서경덕이었다. 그는 개성뿐 아니라 서울과 그 인근의 깨끗하고 젊은 선비들까지 매혹시키는 신선한 바람을 일으켰다. 서경덕은 연산군의 탐학과 중종대의 사화士禍를 목격하고 정치에 대한 희망을 잃었지만, 미래에 대한 희망까지 잃은 것은 아니었다. 모든 변화는 학문과 생각을 바꾸는 데서 출발한다는 신념 아래 기철학氣哲學에 바탕을 둔 상수역학象數易學을 발전시켰다.

그러면 서경덕이 주자학자로 등장하지 않고 생소한 상수역학의 큰 별로 등장한 배경은 무엇인가. 두 가지 요인이 있었다. 상수역학의 뿌리는 동이족東夷族이라는 점이다. 상수역학은 복희씨伏羲氏의 〈하도河圖〉와 팔괘八卦에서 잉태되고, 기자箕子의 《홍범洪範》으로 성숙되었다가 고조선으로 이입되어 건국이념으로 자리 잡았다. 〈단군신화〉에 담긴 천지인합일 天地人合一 사상과 음양오행陰陽五行 사상이 바로 그것이다.

원초적인 상수역학은 삼국시대를 거쳐 고려왕조로 전승되어 고려 유학에서 '역학'은 매우 중요한 비중을 차지하고 있었다. 그 전통이 수학數學과 물질문화에 바탕을 둔 상업문화와 접목되어 개성의 서민문화로 일상화되었다고 본다면, 그런 환경에서 체질화되어 성장한 서경덕이 새로들어온 송나라 소옹(邵雍; 康節)의 상수역학이나 장재(張載; 橫渠)의 주기철학을 만나면서 더욱 성숙해진 것은 자연스러운 일이다.

서경덕의 출현이 개성문화의 부활을 알리는 샛별로 등장하자, 그 뒤를 이어 기라성 같은 인재들이 줄을 이어 갔다. 글씨의 석봉 한호(石峯 韓濩; 1543-1605), 문장가 차식(車軾; 1517-1575)과 그 아들 차천로車天輅, 간이簡易 최립(崔岦; 1539-1612), 남창南窓 김현성(金玄成; 1542-1621) 등이 잇달아 출현하고, 여기에 대중연예인이라고 할 수 있는 기생 황진이黃眞伊까지 가세하여 그 바람이 임진강을 건너 파주를 거쳐 서울로 입성하면서 서울문화에 새바람이 불기 시작한 것이다.

위에 열거한 인물들은 대부분 내력을 알 수 없는 한미한 집안의 사람들이지만, 그 뿌리를 자세히 보면 고려시대 벼슬아치 집안 후손으로 조선왕조가 개창된 직후 몰락했다가 재기한 부류들이다. 예를 들어 보자. 한호韓濩는 본관이 평양 부근의 삼화三和라고 하는데, 삼화 한씨는 본래 태조 이성계의 왕비 신의왕후神懿王后를 배출한 안변 한씨安邊韓氏의 한 분파이다. 현행 족보에는 그의 가계가 분명하게 보이지 않고, 다만 군수 한대기韓大基의 5대손이고, 정랑 한세관韓世寬의 손자로 알려져 있을 뿐이다. 함경도와 평안도 일대에서 활동하다가 고려 말기 개성으로 이주한 청주 한씨 분파로 보인다.

야사에는 어머니가 떡을 써는 것을 보고 글씨를 배웠다는 일화가 보여 어머니가 떡장수를 했는지도 모른다. 그래도 그는 25세 되던 명종 22년(1567)에 진사에 급제하여 선조 때 와서瓦書의 별제別提를 거쳐 흡곡 현령과 가평군수까지 지냈다가 선조 38년(1605)에 향년 63세로 세상을 떠났다.

그의 글씨는 원나라 조맹부趙孟頫의 송설체宋雪體보다는 동진(東晉; 4세기) 때 서예가인 왕희지체王羲之體를 따랐다고 하는데, 이는 16세기 당시 시문詩文에서 한당고문漢唐古文을 숭상하던 흐름과 일치한다.

한호는 관료로서는 외교문서를 필사하는 사자관寫字官과 서사관書寫官의 소임을 주로 맡았지만, 개인적으로는 명사들의 비문碑文 등을 많이 써주었다. 서경덕과 허엽의 비문도 그가 썼다. 만년에는 특히 허엽의 아들 허균(許筠; 1569-1628) 및 화원 이정(李楨; 1578-1607)과 매우 친했다. 허균의 부탁을 받아 이정이 불상佛像이나 이태백, 도연명 등 은사들의 초상화를 그리고, 허균이 여기에 붙인 찬贊을 금자金字로 필사하는 일도 많이 했다. 그러니까 개인적으로는 화담학파에 속한 인물이다.

선조 때 시인이자 문장가로 이름을 떨친 최립崔岦은 본관이 강원도 통천通川이지만, 족보에는 진사를 지낸 그 아버지 최자양崔自陽이 시조로 알려지기도 하여 가계가 분명치 않다. 그러나 통천 최씨는 고려 말에 최운해崔雲海, 조선 초에 최윤덕崔潤德 등을 배출한 결코 만만한 집안이 아니다.

선조 때 시인이자 문장가이자 서예가였던 김현성金玄成은 김해가 본관이지만, 《씨족원류》를 보면, 김해 김씨에서 분파한 가락김씨보駕洛金氏譜에 이름이 보이고, 6대조 조상 중에 아버지 김언겸金彦謙만이 고양에 살다가 문과를 거쳐 목사(정3품)를 지냈다. 《선조실록》에는 그의 집안이 한미寒微하다고 적혀 있고, 세상에서는 그를 일러 중인中人으로도 불렀다. 《만성대동보》에는 그의 가계조차 보이지 않는다.

서경덕 문인의 한 사람인 차식車軾은 고려시대에는 현달한 연안 차씨 후손이다. 그런데 조선왕조 건국과정에 두문동으로 피신한 차원부車原頫의 후손이다. 그런데 《차씨족보》에 정도전鄭道傳과 하륜河崙, 조영규趙英珪 등의 집안을 연안 차씨 집안의 얼손孼孫으로 기록한 것이 문제가 되어 보복을 당해 큰 벼슬아치가 나오지 못하다가 차원부 부자父子들이 크게 출세하면서 명문가로 떠올랐다. 그러니까 조선왕조 개창에 반발한 대표적인 가문의 하나이다.

명기 황진이는 야사에 다양한 일화가 전하지만 그 가계나 생존연대, 그리고 기생이 된 동기 등은 정확하게 알 수 없다. 다만, 그가 황진사黃進士의 서녀로 태어났다는 설도 있고, 맹인의 딸이라는 설도 있다. 또 짝사랑하던 이웃 총각의 죽음에 충격을 받고 기생이 되었다는 설도 있다. 확실한 것은 그의 이름이 황진黃眞이라는 것과 기생 이름이 명월明月, 또는 진랑眞娘으로도 불렸다는 것, 그리고 그가 주로 활동한 시기는 중종대라는 것이다.

황진이에 얽힌 서경덕을 비롯한 선비들과의 교유, 지족선사知足禪師 등 승려들과의 교유나 서민들의 짝사랑을 받았다는 등의 일화는 수없이 많으나 생략한다. 다만 그가 박연폭포, 서경덕과 더불어 '송도삼절松都三絕'로 불렸다는 것은, 그만큼 선비층과 대중의 사랑을 크게 받은 연예인이요 시인이었다는 것을 말해 준다.

뭇사람의 눈을 현혹시킨 전우치田禹治 이야기도 16세기 개성문화의 일부이다. 도교道敎와 연결된 그 허황된 이야기 속에는 철학적으로 기철학氣哲學을 바탕으로 한 수련의학, 병법, 둔갑술 등이 내포되어 있다.

이를 잘 활용하면 국리민복에 필요한 실학實學이 발전할 수 있고, 잘못 활용하면 반역자들이 악용할 수도 있는 두 얼굴을 가지고 있다.

이상 16세기 개성에서 일어난 새로운 풍조는 소외된 계층과 상인층에서 발산된 신선한 바람으로, 서울의 도학 중심 학풍과는 달리, 상업적, 물질주의적, 도교적, 민간신앙적 요소가 매우 강하다. 그 학풍이 서울로 파고들면서 도학 일변도의 관변문화, 농업문화를 변화시키는 활력소로 작용한 것이며, 여기서 기술학과 학문의 포용성, 그리고 상업을 존중하는 실학이 배태되는 토양을 만들었다는 점을 간과해서는 안 될 것이다. 그 새바람의 중심에 서경덕이 개성 최고의 사상가로 등장하여 실학을 지향하는 화담학파를 만들어 내었다.

2) 서경덕의 가계家系와 조상의 직업

서경덕은 그 가계와 부모의 직업에 대한 자세한 기록이 없어서 실상을 파악하기가 매우 어렵다. 먼저 정사正史 기록인 《선조수정실록》을 보면 서경덕의 가계와 부모의 직업에 대하여 다음과 같이 기록했다.

> 서경덕은 개성 사람인데, 가세家世가 단미單微하고, 농사와 양잠을 업으로 했는데 몹시 가난했다.[2]

위에서 가세가 단미單微하다는 말은 '외롭고 보잘것없다'는 것으로, 벼슬아치가 없는 평민이라는 뜻이다. 그래서 농사와 양잠을 업으로 했다는

---

2 《선조수정실록》 선조 8년 5월 11일조.

말은 곧 남자는 농사를 하고, 여자는 양잠을 했는데, 그러면서도 가난한 농민을 뜻한다.

그러나 위 기록만으로는 서경덕 조상의 신분과 직업을 정확하게 판단하기 어렵다. 서경덕의 가계와 직업에 대하여 비교적 자세히 소개한 글은, 서경덕의 문인 박민헌(朴民獻; 1516~1586)이 지은 〈신도비명神道碑銘〉이다. 이 비명은 서경덕이 죽은 직후에 쓴 것이 아니고, 서경덕이 세상을 떠난 지 30년이 지나서 우의정을 증직한 선조 8년(1575)에 지은 것이다. 하지만 박민헌은 서경덕에게 직접 학문을 배운 문인의 한 사람이었기 때문에 그의 글은 믿을 만하다.

그 〈신도비명〉 가운데 서경덕의 가계와 직업에 관한 부분을 옮겨 보면 다음과 같다.

> 선생은 성姓이 서씨이고, 자字가 가구可久, 스스로 지은 호는 복재復齋라고도 하고 화담花潭이라고도 했다. 본관은 당성(唐城; 남양南陽의 옛 이름)이다. 증조曾祖는 학생學生으로 이름이 득부得富이다. 할아버지는 진용교위(進勇校尉; 정6품) 부사용(副司勇; 종9품)인데 이름은 순경順卿이다. 아버지는 수의부위(修義副尉; 종8품)로서 이름은 호번好蕃이다. 어머니는 보안 한씨保安韓氏다.
>
> 할아버지 이상은 대대로 풍덕豊德에서 살았는데, 수의공〔아버지〕이 개성에서 한씨를 아내로 맞이하면서 그 집에서 살았다. 부사용공〔할아버지〕은 집이 가난하여 남의 땅을 경작했는데, 곡식을 아주 고르게 나누어 전주田主가 그를 믿고, 직접 현장에 나가서 살피지 않았다.
>
> 중종 11년(1516; 서경덕 28세)에 개성에서 큰 불이 났다. 원근을 가리지 않고 불길이 퍼졌는데, '천화(天火, 벼락으로 인한 화재)'로 생긴 불이라고 했다. 그 불이 수의공〔서호번〕 집의 헛간 초가지붕에까지 미치자

수의공은 향香을 피우고 하늘을 향하여 빌었다. "평생 감히 옳지 않은 일을 하지 않았습니다."고 말했다. 그랬더니 갑자기 바람이 불더니 헛간의 초가지붕이 둘둘 말려서 날아가 버렸다. 사람들이 모두 "여러 대에 걸쳐 덕을 쌓아 하늘이 감동한 것"이라고 말했다.

　어머니 한씨는 일찍이 아들이 성균관에 들어가는 꿈을 꾸고 난 뒤에 성종 20년(1489) 2월 17일에 서경덕을 화정리禾井里에서 출산했다.

　윗글을 보면, 서경덕의 본관은 당성唐城 곧 남양南陽이고, 증조는 서득부徐得富로서 학생이라고 했다. 여기서 학생은 진짜 향교를 다녔다는 뜻이 아니고 아무런 벼슬이 없이 죽은 평민을 학생이라고 부른 것이다. 제사 지낼 때 벼슬이 없는 사람은 '학생부군學生府君'으로 지방에 쓰는 것은 지금까지 내려오는 관습이다.

　할아버지 서순경徐順卿은 벼슬이 진용교위(進勇校尉; 정6품) 부사용(副司勇; 종9품)이라고 했는데, 진용교위는 무반산직武班散職 가운데 정6품에 해당한다. 그런데 실제 벼슬은 오위五衛의 종9품에 해당하는 부사용에 지나지 않아 서로 격이 맞지 않는다. 아버지 서호번徐好蕃은 수의부위修義副尉라는 무반벼슬을 가졌다고 한다. 수의부위도 실직이 아닌 종8품의 무반산직이다.

　그러면 할아버지와 아버지가 받았다는 무반산직은 실제 벼슬인가? 부사용이나 수의부위라는 품계는 일반 농민이 정병正兵으로 복무하는 경우에도 준다. 무과武科를 통해 무반이 되거나, 취재取才를 통해서 갑사甲士 등 직업군인이 될 때에는 9품의 낮은 품계를 받는 데서 머무르는 예가 거의 없다. 또 서순경처럼 가난한 병작농민으로 살지도 않는다. 직업군인이 어떻게 직접 농사를 지을 수가 있는가?

　조선시대 정병은 일정한 복무기간이 지나면 무산계의 품계를 주는데,

그것은 녹봉을 받거나 실직을 갖는 자리가 아니라 군역의 댓가로 주는 명예직인 영직影職에 지나지 않았다.

그런데 서경덕 후손들이 만든 《족보》를 보면 조상의 직업이 《족보》마다 달라서 혼선을 보이고 있다. 예를 들어보자. 《만성대동보》에 실린 〈당성서씨보〉를 보면, 증조 서득부는 문과에 급제하여 전한(典翰; 종3품)의 벼슬을 받은 서원길徐元吉의 차남으로서 주부(主簿; 종6품)의 벼슬을 한 것으로 되어 있고, 할아버지 서순경은 부사용(副司勇; 종9품), 그리고 아버지 호번은 벼슬이 없다. 그러나 고조 서원길이 문과에 급제하여 홍문관 전한(典翰; 종3품)이 되었다면 당연히 《문과방목文科榜目》에 올라야 하는데, 그의 이름이 보이지 않는다. 따라서 고조의 벼슬은 거짓이 분명하다.

한편, 《청구씨보》에 실린 〈당성서씨보〉에는 증조 서득부의 벼슬이 없고, 서순경이 부사맹(副司猛; 종8품), 이호번이 수의부위(修義副尉; 종8품)로 되어 있다. 마지막으로 《만가보萬家譜》의 〈당성서씨보〉를 보면, 서호번과 서경덕 두 사람을 싣고 있는데, 서호번은 수의부위로 되어 있다. 그리고 《씨족원류氏族源流》에는 〈당성서씨보〉 자체가 없다.

이상 여러 족보를 검토한 결과를 종합하면, 증조, 할아버지의 벼슬이 족보마다 다르고, 다만 아버지 벼슬만 똑같다. 이렇게 족보에 따라 다르다는 사실이 벼슬의 신빙성을 더욱 의심하게 한다.

결론적으로 말하면 서경덕의 고조부와 증조부는 전혀 벼슬이 없는 평민이고, 조부와 아버지는 농민으로서 의무병역인 정병正兵으로 복무하여 받은 영직影職이거나, 아니면 서경덕이 우의정으로 추증된 뒤에 조상에 내려 준 증직贈職일 가능성도 있다.

서경덕의 가계는 이 정도로 마무리하고, 다음에 검토할 문제는 왜 남양 서씨에서 당성 서씨로 본적을 바꾸어 서경덕의 증조를 시조로 삼았느냐이다. 남양南陽의 옛 이름이 당성唐城이므로 당성 서씨가 남양 서씨와 뿌리가 같다는 것은 인정하면서 다만 그 호칭을 바꿔 별개의 족파를 만든 것이다.

조선시대에는 본관을 두 가지 명칭으로 사용한 사례가 적지 않다. 예를 들면 전주 이씨全州李氏와 완산 이씨完山李氏, 대구 서씨大邱徐氏와 달성 서씨達城徐氏, 김해 김씨金海金氏와 금령 김씨金寧金氏, 또는 가락 김씨駕洛金氏 등이 그렇다. 대체로 어느 계파가 신분이 하락하여 주류에서 밀려났다가 뒤에 위인이 나타나면 본적지를 옛 이름으로 바꾸어 새로운 중시조를 만들어 분적分籍하는 것이 관행이었다.

당성 서씨도 남양 서씨의 주류에서 밀려난 서경덕 후손들이 뒤에 서경덕이라는 위인이 등장하자 증조를 시조로 받들고 분적하게 된 것으로 보인다. 그러니까 아무런 벼슬을 하지 않은 서득부가 스스로 분적한 것이 아니라, 서경덕이라는 위인이 나타나자 그 후손들이 자신들의 권위를 높이기 위해 독립된 본적을 만들어 서득부를 시조로 받들고 새로운 족보를 만들었다고 보는 것이 합리적이다.

그런데 재미있는 현상이 있다. 현재 남양 서씨와 당성 서씨의 인구분포이다. 1985년 한국 정부에서 조사한 성씨별 인구통계를 보면, 남양 서씨는 2,944호에 13,650명이었는데, 2000년에 조사한 결과는 뜻밖에도 723호에 2,246명으로 줄어들었다. 15년 동안에 인구가 16퍼센트로 줄었다는 것은 자연적인 인구 축소로 볼 수 없는 일이다.

그러면 당성 서씨 인구는 어떠한가? 1985년의 통계를 보면 145호에 760명이던 인구가 2000년에는 1,549호에 4,978명으로 늘었다. 15년 동안에 6.5배가 늘었는데, 이것도 자연적인 인구 증가로는 볼 수 없다.

두 서씨가문의 인구변화는 자연적인 인구 축소와 인구 증가가 아니고, 남양 서씨 인구의 상당수가 당성 서씨로 적을 바꾸었다는 것을 의

미한다. 실제로 조선시대에는 서경덕 이후로 문과급제자가 단 한 사람도 없고, 남양 서씨[3]에서는 문과 2명, 무과 2명, 사마시 6명을 배출하여 남양 서씨가 여전히 주류를 이루고 있었다. 인구도 당연히 남양 서씨가 많았을 것이다. 그러다가 근대 이후로 학계의 주목을 크게 받은 서경덕의 위상이 급작히 높아지면서 주류와 비주류가 역전되는 현상이 일어나고 남양 서씨가 당성 서씨에 흡수통합되는 현상이 나타난 것으로 볼 수 있다.

3) 서경덕 3대조의 품행과 염원

서경덕의 직계 3대조의 신분이 가난한 농민이었음을 앞에서 살펴보았다. 특히 할아버지 서순경은 남의 토지를 빌려서 경작하여 수확의 반을 나누어 먹고 살던 병작농並作農이었으니, 그 생계가 얼마나 빈약했던가를 짐작하고도 남음이 있다.

그러나 서경덕의 3대조는 비록 신분이 평민이고 경제력이 빈약한 하층농민이었지만, 그 윗대에는 여러 벼슬아치가 배출되었던 남양 서씨의 후손이었으므로 이를테면 몰락양반에 속한다고 볼 수 있다. 그래서인지 비록 3대에 걸쳐 평민으로 전락했지만 품성이 정직하고, 또다시 사족가문으로 재기하려는 열망을 지니고 살았던 사람들로 보인다. 말하자면 자존심과 품위를 잃지 않고 살았다.

---

3 《남양서씨보》를 보면 시조 서유간徐有趌은 중국 송나라에서 귀화하여 당성군唐城君과 태사太師의 벼슬을 받고, 그 아들 서기사徐箕嗣는 중랑장中郎將, 손자 서적徐迪, 증손자 서균徐均, 고손자 서원길은 모두 문과에 급제하여 벼슬을 받은 것으로 되어 있다.

앞에서 든 박민헌의 〈신도비명〉 가운데 할아버지 서순경과 아버지 서호번의 일화가 보이는데, 비록 서경덕 집안을 아름답게 보이고자 썼는지는 알 수 없지만 반드시 거짓은 아닌 듯하다.

먼저 할아버지 서순경은 비록 병작농(소작농)⁴이었지만, 가을에 수확량을 정직하게 보고하여 주인의 신임을 크게 받아 주인이 들판에 나가 수확량을 조사하지 않았다고 했다. 양심이 불량한 병작민은 가을에 곡식을 거둘 때 일부를 감추어 놓고 주인을 속이는 일이 적지 않아서 주인이 일일이 감시하지 않으면 속는 경우가 많았다. 그런데 서순경은 그런 사람이 아니었다는 것이다.

또 서경덕의 아버지 서호번도 개성에 큰 화재가 나서 자기집에까지 불길에 휩싸일 위기에 처했는데, 향을 피워 놓고 하늘을 향해서 빌기를, "평생 옳지 않은 일은 감히 한 번도 한 일이 없습니다."고 호소하자, 갑자기 바람이 불어와서 헛간 지붕을 날려 보내 화재를 면했다는 것이다. 그러자 사람들이 모두 "여러 대에 걸쳐 덕을 쌓아 하늘이 감동했다."고 칭찬했다고 한다.

이런 일화들을 모아 보면 서경덕 3대조가 비록 가난한 농민이지만 정직하게 살면서 주변 사람들의 신뢰를 얻고 살아온 것이 사실로 보인다.

그런데 서경덕 일가의 이름에서도 그들이 살아온 생활철학이 엿보인다. 당시에는 이름을 지을 때 오행五行의 항렬行列을 따르지 않고, 자식에 대한 부모의 소망을 담는 글자를 담는 것이 관행이었다. 항렬을 따라 이름을 짓는 것은 조선 후기에 비로소 나타난 것이다. 그래서 이름

---

4 조선시대에는 남의 땅을 빌려서 농사지어 땅 주인과 수확의 반반씩을 나눠 가지는 농민을 병작농並作農이라고 불렀다. 요즘 학자들은 조선시대 병작농을 소작농小作農으로 부르고 있는데, 이는 잘못이다. 소작小作은 일제시대 이후 생겨난 용어이다. 병작의 뜻은 '어우리'로서, 땅을 가진 사람과 노동력을 가진 사람이 서로 아울러 함께 농사를 짓는다는 뜻이다.

을 어떻게 지었는가를 알아보는 것도 그 집안의 가풍을 이해하는 데 도움이 된다.

서경덕의 증조의 이름은 서득부徐得富인데,《만성대동보》를 보면 그의 형은 서득귀徐得貴였다. 두 형제의 이름은 그 아버지가 지어 주었을 것인데, 두 아들이 부富와 귀貴를 얻기를 바라는 뜻이 담겨 있다. 서경덕의 할아버지 서순경徐順卿의 이름에는 벼슬경卿 자가 들어 있어 벼슬아지가 되기를 바라는 마음이 담겨 있고, 아버지 시호번徐好蕃의 이름에는 자손의 번성蕃盛을 바라는 소망이 담겨 있다.

그런데 서호번은 자신의 세 아들에게 모두 '덕德'자를 넣어서 이름을 지었다. 맏아들이 서경덕徐敬德, 둘째 아들이 서형덕徐馨德, 셋째 아들이 서숭덕徐崇德이다. 덕을 공경하고, 덕을 멀리 미치게 하고, 덕을 숭상하라는 뜻을 세 아들에게 담아 준 것이다. 말하자면 덕을 닦아 귀인이 되라는 소망이 담겨 있었다. 과연 아버지의 소망대로 서경덕은 덕을 공경하는 대학자가 되었으나, 서형덕은 명종 원년(1546)에 생원이 되었을 뿐이고, 서숭덕은 평민으로 살았다.

서경덕의 3대조가 이렇게 부귀와 벼슬, 그리고 덕을 숭상하는 글자를 넣어 이름을 지은 것을 보면 비록 가난한 농민으로 살았지만 자존심을 잃지 않았을 뿐 아니라 상당한 교양과 지식을 지니고 살았음을 알 수 있다.

4) 서경덕의 어머니와 아내

앞에 소개한 박민헌의 〈신도비명〉을 보면, 서경덕의 할아버지까지는 개성 바로 남쪽에 있는 풍덕豐德에서 대대로 농사지으며 살다가 아버지 서호번에 이르러 개성으로 이주하여 개성 여인 보안 한씨保安韓氏를 아내로 맞이하고 그 집에서 살았다고 한다. 처가살이를 했다는 뜻이다. 장인에 대한 이야기가 없는 것이 이상하지만 이미 세상을 떠나고 그 딸이 외롭게 살고 있다가 서호번을 만나 함께 살게 되었거나 아니면 장인의 이름 자체도 몰랐는지도 모른다.

그러면 보안 한씨는 어떤 집안인가?《청주한씨보》를 보면, 보안 한씨는 평산 한씨平山韓氏의 별칭이라고 한다. 청주 한씨淸州韓氏 시조인 고려 초 한란韓蘭의 5대손인 한후저韓候抵가 평산부사가 되면서 분파하여 평산 한씨의 시조가 되고, 고려−조선시대에 많은 벼슬아치를 낸 집안이다.

《동국여지승람》의 〈평산도호부〉조를 보면, 평산 한씨 가운데 고려 말 한철충(韓哲沖; 1321−?)[5]은 문과에 급제하여 벼슬이 예의판서禮儀判書에 올랐다고 한다. 그런데 위《청주한씨보》를 보면 한철충은 공민왕 2년 (1353)에 문과에 급제하여 벼슬이 전법판서典法判書에까지 올랐는데, 조선왕조가 개창한 뒤에 벼슬을 버리고 두문동에 은둔하다가 뒤에 경상도로 다시 도피하여 살았다고 한다. 한철충의 자는 홍도弘道, 호는 몽계夢溪이다. 학문과 문장이 뛰어나 이색李穡의 칭찬을 받기도 했다고 한다.

현재 평산 한씨, 곧 보안 한씨는 청주 한씨에 통합되어 '몽계파夢溪派'를 형성하고 있다. 고려 때 벼슬아치가 많이 나왔기 때문에 그 후손들이 개성에 많이 살고 있었다.

서경덕의 모친 한씨가 한철충의 직계 후손인지 아닌지는 알 수 없으나 개성에 살던 한씨들은 대부분 양반가문들이었다. 모친 한씨가 서경덕을 낳을 때 성균관에 들어가는 꿈을 꾸었다는 것과 서경덕에게 과거응

---

5 한철충의 증조는 한평수韓平壽, 조부는 참의參議를 지낸 한련韓璉, 부친은 판서判書를 지낸 한희적韓希迪이다.

시를 강력하게 권고한 것은 우연한 일이 아니다. 무식한 평민 여인이라면 이런 꿈을 갖기는 쉽지 않았을 것이다. 아마도 한씨는 자식이 다시 벼슬아치로 출세하여 조선왕조 건국 후 무너진 가문을 다시 일으켜 세워 주기를 간절히 바라는 여인이었던 것으로 보인다. 이런 한씨 어머니를 생각하면, 한호(韓濩; 石峰)를 명필가로 만든 그 어머니의 모습이 떠오른다.

그러면 서호번은 무슨 이유로 풍덕에서 개성으로 이주했을까? 개성에 와서 상업을 하려고 했거나, 아니면 자식 교육을 위해 왔을지도 모른다. 또 개성에 와서 군역軍役을 지다가 우연히 한씨 여인을 만나 혼인하고, 그곳에 정착하게 된 것은 아닐까?[6]

다음에 서경덕이 태어난 화정리禾井里의 위치는 어디인가? 영조 때 만든 전국 읍지邑誌인 《여지도서輿地圖書》의 〈송도지松都誌〉를 보면, 화정리는 개성부 동부東部에 속한 것으로 기록되어 있다. 그런데 화정리 생가의 위치로 짐작되는 기록이 있다. 서경덕이 52세 때 문인 홍인우洪仁祐를 첫 번째 만난 곳은 화담서재이고, 두 번째 만난 곳은 탁타교橐駝橋 부근에 있던 본가였다고 한다.

탁타교의 유래는 이러하다. 고려 초에 거란이 고려와의 친교를 위해 낙타 50마리를 보내주었는데, 고려는 거란을 발해를 멸망시킨 야만족으로 보아 그 낙타들을 다리 밑에 버려 굶어 죽게 했다. 그래서 원래 이름은 만부교萬夫橋였는데 뒤에 탁타교라는 이름이 붙여졌다.

개성 옛 지도를 보면, 탁타교는 개성의 외성外城인 나성羅城의 동남쪽 보정문保定門 안에 있다. 탁타교 왼쪽(서쪽)에는 개울 너머 훈련관訓練觀

---

6 서경덕의 생가가 있는 동부東部 화정리禾井里 탁타교橐駝橋 부근에는 군사훈련소인 훈련관訓鍊館이 있는데, 서호번이 만약 정병正兵으로 근무했다면 이곳에서 훈련을 받았을 것이다.

이 있고, 그 오른쪽[동쪽]이 동부에 속한다. 탁타교 밑에 흐르는 개울은 개성 동북쪽에서 서남방으로 흘러 임진강과 합류되는데 자파리천으로도 부른다. 탁타교에서 동북쪽으로 개울을 따라 올라가면 선죽교善竹橋가 나오고, 조금 더 올라가면 성균관이 자리하고 있다. 성균관 부근에 있는 나성의 동북문인 탄현문炭峴門을 나가면 화담花潭으로 가는 길이 나온다.

또 탁타교에서 동쪽으로 가면 나성의 동문인 숭인문崇仁門이 나오고, 숭인문을 나서면 역시 화담으로 가는 길이 나온다.

화정리는 나성羅城, 곧 외성外城 안에 있기 때문에 논과 밭이 있는 지역이므로, 서호번과 그 아내 한씨는 농사와 양잠을 하면서 생계를 꾸렸다. 서경덕도 어렸을 때 밭에 가서 일했다고 하므로 밭이 있었던 것은 확실하다. 그래서 서호번 부부의 직업을 《신도비명》에서 농잠農蠶으로 기록했을 것이다. 그러나 화정리에서 서북으로 올라가면 내성內城의 남문南門과 가깝게 연결된다. 남문 부근에는 시전상가市廛商街가 있었다. 그렇다면 서경덕의 부모는 농사와 양잠을 하면서 때로는 농산물과 직물을 판매하면서 생계를 유지했을 가능성이 크다.

홍인우가 본 탁타교 부근의 서경덕 본가는 매우 초라하여 바람과 비를 겨우 막는 집이었다고 한다. 가난했음을 알 수 있다. 집 옆에 있는 버드나무 그늘 아래에 앉아서 〈하도낙서河圖洛書〉와 〈태극도太極圖〉에 관하여 서경덕에게 가르쳐 달라고 요청했다고 한다. 그러자 8월 9일에 서경덕이 다시 홍인우가 머무는 집에 찾아가서 〈하도낙서〉와 〈태극도〉, 그리고 《정몽正蒙》 두 편을 드디어 가르쳐 주었다고 한다. 스승이 집에서 학생을 가르치지 못하고 집 밖에서 가르치거나, 학생의 집을 찾아간 것은, 문인제자들을 받아들일 만한 공간이 본가에 없었기 때문이었다.

그러면 다음에 서경덕의 부인은 어떤 사람인가? 위 《서경덕연보》를 보면 서경덕은 19세 되던 해에 태안 이씨泰安李氏 선교랑宣敎郎 이계종李

繼從의 딸을 아내로 맞이했다고 한다. 우선 선교랑은 종6품의 문산계文散階이다. 《태안이씨보》를 보면, 그 시조는 고려 광종光宗 때 당나라에서 귀화하여 태안에 터를 잡고 살아왔는데, 고려시대에도 그 집안은 적지 않은 벼슬아치를 배출했다. 조선왕조에 들어와서는 태종 2년에 권근權近과 더불어 유명한 〈혼일강리역대국도지도混一疆理歷代國都之圖〉를 만든 의정부 검상(檢詳; 정5품) 이회李薈가 바로 태안 이씨다.

그런데 태안 이씨는 조선시대에 문과급제자를 6명 배출하기도 했지만, 잡과雜科에 속하는 역과譯科가 22명, 의과醫科 45명, 음양과 3명, 산학算學 103명을 배출하여 대표적인 기술직 중인中人 가문의 하나가 되었다. 특히 산학算學에서 독보적인 지위를 차지하고 있는 것이 눈여겨볼 일이다.

산학은 천문역법이나 상수역학象數易學과 깊은 관계를 가진 기술학이라는 점을 주목할 때 서경덕의 장인 이계종도 혹시 산학의 전문가일지도 모른다. 《족보》에 그의 벼슬을 적지 않고 문산계文散階 이름만 적은 것도 이상하다. 그가 만약 문과급제자였다면 당당하게 실직을 적었을 것이다. 그렇지 않고 잡직雜職으로 얻은 벼슬이기에 문산계만 적은 것이 아닐까?

산수算數를 잘하는 산원算員이나 계사計士는 문과나 잡과를 거쳐 받는 벼슬이 아니고, 간단한 취재取才 시험을 통해 선발되어 종6품직에서 물러나게 되어 있는데, 서경덕의 장인 이계종은 종6품의 문산계를 가졌다. 서경덕이 장인의 영향을 어느 정도 받았는지는 알 수 없으나, 서경덕의 학문이 기본적으로 상수역학이라는 점을 고려하면 전혀 무관하다고 보기도 어렵다.

서경덕의 부인 이씨는 서경덕보다 16년을 더 살아 명종 15년(1561) 1월 7일에 세상을 떠났는데, 서경덕의 묘소에 합장했다.

5) 두 아우의 도술道術을 걱정하다

서경덕의 학문을 이해하기 위해 어머니와 아내의 가계를 위에서 살펴보았는데, 이제는 서경덕의 두 아우와 서경덕의 관계를 알아보자. 아우 서형덕徐馨德과 서숭덕徐崇德은 무슨 일을 했는지 위에 소개한 〈신도비명〉에는 형제들에 대한 이야기가 전혀 없다. 《만성대동보》에는 아우들의 이름조차 보이지 않는다.

그런데 《여지도서》에 실린 《송도지松都誌》를 보면 첫째 아우 서형덕은 명종 1년(1546)에 사마시司馬試에 급제한 것으로 되어 있다. 그러니까 서경덕보다 15년 뒤에, 그것도 서경덕이 죽던 그해에 생원이나 진사가 되었다. 당시 나이가 아마도 50대이었을 것이다. 어머니의 독려를 받아 사마시에 도전했을 듯한데 재주가 부족했던지 늦게 급제한 것이다. 그러나 벼슬은 하지 않았다. 둘째 아우인 서숭덕은 사마시에도 급제하지 않았다.

이렇게 두 아우에 대한 기록이 거의 없다시피 하지만, 야사野史에는 두 아우에 관한 기록들이 간간이 보인다. 먼저 위에 소개한 《송도지》를 보면, 서형덕과 서숭덕 두 아우들은 모두 이술異術이 있다고 스스로 자랑했다고 한다. 그런데 서경덕이 두 아우에게 명하여 이술을 해 보라고 한 뒤에 그 기술이 신통치 않자, "앞으로는 이술을 팔지 말라."고 말했다고 한다. 서경덕은 두 아우의 도술 그 자체보다도 이를 팔고 다니는 것을 좋아하지 않았던 것이다.

또 차식의 아들 차천로車天輅가 쓴 《오산설림五山說林》을 보면, 서경덕의 막내 아우 서숭덕에 관한 일화가 보인다. 일찍이 서숭덕은 형에게 《자미수紫微數》[7]라는 책에 대하여 물었다. 서경덕은 이렇게 대답했다. "이것은 진희이陳希夷[8]라는 술수가術數家가 지은 지극히 오묘한 책이다.

마음이 밝지 않은 사람은 이 책을 배울 필요가 없다."고 하면서 그 책을 불태웠다. 서경덕은 그 책 자체는 좋게 보았으나 그 책을 이용하여 도술을 부려 사람을 속이고 해를 끼치는 것을 매우 위험하게 생각하여 아우들이 도술에 빠지는 것을 막으려고 애썼던 것을 알 수 있다.

진희이는 소옹보다 조금 앞서 〈하도낙서河圖洛書〉를 가지고 상수역학을 만든 사람인데, 소옹邵雍이 이를 더 발전시켜 쓴 책이 《자미수》이다. 이 책은 조선시대 잡과雜科의 하나인 명과학(命課學; 占卜學)의 시험교재 가운데 하나이기도 했다.

여기서 도술道術 또는 이술異術로 불리는 것은, 미래를 예측하거나, 귀신을 자유자재로 부려서 둔갑遁甲하거나 변신하거나 하는 일들, 요즘 말로 하자면 마술과 비슷한 기술을 말한다. 또 이 기술을 이용하여 병을 치료하기도 하고, 장수長壽를 위한 양생법養生法인 단학(丹學; 修鍊道教)으로 활용되기도 하고, 점을 쳐서 미래를 예언하기도 하고, 용병술用兵術에도 사용하고, 때로는 탐욕스런 사람의 재물을 빼앗아 가난한 자들에게 나누어 주는 의적義賊질을 하는 데도 썼다. 이런 사람들을 당시 술사術士, 도사道士, 선사仙士, 선인仙人 등으로 다양하게 불렀다.

다만 도술은 철저한 수련에 의하여 이루어지는 것으로 보통 사람보다 수명이 길고, 체력이 강하고, 몸이 빨라서 일정한 과학적 근거가 있다. 그러나 이를 과장하거나, 이것을 이용하여 사람을 속이거나 해를 끼치는 경우가 적지 않았다. 다시 말해 좋지 않은 일에 이 기술을 쓰는 경우이다. 그래서 서경덕도 가끔 도술을 쓰는 사람이었지만, 동생들이 이를 악용하는 것을 극도로 경계했던 것이다.

---

7 《자미수》는 점성술占星術에 관한 책이다. 자미원紫微垣에서 북극성과 북두칠성을 중심으로 운행하는 여러 별들을 가지고 사람의 운명을 예측하는 책이다.
8 진희이는 이름이 진단(陳摶; 871-989)으로 북송 때 학자이다.

서경덕과 비슷한 시기의 개성에는 이런 도술로 이름을 떨친 인물들이 있었는데, 바로 전우치田禹治[9]가 대표적이다. 그는 학문도 배워서 서울에서 낮은 벼슬을 하기도 했으나, 사화정치에 실망하여 개성으로 낙향하여 도술로 일생을 보냈다. 그의 도술에 관한 일화가 야사에 많이 전해진다. 예를 들면 신광한申光漢의 잔칫집에 가서 밥을 먹다가 입에 든 밥을 공중에 뿌리니 흰나비가 되어 날아갔다고 한다. 또 누가 하늘에 있는 천도 복숭아를 따달라고 하니 하늘에 밧줄을 걸고 어린이를 시켜 올라가서 따오게 하여 사람들이 먹었다고도 한다. 또 죽은 뒤에 차식車軾의 집에 와서 책을 빌려 가기도 하여 깜짝 놀랐다는 일화도 있다.

이렇게 많은 기행奇行을 부려 민심을 현혹시키자 국가에서는 그를 위험인물로 간주하여 체포하여 죽이려고 했는데, 스스로 목숨을 끊었다고도 하고, 체포되어 감옥에서 옥사했다고 한다.

조선 후기에는 전우치를 소재로 한 《전우치전》이라는 소설이 나오기도 했다. 이 책에는 그의 여러 기행을 소개하면서 국왕을 현혹시켜 금을 빼앗아 그것을 팔아 가난한 백성들을 도와주는 이야기도 등장한다. 홍길동을 연상시키는 의적義賊 노릇을 한 것이다. 또 인근에 사는 서경덕의 두 아우와 도술을 겨루다가 패하자 그들과 함께 깊은 산속으로 들어가 도를 닦으며 만년을 보냈다면서 소설은 끝난다.

《전우치전》은 소설이기 때문에 이를 모두 진실로 믿을 수는 없지만, 그가 서경덕의 두 아우와 도술을 겨루었다는 이야기는 전혀 허무맹랑한 이야기는 아닌 듯하다. 《여지도서》의 《송도지》를 보면 전우치의 집은 개성 영전(影殿; 태조의 영정을 모신 목청전穆淸殿) 옆에 있었다고 하며,

---

9 전우치의 본관은 전라도 담양潭陽인데, 《세종실록》 지리지를 보면 담양의 토성土姓 가운데 하나이므로 이 지역 토착세력이었다. 전우치는 신광한申光漢 및 차식車軾과 교우가 깊었다.

또 중종–명종 때 활동했으므로 서경덕 형제들과 가까이 지내면서 도술을 함께 연마했을 가능성이 크다.

또 서경덕도 두 아우의 도술을 시험했다고 했으니, 두 아우가 전우치와 친교했을 가능성은 매우 크다. 서경덕이 그 아우들에게 도술을 팔지 말라고 말하고, 서숭덕에게 소옹의 《자미수》를 읽지 말라고 하면서 그 책을 불살라 버린 이유가 전우치와 동류가 되는 것을 막기 위함이었던 것으로 보인다.

그러면 서경덕 자신은 도술과 전혀 관계가 없었는가? 그가 두 아우의 도술을 시험해 보고 신통치 않으니 앞으로 하지 말라고 말했다지만, 여러 기록을 보면 서경덕도 조선시대 도인道人의 한 사람으로 기록되어 있다. 전우치나 자신의 동생들처럼 기술奇術을 부리면서 행세하는 일은 하지 않았지만, 그 자신도 가끔 도술을 부린 일이 야사에 보인다. 그리고 양생을 위해 수련도교를 행한 도인이었던 것은 사실이었다.

먼저, 허균(許筠; 1569–1618)이 지은 《사부고四部稿》를 보면, 조선시대 6명의 도인을 소개하면서 그 가운데 서경덕을 언급하고 있다. 허균은 바로 서경덕으로부터 직접 학문을 배운 허엽許曄의 아들이었으므로 아버지로부터 얻은 지식을 토대로 서경덕을 도인으로 기록했을 것이다.

그렇지만 한무외韓無畏가 지은 《해동전도록海東傳道錄》을 보면, 허균이 선조 때 원접사 종사관으로 평안도에 갔을 때 순안훈도順安訓導로 있던 도인 한무외로부터 수련도교를 배웠다고 한다.[10] 그가 지은 소설 《홍길

---

10 《해동전도록》에 실린 택당 이식李植의 지문識文을 보면, 허균이 원접사 종사관으로 평안도에 갔을 때 순안훈도 한무외韓無畏가 신이한 사람임을 이미 알고 그와 동숙하면서 신선이 되는 방법을 물었다고 한다. 그러자 한무외는 이렇게 말했다. "신선이 되는 도道는 음모와 비밀스런 계획을 꾸미지 않고, 무고한 사람을 형벌로 죽이지 않고, 사람을 속이지 않고, 재산을 모으지 않고, 곤궁한 사람을 보면 재산을 아끼지 말 것, 항상 청정淸淨하고 여색과 완호(玩好; 놀이)를 가까이하지 말 것."

동전》을 보면 홍길동은 전우치처럼 도술을 부릴 줄 아는 의적義賊인데, 당시 도술이 얼마나 성행했던가를 말해 준다.

허균에게 수련도교를 가르쳐 주었다는 한무외(1517-1610)는 청주淸州의 선비였는데, 청주 관기官妓를 사랑하다가 그 남편을 죽이고 도망하여 평안도 희천熙川으로 가서 그곳 교생인 곽치허郭致虛로부터 수련도교를 배웠으며, 뒤에 허균을 비롯한 여러 사람에게 이를 전수했다. 그는 죽기 전에 《해동전도록》을 지었는데, 우리나라 도교사道教史를 처음으로 정리한 책이었다. 그가 죽은 뒤에 택당澤堂 이식(李植; 1584-1647)이 어느 중으로부터 이 책을 입수하여 1647년에 세상에 퍼뜨렸다고 한다.

이 책을 보면, 신라의 김가기金可紀와 최치원崔致遠이 당나라에 가서 도교를 배워 우리나라에 전파했는데, 이것이 고려시대를 거쳐 조선시대에 들어와서는 김시습(金時習; 1435-1496)에게 전수되고, 그것이 무오사화 때 유배되었다가 도인이 된 홍유손(洪裕孫; 1431-1529)과 정희량(鄭希良; 1469-1502), 윤군평(尹君平; 중종 때 무인)을 거쳐 서경덕에게 전수되었다고 한다. 특히 윤군평이 개성에서 김시습(金時習; 1436-1493)을 만나 단학丹學을 서경덕에게 전해 주겠다고 하면서 2년 동안이나 왕래했다고 한다. 그러나 김시습은 서경덕이 5세 때 죽었으므로 이 이야기는 그대로 믿을 수 없다. 다만, 서경덕이 어려서부터 개성과 그 인근 지역의 도인들로부터 적지 않은 영향을 받았다는 것은 부인하기 어려울 것이다.

세 번째 기록은 17세기 후반-18세기 초 소론계 학인 홍만종(洪萬宗; 1643-1725)이 쓴 《해동이적》(海東異蹟; 1666)이라는 책이다. 이 책을 보면 우리나라 도교는 중국 도교가 들어와서 시작된 것이 아니라 단군 때

라고 했다. 그러나 허균이 한무외를 만난 일은 허균의 문집에는 보이지 않는다.

부터 시작된 민족종교라고 하면서, 그 도통道統이 신라의 김가기金可紀, 최치원崔致遠 등을 거쳐 고려의 강감찬姜邯贊으로 이어지고, 조선시대에는 김시습金時習, 홍유손洪裕孫, 정붕鄭鵬, 정희량鄭希良, 남주南趎, 지리선인智異仙人 등을 거쳐 서경덕, 정렴鄭磏, 정작鄭碏, 정초鄭礎, 전우치田禹治, 윤군평尹君平, 한라선인漢拏仙人, 남사고南師古, 박지화朴枝華, 이지함李之菡, 한계노승寒溪老僧, 유형진柳亨進, 한무외韓無畏 등 25인에게 전수되었다고 한다.[11]

위 기록 가운데 서경덕이 보일 뿐 아니라 그의 문인인 박지화와 이지함의 이름도 보인다. 서경덕 문인들 가운데도 수련도인(단학인)들이 적지 않다는 것이 드러나고 있다. 다만, 박지화와 이지함뿐 아니라, 서경덕 학풍의 영향을 받은 사람들 대부분은 이런 경향을 띠고 있었다. 바로 이 점이 화담학파의 특성이기도 하다.

《해동이적》은 한무외가 지은 《해동전도록》과 비슷하면서도 우리나라 도교의 뿌리를 중국에서 찾지 않고 우리나라 단군에서 찾아 민족 고유 신앙으로 본 것이 다르다. 홍만종은 여기서 한 걸음 더 나아가 우리나라 도교는 유불선儒佛仙 3교를 모두 포함하고 있을 뿐 아니라, 중국 도교가 주로 단약丹藥을 먹는 방법으로 장수를 위한 수련을 추구하고 있는 것과 달리, 우리나라 도교는 호흡법呼吸法, 곧 내단학內丹學에 치중하고 있는 점이 다르다면서, 이런 차이는 중국보다 산천이 깨끗하여 공기가 맑은 데 원인이 있다고 해석했다. 홍만종의 관점에서 보면 서경덕은 유불선을 합친 우리나라 고유 도교의 계승자인 셈이다.

---

11 홍만종의 사상에 대해서는 한영우, 〈17세기 후반~18세기초 홍만종의 회통사상과 역사의식〉, 《한국문화 12》(서울대 한국문화연구소, 1991).

6) 소년기에 종달새가 나는 것을 관찰하다

500년 고도古都 개성에서 중흥의 봄바람을 타고 출생한 서경덕의 앞날은 결코 평탄하지 않았다. 서경덕이 일곱 살 되던 무렵에 연산군이 왕위에 오르면서 선비들이 떼죽음을 당하는 사화士禍의 모진 바람이 불기 시작했다. 그때까지 서경덕은 정직하고 총명하고 예의 바른 아이로 자랐다. 어른을 믿고 잘 따라서 앉으라면 앉고, 서라면 서고, 밖에 나가지 말라고 하면 하루 종일 한 발짝도 움직이지 않았다고 한다. 여기서 어른은 부모를 가리키는 듯한데, 서경덕이 부모의 말을 잘 따르는 순종적인 성격을 보여 주기도 하지만, 뒤집어서 생각해 보면 부모의 가정교육도 매우 엄격했음을 짐작케 한다.

그런데 어린 서경덕의 총명함을 보여 주는 일화가 야사에 전한다. 〈서경덕유사徐敬德遺事〉를 보면 《박세채문집》을 인용한 일화가 보인다. 7-8세 무렵의 봄에 밭에 나가 채소를 캐오라는 부모의 심부름으로 나간 서경덕이 늦게서야 빈손으로 들어오자 부모가 그 이유를 물었더니 종달새를 관찰하느라고 늦었다고 대답했다.

밭에 나가서 종달새가 날아가는 모습을 유심히 보니 나날이 높게 나는 것을 알게 되었다. 서경덕은 그 이유가 무엇인지를 곰곰이 생각한 끝에 땅에서 솟아나는 기운이 지온地溫이 높아감에 따라 높아지고, 그 기운에 따라 종달새가 하루하루 높이 나는 것을 알게 된 것이다. 말하자면 야생실습을 통해 기氣의 실재를 어렴풋이 경험하고, 자연의 변화를 체득하기 시작한 것이다.

가난한 평민의 아들로 태어나 들판에서 자란 것이 오히려 그가 자연철학을 연구하는 데 역설적으로 도움을 준 것이다. 마치 뉴턴(Newton)이 사과나무에서 사과가 떨어지는 모습을 보고 만유인력萬有引力을 발견한 것과 비슷하다.

7) 개성 성균관을 거쳐 4서3경을 독학으로 배우다

서경덕이 글을 알게 될 나이가 되면서 부모는 과거시험 준비를 위한 교육을 시키기 시작했다. 성균관에 들어가는 태몽을 꾼 어머니의 권유가 더욱 컸을지도 모른다. 효자인 서경덕이 부모의 권유를 물리치고 자신이 하고 싶은 공부를 하기는 어려웠을 것이다.

《연보》를 보면 14세 때 개성의 어느 선생에게 《서경書經》을 배우기 시작했다고 하는데, 《서경》을 읽을 정도이면 기초적인 유학교육은 훨씬 이전에 배웠다는 것을 알 수 있다. 아마도 8-10세 무렵에 개성 성균관 에서 기초적인 유학교육을 배운 듯하다. 대체로 향교나 서울의 사학四學 에서 공부한 사실은 《연보》에 기록하지 않는다.

당시 개성 성균관은 서울의 성균관과 이름은 같아도 기능은 달랐다. 서울의 성균관은 4부 학당을 졸업했거나 생원이나 진사시험에 급제한 학생들이 입학하는 최고학부였지만, 개성 성균관은 군현에 설치한 향교 와 비슷했으므로 8세 이상의 아동들이 입학하여 공부하는 곳이었다. 그 래서 여기서 기초적인 공부를 배우고 나서 개인이 세운 사설학교의 경 사經師로부터 한 단계 높은 공부를 시작한 것으로 보인다.

서경덕이 4서3경四書三經과 방대한 《성리대전性理大全》까지 읽었는데, 이런 책을 읽으려면 향교에 다니지 않고는 읽을 수가 없다. 또 이런 책 들이 집에 있을 리는 만무하다. 개성 성균관에서 빌려 보았을 가능성이 크다.

서경덕이 14세 때 《서경》을 읽었다는 것은 과거시험의 필수과목인 4

서3경 공부를 시작했다는 뜻이다. 4서는 《논어》, 《맹자》, 《중용》, 《대학》을 말하고, 3경은 《시경》, 《서경》, 《주역》을 말한다. 따라서 서경덕은 이미 14세 때부터 본격적인 과거시험 준비에 들어갔던 것을 알 수 있다.

그런데 〈연보〉를 보면, 서경덕이 어느 강서자講書者를 찾아가서 《서경》을 배우다가 〈기삼백편朞三百篇〉에 이르자, 그 선생이 "이 부분은 나도 배우지 않았을 뿐 아니라, 이를 잘 아는 사람도 세상에 드물다."면서 가르쳐 주지 못했다. 선생이 대학자가 아니니 그럴 수밖에 없었을 것이다. 《서경》은 중국 상고 이상시대의 정치와 역사를 적은 책인데, 내용이 너무 어려워서 어린이가 이해하기에는 힘든 책이었다.

위 기록을 보면 서경덕이 어느 선생을 찾아가서 《서경》을 배운 것처럼 보이는데, 앞에 소개한 《송도기이》를 보면, 조금 색다른 이야기가 보인다. 서경덕이 일찍이 혼자서 《서경書經》을 읽다가 〈기삼백朞三百〉의 주註에 이르러 거듭 생각했으나 쉽게 풀 수가 없었는데, 마침 개성부에 경서에 밝은 늙은 상사(上舍; 국자감시에 급제한 생원이나 진사)가 있어서 서경덕이 그를 찾아가 가르침을 청했다고 한다. 그랬더니 상사는 말하기를, "이 주註는 비록 노유숙사(老儒塾師; 나이 많고 학문이 높은 스승)라도 아는 이가 드물다. 나도 또한 배우지 못했다."고 말했다.

고려 인종 때 사신으로 왔던 송나라 서긍徐兢이 쓴 《고려도경高麗圖經》을 보면, 개성 거리에는 몇 집 걸러서 경사經師나 서사書舍가 많아서 거리마다 글 읽는 소리가 들렸다고 한다. 서경덕도 그런 학교에서 공부했던 것이다.

서경덕은 집으로 돌아와, "세상에 통달한 학자가 없으니 우리 도道는 무너졌구나." 하고 탄식했다. 그렇다면 다른 한편으로 자신이 독창적인 해석을 내릴 수도 있겠다는 자신감을 갖기도 했을 것이다. 그래서 집에 돌아와서 15일 동안 〈기삼백편〉의 내용을 곰곰이 생각하여 드디어 그 뜻을 알게 되었다.

그러면 〈기삼백편〉은 무엇인가? 이는 《서경》〈요전편堯典篇〉에 있는 글로서, "1년은 366일이고, 윤월閏月로써 4시(춘하추동)를 정하여 해(歲)를 이룬다."는 내용이다. 그런데 달을 기준으로 한 음력과 해(태)를 기준으로 한 양력의 계산법이 서로 다른 점이 있었다. 양력으로 계산하면 1년은 3,652,422일이 되는데, 이를 12개월로 나누면 한 달이 30,436,850일이 된다. 그런데 음력으로 한 달은 295,305,882일이 되므로 이를 12개월로 곱하면 35,436,705,840일이 되어 양력과 약 11일 정도의 오차가 생긴다. 여기에서 양력과 음력을 서로 비슷하게 맞추기 위해 고안한 것이 양력에서 1달의 일수를 30일과 31일로 번갈아 만들고, 음력에서는 몇 년에 한 번씩 윤달(閏月)을 만든 것이다.

1년의 날짜를 달로 맞추는 일이 이렇게 복잡하기 때문에 수학적인 계산법이 나온 것인데, 천문학과 수학에 관한 지식 없이는 이해하기 힘든 내용이었다. 평소 수학적인 두뇌를 가졌던 서경덕은 〈기삼백편〉의 뜻을 스스로 터득했던 것이다. 그러면서 스승에게 배우기보다는 스스로 경서를 직접 읽으면서 터득해 가는 방법을 택했다. 수학을 존중하는 서경덕의 상수역학象數易學은 어려서부터 자득하면서 시작된 것을 알 수 있다.

서경덕의 수학적인 두뇌는 스스로 타고난 것일지도 모르나, 상업 중심지였던 개성 상인들의 영향을 받은 것일 수도 있을 것이다. 당시에는 주판이 아직 생기지 않았던 때이므로 상인들은 대나무로 만든 산대算竹를 가지고 계산했는데, 상인들에게는 산수능력이 필수적인 요건이었다. 상업도시 개성에서 자란 서경덕은 자연스럽게 산술을 배울 기회가 많았을 것이고, 숫자에 대한 관심도 컸던 것으로 보인다.

서경덕은 18세가 되었을 때 《대학》을 읽었다고 한다. 《대학》은 4서

가운데 하나로서 정치를 하는 순서를 설명한 책이다. 먼저 성의誠意와 정심正心으로 마음을 깨끗하게 만드는 것을 정치의 출발점으로 삼았다. 그리고 나서 격물치지格物致知하여 사물에 나아가 이치를 연구하고, 그다음에 수신修身하여 몸가짐을 바르게 하고, 그다음에 제가齊家하여 집안을 편안하게 잘 다스리고, 그다음에 치국治國하여 나라를 잘 다스리고, 마지막으로 천하를 편안히〔平天下〕하여 세상의 평화를 가져오는 정치를 해야 한다는 내용이다. 따라서 이 책은 일반 선비뿐 아니라 특히 임금이 배워야 할 필수과목이기도 했다.

《유사》를 보면 서경덕은 《대학》의 '치지재격물致知在格物'을 읽고 흥분하여 탄식하기를, "학문을 하면서 먼저 사물의 이치를 알지 않는다면 독서는 하여 무엇에 쓸 것인가?"라고 말했다. '치지재격물'은 "지식을 쌓으려면 사물에 나아가서 관찰해야 한다."는 뜻이다. 서경덕은 《대학》의 '격물치지'를 읽고 난 뒤부터 공부하는 방식을 바꾸었다고 한다. 천지만물의 이름을 모두 써서 벽에다 걸어 놓고 날마다 사물의 이치를 깊이 연구〔窮格〕하는 일로 보냈다고 한다.

그리하여 한 가지 사물의 이치를 알고 난 뒤에 다른 사물의 이치를 연구했는데, 만약 그 이치를 깨닫지 못하면 음식을 먹어도 그 맛을 모르고 먹었으며, 며칠 동안 잠을 자지도 못했는데, 눈을 감고 있을 때가 있으면 꿈속에서 그 몰랐던 이치를 알아냈다고 한다. 사물에 대한 호기심과 지적 탐구심이 대단했다는 것을 알 수 있다.

실제로 서경덕의 일상생활을 돌아보면 사물을 대할 때마다 반드시 그 이치를 알려고 애쓰면서 평생을 살았다. 따라서 그의 지식과 학문은 책을 읽어서 이루어진 것만이 아니라, 일상생활에서 늘 호기심을 가지고 대자연을 관찰하면서 얻어진 지식이 더 많았음을 알 수 있다. 그래서 후대인들이 서경덕의 학문이 독창성이 높다고 평가한 것이다.

나이가 20이 넘을 때까지 3년 동안 서경덕은 낮과 밤을 가리지 않고, 추위와 더위도 아랑곳하지 않고, 한 방에서 위태롭게 앉아 있었다고 한다. 그러자 타고난 기가 비록 강했지만 지나치게 사색한 결과 마침내 병이 생겨 집 밖으로 나갈 수도 없는 지경에 이르렀다. 그래서 사색을 하지 않으려고 했으나 되지 않았다. 마침내 병을 얻었다.

8) 19세에 장가들고, 과거 준비와 학문 연구를 병행하다

서경덕이 《대학》을 읽고 나서 만물의 이름을 써서 벽에다 걸어놓고 연구하고 있던 19세에 태안 이씨 선교랑(宣敎郎; 종6품) 이계종李繼從[12]의 딸을 아내로 맞이했다. 중종 2년(1507) 때이다. 나이가 결혼적령기에 들자 부모의 권유 때문에 결혼을 했을 것이다. 19세에 결혼한 것은, 사족 자제들이 대개 15세 전후하여 결혼하는 풍습에 비한다면 다소 늦은 것이다.

이계종이 구체적으로 무슨 벼슬을 했는지는 알 수 없으나 벼슬이 종6품에서 끝난 것을 보면 기술직인 잡직雜職 벼슬아치였을 가능성이 크다. 태안 이씨가 전형적인 중인中人 가문이었음을 앞에서 이미 살펴본 바 있다. 특히 산원算員 102명을 배출하여 수학에서 가장 뛰어난 기량을 가진 가문이었다. 서경덕의 장인이 이런 기술학에 재능을 가진 사람인지 아닌지는 확실하지 않지만, 그런 가풍의 영향을 크게 받았을 것이다.

서경덕의 본처 이씨는 1남1녀를 낳았는데, 아들 이름이 응기應麒다.

---

12 세조 11년(1465)에 문과에 급제하여 성균관 학유(學諭; 종9품)가 된 이계종이 있고, 성종 6년(1475)에 강원도 양전순찰사에 오른 이계종이라는 인물이 또 있다. 그러나 이들은 서경덕의 장인은 아닌 듯하다.

뒷날 서경덕이 우의정에 추증되자 음직蔭職으로 첨정(僉正; 또는 현령; 정6품)의 벼슬을 받았다. 응기의 아들 우신佑申은 무과에 급제하여 벼슬이 병마절도사와 의주부윤義州府尹에 이르렀다. 뒤에 서경덕은 첩 하나를 두었는데 두 아들을 얻었다. 그러나 두 아들은 서출이라 음직을 받지 못했다.

그러면 다시 서경덕의 성장과정을 알아보자. 20세가 되자 그는 "나는 스무 살이 되면 한 번 실수는 해도 두 번을 하지는 않겠다."고 스스로 다짐했다. 자신을 계속하여 단속하는 수신修身의 자세를 보여 준 것이다.

장가를 든 뒤에도 2년 동안 만물의 이름을 써서 벽에다 걸어 놓고 하나하나씩 이치를 연구해 가던 습관은 그대로 이어졌다. 그러다가 드디어 21세에는 병을 얻게 되었다. 그러나 병중에도 사색을 계속하여 자신自信을 얻게 된 뒤에 4서6경四書六經[13]과 《성리대전性理大全》[14] 등의 책을 다시 읽기 시작했다. 그랬더니 전에 사색을 통해서 얻은 '격물치지'의 지식과 확연하게 일치한다는 것을 알았다.

《성리대전》은 명나라 영락황제 때 40여 명의 학자를 동원하여 송나

---

13 6경은 《시경》, 《서경》, 《주역》, 《춘추》, 《예기》, 《주례(周禮; 또는 樂經)》 등을 말한다.
14 《성리대전》은 북송과 남송 학자들의 글 가운데 대표적인 글을 모아 놓은 책이다. 앞 부분에서는 주돈이(周敦頤; 濂溪)의 〈태극도〉와 〈통서通書〉, 장재(張載; 橫渠)의 〈서명西銘〉과 《정몽正蒙》, 소옹(邵雍; 康節)의 〈황극경세서皇極經世書〉, 주자朱子의 〈역학계몽易學啓蒙〉과 〈가례家禮〉, 채원정蔡元定의 《율려신서律呂新書》, 그리고 채침蔡沈의 〈홍범황극내편洪範皇極內篇〉을 실었다. 뒷부분에는 주제를 13개항으로 나누어 백과사전식으로 여러 학자들의 학설을 정리했다. 주제별 항목은 다음과 같다.
   (1) 이기理氣; 總論, 太極, 天地, 天度, 天文, 陰陽, 步行, 地理, 時令 등 9항목
   (2) 귀신鬼神
   (3) 성리性理; 性命, 性, 人物之性, 氣質之性, 心, 心性情, 道, 理, 德, 仁, 仁義, 仁義禮智, 仁義禮智信, 誠, 忠信, 忠恕, 恭敬 등 17항목
   (4) 도통道統, (5) 성현聖賢, (6) 제유諸儒, (7) 학學, (8) 제자諸子, (9) 역대歷代, (10) 군도君道, (11) 치도治道, (12) 시詩, (13) 문文

라와 원나라 성리학자들의 학설을 저서별로, 또는 주제별로 집대성한 책으로, 세종 때 두 질을 가져와서 학자들에게 보급한 책이다. 그러니 이 《성리대전》은 성리학을 깊이 있게 공부할 수 있는 온갖 학설이 들어 있는 셈이다.

서경덕이 《성리대전》 가운데 가장 크게 영향을 받은 것은 주기설主氣說을 내세운 북송 학자 소옹(邵雍; 호는 康節)과 장재(張載; 호는 橫渠)의 저서들로 보인다. 거꾸로 말하면 서경덕은 소옹과 장재의 책을 읽기 전에 이미 두 사람과 비슷한 이치를 알고 있다가 뒤늦게 두 사람의 학문을 접하자 자신의 생각과 일치하는 점이 많다는 것을 깨달은 것이다.

서경덕이 21세 무렵부터 4서6경과 《성리대전》 같은 책을 다시 읽게 된 것은, 두 가지 목적이 있었던 듯하다. 4서6경이 과거시험 준비에 도움이 되는 공부라면, 《성리대전》은 자신의 학문을 세워 나가는 데 도움을 준 공부였다고 말할 수 있다. 《성리대전》은 과거 준비에 꼭 필요한 경전은 아니었기 때문이다. 부모를 위한 공부와 자신을 위한 공부를 병행한 셈이다. 그러다가 《성리대전》을 읽으면서 과거 공부보다는 성리학 공부 쪽에 더 큰 매력을 느꼈던 것이다.

서경덕이 28세 되던 해 개성에 큰불이 났다. 그 불이 서경덕 집까지 옮겨붙을 위험에 처했다. 그러자, 아버지 서호번이 간절하게 기도하여 화재를 모면했음은 앞에서 이미 말한 바 있는데, 이로써 아버지가 당시에는 살아 있었음을 알 수 있다. 아마도 아버지 나이는 당시 40대 중반이었을 것이다. 어머니는 서경덕이 생원시험에 급제했던 43세에도 살아 있었으니, 부모의 소망과 자신의 소망을 병행하는 공부를 나란히 할 수밖에 없었을 것이다.

9) 34세: 변산, 지리산, 속리산, 금강산 등 명승지를 유람하다

서경덕이 31세 되던 중종 14년(1519)에 개혁적인 왕도정치를 임금에게 강력하게 호소하던 조광조趙光祖 일파가 현량과賢良科를 설치하고 유일遺逸 선비들을 각도에서 천거하여 벼슬을 주었는데, 개성부에서는 서경덕을 천거했다고 한다. 이때 천거된 사람이 120명에 이르렀는데, 서경덕이 첫 번째로 명단에 올랐다. 그 가운데 28명이 채용되었는데, 서경덕은 28명에 포함되지 않았다. 《연보》에는 서경덕이 스스로 사양하여 벼슬길에 나아가지 않았다고 되어 있으나, 《중종실록》에는 서경덕의 이름이 전혀 보이지 않아 스스로 사양했는지, 아니면 최종 심사에서 탈락했는지는 확실치 않다.

그러나 이때 천거된 인사들이 그해 11월에 기묘사화己卯士禍가 일어나 거의 모두 숙청당한 것을 보면 서경덕이 벼슬길에 나가지 않은 것이 오히려 행운이었다고 할 수 있다. 만약 그때 서경덕이 관직에 나갔다면 분명 조광조 일파에 가담했을 것이고, 기묘사화 때 호된 시련을 받았을 것이 분명하다.

서경덕은 10세 때 연산군이 일으킨 무오사화戊午士禍와 16세 때의 갑자사화甲子士禍를 알고 있었을 것이다. 감수성이 예민한 청소년기였으므로 이미 정치 현황에 환멸을 가졌을 것이고, 과거공부에 대한 희망도 더욱 식어갔을 것이나 아직은 절망적인 상태는 아니었다. 그러다가 31세 중종 때 일어난 기묘사화己卯士禍는 규모가 더욱 크고, 선비들의 존경을 한몸에 받던 조광조와 그 일파가 떼죽음을 당하는 것을 보고 몹시 충격을 받았을 것이다. 그렇지 않아도 과거 응시를 좋아하지 않았던 그로서는 더욱이나 벼슬길에 대한 매력을 느끼지 못했다.

34세 되던 중종 17년(1572) 4월에 서경덕은 개성을 떠나 속리산俗離

山, 지리산(智異山; 方丈山), 전라도 변산邊山, 금강산金剛山 등지로 유람을 떠났다가 9월에 돌아왔다. 6개월 동안 여행이다. 종자從子가 따라갔는데 서경덕의 노비일 것이다.

서경덕이 명산 유람을 떠난 것은 기묘사화에 대한 실망감을 달래기 위함이기도 하지만 건강상의 이유가 더 컸다. 문인 허엽許曄의 둘째 아들 하곡荷谷 허봉(許篈; 1551-1588)이 쓴 《해동야언海東野言》에는 이런 글이 보인다.

3년 동안 지나치게 공부에 집착한 나머지 낮에는 밥먹는 것을 잊고, 밤에는 잠도 자지 않는 일이 며칠씩 계속되었다. 문을 닫고 책상에 꼿꼿이 앉아 있었는데, 바닥에 깔개도 없어 기氣와 피가 통하지 않았다. 소리를 들으면 문득 놀라는 병이 생겼다. 그래서 하삼도下三道의 명산을 찾아 유람하고 이해 느지막이 돌아왔더니 그때부터 건강이 회복되고 동정이 편안해졌다.

서경덕이 지나친 공부로 건강을 잃은 것이 외유의 원인으로 본 것이다. 그런데 그가 선택한 지역은 전라도 바닷가의 부안현 변산을 거쳐 지리산으로 내려갔다가 다시 올라와 충청도의 속리산을 거쳐 금강산으로 갔다가 돌아오는 코스였다. 약 반년이 걸렸다. 그 가운데 지리산과 금강산은 옛부터 신선이 산다고 알려진 삼신산三神山이었다. 삼신산은 봉래산蓬萊山, 방장산方丈山, 영주산瀛洲山을 말하는데, 봉래산은 곧 금강산이고, 방장산은 지리산, 영주산은 한라산을 가리킨다. 승려와 도사道士들의 소굴이기도 했다. 속리산도 도사들의 소굴로 알려진 산이다. 그러니 수많은 승려와 도인들을 그곳에서 만날 수 있었다.

그동안 서경덕은 개성 인근의 명승지와 사찰들은 수시로 돌아다녀 보앉지만, 먼 길을 떠난 것은 처음이었다. 그는 명승지를 다니면서 6수의 시를 지었는데,[15] 그것이 지금 〈유산록遊山錄〉이라는 이름으로 《문집》에 실려 있다. 그 시를 소개하면 다음과 같다. 먼저 속리산 아래에서 쉬면서 지은 시가 있다.

〈속리산 아래서 쉬면서憩俗離山下〉

지팡이 짚고 시 읊으며 오르니 다리는 절뚝절뚝	吟杖足騰塞
행장은 간단하여 불편하지 않네	行藏淡不煩
티끌 세상 속 영욕을 저버리고	塵中謝榮辱
세상 밖 서늘함과 따스함을 만났네	物外占凉溫
산빛은 사람에게 기쁨을 주고	山色開人悅
계곡 물소리는 세상의 원망을 호소하네	溪聲訴世冤
아득한 옛날 일을	悠悠千古事
홀로 서서 누구와 의논하나	獨立向誰論

이 시는 속리산의 산빛은 기쁨을 주고, 계곡의 물소리는 백성의 원망을 호소하는 듯하다고 빗대면서 함께 옛날의 좋은 정치를 논할 사람이 없음을 은근히 개탄하고 있다. 자연을 노래하면서 그 속에 정치색을 담은 것이다. 서경덕의 오랜 시우詩友였던 보진재葆眞齋 조욱(趙昱; 1498-1557)은 서경덕의 시를 가리켜 두보杜甫의 시와 같다고 평했는데, 매우

---

15 유산록遊山錄 6수는 다음과 같다. 여행 도중에 지은 〈도중途中〉 2수, 속리산 아래에서 쉬면서 지은 〈게속리산하憩俗離山下〉, 부안 변산에서 지은 〈변산邊山〉, 지리산 반야봉에서 지은 〈숙지리산반야봉宿智異山般若鋒〉, 금강산에서 지은 〈금강산金剛山〉이다.

적절한 평가이다.

다음에 전라도 부안扶安 변산邊山에서 지은 시는 다음과 같다.

〈변산邊山〉

마구 읊고 지팡이 휘두르며 산봉우리 올라가니	浪吟飛杖陟層顚
사방이 탁트여 마치 솜을 깔아놓은 듯하네	四顧茫茫思渺綿
만경 푸른 들은 땅을 깎은 듯 평평하고	萬頃靑郊平削地
크고 푸른 바다는 멀리 하늘에 닿았네	大洋滄海杳連天
안개 덮인 계곡, 구름 쌓인 봉우리는 맑기도 하고	煙溪雲巇猶淸越
달빛 받은 정자, 바람맞은 바위는 더욱 시원하네	月榭風巖更洒然
담박한 이 여행, 마음이 후련하니	淡泊玆遊心宇泰
굳이 봉래산에 가서 신선을 찾을까보냐	蓬萊何必訪神仙

이 시는 넓은 들과 큰 바다가 펼쳐진 부안 변산에서 마음 후련함을 느끼면서 신선이 산다는 삼신산의 하나인 봉래산(蓬萊山; 금강산)을 찾아 갈 필요가 없다고 술회했다.

다음에는 지리산 반야봉에 묵으면서 지은 시다. 반야봉은 지리산에서 가장 높은 곳이다. 이날은 날씨가 청명하여 실구름까지 모두 씻어내어 만리가 탁 트였다. 날은 저물고 길은 멀었으나 드디어 정상에서 잠을 잤다. 밤이 되니 은하수가 빛나고 초승달도 밝아서 골짜기를 비추니 맑은 기운이 몽실몽실 솟아났다. 새벽에 동쪽에서 해가 솟으니 희미했던 뭇 봉우리들이 서서히 드러나면서 태초에 천지가 갈라지던 때가 이와 같다고 여기면서 시를 지었다.

〈지리산 반야봉에 묵으면서宿智異山 般若鋒〉

지리산 우뚝 솟아 해동海東을 누르고	智異巍巍鎭海東
산에 오르니 마음과 눈이 한없이 넓어지네	登臨心眼浩無窮
깎아지른 바위 노리개처럼 더욱 수려하고	嶻巖只玩峯巒秀
웅장한 조화의 공을 누가 알리오	磅礴誰知造化功
땅에 쌓인 그윽한 기氣, 비와 이슬 만들고	蓄地玄精興雨露
하늘을 품은 빼어난 기氣, 영웅을 낳았네	含天粹氣産英雄
산은 나를 위해 안개구름 걷어내니	嶽祇爲我淸煙霧
천리를 찾아온 정성 통하는구나	千里來尋誠所通

이 시는 웅장하고 수려한 지리산 풍광에서 천지의 좋은 기氣가 뭉쳐 풍광과 영웅을 만들었다고 해석했다. 삼신산의 하나인 방장산方丈山으로 알려진 지리산. 역학을 공부한 사람다운 시다.

끝으로 금강산에 가서 지은 시가 있다.

〈금강산金剛山〉

듣건대 아름답다는 금강산	聞說金剛勝
마음에 품은 지 이십 년	空懷二十年
맑은 경치 있는 곳 찾아왔더니	旣來淸景地
가을 하늘이라 더욱 좋다네	況値好秋天
개울가 국화 향기 퍼지기 시작하고	溪菊香初動
바위틈 단풍은 붉게 타오르네	巖楓紅欲燃
숲과 계곡 걸으며 노래 부르니	行吟林壑底
마음과 가슴이 상쾌해지네	心廬覺蕭然

이 시는 가을의 금강산, 곧 풍악楓嶽을 보고 단풍과 국화 향기에 매료되어 정신이 상쾌해진 감정을 읊은 것이다.

서경덕은 명승지를 유람하고 돌아오면서, 이번 여행을 총괄하는 시 2수를 또 지었다.

초연하게 흥취를 찾는 나그네	超然探興客
행동거지에 감정을 벗어던졌네	動止不羈情
경치가 좋으면 주저앉아 시를 읊고	境勝吟仍坐
하늘이 맑으면 즐거이 떠나네	天晴樂便行
강산은 가지가지로 모양이 좋고	江山千樣好
바람과 달은 한결같이 맑도다	風月一般淸
세상 밖 소식 궁금하나	物外聞消息
아무도 잘 아는 사람 없네	無人識得精
우리나라 경치는 빼어나고	海東形勝地
아름다운 풍경은 넘치고 넘치네	風景剩探佳
넓고 넓은 강산을 눈에 담고	浩曠江山眼
맑고 시원한 풍월은 가슴에 품네	淸凉風月懷
천명에 안주할 줄 진작 알았으니	早知安義命
저 육신을 다시 다그쳐야겠네	那復飭形骸
이번에 가서 살 곳을 옮긴다면	此去移居住
숲과 샘에다 작은 집을 지어야지	林泉起小齋

이 시는 명승지를 보면서 자연의 위대함을 다시 터득하고 자연으로 돌아가는 삶을 위해 숲과 샘이 있는 곳으로 이사하겠다는 뜻을 밝혔다.

화담정사花潭精舍를 지으려는 꿈이 이미 이때 생긴 것을 알 수 있다. 그런 점에서 이번 여행은 서경덕의 삶을 새롭게 재충전하는 계기가 된 셈이다.

그런데 산골에 들어가서 가야금과 책만 가지고 살겠다는 뜻을 밝힌 시는 이것 말고도 또 있다. 어느 해인지는 모르나, 젊은 시절에 개성 남쪽 개풍군에 있는 귀법사歸法寺에 놀러 갔다가 지은 시에 다음과 같은 구절이 보인다.

위아래 개울과 봉우리를 걷고 또 걷다가	上下溪巒行復行
반나절을 쉬었더니 더욱 맑아지네	投閒半日有餘淸
훗날 청산靑山 기슭에 살게 되면	他年會住靑山麓
가야금과 책만 가지고 일생을 보내리	只把琴書送一生

귀법사는 저 옛날 고려 때 해동공자海東孔子로 불린 최충崔沖이 들어가서 공부하던 사찰로서 서경덕은 그곳의 경치를 즐기면서 청산靑山에 들어가 가야금과 책을 벗삼아 살고 싶다는 뜻을 밝힌 것이다. 귀법사 탐방도 남쪽 지방과 황해도 일대를 유람하던 30대 시절로 보인다.

그런데 서경덕이 남방지역의 명승지를 유람하면서 생긴 일들이 구체적으로 무엇인지 궁금하다. 경치만 구경한 것이 아니라 많은 사람을 만났을 것이고, 그 만남 속에서 생긴 일들이 있었을 것이다. 다행히 문인 차식車軾의 아들 오산五山 차천로(車天輅; 1556-1615)의 《오산설림五山說林》에 서경덕이 산수를 유람하면서 도인들이나 벼슬아치들을 만나 수작한 재미있는 일화들이 여러 가지 실려 있다. 서경덕이 자신의 체험을 문인 차식에게 말했을 것이고, 차식이 다시 아들 차천로에게 전하여 기록으로 남게 된 것이다.

서경덕은 평소 등에 차가운 냉기가 생기는 병이 있어서 더운 여름에도 반드시 두꺼운 겹옷을 입고 살았는데, 지리산을 유람할 때에도 겹옷을 입고 60리를 걸었더니 등골에 땀이 흠뻑 차서 흘러내렸다. 그러자 이날부터 그 병이 나아 더운 날에는 겹옷을 입지 않았다고 한다.

서경덕이 지리산을 찾았을 때 식량이 떨어져서 밥을 먹지 못했다. 어느 날 전라도 관찰사가 지리산으로 행차하자 명함을 주고 만나려고 했더니 종자從子가 막아서 인사를 나누지 못했다. 관찰사는 높이가 몇 길이나 되는 큰 반석盤石 위에 앉았는데 서경덕이 단숨에 뛰어서 올라왔다. 관찰사가 이상하게 여겨 누구냐고 묻자 서경덕이 말하기를 "제가 아무개인데 산수를 좋아하여 구름처럼 사방을 떠돌아다니다가 이곳에 왔나이다. 먹을 것이 떨어져서 도움을 구하려고 했더니 종자가 막아서 감히 이렇게 당돌한 행동을 했으니, 원컨대 안색을 풀어주시기 바랍니다."라고 말했다. 관찰사가 앉으라고 권하고 함께 이야기를 나누었는데, 서경덕이 보통사람이 아닌 것을 알고 후하게 쌀과 물고기를 주고 돌아갔다.

또 서경덕이 지리산 최상봉을 아침에 올라가려고 마음먹고 점을 치고 나서 종자에게 말했다. "오늘 이인異人을 만나게 될 것이다."라고 말하고, 지팡이를 짚고 올라가서 정상에 이르러 소나무에 의지하고 바위 위에 서 있었더니 조금 있다가 한 장부丈夫가 나타나서 서 있는데, 반쯤 공중에 떠 있으면서 허리를 길게 굽혀 인사를 하면서 말했다. "그대가 올 것을 나는 알고 있었소." 그러자 서경덕이 대답하기를, "나도 또한 그대가 나를 찾아올 것을 이미 알고 있었소."라고 했다.

그 사람이 다시, "나는 기氣를 단련하고 귀신을 부려서 위로는 대낮에 하늘에 오를 수 있고, 중간으로는 8극(八極; 온 세상)을 부릴 수 있으며, 아래로는 긴 세월을 정좌靜坐할 수 있소. 그대는 나를 따르지 않겠소?" 그러자 서경덕이 말했다. "신선神仙이 모래로 금을 만드는 기술이 전해

오고 있지만, 유자儒者는 따르지 않소. 나는 공자孔子를 배운 사람이요. 수은水銀에 유황을 넣어 아홉 번 고아서 약을 만드는 것은 비록 배울 만하다고 하지만, 나는 배우고 싶지 않소." 서경덕의 말을 듣고 그 사람은 웃으면서 말하였다. "도가 서로 같지 않으니 함께 도모하기가 불가능하오. 나도 그대가 고명하다는 것을 잘 알고 있소."

이렇게 지리산 정상에서 만난 도술인道術人과의 관계는 끊어졌다. 이날 종자는 모두 옆에 없었다. 서경덕 혼자서 그 사람과 말을 주고받았는데, 종자들이 모두 괴이하게 생각했다. 대화가 끝나자 도술인은 갑자기 번갯불처럼 사라졌다.

서경덕은 이 이야기를 아무에게도 말하지 않다가 늙어서 병이 들었을 때 차식車軾이 서울에서 개성으로 가서 서경덕을 찾아뵙자 비로소 그 이야기를 전했다. 그러면서 서경덕은 말하기를, "그 사람은 깃으로 된 옷을 입고 있었는데, 양쪽 겨드랑이에 한 자가 넘는 털이 나 있었고, 나이는 30여 세쯤 되어 보였다."고 했다.

뒷날 홍만종洪萬宗은 자신이 지은 《해동이적海東異蹟》에서 서경덕이 만난 도인을 '지리선인智異仙人'으로 호칭하면서 조선시대 도인의 한 사람으로 수록했다. 다만 이 사람은 수련방법으로 단약丹藥을 만들어 먹는 외단外丹에 치중하고 있었는데, 서경덕은 이 방법을 거부하고 대자연의 기氣를 호흡하는 내단內丹에 치중한 것을 알 수 있다. 같은 도인道人이지만 수련방법이 서로 달랐던 것이다. 서경덕은 이인異人을 만날 것을 미리 예측하는 점복술占卜述이 뛰어났음을 이 일화는 보여 준다.

《오산설림》에는 또 서경덕이 금강산에 갔을 때 일어난 이야기가 실려 있다. 서경덕이 바다를 끼고 걷다가 식량이 떨어지자 고성高城 수령에게 식량을 구걸했는데, 수령은 무인武人이었다. 수령은 서경덕을 깔보고 누워서 맞이하면서 물었다. "금강산을 보니 무엇이 장관이었소?" 서경덕이 대답하였다. "불정대佛頂臺에 올라가서 일출日出을 본 것이 가장 장관이었습니다." 수령이 다시 "얼마나 장관이었소?"라고 묻자 서경덕이 다음과 같이 길게 대답했다.

새벽에 날 듯이 걸어가서 정상에서 만 리를 내려다 보니, 운무雲霧가 흐릿하게 가려서 하늘과 바다가 서로 맞닿아 마치 혼돈混沌이 갈라지기 전과 같았습니다. 조금 있다가 아침 햇살이 점점 퍼지면서 육합(六合; 우주)을 걷어 올리는데, 마치 가볍고 맑은 것은 하늘이 되고, 무겁고 탁한 것은 땅이 되면서 하늘과 땅이 결정되고, 삼라만상이 나뉘어지는 것과 같았습니다. 조금 있다가 오색 구름이 바다를 압도하고, 붉은 기운이 하늘을 쏘면서 층층으로 된 파도가 넓게 퍼지고, 갑자기 화륜(火輪; 둥근 불바퀴; 태양)이 나타나자 바닷색이 밝아졌습니다. 운기雲氣가 흩어지자 상서로운 햇빛이 가득 차서 눈에 현기증이 나서 볼 수가 없었습니다. 해가 점점 높이 오르자 우주의 빛깔이 밝아지고, 멀고 가까운 산봉우리들이 마치 수繡를 놓은 듯 화려하여 붓으로 그려낼 수가 없고, 입으로 표현할 수가 없었습니다. 이것이 가장 큰 장관이었습니다.

서경덕의 말을 들은 수령이 불현듯이 벌떡 일어나서 말했다. "그대의 말이 참으로 명쾌하오. 사람들로 하여금 세속을 버리고 홀로 서게 하는 뜻을 갖게 하는구려." 하면서 드디어 후하게 대접하여 보냈다. 서경덕은 금강산에서 바라본 해돋이에서 천지가 창조되는 과정을 어둠과 혼돈混沌에서 기氣가 발동하여 선천先天과 후천後天이 갈라지고, 생명으로 이어지는 과정을 터득한 것이다. 그의 기철학氣哲學이 단순히 《역경易經》을 읽어서 이루어진 것이 아니라, 대자연을 예민하게 관찰하면서 이루어졌다는 것을 다시 한번 증명한 셈이다.

이상 야사에 보이는 일화들을 보면, 서경덕이 산수를 유람하면서 많은 것을 깨닫고, 사람들을 만나 깨우쳐 주고 왔다는 것을 알 수 있다.

그런데 서경덕이 여행을 떠나면서 지은 것으로 보이는 부賦가 《화담집》의 첫머리에 실려 있다. 그가 지은 유일한 부이다. 연대를 밝히지 않은 것은, 문인들을 만나기 이전에 지어서 문인들이 《화담집》을 편찬할 때 연대를 알지 못했기 때문일 것이다.

이 부의 제목은 〈복숭아나무 지팡이桃竹杖賦〉이다. 물속에 오래 담갔다가 꺼낸 복숭아나무를 어느 박물학인博物學人에게서 빼앗아 지팡이를 만들었더니, 단단하고 곧고 깨끗하여 마치 군자君子처럼 느껴졌다고 격찬하고 나서 다음과 같이 읊었다.

바르고 곧아서 굽지 않음이	旣正直而不亞
군자君子의 중덕中德과 같으니	類君子之中德
내 너를 아껴 늙은이 부축하리라	吾愛爾之扶老
큰 재물을 내게 준 것과 같네	等百朋之錫我
이 지팡이의 믿음과 아름다움을 아니	知玆杖之信美
어찌 야부野夫가 욕되게 할 수 있는가	豈野夫之辱策
장차 구중궁궐에 갖다 바쳐서	吾將持獻乎九重
정부의 대신들에게 내리게 하여	錫廟堂之大老
천금과 같은 임금을 부축하고	扶千金之逸宮
학鶴처럼 우아하게 걷게 하여	護徐趨鶴步
옥으로 만든 섬돌에 소리를 내면서	鏗玉砌而有聲
대궐문을 함께 출입하리라	伴出入於宮闈

이 글을 보면 군자처럼 곧고 깨끗한 이 지팡이를 서경덕이 쓰기에는

너무 아까우므로 임금과 정부 대신들에게 주어 학처럼 우아하게 걷게 만들고 싶다고 했는데, 이는 임금과 대신들이 군자 같지 못하다는 것을 은유적으로 표현한 것이다. 달리 말하면 자신이 이 지팡이처럼 궁궐에 가서 정치를 바로잡겠다는 소망을 담고 있다고도 볼 수 있다.

또 위 구절에 이어, 이 지팡이를 만약 계속 사용한다면 온세상을 다니면서 신선神仙들을 만나 인사할 것이고, 험한 곳을 오를 때 지팡이에 의지하여 넘어지지 않을 것이며, 사악한 뱀과 사나운 호랑이를 물리치고, 위험한 돌을 치울 것이라는 요지의 글을 지었다. 그 뜻은 실제로 서경덕이 이 지팡이를 짚고 여러 명승지를 유람하고 있었다는 것을 암시한다.

그다음 구절에서는, 중국 동서남북의 신선神仙을 만나고 나서 무사히 집으로 돌아간다면 그 공을 천금으로 갚을 것이며, 그런 뒤에 누추한 집에 들어가서 살면서 오동나무에 걸린 달을 감상하고, 버드나무 울타리에 부는 청풍을 읊으면서 지팡이와 함께 벗이 되어 살겠다고 했다.

여기서 여러 신선들을 만나고 무사히 집으로 돌아가면 오동나무와 버드나무가 있는 누추한 집에서 달과 바람을 즐기면서 여생을 마치고 싶다고 한 것은 탁타교 옆의 본가를 가리킨다.[16] 만약 이때 화담정사花潭精舍가 있었다면 '누추한 집'으로 돌아간다고 하지 않고 '임천林泉', 곧 '산속'으로 돌아간다고 했을 것이다.

그리고 마지막 구절에서는 다음과 같이 끝맺었다.

거듭 말하노니, 산호여, 사치스럽다

---

16 서경덕이 문인 홍인우를 본가에서 만날 때 버드나무 아래에서 만났다고 했으므로 버드나무가 있는 집은 탁타교 부근의 본가임을 알 수 있다. 따라서 서경덕이 명승지를 유람하고 돌아간 집은 본가이며, 아직 화담정사를 짓지 않은 때임을 알 수 있다.

쇠기둥이여, 수고롭다

어찌 도죽桃竹처럼 풍류가 있고 품격이 높으리

알맞구나 시선詩仙에게는

씻은 듯 깨끗함이 절(節; 옥으로 만든 부신符信) 같도다

지팡이여, 지팡이여

구부려도 꺾이지 않고

때에 따라 나를 위험에서 잡아주니

나를 싫어하지 않는구나

　여기서 산호珊瑚와 쇠기둥(鐵柱), 절(節; 부신)은 모두 높은 벼슬을 말하는데 이를 모두 거부하고 있다.

　이 시를 끝까지 읽어 보면, 변산, 속리산, 지리산, 금강산 등 명승지를 유람하기 위해 미리 복숭아나무 지팡이를 만들어 놓고 짚고 떠나면서 읊은 글로 보인다. 그러나 6개월에 걸친 서경덕의 유람은 부모나 처자식의 처지에서 보면 가장으로서 너무나 무책임하다고 여겼을 것이다. 학문을 빼고 생각하면 서경덕은 백수건달과 무엇이 다르겠는가? 특히 서경덕의 출세를 간절히 바라는 부모와 아내의 마음은 오죽 답답했겠는가? 서경덕은 이제 가족의 염원에 부응하는 처신도 하지 않을 수 없었다.

　10) 황해도 여러 지역을 유람하다

　《화담집》을 보면, 서경덕이 황해도 해주海州의 허백당虛白堂, 옹진甕津의 향교鄕校, 강령康翎의 촌사(村舍; 농가) 등지를 유람하면서 지은 시가 수록되어 있다. 그러나 그 시기가 언제이며, 누구에게 준 시인지가 분명

치 않다. 그 시들에 대한 문인들의 언급도 전혀 없고, 야사野史나 연보年 譜 등에도 서경덕이 황해도를 여행한 이야기는 보이지 않는다.

다만 뒷날 서경덕이 문인 허엽을 만났을 때, 해주海州에 여행 갔다가 기생을 물리쳤다는 일화를 들려준 기록이 있어서 서경덕이 허엽을 만나 기 훨씬 이전에 해주에 간 일이 있음이 확인된다. 그렇다면 해주 여행 은 문인들이 모여들기 이전의 시기라는 것이 확실하다. 또 시를 받은 대상자들 이름이 없다는 것도 이 시를 지은 시기가 아직 서경덕의 명성 이 높지 않았던 때임을 암시한다.

또 이 시들이 시부詩部의 끝자락에 해당하는 〈유산록遊山錄〉, 곧 지리 산, 변산, 속리산, 금강산 등을 유람하면서 지은 시 바로 앞에 수록되어 있는 것을 보면, 그 시기가 남방 명승지를 유람하기 직전이거나 그 직 후일 가능성이 크다.

서경덕이 남방 명승지를 유람한 것이 34세 되던 해의 4월에서 9월 사이였고, 여행을 떠난 중요한 이유가 병을 치료하고 건강을 회복하기 위함이었으므로, 황해도 여행도 그런 목적으로 떠난 것이 아닌가 싶다. 황해도 해주海州, 강령康翎, 옹진甕津 일대는 모두 황해도 최남단에 있는 해안지역으로 개성의 서쪽 지역이며 거리가 매우 가까워 여행 기간도 길지 않았을 것이다.

먼저 해주에서 지은 시는 〈제허백당題虛白堂〉인데, 허백당이 해주에 있 다고 적었다. 여기서 허백당이 사람인지 건물 이름인지가 분명치 않으나 건물일 가능성이 크다. 허백당은 성종 때 성현(成俔; 1439-1504)의 아호 인데, 그는 이미 세상을 떠났으므로 해주에 있을 까닭이 없다. 그러나 《악학궤범樂學軌範》을 지은 성현이 한때 살았거나 그를 기리는 집인지도 모른다. 그 시는 이렇다.

허백당 가운데 기대고 있는 평범한 사람	虛白堂中憑凡人
일생 동안 마음과 일이 티끌 없이 살았네	一生心事澹無塵
태평가가 바람에 실려와 귀에 들리고	太平歌管來飄耳
문득 복희伏羲 이후의 몸이 되었네	便作羲皇以上身

이 시에서 태평가太平歌가 귀에 들린다는 것으로 보아 성현이 지은 음악을 떠올리고 있는 듯하다. 그리고 태평한 시대는 복희씨伏羲氏 이후의 요순시대였으므로 태평가를 들으면서 자신이 태평시대를 그리워하고 있음을 표현했다.

다음에 옹진甕津 향교에 가서 지은 시는 다음과 같다.

〈옹진향교를 지나면서 광문에게 지어주다過甕津校 贈廣文〉

절뚝발이 당나귀 타고 와서 향교 문 두드리니	蹇驢叩泮局
번거롭게 주인이 나와 맞이하네	煩動主人迎
자리를 펼치고 가까이 앉아	引坐鋪重越
회포를 풀면서 여정旅情을 달래네	陳懷慰旅情
술통을 여니 탁주와 청주	樽開賢聖酒
접시엔 고기 안주	豆薦瓦貍腥
어느 땐가 서울에서 다시 만나면	京洛他年面
반가운 눈빛 틀림없겠지	應知眼更淸

이 시는 서경덕을 맞아들여 술과 안주를 대접해 준 옹진향교의 광문廣文, 곧 훈도訓導에게 감사의 뜻을 표한 시이다. 그러나 훈도의 이름은 알 수 없다.

마지막으로 강령康翎 어느 시골집에 들러 주인에게 지어 준 시가 있는데 다음과 같다.

〈강령 시골집에서 자다. 주인이 글을 조금 알고 있다宿康翎村舍 主人粗識字〉

그대 오두막집 부러워라	羨君亭舍好
참으로 신선 사는 집 같네	眞箇類仙家
창이 넓어 바람 잘 통하고	窓豁迎風足
뜰은 비어 달빛 가득 찼네	庭空得月多
배 띄워 바다 가로지르고	移舟橫濟沆
나란히 말타고 산수 찾으리	並轡訪煙霞
오늘 이 단란한 마음	此日團圞意
훗날 기억할 수 있을까	他年記得麼

이 시는 강령 어느 시골 오두막집에 가서 쉬면서 글을 약간 아는 주인과 더불어 대화를 나누고 지은 것이다. 비록 집은 작지만 바람과 달빛이 잘 들어와서 신선이 사는 집 같으며, 밖으로는 배 타고 말 타고 산수를 유람할 수 있어 좋다고 격찬했다. 작은 집에서도 자연을 즐길 수 있다는 것을 발견한 것이다.

또 위 여러 시들을 보면 서경덕이 황해도 몇 지역을 유람할 때 당나귀를 타고 다닌 것을 알 수 있다. 다만 해주 관아를 방문하여 객사客舍에서 하룻밤을 자면서 기생을 물리친 일은 시로 짓지 않았음을 알 수 있다. 다만 그 이야기를 훗날 제자들에게 말했을 뿐이다.

II) 43세에 생원이 되고 성균관에 입학하다

서경덕은 산수를 유람하고 나서 9년이 지난 43세 되던 해에 드디어 서울에 가서 사마시에 응시하여 생원生員이 되었다. 사마시는 본래 문학에 능한 자를 뽑는 진사시進士試와 경학에 능한 자를 뽑는 생원시生員試 두 가지가 있는데, 서경덕은 그 가운데 생원시를 선택했다. 중종 26년(1531)의 일이다.

《연보》 등의 기록을 보면, 모부인母夫人의 명령으로 응시하게 되었다고 한다. 당시 어머니의 연세는 대략 60세 안팎이었을 것이다. 왜 '부모'의 명령이라고 하지 않고, '어머니'의 명령만 기록했는지 알 수 없으나, 아버지가 이미 세상을 떠난 것이 아닌가 싶다. 그 어머니가 누구인가? 자신이 성균관에 들어가는 꿈을 꾸고 서경덕을 낳은 어미가 아닌가? 그렇게 해서 얻은 아들이 40이 넘도록 공부에만 몰두하고 백수로 늙어 가고 있으니 얼마나 답답했겠는가?

효자 서경덕은 어머니가 세상을 뜨기 전에 그 소망을 풀어 드리려고 시험을 친 것이다. 마침내 어머니 소망의 한 조각을 풀어드린 셈이다. 생원이 되면 성균관에 입학할 자격을 얻었으므로 그는 서울 성균관에도 입학했다. 어머니 꿈이 드디어 한 단계는 이루어졌다. 어머니가 얼마나 기뻐했을지 짐작이 간다.

그런데 〈연보〉에는 성균관에 입학한 사실이 보이지 않는다. 다만, 〈유사遺事〉를 보면 《해동명신록海東名臣錄》[17]을 인용하여 성균관에 입학한 사실을 전하고 있다. 김굉필金宏弼의 문인이었던 정존재靜存齋 이담

---

17 《해동명신록》은 효종 때 명상 김육金堉이 편찬한 책으로, 우리나라 역대 명신의 전기를 실었다.

(李湛; 1510~1574; 용인 이씨)이 성균관에 함께 다녔는데, 서경덕의 모습이 야부(野夫; 촌부)처럼 주눅이 들어 보였으나, 이담만은 서경덕을 매우 존경했다고 한다.

생각해 보면, 그가 성균관에 들어간 것은 순전히 어머니의 간청 때문이었을 것이다. 그러나 성균관에 들어가는 것은 그 목적이 문과를 준비하기 위함인데, 서경덕이 문과에 매력을 느꼈을 리도 없고, 또 아들뻘되는 유생들과 어울리기도 어려웠을 것이다. 그러니, 이담이 말한 것처럼 주눅 든 촌부 모습으로 마지 못해 학교생활을 했던 것으로 보인다.

이담은 본래 서경덕이 생원이 되던 해에 함께 급제하여 생원이 되고, 그해 다시 진사시에 급제했다. 당시 이담은 22세, 서경덕은 43세였으니 아버지뻘인 셈이다. 이담은 다시 7년 뒤에 문과에도 급제하여 벼슬이 선조 때 관찰사, 승지, 병조참의에 이르렀는데, 명종 초 을사사화乙巳士禍로 관작이 삭탈당한 일도 있을 만큼 깨끗한 선비였다.

이담은 서경덕의 학문에 반했다. 그리하여 만년에는 역학易學을 매우 좋아하여 깊이 빠졌다고 한다. 그의 학문은 성리학 외에도 의약, 천문, 산수算數에도 능했다고 하니, 서경덕의 영향을 크게 받은 것을 알 수 있다. 그러나 다른 한편으로 그는 이황과도 교유했다. 뒤에 서경덕 문인 허엽은 명종 때 이담에게 좋은 벼슬을 다시 주려고 노력했다는 기록이 보인다.

한편, 서경덕과 함께 급제한 사람 가운데 이담 말고 조언수(趙彦秀; 1497~1574)가 있었다. 조선 초기에 병조판서 등을 역임했던 조말생趙末生의 5대손인 그는 서경덕보다 8세나 연하였는데, 뒤에 문과에도 급제하여 판서직 등을 역임했다. 그는 서경덕이 급제한 것을 보고 "서경덕이 같은 날 함께 급제하여 영광스럽다."고 말했다. 서경덕의 학문을 알고 있어서 그런 말을 했을 것이다.

서경덕의 성균관 유생 생활이 언제 끝났는지는 알 수 없으나, 출석일수를 계산하여 정해진 원점圓點을 받으면 졸업하게 되어 있었으므로 대략 2년 안에 끝났을 것으로 보인다.

그런데 서경덕이 서울에서 생활하는 동안 그가 역학에 뛰어난 학자라는 것이 유생들 사이에 퍼져서 위에 언급한 이담이나 조언수 같은 유생들이 그를 존경한 것을 알 수 있다. 말하자면 서경덕의 첫 성균관 생활은 그가 서울에 처음으로 데뷔하는 계기가 되었다.

12) 47세: 개성 유수 이구령과 교유하다

서경덕이 47세 되던 해인 중종 30년(1535)에 이구령(李龜齡; 1482-1542)이 개성 유수로 재직했다가 이해 10월 28일에 평안도관찰사로 전직했다. 그가 언제 부임했는지는 정확히 모르나 전해 4월에 한성우윤漢城右尹에 임명되었으므로 그해 가을이나, 그다음 해 봄 무렵에 개성 유수로 부임한 듯하다. 확실한 것은, 중종 30년 3월 7일에서 10월 일까지는 개성 유수로 재직한 것이 《실록》에 보인다.

이구령은 본관이 전의全義로서 명종의 모후 문정왕후文定王后의 외삼촌이었다. 서경덕보다 7세 연상이다. 중종 9년(1514) 문과에 급제하여 벼슬이 우참찬과 병조판서에까지 오르고 성혼의 부친 성수침成守琛을 유일遺逸로 천거하기도 하는 등 좋은 일도 한 인물이었으나, 척신戚臣으로서 국사를 소홀히 하고 주색酒色을 즐겼다는 평을 듣기도 했다.

그는 개성 유수로 있으면서 서울에까지 명성이 알려진 서경덕을 만나 시를 주고받으면서 시우詩友를 맺었다. 어느 해인지 알 수 없으나 봄이 조금 지난 철에 이구령이 보낸 시에 답하여 다음과 같은 시를 지었다.

반무(작은 땅) 궁중宮中에 끝없는 즐거움　　　　半畝宮中樂莫涯

종일토록 마음 닦으니 아무것도 필요 없네　　頤神終日澹無何

꽃을 품평하는 일은 누구의 소관일까　　　　品題花卉知誰任

산과 계곡 다스리는 것은 우리집 소관이지　　管領溪山屬我家

아름다운 경치 만나면 혼자 읊조리고　　　　每會景佳能獨詠

흥취가 커지면 사람들과 함께 노래하다가　　時因興劇共人歌

시원한 바람 불면 노는 꿈에서 깨어나네　　冷然一覺遊山夢

어느새 숲속 봄 이미 지나가 버렸네　　　　不記林間春已過

　이 시는 관청은 유수가 다스리지만, 서경덕 자신은 비록 가난하게 살면서도 마음이 편하고, 산과 계곡을 다스리면서 꽃을 즐긴다고 자부한 시이다. 유수를 칭찬하는 말은 보이지 않는다. 개성을 행정으로 다스리는 것은 유수留守이지만, 산천을 다스리는 사람은 자신이라면서 대비시킨 내용이 매우 해학적이면서도 무언가 속내를 담고 있다.

　또 한번은 이구령이 종자從者를 물리치고 단독으로 술 한 병을 들고 화담을 찾아와서 놀다 가니, 그에 감사하는 시를 지었다.

술 한 병 들고 산골짝 찾았는데　　　　探勝溪山酒一壺

길 비키라는 하인들 소리도 없고　　　　兩三僮僕罷傳呼

풍성한 서울과 깊은 산골 분간하시니　　青山紫陌隨豊約

사람 가운데 대장부 처음 알겠네　　　始信人間有丈夫

이 시는 이구령이 서울 같으면 많은 종자들을 거느리고 큰 파티를 열 처지인데 아무런 부하들을 거느리지 않고 혼자서 술 한 병 들고 화담에 와서 놀다간 것을 칭찬하는 내용이다.

이구령은 재직기간이 그리 길지 않고 또 평판이 좋지 않았기에 더 이상 교류는 없었던 것으로 보인다.

여기서 눈여겨 볼 것은 47세 당시 서경덕은 분명하게 개성에 있었다는 사실이다. 43세에 생원이 되어 성균관에 들어갔지만 이미 졸업하여 개성으로 돌아간 것을 알 수 있다. 아마도 45세 무렵인 것으로 보인다.

13) 48-50세: 서울에 와서 문도들을 만나고, 나식, 김안국 등과 교유하다

성균관을 졸업했으면 당연히 그다음 단계는 문과에 응시하는 것이 상식이다. 그러나 4년이 지난 47세에 이르도록 서경덕은 문과에 응시하지 않고 개성으로 돌아가 있었다. 당시 서경덕의 출세를 손꼽아 기다렸을 노모의 마음이 어떠했을까? 아마도 70을 바라보는 노모의 마지막 소원을 그저 외면만 할 수는 없었을 것이다. 언제 세상을 떠날지도 모르는 노모에 대한 마지막 효도를 위해서, 비록 응시를 하지 않더라도 응시를 위해 서울로 가는 모습이라도 보여 주지 않으면 안 되었을 것이다.

《화담집》의 여러 기록들은 서경덕의 문과 응시를 부정하고 있다. 그러나 이와 다른 기록이 문인 허엽許曄의 《초당집草堂集》에 보인다. 서경덕이 문과 응시를 위해 48세에 서울에 와서 2년 동안 우거했다는 기록이 있다.

허엽이 절친한 친구 노수신(盧守愼; 1515-1590)에게 보낸 〈송노과회서送盧寡悔序〉라는 글에 다음과 같은 기록이 보인다.

　　중춘仲春에 나는 관서(關西; 평안도)로부터 돌아왔네, 도중에 개주구도 (開州舊都; 개성)를 지나다가 서가구 선생(徐可久先生; 서경덕)을 뵙고 왔소. 정유년(丁酉年; 중종 32년)과 무술년(戊戌年; 중종 33년) 사이에 선생은 국도國都에서 부거赴擧했는데, 나는 두 번이나 사관(舍館; 여관)에서 뵈올 수 있었소. 그때 처음으로 배움에 뜻을 두고 두 번 절하면서 가르침을 청했소. 선생은 도道로 나가는 방법을 말씀해 주셨으나, 나는 아직 몽매하여 그 말을 깨닫지 못했소. 물러 나와서 생각했으나 그래도 알 수가 없었소. 끊임없이 골몰했으나 그 지극함을 몰랐소. …… 3-4년이 지나서야 선생이 말씀하신 뜻을 깨달았다오. ……

　　이 기록을 보면, 서경덕이 문과에 응시하고자 중종 32년과 33년에 서울에 와서 2년 동안 머문 것이 확실하다. 그러니까 49세와 50세 때이다. 그러나 서울에 온 것은 48세였다. 허엽이 쓴 이여(李畬; 1503-1544)[18]의 행장行狀인 〈이문학선생행장李文學先生行狀〉을 보면, 48세 되던 중종 31년(1536) 가을에 서경덕이 서울에 있는 강원姜源[19]의 집에 와서 우거寓居하고 있었다. 그러니까 48세 되던 가을에 서울에 온 것은 다음 해부터

18 이여는 이색의 후손으로 자字가 유추有秋요 아호가 송애松厓이다. 진천鎭川 사람으로 역학易學에 밝은 학자로서 중종 26년에 문과에 급제하여 사간원 정언과 헌납, 사헌부 장령 등을 지내고, 인종이 세자로 있을 때 시강원 문학文學을 겸하여 세자에게 주역을 강론했다. 그러나 42세로 세상을 떠났다.

19 강원姜源은 두 사람이 있다. 하나는 목사 강세징姜世徵의 아들로서 아호는 삼청당 三淸堂이고, 뒤에 청백리에 녹선되었다. 또 하나는 서경덕 문인 강문우姜文佑의 아버지로서 서자이다. 서경덕이 묵었던 집은 강문우 부친 강원으로 보인다. 그는 소옹 (邵雍; 康節)의 〈격양시擊壤詩〉를 읽는 등 통이 큰 선비로서 세외인世外人이었다고 한다.

과거시험을 치르기 위함이었음을 알 수 있다.

강원은 바로 서경덕 문인 강문우姜文佑의 아버지다. 강원은 소옹邵雍의 〈격양가擊壤歌〉를 읽던 확 트인 세외인世外人이었다고 한다. 세외인이란 출세를 단념한 사람이라는 뜻으로 그의 신분이 서자庶子이기 때문이다. 서경덕이 무슨 목적으로 서울에 와 있었는지는 밝히지 않았으나, 앞글과 연결해서 보면 다음 해 문과 응시를 위해서 온 것을 알 수 있다.

다만 문과 응시 때문에 서울에 온 것은 확실하지만, 정말로 응시를 했는지는 확실치 않다. 평소 과거에 뜻을 두지 않았고, 또 시험 공부를 하지도 않은 터였으므로 서경덕이 시험을 봤다가 실패했거나, 아니면 보지도 않고 머물러만 있었는지도 모른다.

그러나 3년 동안 서경덕이 서울에 머문 것은 그 일생에 큰 전환점이 되었다. 수많은 학인들을 만나면서 서경덕의 명성이 장안에 널리 퍼지고, 그에게 학문을 배우려는 문도들이 갑자기 몰려들기 시작했기 때문이다.

평소 서경덕을 몹시 만나 보고 싶어했던 39세 학자 장음정 나식(長吟亭 羅湜; 1498-1546)이 찾아와서 밤새도록 학문을 강론했다고 한다. 이때 허엽은 스무 살 나이로 이 토론을 참관하고 처음으로 서경덕의 학문이 높은 것을 알고, 다음 해 서경덕을 두 번이나 다시 찾아가서 두 번 절하고 수업을 요청하여 문도가 된 것이다.

나식羅湜은 본관이 안정(安貞; 比安)인데, 이색 후손으로 역학易學에 밝은 송애松厓 이여(李畬; 1503-1542)의 족형族兄으로서 서로 친하게 지냈다. 서경덕보다 9세 연하인 그는 참봉 나세걸羅世傑의 아들이다. 어렸을 때 김굉필과 조광조 문하에서 배우다가, 뒤에는 평생토록 《주역》만 읽었다는 윤정(尹鼎; 1490-1636)에게서 《주역》을 배웠다고 한다. 나식은 명종 즉위년인 을사사화 때 대윤파大尹派로 몰려 멀리 강계江界로 귀양 갔다가 사사되었는데 향년 49세였다.

나식은 학우가 많았다. 효령대군 후손으로 서자庶子인 연방蓮芳 이구 (李球; 1494-1573), 관물재觀物齋 민기(閔箕; 1504-1563), 일재一齋 이항 (李恒; 1499-1576) 등과 벗을 삼았는데, 타고난 재주가 특출하고 보는 것이 탁월했다. 허엽(許曄; 1517-1580)과 유항柳巷 한수(韓脩; 1514-1588) 가 그 문하에서 배웠다.

나식은 문인 허엽에게 말하기를, "그대들은 참된 학자인 이여李畬를 찾아가서 역학易學을 배우라."고 권했다. 허엽은 나식의 말을 따라 이여 에게 역학을 배운 뒤에 명성이 더 높은 서경덕을 찾아가서 다시 상수역 학象數易學을 배우게 되었다.

이렇게 나식의 친우이던 이구와 민기, 그리고 나식과 이여의 문하에 서 역학을 배웠던 허엽은 서울에 온 서경덕의 학문을 알고 나서 모두 그를 찾아가 문인이 되었다. 당시 학도들은 유명한 학자를 찾아다니면서 배우는 것이 유행이었다.

서경덕이 서울에 거주하고 있을 때 일어난 또 하나의 중요한 일은 당대 최고 명신이던 모재慕齋 김안국(金安國; 1478-1543)과의 교유였다. 서경덕보다 11세 연상인 김안국은 중종 때 높은 벼슬을 하고 있었으나 서경덕과 학풍이 아주 비슷한 학자관료였다. 그는 기묘사화 이후 권신의 미움을 받아 벼슬이 삭탈당하자 20년 동안 이천利川과 여주驪州에 내려 가서 초막을 짓고 학문에 침잠하면서 후학을 가르치고 있다가 중종 32 년(1537)에 풀려나서 다시 벼슬길에 올랐다. 이해는 바로 서경덕이 49세 로서 아직 서울에 머물고 있을 때였다.

김안국의 학문은 그가 여주에 초당을 짓고 공부할 때 그 초당의 편 액을 '팔이재八怡齋'로 쓴 것에 잘 드러난다. 그 뜻은 여덟 가지를 즐긴 다는 것으로, 첫째는 주자(朱子; 晦庵)의 연못, 둘째는 주돈이(周敦頤; 濂 溪)의 연꽃, 셋째는 소옹(邵雍; 康節)의 바람, 넷째는 장자(莊子; 莊周)의 물고기, 다섯째는 장한張翰의 순채蓴菜, 여섯째는 사령운謝靈運의 풀, 일곱째는 도잠(陶潛; 陶淵明)의 버드나무, 여덟째는 태백(太白; 李白)의 달이다. 여기서 주자, 주돈이, 소옹의 학문을 즐긴다는 말이 바로 김안국 학문의 특성을 그대로 드러낸다.

김안국은 주자학을 따르면서도 소옹의 상수역학象數易學을 함께 존중하고 있었으며, 그 밖에 천문, 지리, 의약, 점복, 농법, 병법 등 실용학에도 조예가 깊은 학자였다. 바로 이 점이 서경덕과 매우 흡사하다.

또 김안국 문인 가운데 민기閔箕가 있었는데, 민기는 바로 서경덕이 서울에 있을 때 허엽許曄과 함께 서경덕의 문하로 다시 들어간 인물이다. 또 김안국이 죽고 나서 김안국의 행장行狀과 《모재집慕齋集》의 발문을 써 준 사람이 바로 허엽이었다.

이렇게 김안국과 서경덕의 학풍이 서로 통하고, 또 김안국의 문도가 서경덕의 문도와 서로 겹치고 있으니, 두 사람이 서로 가까운 사이가 된 것은 매우 자연스러운 일이다. 그러나 두 인물이 서로 교유한 것은, 김안국이 서울로 올라오기 직전 여주에서 학문에 침잠하고 있을 때로 보인다. 서울에 올라와서는 바로 벼슬을 받았으므로 한가롭게 시를 주고받기는 쉽지 않았을 것이다.

《모재집》에는 김안국이 서경덕과 교류한 사실은 기록되어 있지 않으나, 《화담집》에는 김안국이 서경덕에게 부채를 선물하자 서경덕이 감사하는 시 몇 수를 써서 보낸 것이 보인다. 시의 서문으로 다음과 같은 글을 앞에다 실었다.

"묻노니, 부채를 부치면 바람이 생기는데 바람은 어디에서 따라 나오는 것인가? 만약 부채에서 발생한다고 말한다면, 부채 속에 일찍이 바람이 내재되어 있었다는 것인가? 만약 부채에서 나오는 것이 아니라고 말한다면 바람은 어디에서 따라 나오는 것인가? 바람이 부채에서 나온다고 해도 말이 되지 않고, 반대로 바람이 부채에서 나오는 것이 아니라고 해도 말이 되지 않는다. 만약 허虛에서 나온다면 저 부채를 떠나서 어떻게 허虛가 스스로 바람을 만들어 낼 수가 있을까.

나는 이와 같은 말을 할 필요가 없다고 생각한다. 부채가 바람을 때리는 것 때문이지 부채가 바람을 만들어 내는 것은 아니다. 바람이 태허太虛에 쉬고 있을 때에는 조용하고 맑고 맑아서 땅에서 아지랑이와 먼지가 피어오르는 것조차 볼 수가 없다. 그러나 비로소 부채를 흔들면 문득 바람이 일어난다. 바람은 곧 기氣다. 기가 천지 사이에 가득 차 있는 것은, 마치 물이 계곡 속에 가득 찬 것과 같다. 빈틈이 없다.

저 바람이 조용한 상태에 이르면 그 기가 모이고 흩어지는 것을 볼 수가 없을 따름이다. 기가 어떻게 공空을 떠날 수가 있겠는가? 노자老子가 말하기를, "허虛하지만 다 하지 않고, 움직일수록 더 나온다."고 한 것이 바로 그것이다. 잠깐 저 부채의 휘둘림을 입어서 달려 나왔다가 다시 가 버린다. 그러므로 기氣가 문득 솟아나서 바람이 되는 것이다. 《시경》에 말하기를, "형形이 부딪치면 기가 팽팽하게 부풀어 오른다."고 한 것이 그것이다."

서경덕은 부채를 보내준 김안국에게 고마움을 적은 시에 뜬금없이 부채가 바람을 일으키는 원리를 자신의 기철학氣哲學으로 먼저 설명했다. 보통 사람의 상식으로는 엉뚱한 말이다. 그러나 서경덕은 무슨 사물을 보든지 먼저 그 물리物理부터 따져 보는 것이 몸에 밴 학자였다. 그것이 바로 그가 생각하는 격물치지格物致知였기 때문이다. 그래서 부채를 부칠 때 바람이 생기는 것은 기본적으로 기氣를 때려서 생기는 현상이지 부채 자체가 바람을 만드는 것은 아니라는 것을 밝혔다. 이 서문에 뒤이어 서경덕이 지은 두 편의 시는 다음과 같다.

"한 가닥 맑은 바람 초당에 부쳐 오니   一尺淸飇寄草堂

오동나무 아래 부채질 맛이 최고라오   據梧揮處味偏長

누가 알까, 하나의 근본이 머리까지 꿰어   誰知一本當頭貫

문득, 뭇 가지 한 줄기에서 퍼졌네   便見千枝自幹張

형체가 부딪쳐 기氣가 와서 부풀러지니   形軋氣來能鼓吹

깊은 고요 속 문득 시원한 바람 생기네   有藏虛底忽通涼

굳이 먼지 털 필요도 없으니   不須拂洒塵埃撲

죽장竹杖 짚고 정처 없이 떠나 볼거나   竹杖相將雲水鄕

이 시도 역시 바람을 기철학으로 풀이하면서 자연을 즐기자는 내용을 담고 있다. 두 번째 시는 다음과 같다.

띠집과 묘당廟堂을 가리지 않고   不擇茅齋與廟堂

청풍을 따라가며 시원하게 불어주네   淸風隨處鮮吹長

덕화와 다스림은 검고 흰 것을 가리지 않고 德和濟物兼玄白

큰 도道는 사람을 따라 모였다 흩어지네   道大從人聽翕張

나는 무더위를 물리칠 수 없는데   顧我無能驅暑濕

그것(부채)에 기대어 다시 서늘함 얻었네   賴渠還得引秋涼

장부는 군생群生의 열을 씻어야 하니   丈夫要濯群生熱

서늘한 바람 온 나라에 뿌리소서   當把冷風播帝鄕

이 시도 시원한 바람의 원리를 먼저 서술하고 나서 그다음에는 군생

群生의 뜨거운 열기, 곧 백성의 분노를 시원하게 만들어 주는 정치를 펴기를 부탁하는 뜻을 담고 있다. 서경덕이 당나라 두보杜甫의 시를 닮았다는 평이 여기서도 또 드러난다. 서경덕의 시는 자연의 아름다움을 칭송하는 낭만적인 시이면서도 과학적이면서 철학적인 내용을 담고 나아가 정치성을 가미한 그런 시였다.

두 사람의 관계가 이렇게 맺어졌기 때문에 김안국은 그 뒤 한성판윤이 되었을 때 52세 된 서경덕을 유일遺逸로 천거했던 것이다. 그때는 조정의 3품 이상 문관들이 모두 천거에 참여했기 때문에 천거된 인물만 수십 명에 이르러 대부분 탈락했다. 서경덕도 천거만 되었지 벼슬을 받지는 못했다. 비록 벼슬은 못 받았지만 김안국이 죽고 난 뒤에 그 영향을 받아 성균관 유생들이 다시 천거하여 후릉 참봉직(종9품)에 제수되었다. 하지만 서경덕은 바로 사양했다.

14) 52세 무렵: 화담정사花潭精舍를 짓고 강학을 시작하다

서경덕의 《연보》에는 보이지 않으나 아버지 친상親喪을 당하여 개성 근교 화담花潭에 산소를 모시고, 3년 동안 여묘廬墓 살이를 마쳤다. 그러나 아버지가 언제 세상을 떠났는지는 알 수 없다. 모친보다 먼저 세상을 떠난 것은 확실하다.

어머니가 세상을 떠난 시기도 확실치 않으나, 서경덕이 50세 되던 중종 33년(1538) 2월에 개성 유수로 임명되어 다음 해까지 근무한 송겸宋璟은, 서경덕이 친상親喪을 당하여 죽만 먹고 소금과 채소도 먹지 않으면서 제물祭物도 누가 마련해 주지 않아 직접 마련하여 정갈하게 올렸다는 말을 듣고 감복하여 정부에 건의하여 포장褒章하려고 했다. 그러자

서경덕은 "집에 한두 섬의 쌀도 없어서 죽을 먹지 않을 수 없었으며, 노비가 없어서 제물을 만들어 줄 사람이 없기 때문에 내가 직접 제물을 마련하고 있다."면서 완강하게 거절했다.[20]

위 사실을 보면, 서경덕이 모친상을 당한 것은 송겸이 개성 유수를 지내던 50세이거나 51세에 해당한다. 48세에 서울에 와서 문과에 응시하려고 3년 동안 머물던 바로 그 무렵에 모친이 세상을 떠난 것이다.

서경덕이 여묘살이를 끝내고 나자, 서울에 3년 동안 있을 때 명성이 널리 퍼진 서경덕에게 배우고자 하는 서울과 서울 근교의 재주 있는 젊은이들이 개성으로 몰려들었다. 토정土亭 이지함(李之菌; 1517-1578)을 비롯하여 초당草堂 허엽(許曄; 1517-1580), 치재恥齋 홍인우(洪仁祐; 1515-1564), 슬한재瑟偤齋 박민헌(朴民獻; 1516-1586), 연방蓮芳 이구(李球; 1494-1573), 사암思庵 박순(朴淳; 1523-1589), 관물재觀物齋 민기(閔箕; 1504-1568) 등이 줄지어 찾아갔다. 이들은 뒷날 정치적으로 또는 학문적으로 크게 이름을 떨친 명사들이었다.

물론 그 이전에도 서경덕은 개성에 사는 어린이들이나 평민 또는 젊은 선비들을 가르친 일이 있었다. 그 가운데 가장 저명한 사람이 차천로車天輅의 부친 차식(車軾; 1517-1575)이었다. 차식은 20세 이전의 동치童穉 때 서경덕을 찾아갔다고 하니, 서경덕이 40세 무렵이다. 그렇다면 그가 생원이 되기도 전에 개성지역에서는 명사로 알려져 있었음을 알 수 있다. 또 서경덕의 처지로 보면 어려운 생계를 위해서도 훈장 일을 할 필요가 있었을 것이다.

그러나 서경덕이 48세에 서울에 와서 3년 동안 지내면서 저명한 학자인 나식羅湜 등과 학문을 토론하면서 그의 명성이 급격하게 높아졌다. 서

---

20 《중종실록》 중종 39년 5월 1일자 기록.

울과 그 인근 지역의 젊은 선비들에게는 신선한 충격이었을 것이다.

당시 영남에는 이황李滉과 조식曺植이 있었지만 서경덕보다 13세 연하로서 아직 완숙한 학자는 아니었다. 또 거리가 멀어서 찾아가 배울 형편도 아니었다. 이제 서경덕은 개성을 넘어서서 서울권역을 대표하는 학자로 떠오른 것이다.

하지만 가난한 서경덕은 갑자기 몰려든 문인들을 맞이할 공간이 마땅치 않았다. 그래서 처음에는 탁타교槖駝橋 부근의 본가本家에서 문인들을 맞이했으나, 집이 너무 초라한데다 가족들이 살고 있어서 집 밖에 나가서 버드나무 밑에 앉아서 강론했다. 그러다가 경치가 좋고 부모 묘소가 있는 화담花潭에 서재書齋를 새로 지었는데 이것이 화담정사花潭精舍이다.

화담은 개성부 동북부에 있는 곳으로 나성羅城 밖에 있었다. 《송도지松都志》를 보면, 개성 동북부에 오관산五冠山과 성거산聖居山이 버티고 있는데, 그 남쪽 자락에 용암산湧岩山이 있다. 그 산 남쪽에 꽃처럼 생긴 연못은 화담花潭, 또는 화암花巖으로도 불렸다. 연못 오른쪽에 비취색 암벽이 깎아놓은 듯이 서 있어서 그 모습이 마치 병풍처럼 보였다. 연못 옆에 수십 명이 앉을 만한 넓은 바위가 있는데, 서경덕은 여기에서 낚시를 즐겼다. 뒤에 이 바위 옆에 어떤 사람이 서사정逝斯亭이라는 정자를 세웠다. 화담 부근에 서경덕 부모의 묘소가 있다. 유명한 박연폭포는 화담 북쪽 대흥산大興山 자락에 자리 잡고 있어서 거리가 그다지 멀지 않았다.

18세기 문인 화가 표암豹菴 강세황(姜世晃; 1713-1791)이 개성의 여러 명승지를 유람하면서 그린 《송도기행첩松都紀行帖》이라는 화집畫集이 지금 남아 있는데, 그 가운데 서사정逝斯亭 일대의 경치를 그린 그림이 남아 있다. 다만 이 그림 속에 보이는 3칸 기와집은 화담정사가 아니고, 후대에 세운 서사정逝斯亭이라는 정자를 그린 것이다. 그러나 서경덕이 낚시를 즐기던 바위와 연못, 그리고 연못 주변의 절벽들이 실감나게 묘사되어 있다.

화담정사는 서너 칸쯤 되는 초가였는데, 집 주변에 오동나무, 복숭아나무, 살구나무 등을 심고, 나무로 천체관측기구인 선기옥형璇璣玉衡을 만들어 마당에 설치하고, 약초와 토란 등을 기르는 조그만 채전菜田을 만들어 서경덕이 직접 가꾸었다고 한다. 여종이 집일을 돌보아 준 것 같다.

탁타교 부근의 본가에서 화담을 가려면, 두 개의 길이 있다. 하나는 동북 방면의 개울 길을 따라 나성羅城의 동북문인 탄현문炭峴門으로 나가는 길인데 도중에 선죽교善竹橋, 정몽주를 모신 숭양서원崇陽書院, 그리고 성균관成均館을 거친다. 또 하나의 길은 나성의 동문인 숭인문崇仁門으로 나가서 위로 올라가는 길이다. 서경덕이 어떤 길을 이용했는지는 알 수 없다. 화담이 지은 시 가운데에는 화담정사의 생활을 그린 시들이 매우 많다.

서경덕이 화담정사를 지으려는 꿈은 34세 때 남방 명승지를 여행하고 돌아와서 지은 시 가운데 이미 암시되어 있었는데, 그 꿈이 비로소 이루어진 것이다. 화담정사가 완성된 것은 늦어도 52세 무렵으로 보인다. 이해에 문인 홍인우洪仁祐가 화담정사를 방문했다는 기록이 보이기 때문이다.

15) 문인들과 만날 때의 일화들

화담정사를 세울 즈음에 서경덕을 찾아 몰려들고 있던 문인들 가운데 스승과 제자들이 해후할 때의 일화들이 여러 문인들의 《문집》에 보인다.

그 가운데 허엽, 이지함, 홍인우, 박민헌, 박순, 강문우 등에 관한 이야기가 가장 구체적이고, 기이한 이야기가 담겨 있어서 이를 소개하기로 한다.

서울에서 가장 먼저 서경덕을 찾아간 사람 가운데 한 사람은 토정土亭 이지함(李之菡; 1517~1578)이었다. 서경덕이 49세 되던 중종 32년(1537) 무렵에 20여 세의 이지함이 책을 짊어지고 개성을 찾았다. 이때는 서경덕이 서울에 머물 때였지만 모친이 있는 개성을 왕래하고 있었던 것으로 보인다. 화담정사는 아직 축조되지 않았으므로 서경덕의 본가를 찾은 듯하다.

그런데 이상한 일이 벌어졌다. 이지함이 서경덕 본가 부근에 있는 어느 행상行商의 집에서 기숙했는데, 그 장사꾼의 젊고 아름다운 부인이 사내다운 모습의 이지함 풍채에 반하여 남편을 밖으로 내보내고, 밤에 이지함의 침소로 들어가서 유혹하는 사건이 벌어졌다. 이지함이 남녀 간의 윤리를 들어서 엄하게 꾸짖으면서 거절하자 그녀는 처음에는 웃다가, 다음에는 부끄러워하다가, 마침내는 울면서 나갔다.

그녀의 수상한 행동을 의심한 그 남편이 몰래 집에 들어가서 아내와 이지함이 나누는 대화를 엿들었다. 이지함의 반듯한 태도를 보고 감동한 그는 서경덕을 찾아가서 그 사실을 말했다. 서경덕은 이지함을 찾아가서 두 손을 잡고 이르기를, "그대의 학업은 내가 더 이상 가르칠 것이 없다. 집으로 돌아가기를 바란다."고 했다.

서경덕은 제자들을 가르칠 때 가장 강조한 것이 여색女色을 멀리하라는 것이었다. 그것이 바로 격물치지格物致知의 시작이라고 강조했다. 모든 의리의 출발은 혼자 있을 때 행동에 어긋남이 없어야 하는데, 이를 '신독愼獨'이라 했다. 여색을 탐하는 것은 바로 '신독'을 하지 못한다는 것이고, '신독'을 못하는 사람은 다른 일도 옳게 하지 못한다는 것이다.

서경덕은 문인 허엽에게 이런 말을 한 일도 있었다. 자신이 전에 해주海州에 갔을 때 그곳 수령이 기생을 침소에 들여보냈으나 서경덕이 옷도 벗지 않고 잤더니 마음과 몸이 편안했었다고 했다. 황진이黃眞伊가 서경덕을 유혹하다가 실패했다는 일화도 사실로 보인다.

이지함이 뒷날 기이하면서도 극히 서민적인 행적을 보이고, 상업입국商業立國의 꿈을 지니고 일생을 보낸 것은 서경덕의 영향이 큰 것으로 보인다.

서경덕이 52세 되던 중종 35년(1540)에는 26세의 치재恥齋 홍인우(洪仁祐; 1515-1564)가 화담정사를 찾아가서 가르침을 청했다. 이때는 이미 화담정사가 완공된 것을 알 수 있다. 이해 서경덕은 네 차례나 홍인우를 접견했다. 첫 번째는 2월이었다. 홍인우가 화담정사를 찾아와서 명함을 올리자 서경덕이 "어서 들어오라."며 반가이 맞이하여 두 사람이 맞절을 한 다음 담화를 시작했다.

> 홍인우: "학문에 뜻을 두고자 했사오나 방향을 모르겠습니다. 가르쳐 주십시오. …… 공公께서 학문이 돈독하시고 힘써 실행하여 고명하신 경지에 들어가 계시다고 들었습니다. 제 평생의 의혹을 풀어주시기 바랍니다."
>
> 서경덕: "내가 고명하다는 것은 허명虛名이고, 그대가 도를 구하려는 것은 진실이오. ……"

홍인우가 선천先天, 후천後天, 이기理氣와 체용體用의 시작과 끝에 대하여 물으니, 설명이 자세하고 분명함이 마치 대나무를 쪼개는 듯했다. 다음에 몸가짐, 마음가짐, 임금과 백성을 돕는 일, 군자君子가 도道를 얻고서도 은둔하여 벼슬하지 않는 것은 옳은 일인가 등을 물었다.

서경덕: "선비의 처신은 한 가지가 아니오. 도道가 있어도 때가 좋지 않으면 번민하는 자가 있고, 자기의 분수를 헤아려 스스로 나가지 않는 자가 있고, 스스로 산림에 들어가서 자신이 좋아하는 것을 따라서 사는 사람이 있고, 덕이 부족하면서도 생민生民의 곤궁을 좌시하지 못해 어쩔 수 없이 세상에 나가는 사람이 있소이다."

홍인우: "공께서는 이곳에서만 사실 예정입니까?"

서경덕: "평생 성현聖賢의 글만 읽고 과거시험 준비를 하지 않았소. 또 두 번이나 조정에 천거되었어도 조정에 도움을 주지 않았소. 게다가 이미 천명天命을 아는 나이가 되었소. 뜻이 이곳에 있으니 어찌 감히 벼슬을 바라겠소. 어찌 감히 바라겠소."

홍인우가 서경덕을 보니 풍모가 고고하고, 의관衣冠이 엄숙하며, 이미 산야山野의 노인이요, 참으로 숨은 군자의 모습이었다. 대화가 끝나자 서경덕이 홍인우를 이끌고 화담을 구경시켜 주었는데, 별천지처럼 아름다웠다.

8월 6일에 홍인우는 두 번째로 방문했다. 이번에는 화담정사가 아닌 탁타교 부근 본가에서 만났는데, 겨우 비바람을 막을 정도로 허름했다. 방으로 들어가지 않고 버드나무 그늘에 앉아서 대담했다. 〈하도낙서河圖洛書〉와 〈태극도太極圖〉 등에 대하여 이야기를 나누었는데, 다 마치지 못하고 끝났다.

사흘 뒤인 8월 9일에는 서경덕이 홍인우가 묵고 있는 우사(寓舍; 여관)로 찾아가서 이야기를 나누었다. 스승이 제자를 찾아간 것이다. 문인에 대한 겸손함이 보인다. 서경덕은 "그대(足下)야말로 참으로 나의 벗이요." 하면서 홍인우를 격찬했다.

그로부터 또 사흘 뒤인 8월 12일에 홍인우가 스승을 찾아갔다. 이번에는 동상(東床; 동쪽 마루)[21]에 가서 북송 학자 장재(張載; 횡거)가 지은 《정몽正蒙》[22]을 배웠다. 서경덕은 홍인우처럼 학문이 빠르게 발전하는 사람은 처음 보았다고 칭찬했다. 그러나 홍인우는 다시 이황을 찾아가서 서경덕에게 배운 것을 가지고 토론하면서 정신수양을 강조하는 이황의 주정主靜과 경敬 사상에 기울어졌다. 하지만 이황에게 서경덕을 '명세지재命世之才', '경세지학經世之學', '동방의 호걸'이라고 부르면서 과소평가하면 안 된다고 말했다. 그는 평생 벼슬은 하지 않았다.

서경덕이 53세가 되던 중종 36년(1541)에는 슬한재瑟僩齋 박민헌(朴民獻; 1516-1586)이 서경덕 문하에 들어갔다. 서경덕은 다음 해 여름에 그가 원부元夫라는 자字를 바꾸어 달라고 청하자 '이정頤正'으로 바꾸어 주었다. '원元'이라는 글자는 천덕(天德; 元亨利貞)의 으뜸으로 모든 선善을 갖추고 있다는 뜻이므로 초학자가 스스로 이를 자처하는 것은 마땅치 않다고 했다. '이정'이라는 자字는 "스스로 힘쓴다"는 뜻이고, 그렇게 힘쓴다면 '원부'가 될 수도 있다고 했다. 서경덕은 박민헌에게 홍인우와 가까이 지내라고 당부하기도 했다.

서경덕은 다음 해 겨울에 박민헌에게 《대학》의 〈혹문或問〉을 가르치면서 이렇게 말했다. "문자로만 보는 의리義理는 모두 옛사람들의 말초(末梢; 찌꺼기)에 지나지 않는다. 긴요한 것은 그 저변底邊을 얻는 것이다."라고 했다. 다시 말해 성현들의 말만 배운다고 의리를 아는 것이 아니라, 그 근본을 아는 것이 중요하다는 뜻이다. 이 말은 서경덕이 허엽에게 '격물치지'를 가르치면서, 여색을 가까이하지 않는 것이 격물치지라고 말한 것과도 서로 통한다. 박민헌은 선조 때 벼슬이 관찰사와 형조

---

21 동상東床은 동쪽마루를 가리키기도 하고, 사위집을 가리키는 경우도 있는데, 어느 쪽인지는 확실히 알 수 없다.
22 북송 학자 장재張載가 지은 책으로 주기론主氣論을 펼친 역학서易學書이다.

참판에 올랐다.

박민헌의 문인으로 한효윤(韓孝胤; 1536~1640)이 있었는데, 한효윤의 아우가 한효순(韓孝純; 1543-1621)이고, 한효윤의 두 아들이 한백겸(韓百謙; 1552-1615)과 한준겸(韓浚謙; 1557-1627)이다.[23] 한효순과 한백겸은 실학자가 되었다.

홍인우, 박민헌 등을 가르치던 그해 서경덕은 개성 토박이 평민 두 제자가 옷을 선물하자 고마운 뜻을 담은 시를 써서 주었는데, 이균李均과 황원손黃元孫이다. 그 시는 이러하다.

운림雲林에 은둔한 선비 있어	雲林有逸士
뜻은 높으나 아무도 알아주지 않네	高義無人知
도道의 맛을 곱씹고 살면서	咀嚼道中味
오래 굶주려도 걱정하지 않네	不憂腹長飢
마음은 비단으로 꾸미고 있으나	錦繡裝其內
몸에는 온전한 옷이 없다네	身上無完衣
배고픔과 추위, 세상에 짝할 바 없으나	飢寒世無比
도리어 부잣집 아이를 비웃네	飜笑富貴兒
눈덮인 집에서 홀로 시를 읊조리고	孤吟雪屋下
웅크린 몸이 얼어붙은 거북이 같네	縮身如凍龜
사귀는 아랫사람 이생李生이 있어	下交有李生
옷을 벗어 주고자 하네	解衣願與之
후의가 고마워 어찌 거절하리	厚意安能拒
마땅히 받아 두었네	留之惟得宜

23 한영우, 《나라에 사람이 있구나: 월탄 한효순이야기》(지식산업사, 2013) 참고.

사람된 성품이 착하고 선량하며	爲人性慈良
효성스럽고 삼가며 거짓말을 모르네	孝謹言不欺
일찍이 위독한 어미 병 걱정하다	嘗患母病篤
똥을 맛보고 하늘에 조아리며 슬퍼했네	嘗糞叩天悲
황생黃生도 또한 비범하고	黃生亦殊凡
하늘에서 영특함을 타고났다네	穎悟得天資
두 학생 모두 나를 극진히 여겨	兩生最善余
자주 와서 서로 어울렸네	數數來相隨

〔황생도 옷을 주었다〕

| 고마운 뜻 글로 써서 | 聊敍相厚意 |
| 시로써 소중하게 갑사드리네 | 珍重贈以詩 |

두 사람이 이름 없는 평민이지만 부모에게 효도하고, 스승을 극진히 존경하고, 거짓말을 할 줄 모르는 순박한 사람들이었음을 알 수 있다. 두 사람 모두 개성 토박이였으므로 만나는 기회가 많아 함께 개성 근교의 산사山寺를 유람하면서 지은 시가 여러 편 있다. 이들은 뒷날 벼슬을 하지 않고 평민으로 살다가 세상을 떠났다.

서경덕 문인 가운데 강문우(姜文佑; ?-?)와 만남도 재미있는 일화가 있다. 강문우는 바로 서경덕이 48세에 서울에 와서 머물 때 우거하고 있던 집주인 강원姜源의 아들이다. 강원이 서자였으므로, 강문우도 서손庶孫이었다. 강문우가 서경덕을 처음 만난 것이 언제인지는 확실치 않으나 늦어도 강원의 집에서 우거하던 시절에는 이미 서로 알고 있었을 것이다.

그러나 강문우가 서경덕을 찾아와서 학문을 배우기 시작한 것은 서경덕이 개성으로 돌아간 뒤였다. 어느 날 강문우가 서경덕을 찾아갔는데 점심때가 되어도 식사를 하지 않고 강론만 계속했다. 강문우가 이상하게 여겨 부엌으로 가서 부인에게 물어보았더니, 식량이 떨어져 어제부터 굶고 있다고 말했다. 이때 찾아간 집이 화담정사인지 본가인지는 알 수 없으나 부인이 함께 살고 있었다면 본가인 듯하다. 강문우는 뒤에 쌀부대를 짊어지고 다시 스승을 찾았다.

서경덕이 이틀이 아니라 엿새 동안이나 굶으면서 강학에 임했다는 일화도 있다. 초당草堂 허엽許曄이 서경덕을 찾아갔을 때의 일이다. 허엽은 서경덕이 48-50세에 서울 강원姜源의 집에서 우거하고 있을 때 서경덕을 두 번이나 찾아가 배움을 요청했음은 앞에서 이미 말했다. 이때 허엽은 21-23세로서 스승이 도를 닦는 방법을 가르쳐 주었으나 이를 제대로 깨닫지 못하고 있다가, 3-4년 뒤에 가서야 비로소 깨닫고 기쁨을 느꼈다.

그러나 부족한 점을 더욱 바르게 다스리고자 다시 서경덕을 찾아가기로 마음먹고 27세 되던 해 3월에 평안도에서 부친을 따라 서울로 오는 도중에 개성에 들러 스승을 다시 만났다. 이때 서경덕은 말에서 떨어져 다리를 다쳐 몸이 불편한 상태였는데, 허엽에게 물었다.

"전에 서울에서 두 차례 만나 이야기를 나눈 것을 나는 아직도 잊지 않고 있는데 격조한 지 오래되었소. 그동안 얻은 것이 무엇이 있던가?" 하니 허엽이 엎드려 대답했다. "네, 네. 감사합니다. 그런데 아직도 얻지 못한 것이 있습니다. 덕을 밝히는 방법으로 격물치지를 말씀하셨는데, 이는 《대학》에 있는 것으로 주자朱子와 정자程子가 이미 말한 것인데, 선생께서는 왜 선유先儒의 가르침으로 인용하시지 않고, 자신의 고견으로만 따로 말씀하시는지요?" 그러자 서경덕이 말했다.

세상에 영재英才들이 많으나 나이가 들고 힘이 강해지면 머리를 숙이고 세속에 빠지는 자가 매우 많소. …… 학자들이 다른 것은 다 이겨 내고 있으나 여색만은 초탈하지 못하고 있소. 학문의 근본은 신독(愼獨; 혼자 있을 때 조심함)에 있는데 여색에 빠지는 것은 신독을 못하는 것이오.

서경덕은 이렇게 말하면서 자신의 경험을 말해 주었다.

내가 17세에 처음으로 남녀관계의 일을 알게 되었는데, 동네에서 남녀가 희롱하는 것을 보고 사람들에게 "저것이 좋은 일인가, 나쁜 일인가?"를 물어보았더니 모두가 "매우 나쁜 일"이라고 했소. 이때부터 나는 여색을 금했는데 50이 되도록 처음과 같소. 예전에 해주 관청에 놀러 갔는데, 관례대로 기생을 들여보냈소. 나가라고 했으나 나가지 않아 옆방에서 자게 했소.

허엽은 이 말을 듣고 악을 물리치는 맹렬함이 서경덕과 같다면 천하에 선善이 이루어지고, 도道의 참맛을 알게 될 것이라고 생각했다. 그래서 허엽은 바로 친구 노수신盧守愼에게 글을 써서 보냈는데, 그 글이 바로 앞에서 소개한 바 있는 〈송노과회서送盧寡悔序〉이다.

서경덕이 생각하는 도道에 나아가는 '격물치지'는 복잡하고 어려운 것이 아니었다. 바로 일상생활에서 혼자 있을 때 몸가짐을 반듯하게 갖는 것이고, 특히 여색을 멀리하는 것을 격물치지의 핵심으로 보았다.

사실 조선시대 정치가 부정부패한 원인을 캐 보면 그 바탕에는 임금이나 고관들의 지나친 여색에서 비롯되는 일이 허다했다. 허엽은 서경덕으로부터 지식을 많이 배웠다기보다는 살아가는 데 필요한 지혜를 더 많이 배운 셈이다. 그런 그가 또 한 번 서경덕의 삶을 보고 놀란 일이 있었다.

어느 해인지는 알 수 없으나 7월 장마철에 허엽이 개성으로 가서 먼저 본가를 찾았더니, 이미 엿새 전에 화담별서(花潭別墅; 화담정사)로 갔다고 했다. 허엽은 그곳으로 가려고 했으나 장마로 개울물이 불어나서 가지 못하고 있다가 저녁에 이르러서야 물이 빠져 겨우 건너가서 스승을 만났다. 이때 스승은 거문고를 타면서 큰 소리로 시를 읊조리고 있었다. 허엽이 저녁밥을 짓겠다고 하니 서경덕이 "나도 먹지 않았으니 내 몫까지 지으라." 하여 부엌에 가서 솥뚜껑을 열어 보니 솥 안에 이끼가 가득 차 있었다. 허엽이 이상히 여기고 그 까닭을 묻자 서경덕은 "물이 막아서 집사람이 엿새 동안 오지 못하여 내가 오랫동안 식사를 하지 못했소. 그래서 이끼가 끼었을 것이오."라고 말했다. 허엽이 스승의 얼굴을 보니 조금도 굶주린 기색이 없었다.

이 기록은 허엽의 아들 허균의 《문집》에 보이는 글이다. 굶기를 밥 먹듯 하면서도 태연자약하게 강론에 열을 쏟고 노래를 즐기는 모습이 신선이 아니고 무엇이겠는가.

이 밖에도 제자들이 기록한 서경덕에 얽힌 기담奇談들이 무수히 많다. 그 문인들이 서경덕을 존경한 이유가 한두 가지가 아니었음을 알 수 있다. 서경덕은 학문을 글로만 가르치는 것이 아니라 몸으로 가르치는 스승이었다. 그래서 더욱 그를 존경했다.

서경덕은 이렇게 50세 전후한 시기에 갑자기 많은 문인들을 만나게 되었지만 58세에 세상을 떠났으니, 후학을 가르친 시기는 얼마 되지 않았다. 그래서 문인들은 학문을 끝까지 다 배우지 못한 것을 한스럽게 여겼다. 어숙권魚叔權의 《패관잡기稗官雜記》를 보면, "선생의 학문이 이미 이루어졌으나, 선비들이 처음에는 존경하지 않고 있다가 만년晚年에 이르러 점점 문하로 들어갔기 때문에 모두 졸업하지 못했다."고 한탄했다. 그러니까 서경덕과 제자들이 만나 학문을 토론한 기간이 짧기 때문에 충분히 배우지 못하고 끝난 사람이 많다는 말이다.

16) 54세: 개성 유수 박우朴祐와 그 아들 박순朴淳, 조욱趙昱과 교유하다

서경덕이 54세 되던 중종 37년(1542)에는 뒷날 선조 때 영의정에까지 오른 사암思庵 박순(朴淳; 1523-1589)을 문인으로 맞이했다. 박순과 만남은 그의 부친 육봉六峰 박우(朴祐; 1476-1547)가 개성 유수로 부임한 것이 계기가 되었다. 박우는 명신 눌재訥齋 박상(朴祥; 1474-1530)의 아우다.

어느 날 박우는 서경덕이 고명한 학자라는 것을 알고 그를 집으로 불러 아들 박순과 학문을 토론하도록 마련했다. 이때 박우는 창밖에서 두 사람의 대화를 엿듣다가 서경덕이 뛰어난 선비라는 것을 알고, "서경덕은 참으로 신선이구나."라고 경탄하면서 그가 집으로 돌아갈 때에는 문밖까지 나가서 배웅했다. 그 뒤로 서경덕과 13세 연상인 박우는 서로 시를 주고받는 시우가 되었는데, 그 시들이 여러 편 《화담집》에 실려 있다. 이를 소개하면 다음과 같다.

특별한 땅 화담에 조용히 살 곳 정했는데	花潭特地卜幽居
숲이 깊어 사람 왕래 적어 좋기만 하네	爲愛林深車馬踈
티끌 속 가기 싫어 지팡이와 발길 돌리너	懶向塵中回杖屨
기수에서 목욕하고픈 간절한 마음뿐이네	浴沂狂性未能除
요즘 산속에서 한가롭게 글 읽다가	近日山齋剩讀書
우리 고을 수령님 멋진 시를 받았네	得吾邦宰樂紆餘

사마광의 푸른 눈을 반갑게 맞이했으니   擬邀司馬公靑眼

천진의 소옹 움막집 한번 돌아보소서   一顧天津邵子廬

또 어느 해 햇복숭아를 박우에게 보내면서 지은 시가 있다.

구석진 땅에 심은 푸른 복숭아   碧桃植在水雲鄕

맑고 시원한 맛에 향기는 이슬같네   味帶淸冷風露香

감히 무릉도원 복숭아에 비기면서   堪擬武陵源上實

그대에게 먼저 맛보게 드립니다   獻吾舅父得先嘗

박우 아들 박순은 선조 때 영의정에 오르고, 서인의 영수가 되어 율곡 이이李珥의 개혁정책을 적극 지지한 인물이기도 했으며, 나주 출신으로 호남 선비들을 뒤에서 크게 도왔다. 호남 선비 곤재困齋 정개청(鄭介淸; 1529-1590)을 가르치고 서경덕에게 소개한 것도 그였다.

박순의 형 박개(朴漑; 1511~1586)[24]도 참봉(參奉; 종9품)을 지내다가 부친이 개성 유수가 되자 정자正字 임회(林薈; 1508-1573)[25]와 더불어

---

24 박개는 21세 되던 중종 26년(1531)에 향시鄕試에 급제했으나 회시會試를 포기하고 음보로 참봉의 벼슬을 받았다가, 명종 1년에 주부(6품)에 가자加資되었으나 사헌부에서 반대하여 다시 참봉으로 격하되었다. 뒤에 현감과 군수를 지냈다. 아호는 인파처사潭波處土이다. 그가 친구 임회林薈와 더불어 서경덕을 방문하여 박연폭포에 간 것은, 아버지 박우朴祐가 개성 유수가 된 중종 37년(1542) 무렵으로 보인다. 이때 임회는 2년 전에 문과에 급제하여 벼슬이 정자正字에 이르렀다.

25 임회는 본관이 부안扶安으로 장흥長興 사람이다. 초명은 임회林誨이고, 아호는 죽곡竹谷이다. 아버지는 임경손林景孫이다. 그러나 《족보》에는 그의 가계가 보이지 않는다. 중종 29년에 진사가 되고, 33세 되던 중종 35년(1540)에 문과에 급제하여 벼슬로는 여러 지역의 목사牧使를 지냈다. 조선 8대 문장가의 한 사람으로 알려지고 있다.

가을철에 개성을 방문하여 박연폭포에서 서경덕과 함께 유람하다가 시를 받았다. 서경덕이 박개와 임회에게 써 준 시는 아래와 같다.

품은 뜻 마땅히 이룰 것이니	有懷宜輒遂
백 년 세월은 긴 것이 아니로다	百年未爲久
지팡이 짚고 읊으며 동천洞天에 오니	吟筇入洞天
흰 구름이 옷소매를 꾸며주네	白雲粧衣袖
아름다운 경치 시를 부추기고	景奇或上詩
흥이 나서 술잔을 들기도 하네	興來時把酒
가을이 깊어져 계절이 바뀌고	窮秋感節換
나뭇잎이 떨어져 천지가 파리하네	木落天地瘦
여기서 노는 것 어찌 즐겁지 않은가	玆遊曷不樂
함께 온 사람 모두가 준수하네	同來皆俊秀

이 시는 두 사람이 수재들로서 빨리 출세하기를 기원하면서 박연폭포를 유람하는 즐거움을 노래하고 있다.

서경덕은 54세 때 또 한 사람의 시우를 만나 교유하기 시작했다. 9세 연하의 보진재葆眞齋 조욱(趙昱; 1418-1557)이다. 그는 본관이 평양으로 서울에서 출생했지만 고향은 고양高陽이고, 지평砥平에서도 살았으며, 만년에는 지평 옆 용문산龍門山으로 들어가서 은거했다.

조욱의 증조는 공조좌랑을 지낸 조승趙承이고, 조부는 첨지중추를 지낸 조득인趙得仁, 부친은 정주판관을 지낸 조수함趙守諴이다.[26] 서울 청파리靑坡里에서 출생하여 19세에 생원과 진사에 급제하고 나서 조광조趙光

---

26 일설에는 조욱이 개국공신 조준趙浚의 후손이라고 하나,《족보》를 보면 다르다.

祖 문하에서 학문을 배웠다. 22세 되던 중종 14년(1519) 기묘사화 때 조
광조 일파와 연루되었으나 나이가 어려 면죄되었다.

기묘사화에 실망한 조욱은 경기도 지평砥平에 집을 짓고 살면서 28세
되던 중종 20년(1525)에 어머니 권유로 과거시험에 응시했으나, 전시殿
試에서 고시관이 그가 기묘당인이라 하여 내쫓아 낙방했다. 이에 또 한
번 실망한 그는 학문에 전념하기로 마음을 먹고 지평의 집을 '보진암葆
眞庵'으로 고쳐 불렀다.

보진암 시절부터 조욱은 금강산을 비롯하여 전국 명승지를 유람하다
가 노부모의 봉양을 위해 참봉직을 받기도 했으나 43세 때 모친상까지
당하여 3년 동안 여묘살이를 했다. 그러다가 여묘살이가 끝난 45세부터
산속으로 은거할 것을 결심하고 48세에 용문산龍門山으로 들어갔는데, 45
세 이후로 자신과 뜻이 맞는 선비들과 적극적으로 교유하기 시작했다.

서경덕과의 교유도 이 무렵부터인데, 당시 서경덕은 9세 연상으로 54
세에 이르렀다. 서경덕과 조욱이 주고받은 시는 《화담집》과 《용문집》에
모두 보인다. 특히 서경덕이 죽던 해 지은 〈곡서가구哭徐可久〉에서는 서
경덕의 일생을 이렇게 묘사했다.[27] 그 시는 이렇다.

평생 우러르며 벗으로 살아왔는데	仰止平生舊
어찌하여 여기에 이르렀는가	胡爲而至斯
시끄러운 소리 그치지 않았으나	群咻方未已
홀로 서서 의심하지 않았네	獨立自無疑
요부[邵雍]의 역학易學 좋아하고	玩意堯夫易
두보의 시詩는 사람들을 놀래켰네	驚人杜甫詩

27 조욱의 《용문집》 권4 둔촌록遯村錄.

화담에 고인 천고千古의 물   花潭千古水

슬픔에 넘쳐 오열하며 흐르네   嗚咽有餘悲

이 시를 보면 조욱은 서경덕이 소옹邵雍의 상수역학象數易學과 두보杜甫의 당시唐詩에 매료되어 그를 우러러보고 있었음을 알 수 있다.

인종이 죽고 명종이 즉위한 뒤로 50대에 들어선 조욱은 양평 용문산에 은거하면서 학문에 전심하면서 후학들을 가르치기 시작하자 문생들이 많이 모여들었다. 55세 되던 명종 7년에 유일로 천거되어 다음 해 내섬시 주부에 제수되었고, 57세 되던 명종 9년 1월에는 장수현감長水縣監에 제수되었다가 다음 해 6월에 벼슬을 버리고 다시 용문산으로 돌아왔다.

명종 11년(1556)에는 황해도를 유람하면서 최충崔冲을 모신 해주의 문헌서원文憲書院을 찾아가서 참배하고 돌아왔다. 다음 해 말에 그는 서울의 청파리 옛집으로 돌아와서 향년 60세로 세상을 떠났다. 영조 16년에 김재로金在魯의 청원으로 그는 이조참의에 증직되고, 양평의 용문서원龍門書院에 배향되었다. 저서로 《용문집龍門集》이 전한다.

서경덕이 조욱에게 써 준 시는 여러 편이 있는데, 다음과 같다. 하나는 도가수련서인 《참동계參同契》[28]를 읽고 있는 것을 보고 장난삼아 쓴 시이다.

---

28 《참동계》는 후한 때 위백양魏伯陽이 지었다고도 하고, 당나라 때 희천(希遷; 700~790)이 지었다고도 하여 확실치 않다. 원문은 5언 44구 220자로 되어 있는 간단한 책이지만 그 뒤에 많은 주석서가 발간되었다. 내용은 장수를 위한 수련방법으로 불교, 도교, 상수역학이 합쳐져 있는데, 단약丹藥을 만들어 먹기도 하고, 명상과 단전호흡丹田呼吸 등도 가미되어 있다. 말하자면 신선神仙이 되는 수련법이다. 조선시대 재야에 은거한 은둔자들이 이 책을 애용했다.

내 몸은 연홍약(丹藥)의 재료이너	吾身鉛汞藥之材
물과 불이 조화되어 성태(金丹)가 맺혔네	水火調停結聖胎
혼돈의 앞자락이 현모(만물의 어미)에 닿아	混沌前頭接玄母
희이(희미함) 속에서 어린아이 되었네	希夷裏面得嬰孩
삼삼사정(단약)이 간절하게 구르너	三三砂鼎慇懃轉
육육동천(神仙山)이 차례로 열리네	六六洞天次第開
내가 바로 옥도(天帝鄕)의 진인眞人이너	余是玉都眞一子
이것이 바로 회회(밝음)임을 모르네	無人知道是回回

　이 시는 수련도교에서 말하는 단약丹藥을 먹고 현모玄母와 만나서 영해(어린아이)가 된다는 것을, 각각 《역경易經》에서 말하는 '물과 불', '혼돈', '희이(희미함)'로 바꾸어 시를 지은 것이다. 그러니까 단약을 먹는 수련도교보다 역학을 배우는 것이 더 중요하다는 뜻을 담고 있다.
　또 하나의 시는 다음과 같다.

하늘 가운데 서 있어도 부끄럼 없고	將身無愧立中天
흥취는 맑고 온화한 경지에 들어갔네	興入淸和境界邊
내 마음이 대신을 가벼이 여기지 않으나	不是吾心薄卿相
본뜻을 좇아 산속에 산다네	從來素志在林泉
진실함을 밝히는 일을 더욱 넓히고	誠明事業恢遊刃
현묘한 양생술은 조금 더 앞서네	玄妙機關少著鞭
주경主敬이 이루어져야 하늘을 대하지	主敬功成方對越
창에 가득 찬 풍월이 어쩌나 한가로운지	滿窓風月自悠然

이 시는 벼슬아치를 무시하지는 않지만 내 뜻이 산속에 은거하는 것이라고 밝힌 것이다. 아마도 조욱이 벼슬을 권하자 그에 대한 답변으로 지은 듯하다.

17) 56세(1): 개성 유수 이찬과 교유하다

서경덕이 56세 되던 해인 중종 39년(1544) 1월에 9세 연하의 수곡守谷 이찬(李澯; 1498-1554)이 개성 유수로 왔다. 유수가 오면 서경덕과 교유하는 것이 거의 관례가 되었다. 서경덕의 명성이 높은 만큼 사람들은 그의 삶과 학문을 존경했다.

그러면 이찬은 어떤 인물인가? 그는 본관이 경상도 고성固城이다. 고려말 원나라 간섭기의 명유인 행촌杏村 이암李嵒의 후손이다. 이암은 원나라가 고려를 직속령으로 만들고자 하는 시도를 반대했다. 또《단군세기檀君世紀》의 저자로도 알려져 있으며,《농상집요農桑輯要》를 널리 보급한 공로가 큰 인물이었다.

이찬의 조부는《청파극담青坡劇談》의 저자인 이륙李陸이다. 중종 18년에 문과에 급제하여 벼슬길에 나아갔으나 권신 김안로金安老에게 미움을 받아 벼슬이 파직되고 귀양살이를 하다가 권신들이 숙청된 중종 33년에 사면되어 다시 벼슬길에 올라 대사간을 거쳐, 중종 39년 1월에 개성 유수로 오게 된 것이다. 명종 때 소윤파와 다시 갈등을 빚다가 세상을 떠났다.

이찬의 생애가 선비의 존경을 받을 만큼 깨끗했기 때문에 서로 뜻이 잘 맞아 교유도 그만큼 깊었고 서로 시를 주고받는 시우가 되었다. 서경덕이 써 준 시를 소개하면 다음과 같다.

티끌 같은 일은 언제 끝날까	塵事何時盡
말하고 기뻐함은 때에 맞아야지	講歡須及辰
술은 돈으로 살 수 있다지만	有錢能買酒
봄을 머물게 할 꾀는 없구나	無計可留春
꽃나무에 붉은 꽃 터지고	花樹紅初綻
실버들은 푸르게 물드네	柳絲綠半勻
하늘이 주신 좋은 경치	東君呈景物
놀지 않으면 웃음거리 되겠지	應笑不遊人

이 시는 봄을 찬미하는 서정시라고 볼 수 있다.

또 어느 해 한가윗날 밤에 유수 이찬을 만나 술잔을 나누면서 지은 두 수의 시가 있다.

오랜 친구를 위해 술판 벌이고	側〔特〕蹲聊爲故人開
한가위 달 아래 함께 잔을 주고받네	共酌中秋月下杯
개울 국화, 바위 단풍, 지금이 좋을시고	溪菊巖楓今更好
좋은 날 다시 만나기를 약속합니다	約逢佳日得重陪

누추한 집 앞 가마 세워두고	御駕衡門下
술잔 들고 밤 깊도록 이야기하네	携罇話夜深
천금 보배처럼 값진 마음	千金珍重意
거친 시로 보답하기 부끄럽네	投報愧荒吟

이 시는 한가윗날 달밤에 단둘이 앉아 술을 마시면서 담화를 나누었

는데, 뜻이 잘 맞아 기분이 좋았다는 것을 피력하고 있다.

이찬은 명종 때에도 벼슬을 했으나 소윤파와 맞지 않아 유배를 가기도 하고 좌천되었다가 명종 9년에 세상을 떠났다. 《실록》에는 그의 행실을 다음과 같이 평했다.

사람됨의 성품이 대범하고 조용하고 시세時勢에 붙좇지 않았다. 만년에는 병이 많아 한직閑職을 받았으나, 국가의 녹을 사양했다. 죽은 뒤에 집이 가난하여 장사 지내는 일조차 힘들었다.

이찬의 이런 행실을 보면 서경덕과 뜻이 잘 맞는 인물이 될 수밖에 없었다고 여겨진다.

18) 56세(2): 5월 후릉厚陵 참봉에 천거되었으나 사직하다

56세 되던 중종 39년(1544) 5월 1일에 서경덕은 생전 처음으로 유일로 천거되어 후릉厚陵 참봉직(종9품)을 받았다. 과거에도 두 차례나 천거를 받았지만 벼슬이 내려지지는 않았는데, 이번에는 벼슬이 처음으로 내려진 것이다.

이번에는 성균관 유생들이 왕명을 받아 집단으로 서경덕을 유일遺逸로 천거한 것이 가납되어 이루어진 것이지만, 사실은 4년 전에 대제학 김안국金安國이 이미 천거한 바가 있었다. 그러나 그때에는 정3품 이상의 관료들이 수십 명을 천거했기 때문에 서경덕은 벼슬을 받지 못했다. 그러다가 이때 비로소 벼슬이 내려진 것이다. 그러나 김안국은 이미 지난해 1월에 세상을 떠났다.

서경덕이 받은 벼슬은 제2대 임금 정종定宗과 그 왕비 정안왕후定安王后 김씨를 합장한 후릉厚陵을 관리하는 최하직급인 참봉(종9품)이었다. 후릉의 위치는 개성부 바로 남쪽 개풍군에 있었으므로 거리는 매우 가까웠다.

그러나 56세의 노인에게 겨우 참봉직을 주는 것은 예우도 아니었을 뿐 아니라 건강도 좋지 못하여 서경덕은 사직했다. 사직 상소문을 써서 올리려고 작성은 해 놓았으나 올리시 않고, 서울에 가서 임금을 만나 사직인사를 드리지도 않았다. 그래서 자동적으로 벼슬이 취소되었다.

《화담집》에 들어 있는 사직상소를 보면, 다음과 같은 구절이 보인다.

…… 세상에 쓸모없는 선비인데다 산야山野에서 나고 자라 궁색하고 조용한 것을 좋아하는 것이 분수에 맞을 뿐 아니라, 가난이 더해 거친 밥과 나물국도 대지 못하기도 합니다. 마침내 몸이 이미 쇠약해지고 질병이 찾아와서 신의 나이 56세이지만 칠십 노인과 같습니다. 쓰임에 미치지 못할 것을 스스로 잘 알고 있습니다. 산수에서 타고난 바탕을 키우면서 남은 생을 지키는 것이 소신의 분수입니다. ……

그런데 이 날짜 《중종실록》을 보면, 서경덕이 벼슬을 거부하면서 자신의 뜻을 다음과 같은 시로 표현했다고 한다. 이 시는 임금에게 바친 것은 아니지만 《화담집》에 들어 있기 때문에 뒤에 《실록》에 실리게 된 것이다. 그 시는 이렇다.

글 읽던 당세에는 세상을 경륜하려 했더니	讀書當世志經綸
만년에는 안자顔子의 가난을 즐기네	晚節還甘顏氏貧
부귀에는 다툼 있어 손대기 어려우나	富貴有爭難下手

임천林泉에는 꺼림 없이 몸 둘 만하네	林泉無禁可安身
나물 캐고 고기 잡아 배를 채울 만하고	採山漁水能充腹
달과 바람 읊조리니 몸이 맑아지네	詠月吟風足暢身
배움이 의심 없어 마음이 쾌활하니	學到不疑知快活
헛된 일생 보내지 않아 다행이네	免教虛作百年人

젊었을 때에는 한때 벼슬도 꿈꾸었으나 벼슬과 부귀는 다툼이 따르니, 그저 중국의 안자顔子처럼 나물 캐고 물고기 잡으며 가난을 즐기겠다고 한 것이다.

참봉 벼슬은 서경덕의 일생 가운데 처음이자 마지막으로 받은 벼슬이었으나, 이를 거부하여 처사處士라는 호칭을 얻게 되었다. 그러나 간혹 '서생원徐生員'으로 불리기도 했지만, 후학들은 '화담 선생'으로 즐겨 불렀다. 본인이 지은 '복재復齋'라는 아호는 아무도 부르지 않았다. 복재는 《역경》에서 만물이 다시 소생한다는 뜻이다.

5월 1일 후릉 참봉을 사양한 서경덕은 며칠 뒤인 5월 5일 문인 박민헌朴民獻에게 편지를 보내 후릉 참봉직을 사직한 사실을 알리면서, 지금은 날씨가 더워지기 시작하여 화담에서 강론講論하기가 어렵다고 말했다. 건강 때문에 무더위 교육을 중단하겠다는 것이다. 그러면서 저강猪江 옆에 집을 짓고자 하니, 그 일은 문인 박지화朴枝華와 함께 와서 상의하라고 말했다. 저강이 어디인지는 확실치 않으나 개성 고지도를 보면 서경덕의 본가에서 서북으로 조금 올라가면 저교猪橋가 있는 것으로 보아 이곳을 가리키는 듯하다.

왜 집을 새로 지으려고 했는지 모르나, 탁타교 옆 본가에서 화담정사의 거리가 멀어 본가에서 가까운 곳에 강사講舍를 새로 지으려고 한 듯하다. 아마도 나이가 들어 왕래가 불편했기 때문에 본가에서 가까운 곳에 새집을 마련하려고 문인들이 앞장선 것으로 보인다. 그러나 새집을 짓는 계획은 중단되었다.

다음 해 서경덕은 또 박민헌에게 편지를 보내, "날씨가 서늘해지는 가을에는 화담에 갈 생각이지만 우객寓客들이 머물 곳이 없소. 내 아우는 집을 지을 능력이 없고, 모아 놓은 재목들도 모두 쓸모가 없는 것이어서 집을 짓는 것은 불가능하오."라고 말했다. 새집을 지으려면 목재도 있어야 하고 동생들이 도와주어야 할 터인데, 두 가지가 모두 마땅치 않으므로 포기하겠다는 것이다.

여기서 당시 서경덕을 적극적으로 따르고 도와주려고 애쓴 문인은 박민헌이었음을 알 수 있다. 그는 서경덕이 세상을 떠나자 문집 편찬에 앞장섰고, 〈신도비명〉을 쓰기도 했다. 뒤에 화곡서원花谷書院에 민순, 박순, 허엽 등 세 문인은 배향되었으나, 박민헌은 빠졌다. 그래서 후대 선비들은 이 점을 매우 아쉽게 여겼다.

박민헌이 배향되지 못한 것은, 그가 강원도 관찰사로 있을 때 어미를 죽인 죄인을 풀어 준 것이 큰 이유였다. 그러나 박민헌은 확실한 증거를 잡지 못하여 풀어 주었다고 한다. 그래서 후대 학자들은 박민헌이 실제로 큰 죄를 지은 것이 아니라고 적극 변명했다. 그는 죽은 뒤에 청백리淸白吏로 녹선되었다.

19) 56세(3): 건강 악화, 신광한, 심의 등과 교류하다

서경덕은 56세 이후로 건강이 악화되는 가운데서도 몇몇 시우들과 시를 주고받았다. 그 가운데 이조판서와 대제학을 겸하고 있던 기재企齋 신광한(申光漢; 1484-1555)과 그 사위에게 시를 써주었고, 개성 성균관의

교수를 하다가 임기를 마치고 돌아가는 대관자大關子 심의(沈義; 1475-?)
에게 준 시도 《화담집》에 보인다.

신광한은 신숙주申叔舟의 손자로 서경덕보다 5세 연상이다. 중종 5년
에 문과에 급제한 뒤 여러 벼슬을 역임하면서 왕실 사유재산인 내수사
內需司 혁파를 주장하기도 했는데, 중종 14년 기묘사화 때 시골에 추방
당하여 18년 동안 칩거하다가 중종 33년에 다시 복직되어 개혁을 요구
했으며, 경연에서 《역경易經》 강의와 실용학을 강조하기도 했다. 김안국
과 비슷한 역경을 거친 인물이다.

신광한의 이러한 학문 성향과 깨끗한 처신으로 서경덕과 지기가 합하
여 가까운 사이가 되었다. 직접적으로는 그 아들 신역申淡이 서경덕의 문
인이 되고, 그 사위가 개성을 유람하고, 서경덕과 시를 주고받으면서 공
부한 것이 인연이 되어 신광한과도 맺어진 것이다.

서경덕이 먼저 세상을 떠나자 신광한은 서경덕을 칭송하고 추모하는
시와 글들을 많이 지어 《기재집企齋集》에 남겼다.

신광한에게 보낸 시 가운데 그가 이조판서와 대제학을 겸임하고 있을
때인 중종 39년, 그러니까 서경덕이 56세에 쓴 것이 보인다. 그 시는 이
러하다.

상국相國께서 평안하게 정당政堂에 나가시니	相國持平就政堂
어진이들 모여들어 서로 장점을 뽐내네	群賢濟濟各矜長
일 맡은 인물들 누가 가볍고 무거울까	權時人物誰輕重
세상에 모범되는 문장 홀로 펼치네	範世文章獨主張
자기 절제 잘하니 귀감이 되고	律己旣能爲表率
인재 뽑는 데 뜨겁고 차가움 가리지 않네	抽才未始校炎涼
다투어 요순에 기대어 공적을 날로 이루니	競依堯舜收功日

시골에 파묻힌 천한 선비는 웃어버리소서　　　　　應笑寒儒滯一鄉

　신광한이 높은 벼슬을 한 것을 축하하면서 좋은 정치를 하여 요순시대를 열어 달라고 부탁한 시이다. 또 이런 시도 보인다.

백화담百花潭 위에 띠집 하나　　　　　　百花潭上一茅堂

뜰 풀 봄 깊어 푸르고 무성하네　　　　　庭草春深翠且長

안락함은 오로지 소씨(소옹)를 배우고　　安樂只應師邵氏

맑으면서 거칩은 금장琴張[29]을 따르네　清狂非故效琴張

가르침 이루어져 백록동 법규 무르익고　教成白鹿規將熟

푸른 깃옷 지어 입고 행실도 시원하네　裁得青衿行亦凉

옛 도읍에 문헌 많다 들었으나　　　　　聞聲古都文獻盛

부끄럽다. 궁벽한 시골 면치 못하니　　自漸全未舉窮鄉

　이 시는 소옹邵雍과 금장琴張을 따라 배우면서 공부하고 가르치고 있으나 개성이 아직도 궁향을 면치 못함을 개탄하는 시다. 네 번째 시는 다음과 같다.

허유許由는 억지로 요 임금을 떠난 것이 아니라　許由非是强辭堯

성조聖朝 움직일 재주 없음 스스로 알았네　自揣無才動聖朝

태평성대에 발디딤은 분수에 맞지 않으니　投足太平知越俎

홀로 소요자적하며 가는 것이 낫겠지　不如孤往任逍遙

---

29 금장琴張은 위衛나라 사람으로 원래 이름은 자장子張이라고 한다. 공자가 그를 "뜻이 높고 맑으면서 미친 사람 같다."고 평했는데, 《맹자》에 보인다.

이 시는 자신에게 정권을 맡기려는 요堯 임금을 피하여 달아나서 귀를 씻고 살았다는 허유許由에 빗대어 서경덕이 벼슬길에 나가지 않은 뜻을 표현한 듯하다.

한편 서경덕이 신광한의 사위에게 써 준 시는 다음과 같다.

그대와 사귐을 바란 것은 선물 가져왔을 때인데	願交孚在奠脤初
절하고 앉은 온화한 모습 저절로 보여 주었네	揖坐雍容體自舒
봉황의 굴에 언제까지 새끼 새처럼 엎드리겠는가	鳳穴幾時爲伏곡
훗날 용문龍門에 오르는 물고기가 되겠지	龍門他日化飛魚
학문과 수양은 타고난 재주에 비롯되지만	進修雖是由材器
응당 빠른 성취보다 존양거경存養居敬이 급하지	遷就還應賴養居
가업 이어받아 사업을 맑게 하려면	欲效箕裘淸事業
훈계를 손에 쥐고 머뭇거리겠는가	手持詩戒敢躊躇

이 시는 젊은이를 격려하면서 도덕수양을 길러 훗날 크게 성공하기를 바라는 마음을 담았다. 신광한의 사위는 여러 명인데 누구인지는 알 수 없다.

다음에 서경덕이 교유한 대관자大觀子 심의(沈義; 1475-?)는 어떤 인물인가? 서경덕보다 14세 연상인 그는 중종-명종 때 권신으로 악명을 떨쳤던 심정(沈貞; 1471-1531)의 아우였다. 형과는 달리 중종반정 공신을 비판하고 임금에게 도덕정치를 촉구하는 글을 잇달아 올리는 등 청류의 모습을 보이기도 했으나, 성격이 과격하고 독선적이어서 인품으로는 비난을 많이 받았고, 그 때문에 여러 번 좌천도 당했다. 시를 잘한 그는 서경덕이 54세 되던 해 개성 성균관 교수(敎授; 종6품)로 3년 동안 많은 후학을 열심히 가르치다가 사임하고 서울로 돌아가려고 하자 그를 송별하는 시를 지어 주었다. 당시 심의는 70세의 고령이었다.

먼저, 〈송대관서送大觀序〉를 보면, '그칠 줄을 알아야 한다知止'는 요지의 글을 쓴 다음, 그의 인품에 대한 평을 내렸다.

대관자大觀子는 시詩에 뛰어났는데 젊어서부터 늙어서까지 그침이 없었다. 그의 글은 우아하고 강건하고 착실하며 풍류가 넓다. 지금 그 원고를 끝냈는데 부지런하다고 하겠다. 벼슬을 할 때에는 작은 벼슬도 낮게 보지 않았으며, 몸을 바쳐 임금에게 진언하고, 백수白手의 사내가 되었으나 조금도 노여워하지 않고 공손했다. 개성의 교수가 되어서는 하루도 게을리하지 않고 젊은이들을 가르쳐 성공시키려고 애써서 자벌레가 굽혔다가 쭉 뻗듯이 뛰어올라 춤추었다. 참으로 애썼다. 내가 보건대 나이가 70인데도 강건하니 앞으로도 더욱 오래 살 것이다. 벼슬자리는 대부(大夫; 5품 이상의 참상관)의 아래에 있었으니 귀하지 않다고 할 수 없으며, 시문에 능하다고 알려졌으니 성공하지 않았다고 할 수 없으며, 이미 오래 살고 귀하게 된 데다가 후학들을 가르쳐 불후에 남겼으니, 내가 늘 바라는 바 숫자를 채웠다고 할 수 있다. 그러므로 이로써 만족해야 한다.

지금부터는 선생의 힘이 따르지 못할 것이니, 한가로운 곳에서 몸을 쉬고, 담박한 곳에서 마음을 편안케 하시오. 지금은 그럴 때가 아니겠소.
……

서경덕은 이렇게 심의를 평가하고 위로하면서 《주역》, 공자孔子, 소옹邵雍, 노자老子, 장자莊子 등이 '그침을 알라知止'고 가르쳤음을 다시 한번 강조하면서 몸과 마음을 편안히 가지고 살라고 당부했다. 그러나 서경덕이 제발 벼슬을 그만두고 쉬라고 당부했음에도 심의는 뒤에 안태사安胎使 종사관이 되었다가 파직되었으니, 서경덕이 그의 앞날을 예견한 것이

틀리지 않았다.

　서경덕은 심의가 비록 성격이 공격적이고 직선적인 것이 흠이지만, 정치를 깨끗이 개혁하려는 노력과 강직함을 높이 평가하여 오랜 기간 시우로 사귀었던 것이다. 그래서 《화담집》에는 서경덕이 그에게 써 준 시가 여러 편 전한다. 그 가운데 몇 편을 소개하면 다음과 같다.

(1)

형상세계 떠나 멋대로 사니 마음 편하고	象外散人常晏如
띠집은 참으로 신선이 사는 집 같네	草廬眞箇類仙居
거칠고 게으르고 흥은 적지만 도리어 즐겁네	疎慵寡興還堪樂
구름과 샘을 희롱하니 여유가 넘치네	弄得雲泉自有餘

(2)

앉아서 긴 한숨 쉬면서 잡다하게 공부했지만	爲學長嗟坐冗叢
나를 깨우쳐 주는 바른 선생 만나지 못했네	未逢先正發余蒙
고되고 부지런히 공부해 보았으나	辛勤做得工夫手
50년이 지나니 겨우 알 것 같네	五十年來似始通

(3)

맹자는 먼저 깨달아 생각의 성실을 말했으니	孟軻先覺語思誠
배움이 성실에 이르면 스스로 갈 수 있겠지	學到誠時自在行
돌이켜보면 마음속 병이 없지 않아서	反省未能無內疚
높고 밝다고 믿기에는 부족함을 알겠네	始知不足恃高明

(4)

군자는 반드시 도를 깊이 알아서	君子要須造道深

공효가 있어야 비로소 쉴 수 있겠지   到收功處始休尋

요즘 천지의 참된 이치를 보고 깨쳤더니   年來觀破眞消息

지난날 헛되이 마음 쓴 것 스스로 우습네   自笑從前枉費心

(5)

용을 잡는 데 천금을 써도 아깝지 않아[30]   屠龍不惜千金破

옛날에는 임금 도우려는 큰 뜻 품었었네   壯志當年期帝佐

늘그막에는 산속에서 〈자지가〉를 불렀으나   歲晩山中歌紫芝

아무도 〈자지가〉에 화답하지 않네 그려   紫芝一曲無人和

(6)

산속 사람 바가지와 소쿠리 자주 텅 비는데   山人屢見簞瓢罄

게을러 개울과 샘에 가지 않기 때문이지   懶汲前溪松下井

대관 선생은 세상에 드문 노인인데   大觀先生不世翁

나에게 쌀말을 보내 차솥을 보태 주었네   遺余斗米資茶鼎

(7)

복희씨 《역경易經》에 온갖 이치 담겼으니   一部羲經衆理藂

공자의 삼절[31] 따라 나를 깨우치고 싶었네   欲追三絕啓余蒙

물과 불이 한 집이라는 것 사람들이 알까   坎離互宅人知否

미세한 천지의 이치 알기가 쉽지 않네   些子天機未易通

---

30 "용을 잡는다"는 말은 강적과 싸운다는 뜻이다.

31 삼절三絕은 공자가 《주역》을 읽을 때 가죽끈이 세 번이나 끊어질 정도로 읽었다는 고사에서 생긴 말이다.

(8)

화담의 안개는 걸을 수록 짙어지니	花洞煙霞趁步深
어찌해야 도원桃園을 찾을 수 있을까	桃源何用枉探尋
내 멋대로 한가함의 맛을 들이마시지	自從喫得閑中味
호리병 속의 천지가 마음속에 있다네	壺裏乾坤認在心

이상 8편의 시는 서경덕이 그동안 걸어온 학문의 편력을 회고하면서 처음에는 닥치는 대로 공부하다가 50대에 이르러 역학易學을 공부하면서 천지의 이치를 비로소 알게 되었음을 고백한 글들이다. 또 젊었을 때는 정치를 바로잡으려는 꿈도 있었으나 늘그막에는 실망하여 산속에 들어와 〈자지가紫芝歌〉[32]를 불렀으나 화답이 없다고 안타까워하기도 했다.

그 밖에도 만월대滿月臺와 이성계의 사저였던 경덕궁敬德宮을 함께 탐방하면서 지은 시들이 있으나 생략한다.

한편 심의가 서경덕에게 지어 준 시는 《대관재난고大觀齋亂稿》에 여러 편이 수록되어 있는데, 그 가운데 개성을 떠나면서 지은 시를 소개하면 다음과 같다. 먼저 서문을 이렇게 썼다.

서생원 경덕은 자字가 가구可久이다. 효성이 지극하고 순수하여 죽을

---

32 중국 고사를 보면, 진秦나라 말기의 폭정에 실망하여 네 사람의 현인들이 상산商山에 들어가서 자지(紫芝; 영지버섯)를 캐어 먹으면서 배고픔을 달래고, 태평성대가 오기를 기다리면서 부른 노래가 〈자지가紫芝歌〉이다. 그 노래의 가사는 다음과 같다. "색깔도 찬란한 영지버섯이여, 배고픔을 충분히 달랠 수 있네. 요순의 시대는 멀기만 하니, 우리들은 장차 어디로 돌아가나. 고관대작들 보게나. 근심이 또 얼마나 많은가. 부귀한 사람 부러워하기보다, 빈천해도 내 맘대로 사는 것이 더 낫구나." 뒤에 당나라 두보杜甫는 이 〈자지가〉를 인용하여 시를 지은 것이 있었다. 서경덕은 바로 두보의 시를 따라서 또 〈자지가〉를 인용하여 시를 지은 것이다.

먹으면서 친상親喪을 치렀다. 화담에 달팽이집〔廬墓〕을 짓고 몸소 제물을 올리고 향을 올렸으나 게으른 모습이 없었다. 경학經學과 사학史學에 능통하니 단정한 선비들이 모여들었다. 두루두루 심오한 뜻을 섭렵하고 학문하는 것을 사업으로 삼았는데, 착함이 지극하지 않았다면 어찌 이런 지경에 이르렀겠는가. 어떤 이는 말하기를, "옛 도읍의 산수가 정수精粹하여 기수氣數가 끝나지 않았기에 이 사람이 받았다."고 한다. 이제 시를 지어 그를 찬미하면서 잊지 못할 자료로 삼으려 한다.

굶을지언정 누항陋巷을 탐하고	寧餓陋巷貪
입이 있어도 악취나는 곳은 가지 않았네	有口不肯近腥膻
먼지 낀 띠집에 엎드려 살지언정	寧伏甕牖塵□□
손이 있어도 으시대는 사람 손 잡지 않았네	有手不肯揖脅肩
크게 역易의 문을 천지에 열어 넣고	大易門戶在乾坤
하늘 땅을 드나들면서 선천先天을 연구했네	出入高下窮先天
가슴 속 이수理數는 황극皇極을 빛내고	胸中理數燦列皇
율려律呂의 신비한 이치는 앉아서 터득했네	律呂秘賾坐可研
염계濂溪의 한 줄기가 근원으로 돌아가니	濂溪一脈浚歸源
두루두루 깨우친 것이 이제 몇 년이던고	旁搜警覺今幾年
상처 헤집고 신발 벗어던져 조소를 받기도 했으나	磨痒隔靴或譏嘲
채쩍 잡고 와서 새롭게 배운 사람 누가 있던가	新學無人來執鞭
때때로 기를 토해 천 길 무지개 만들고	有時吐氣千丈虹
만 개의 구슬이 남전藍田을 이루었네	珠玉萬枚生藍田
요즘 선비 온고지신溫故知新 모르니	故知作者非今士
초야에 큰 선비 있음을 누가 알리오	草野誰知有遺賢

통달하여 멋대로 하면 세상에 이롭지 못한데	窮通反衍時不利
행동거지를 누가 그렇게 만들었을까	行歟止歟誰使然
화담의 띠집은 비도 막지 못하나	花邑茅屋不庇雨
눈감고 도도히 앉아 사람 가운데 신선일세	冥心兀坐人中仙
가까이서 조용히 만나니 도가 이미 생겼고	傾蓋默會道已存
벗을 허락하니 작은 충심 금석처럼 단단하네	許友寸衷金石堅
오늘 아침 소매 흔들며 조정으로 가지만	今朝拂袖向鵷班
혼과 꿈이 잇달아 공중에 날아오르네	空使魂夢相聯翩

이 시를 보면 심의와 서경덕의 관계는 뜻과 기가 서로 일치되는 깊은 시우였음을 알 수 있다.

그 밖에 심의가 평소 서경덕에게 써 준 다음과 같은 시도 서경덕의 정체를 이해하는 데 도움이 된다.

헌 궤짝 속에 옥을 감추고	塵櫃藏良玉
거적 문은 온 세상을 받아들이네	繩樞納八荒
바가지, 소쿠리는 집을 빛나게 하고	簞瓢還潤屋
벼슬세계는 터럭만도 못하네	宦海一毫芒

시끄러운 세상 옆에 가시 울타리 치고	囂塵咫尺隔荊籬
샘, 돌, 박, 쑥에는 그림자만 따르네	泉石瓢蕭影獨隨
솔잎의 이슬, 새벽 창에 옷이 젖고	松露曉窓衣欲濕
역경에 붉은 점 찍으니 세상과 어긋나네	研朱點易打乖時
상수象數를 밝혀 태초를 깨닫고	分明象數豁溟濛

공자의 가죽끈[33]에 빠져 눈이 휑하네   潛聖韋編眼已空

하늘 문이 열리고 또 닫히기도 하니   剝啄聞來猶掩戶

선천先天은 복희씨와 만났네   先天應對伏羲翁

이 시들은 서경덕이 비록 누추한 띠집에서 살았지만 그 속에서 터득한 역학易學이 세상의 이치를 꿰뚫었다고 격찬하고 있다.

20) 56세(4): 중종 승하, 복상服喪과 국장國葬을 비판하는 상소문 작성

56세 되던 11월에 중종中宗이 재위 39년(1544)에 승하하고 인종仁宗이 즉위한 뒤에 서경덕은 신하들과 선비들의 복상제도服喪制度가 잘못되었다고 보았다. 임금은 졸곡卒哭이 끝나면 상복을 벗고 검은 면류관과 검은 띠를 두르고 정사를 보고, 신하들도 검은 모자에 검은 띠를 두르고 3년 동안 지내고 있었다. 또 일반 선비들은 3년 동안 흰 모자에 흰옷을 입도록 하고 있었다.

서경덕은 이런 제도는 《예경禮經》에도 전혀 맞지 않을 뿐 아니라, 임금은 부모와 같은 존재인데도 너무 가볍게 상복을 입는 것은 부당하다고 보았다. 그래서 문인 가운데 예학禮學에 밝은 수암守庵 박지화朴枝華 및 슬한재瑟僩齋 박민헌朴民獻과 편지를 주고받으면서 논의하고, 스스로 인종에게 상복제도의 문제점을 지적하는 상소문을 작성했다. 그러나 미천한 선비가 올리는 상소문은 국가에서 무시하는 관례가 있음을 알고 상소를 중지했다. 그래서 그 상소문은 《화담집》에만 실려 있다.

---

33 공자는 《주역》에 빠져 가죽끈이 세 번 닳도록 읽었다고 한다.

상소문의 요지는 크게 세 가지였다. 하나는 상복을 짧게 입는 제도를 바꾸어 《예경》에 있는 5복제도五服制度[34]를 따라 임금은 처음에는 흰 모자에 베로 만든 띠를 두르고, 상복이 만들어지면 3새 베로 만든 옷과 모자를 쓰고, 졸곡한 뒤에는 6새 베로 만든 옷과 7새 베로 만든 관을 쓰고, 정사를 볼 때에는 흰 갓에 베로 만든 띠를 둘러야 한다. 그리고 상복喪服을 3개월 동안 입어야 한다고 주장했다.

그리고 조정의 신하들은 참최斬衰 3년을 입어야 하고, 일반 선비나 서인庶人들은 3개월 동안 자최齊衰를 입어야 한다고 주장했다.

두 번째로 서경덕이 주장한 것은 산릉제도山陵制度의 개혁이었다. 산릉제도에서는 다시 두 가지 문제점을 지적했다. 하나는 산릉구역이 너무 커서 민전民田을 침탈하고 있기 때문에 장차 경기도의 민전이 사라질 우려가 있고, 둘째, 거대한 석물石物을 산릉에 설치하기 때문에 경기도 백성들이 석물을 캐고 운반하느라 고통이 심하고 장차 산의 돌들이 모두 사라질 것을 걱정했다. 서경덕은 그 대안으로 조그만 토우土偶를 만들어 설치할 것을 제안했다.

셋째로 서경덕이 지적한 것은, 지방에서 부의賻儀로 올리는 물품을 모두 임금의 내탕內帑에 넣고 마치 임금 사유재산처럼 사용하고 있다는 점이었다. 서경덕은 《주례周禮》의 예를 들어 내탕을 천관天官 총재冢宰가 관리했다면서 우리도 관부가 관리할 것을 주장했다. 그래야 왕실생활이

---

34 5복제도는 다섯 종류의 상복제도를 말한다. 죽은 사람과의 혈통상 멀고 가까움에 따라 옷을 달리 만들고, 입는 기간도 다르다. 또 남녀 간에도 차등이 있다. 가장 거친 옷을 입고 기간도 긴 것이 참최斬衰로 아버지에 대한 아들과 미혼 딸의 상복이고 기간은 3년이다. 두 번째는 자최齊衰로 모친상을 당한 아들과 미혼 딸이 입는 옷으로 기간은 3년, 1년, 5개월, 3개월의 차등이 있다. 세 번째는 대공大功으로 사촌에 대한 상복으로 기간은 9개월이다. 네 번째는 소공小功으로 증조부모에 대한 상복으로 기간은 5개월이다. 다섯 번째는 시마緦麻로 형제의 증손에 대한 상복으로 기간은 3개월이다.

검소해지고 염치를 알게 된다고 했다.

서경덕의 내탕 폐지론은 일찍이 정도전鄭道傳이 《조선경국전朝鮮經國典》에서 주장한 것인데, 서경덕은 이런 일까지도 알고 있었던 것이다. 서경덕의 지적은 임금의 권위를 높이면서 동시에 백성의 고통을 덜기 위한 목적에서 주장한 것으로, 그가 민생에 대해서도 비상한 관심을 지니고 있다는 것을 보여 준다.

서경덕은 경세기經世家로서도 뛰어난 안목을 지니고 있었던 것이다. 서경덕의 주기철학과 상수역학도 따지고 보면 관념적인 학문이 아니고 국가 운영과 민생에서 물력物力의 중요성을 강조하는 실학의 성격을 띤 것이었다.

상복제도에 관한 서경덕의 생각은 당장 조정에서 실현되지 않았지만, 그의 영향을 받은 후학들 가운데에는 남언경南彦經, 유희경劉希慶, 박지화朴枝華 같은 예학자禮學者가 배출되었다.

그런데 중종이 세상을 떠난 그해 겨울부터 서경덕은 건강이 악화되기 시작했다. 서경덕은 다음 해 문인 박민헌과 박지화가 보낸 안부편지의 답장에서 다음과 같이 말했다.

> 지난 해(56세)부터 기운이 쇠약해졌는데, 추운 집에서 홑베옷을 입고 지내다가 한질寒疾을 얻었기 때문이오. 문득 추웠다가 갑자기 열이 나고 식은땀을 하루에도 4-5차례나 흘립니다. 한 달 남짓 음식을 먹지 못해 쇠잔해졌소. 형세가 오래 살지 못할 것 같으니 하늘의 뜻이겠지요.

몸이 추웠다 열이 났다 하는 증세는 30대에도 있었는데 명승지를 유람하고 나서 나았던 일을 앞에서 살펴본 바 있다. 그런데 그 병이 노년기에 접어들어 다시 악화된 것이다. 요즘 말로 하자면 감기나 독감에 걸린 듯하다.

21) 57세: 역학易學에 관한 글과 시를 쓰다

서경덕은 56세 되던 겨울부터 추운 방에 베옷을 입고 앉아서 공부하다가 한질寒疾에 걸려 건강이 악화되고 몸이 극도로 쇠약해지자 자신의 삶이 얼마 남지 않은 것을 예감하고 그동안 축적한 학문을 글로 남겨 후학에게 전하기로 마음먹었다.

그리하여 57세가 되는 인종 원년(1545) 정초부터 글을 쓰기 시작했다. 서경덕은 평소 배우고 후학을 가르치는 일에만 몰입하고 자신의 글은 거의 쓰지 않았다. 특히 논설문은 거의 쓰지 않고, 문인들이나 친구들과 주고받은 시에다 자신의 학문과 처세를 피력했을 뿐이다.

그래서 《화담집》을 보면 논설문은 극히 적고, 시가 가장 많다. 서경덕 시의 특징은 세 가지 내용을 주로 담고 있다. 자신의 기철학氣哲學, 자연의 아름다움, 그리고 어지러운 정치에 대한 비판이다. 이런 유형의 시는 당나라 시인 두보杜甫와 흡사하다. 그러던 그가 죽음에 임박하자 비로소 논문을 쓰기 위해 붓을 잡았다. 아마도 문인들이 스승에게 유지遺志를 남기기를 요청한 듯하다. 그러나 논문도 직접 쓴 것이 아니라 입으로 구술한 것을 문인 허엽許曄이 정리했다. 다만 서경덕은 몇 편의 시를 직접 썼다.

글은 화담정사에서 썼다. 그 가운데 날짜가 밝혀진 것은 이해 윤 정월 5일 밤이다. 이날 밤 촛불을 켜 놓고, 이미 선유先儒들이 밝혀낸 경전經典의 주석註釋들은 다시 덧붙일 필요가 없다고 여겨, 오직 선유들이 밝혀내지 못한 것만 글로 쓰겠다고 문인들에게 말했다. 다시 말해, 도덕교과서인 정주학程朱學에 관한 글은 쓰지 않겠다는 뜻이다. 바로 이것이 다른 성리학자들과 다른 점이다.

서경덕이 구술로 집필한 원고는 〈원이기原理氣〉, 〈이기설理氣說〉, 〈태허설太虛說〉, 〈귀신사생론鬼神死生論〉 등 4편의 논문이라고 〈서경덕연보〉에 기록되어 있다. 그러나 노수신盧守愼이 쓴 〈허엽신도비명許曄神道碑銘〉과 정구鄭逑가 쓴 〈허엽행장許曄行狀〉을 보면, 허엽이 6편의 논문을 구점(口占; 口述)으로 기록했다고 한다. 6편의 논문은 위 4편 외에 2편의 논문이 추가되었음을 말할 뿐 아니라 서경덕이 초고를 만들고 말로 설명한 것을 허엽이 다시 정리했다는 뜻이다.

그런데 《화담집》에는 위 4편 외에 〈복기견천지지심설復其見天地之心說〉, 〈온천변溫泉辨〉, 〈성음해聲音解〉, 〈발전성음해미진처跋前聲音解未盡處〉, 〈황극경세수해皇極經世數解〉, 〈육십사괘방원지도해六十四卦方圓之圖解〉, 〈괘변해卦變解〉 등 7편의 논문이 더 있다. 그 가운데 어떤 논문 두 편을 허엽이 기록했는지는 알 수 없다.

서경덕이 병중에 구술한 것을 다시 정리했다면 정확성이 떨어질 가능성이 없지 않다. 서경덕의 논문이 지나치게 간단하고 약간 산만한 이유가 여기에 있을지도 모른다. 하지만 윗글들이 서경덕 철학의 핵심을 반영하는 자료임에는 틀림없다.

서경덕은 논문 집필을 마치고 나서 10일 뒤인 윤 정월 15일 밤에는 그동안 《역학易學》을 공부하면서 느낀 소감, 그리고 소옹邵雍의 수미음시首尾吟詩[35]를 우연히 보고 느낀 감정 등을 시로 읊어 역학을 공부하는 여러 문인들에게 보여 주었다. 그 시를 소개하면 아래와 같다.

---

35 수미음은 시의 첫 번째 구절과 마지막 구절을 똑같이 쓴 시를 말한다. 서경덕은 이런 시를 좋아하지 않는다는 시를 짓기도 했다.

〈역경易經을 보고 읊다觀易吟〉

감리坎離[36]는 감추거나 쓰이면서 형形을 만들고	坎離藏用有形先
유행流行한 뒤에 도道가 시작된다	到得流行道始傳
복희 그림〔팔괘〕은 참된 상象을 대략 그렸고	羲劃略摹眞底象
《주역》은 또 중천中天 모습을 설명했다	周經且說影中天
만물을 따라 공부하여 변화를 알 수 있고	研從物上能知化
근본을 찾아가면 그윽함을 깨칠 수 있다	搜自源頭可破玄
총명한 분〔공자〕이 세상에 나오지 않았다면	不是聰明間世出
점복에 매달려 통발과 올무를 알기 어려웠을 것[37]	難憑竹易討蹄筌

〔글은 말을 다 표현하지 못하고, 말 밖에 뜻이 있다. 공자는 가죽끈이 세
번 끊어질 정도로 《역경》을 읽었다〕

이 시는 복희씨伏羲氏의 〈팔괘〉가 역학의 근원이고, 주 문왕朱文王이
만든 《주역》을 거쳐 공자에 이르러 크게 선양된 《역경》의 역사를 소개
하고 있다.

복희의 팔괘와 《주역》은 귀신을 움직이고	羲劃周經動鬼神
공자는 하늘의 덕을 갖추고 이끌어서 펼쳤다	仲尼天縱引而伸
지극한 이치를 넓게 열어 남김이 없지만	廓開至理無遺蘊
말없이 마음이 통하는 것은 사람에게 달렸다	黙契心通只在人

---

36 감리坎離는 음양陰陽과 수화水火를 가리킨다.
37 통발은 물고기를 잡는 그릇이고, 올무는 짐승을 잡는 도구이다. 따라서 '통발과 올
  무를 모른다'는 말은 근원을 모른다는 뜻이다.

〈동지를 노래하다冬至吟〉

양陽이 땅속을 두드리면 뇌성이 울리고	陽吹九地一聲雷
기氣가 11월에 응하면 타버린 재를 움직인다	氣應皇宮已動灰
우물 속 물맛은 점점 담박해지고	泉味井中遺淡泊
나무뿌리는 땅속에서 움튼다	木根土底始胚胎
사람이 '돌아옴'을 안다면 도는 멀지 않고	人能知復道非遠
세상이 혹 바뀌어도 좋은 정치 돌아온다	世或改圖治可回
넓고 큰 공부의 요체는 실천에 있으니	廣大工夫要在做
그대들이 순치됨을 보면 벗들이 오리라	君看馴致至朋來

이 시는 생명이 죽은 듯이 감추어져 있다가 다시 생명이 되돌아오는 전환점이 동짓날冬至日임을 강조하면서, 우주의 순환에 따라 좋은 세상이 돌아올 수 있음을 알고, 도덕은 실천에 있음을 후학들에게 가르치고 있다.

천도天道는 항상 흐르고 변하니	天道恒流易
이 몸은 유유히 늙어만 간다	悠悠老此身
앳된 얼굴은 나이와 함께 시들고	韶顔年共謝
귀밑머리는 날마다 달라진다	哀鬖日復新
예禮는 3개월을 지키기 어렵고	復禮難三月
잘못을 알아도 한 봄뿐이다	知非又一春
어린 양기陽氣는 점점 자라니	稚陽看漸長
착하게 되려면 옛 버릇 버려야지	爲善勿因循

이 시는 서경덕 자신이 천지의 변화에 따라 늙어가고 있음을 반성하면서, 젊은 후학들이 양기陽氣에 휩쓸려 예禮를 잃지 말라고 훈계하고 있다. 이 말 속에는 색욕色欲에 대한 경계를 담고 있다. 서경덕은 항상 문인들에게 "예禮의 시작은 색욕에 빠지지 않는 것이라"고 강조했기 때문이다.

〈역경을 보다가 우연히 수미음[38]을 지어 역을 공부하는 여러 사람들에게 보임觀易偶得首尾吟以示學易輩諸賢〉

화암〔나〕은 소옹 시 읊기를 좋아하지 않는다	花巖不愛邵吟詩
소옹의 지극한 이론을 읊을 뿐이다	吟到堯夫極論時
하나〔太極〕가 열리지 않으면 혼유(混有; 합침)도 없고	一未開來無混有
둘〔음양〕이 만나야 물과 불이 생긴다	二能交處坎生離
정신을 수면처럼 하면 천심을 얻을 수 있고	神於水面天心得
버드나무 바람 보면 오동나무 달도 알 수 있다	易向柳風梧月知
가을 강과 봄 연못 얼마나 멀까	秋洛春潭景何遠
화암은 소옹 시 읊기를 좋아하지 않는다	花巖不愛邵吟詩

이 시는 소옹邵雍이 첫 구절과 끝 구절을 똑같이 사용하는 이른바 '수미음首尾吟'의 형식을 서경덕이 좋아하지는 않지만, 짐짓 그 형식을 따라서 시를 지으면서 소옹의 역학易學을 소개하고, 그 이치에 따라 천지의 법칙에 맞게 살기를 권하고 있다.

---

38 첫 구절과 끝 구절을 똑같이 만드는 수미음首尾吟 형식은 소옹이 즐겨 쓴 시체詩體이다.

〔소옹처럼〕 만물을 관찰하는 공부 충분해지면   觀物工夫到十分

해와 별이 높이 떠서 나쁜 기운 걷어낸다   日星高揭霽披氛

호연浩然의 기를 가슴 속에 키우고   自從浩氣胸中養

대자연을 따라 세속의 어지러움을 풀어라   天放林泉解外紛

〔윤 정월 대보름 밤에 베개에 기대어 전날 본 것을 읊었더니, 이미 닭이 울었다〕

〈웃고 놀다笑戲〉

화암은 소옹 시 읊기를 좋아하지 않지만   花巖不愛邵吟詩

소옹의 고요한 시간은 가져오고 싶다   輸得堯夫閑靜時

도는 멀지 않으니 사람들이 속히 회복하고   道不遠人須早復

모든 일은 만물에 견주어 어긋나지 말아야지   事皆方物莫敎睽

이미 본성을 알았으면 반드시 키우고   旣知性處宜溫養

일이 생기면 어찌 버티기만 하겠는가   必有事來豈太持

스스로 공부에 힘을 쏟아야지   自在工夫曾喫力

화암은 소옹의 시 읊기를 좋아하지 않는다   花巖不愛邵吟詩

〈소옹의 수미음 시를 본받아 서술하여 변치 않는 사상을 노래한 옛 사람을 벗으로 삼기를 바라다體述邵堯夫首尾吟 聊表尙友千古之思〉

화암은 소옹 시 읊기를 좋아하지 않는다   花巖不愛邵吟詩

시 읊으며 장난하는 소옹을 알고 싶지도 않다   吟戲堯夫不試知

곤새는 삼천리를 날아도 땅에 내려 앉고   鯤躍三千雖得地

봉새는 구만 리를 날아도 내릴 때가 없겠는가   鵬搏九萬奈無期

만물은 숨고 쓰이기도 하지만 성인이 어찌 버리랴   物皆藏用聖何棄

시대마다 인재가 있지만 하늘에는 때가 있다　　　　代不乏人天有時

한가로우면서도 세상을 다스리는 사람 있다　　　閑〔虛〕却當年經世手

화암은 소옹 시 읊기를 좋아하지 않네　　　　　花巖不愛邵吟詩

　이 시는 권력이 무상하고, 인재가 때를 만나면 쓰이며, 숨어서 나라를
다스리는 사람도 있다는 것을 암시한 글이다. 후학들이 나라를 잘 다스
리는 정치를 하기를 기대한 글이다.

　〈**창문을 열다**開窓〉

추위를 이기려고 남쪽 창문 활짝 여니　　　　　屛寒窓隔忽〔向〕南開

시원한 바람 얼굴 맞아 화창한 기운 감도네　　迎面泠風淑氣回

담담한 하늘빛은 먼 옛날처럼 빛나니　　　　　湛湛天光依舊遠

내 본성 어디서 왔는지 비로소 알겠네　　　　始知吾性所從來

　이 시는 창문을 열고 시원한 바람과 빛나는 하늘을 보면서 자기 몸
이 어디서 생겼는지를 깨달았다는 글이다.

　〈**만물이 있다**有物〉

물物은 오고 또 와도 다 오지 않고　　　　　　有物來來不盡來

다 온 듯해도 또 따라온다　　　　　　　　　來纔盡處又從來

오고 또 오는 것은 본래 시작이 없다　　　　　來來本自來無始

묻노니 그대는 어디서 왔는가　　　　　　　　爲問君初何所來

물은 돌아가고 또 돌아가도 다 돌아가지 않고　有物歸歸不盡歸

다 돌아간 듯해도 아직도 다 가지 않았다　　　歸纔盡處未曾歸

돌아가고 돌아가도 돌아감은 끝이 없으니   歸歸到底歸無了

묻노니, 그대는 어디로 돌아가는가   為問君從何所歸

이 시는 생명체가 끊임없이 왔다가 돌아가고, 돌아갔다가 다시 오는
순환의 이치를 말하면서, 죽음도 사라지는 것이 아님을 암시하고 있다.
서경덕이 죽을 때 "생사의 이치를 이미 다 알고 있어서 마음이 편안하
다."고 문인에게 말한 이유가 여기에 있을 것이다.

〈우연히 읊다偶吟〉

새벽달이 서쪽으로 가라앉은 뒤에   殘月西沈後

낡은 거문고 뜯다가 멈췄더니   古琴彈歇初

밝고 시끄러움이 어둠과 조용함으로 바뀌니   明喧交暗寂

그 속이 어찌나 묘한지   這裏妙何如

이 시는 하루 종일 거문고 뜯다가 쉬었더니 시끄러움이 고요함으로
바뀌면서 느끼는 오묘한 감정을 읊은 것이다. 마치 죽음을 찬미하는 듯
한 여운을 풍긴다.

마지막으로 검토할 시가 있다. 〈천기天機〉라는 시다. '천기'는 '하늘의
기틀', 곧 '대자연의 이치'라는 뜻과 같다. 이 시는 언제 썼는지 알 수
없으나 시가 매우 긴 편이어서 앞에서 소개한 시들보다 앞선 시기에 쓴
것으로 보인다. 서경덕이 만년에 쓴 시는 모두가 짤막하다. 그 시의 내
용이 서경덕의 기철학을 담고 있어서 소개하기로 한다.

〈하늘의 기틀天機〉

벽에다 〈하도河圖〉[39] 붙여놓고	壁上糊馬圖
삼년 동안 앉아서 묻고 또 물었네	三年下董幃
혼돈混沌의 시작을 거슬러 올라가 보니	遡觀混沌始
음양陰陽과 오행五行을 누가 드러냈을까	二五誰發揮

음양과 오행이 서로 주고받는 곳에서만	惟應酬酢處
'천기天機'를 환하게 볼 수 있네	洞然見天機
'태일太一'[40]이 움직임과 멈춤을 주관하고	太一幹動靜
만물의 변화는 선기璇璣[41]를 따라 일어나네	萬化髓璇璣

음양이 부딪치면서 소리와 바람이 일어나고	吹噓陰陽橐
하늘과 땅의 문이 열렸다 닫히고	闔闢乾坤扉
해와 달이 서로 왕래하고	日月互來往
바람과 비가 흐렸다 갰다 한다	風雨交陰暉

강함과 약함이 서로 얽혀 끓어오르고[42]	剛柔蔚相盪

---

39 본문은 마도馬圖로 되어 있는데, 복희씨가 황하에서 용마龍馬의 등에 지고 나왔다는 그림을 보고 팔괘를 만들었다고 하므로 마도는 곧 하도河圖임을 알 수 있다.

40 태일太一은 우주가 탄생하기 이전의 하나의 큰 실체로서 태극太極으로도 부른다.

41 선기璇璣는 북두칠성 또는 북극성을 가리킨다. 별을 관측하는 천문기구를 선기옥형璇璣玉衡으로 불렀는데 서경덕은 나무로 이것을 만들어 별을 관측했다고 한다.

42 상수역학자 소옹邵雍은 하늘에 있는 기氣는 동動과 정靜이 있는데 이것이 모여 4상(四象; 日月星辰)이 생기고, 땅에 있는 기는 강剛과 유柔가 있어서 이것이 서로 만나 사유(四維; 水火木石)이 생겼는데, 수화水火는 유柔하고, 목석木石은 강剛하다고

떠도는 기氣가 꽃잎처럼 흩날린다	游氣吹紛霏
만물은 제각기 제모습을 갖추고	品物各流形
널리 퍼져 세상을 가득 채운다	散布盈範圍
꽃과 풀은 스스로 푸르고 붉어지고	花卉自靑紫
짐승과 새는 스스로 달리고 날아다닌다	毛羽自走飛
누가 그렇게 만드는지 알 수 없으나	不知誰所使
오묘한 주재자主宰者를 보기 어렵다	玄宰難見幾
인仁을 드러내지만 여러 쓰임을 감춘다	仁顯藏諸用
넓으면서도 은미함을 누가 알겠는가?	誰知費上微
보려고 해도 보이지 않고	看時看不得
찾으려 해도 찾을 수 없다	覓處覓還非
그래도 사물事物을 추리해 보면	若能推事物
시작과 끝을 희미하나마 알 수 있다	端倪見依俙
화살은 지휘자의 신호로 발사되고	長弩發由牙
삼군三軍은 붉은 깃발 신호로 출정한다	三軍麾用旂
소는 외양간에서 다스리고	服牛當以牿
말은 고삐로 길들인다	擾馬當以羈
도낏자루로 도낏자루를 베는 것은 멀지 않으니	伐柯卽不遠

하면서, 4유가 서로 만나 만물이 만들어진다고 주장했다. 서경덕은 그 이론을 따르고 있다.

천기天機가 어찌 나를 벗어나 있을까　　　　　天機豈我違

사람들은 모두 날마다 쓴다　　　　　　　　人人皆日用
목마르면 물마시고, 추우면 옷 입는다　　　　渴飮寒卽衣
좌우로 근원을 만나고 있지만　　　　　　　左右取逢原
문득 그 근원을 아는 이 드물다　　　　　　原處便知希

백 가지 사상은 끝내 하나로 합해진다　　　百慮終一致
길이 달라도 마침내는 한곳으로 돌아온다　　殊道竟同歸
앉아서도 천하를 알 수 있으니　　　　　　坐可知天下
어찌 부모의 집을 떠날 필요가 있는가　　　何用出庭闈

봄이 돌아오면 인仁을 볼 수 있고　　　　　春回見施仁
가을이 오면 위엄을 알 수 있고　　　　　　秋至識宣威
바람이 구름을 밀어내면 달이 밝게 보이고　　風餘月揚明
비가 온 뒤에는 풀 향기가 짙다　　　　　　雨後草芳菲

보건대, 하나는 둘과 함께 있고　　　　　　看來一乘兩
만물은 서로 의지하고 산다　　　　　　　　物物賴相依
오묘한 천기天機를 꿰뚫어 보면　　　　　　透得玄機處
텅빈 집에 앉아 있어도 빛이 난다　　　　　虛室坐生輝

　이 시는 다소 길지만, 동이족 복희伏羲가 황하에서 얻었다는 용마龍馬의 〈하도河圖〉에서 역학易學이 시작되었음을 먼저 밝히고 나서 천지의 이치를 풀어 나가고 있다. 최초의 천지는 혼돈混沌에서 시작된다. 혼돈의 큰 기氣가 음陰과 양陽으로 나뉘면서, 음양이 서로 만나 오행五行이 된다.

또 하늘에 있는 음양의 기는 동정動靜하면서 4상(四象; 日月星辰)을 만들고, 땅에 있는 음양의 기는 강유剛柔를 품고, 4유(四維; 수화목석)를 만들며, 사유가 서로 얽혀 만물이 만들어진다고 보았다. 만물이 만들어지는 것은 곧 인仁이다. 다만 만물의 모습과 행동이 갖가지로 다른데, 그 '까닭'은 기氣를 주재主宰하는 어떤 실체가 있기 때문인데, 그 실체는 너무나 오묘하여 보이지 않아 알 수가 없다고 했다. 그 실체를 〈원이기原理氣〉와 〈이기설理氣說〉에서는 이理라고 불렀는데, 여기 〈천기天機〉에서는 '이'라는 말은 하지 않았다. 따라서 서경덕은 처음에는 '이'를 말하지 않다가 만년에 이르러 드디어 '이'라는 용어를 쓴 것을 알 수 있다. 이렇게 기氣가 분화하고, 그것들이 다시 만나고 부딪치면서 만물의 변화를 가져오는 이치를 '천기天機'로 불렀다.

그런데 기는 시작도 없고 끝도 없는 실체로서 끊임없는 만물의 변화를 가져온다고 믿었다. 그 변화는 땅에서는 춘하추동春夏秋冬의 변화를 해마다 반복하고, 하늘에서도 마찬가지로 춘하추동의 변화가 반복된다. 춘하추동의 변화를 다른 말로 하면 원형이정元亨利貞으로도 부른다. 원元은 생명이 탄생하는 기간이고, 형亨은 생명이 성장, 발전하는 기간이며, 이利는 생명이 열매를 맺은 뒤에 쇠락하는 기간이며, 정貞은 생명을 감추는 기간이다. 그리고 나서 겨울의 동짓날冬至日을 전환점으로 하여 다시 생명이 시작되어 원元으로 돌아간다.

기氣라는 물질적인 실체를 찾아서 만물이 형성되는 이치를 설명한 것은, 원자原子, 양자量子, 미립자微粒子 등 잘 보이지 않는 물질을 우주의 본질로 보고 그 운동법칙을 연구하는 오늘날의 천문학이나 물리학이나 생물학 등 현대과학과 크게 다르지 않다.

다만 현대과학도 왜 그렇게 천태만상의 차이와 변화가 일어나는 원인이 어디에 있는지는 아직 완벽하게 해명하지 못했다. 그저 이를 진화進化로 설명하기도 하고, 돌연변이突然變異로도 설명하고, 또는 정보情報로 설명하기도 한다. 이와 달리 종교인들은 하느님의 섭리攝理를 주재자主宰者로 보아 과학자들과 맞서고 있다.

전통시대 주기설主氣說이 현대과학과 발상이 비슷하다면, 주리설主理說은 종교인의 발상과 서로 비슷하다.

그런데 서경덕은 이 〈천기〉에서는 이理와 기氣의 관계를 자세히 말하지 않고 주로 기氣를 가지고 천지의 이치를 설명했는데, 만년에는 〈원이기原理氣〉, 〈이기설理氣說〉 등을 써서 이와 기의 관계를 조금 더 자세히 설명했다.

22) 58세: 인종이 승하하고 명종이 즉위한 뒤 세상을 떠나다

서경덕이 56세 되던 해 11월에 중종中宗이 승하하고, 대윤파大尹派에 속하는 인종仁宗이 즉위하자 서경덕은 큰 기대를 걸었다. 인종은 세자 때부터 선비를 존중하고, 기묘사화己卯士禍의 피해자들을 신원시키려는 정책을 추구하고, 서경덕과 북창北窓 정렴(鄭磏; 1506-1549)을 장차 중용하기로 마음먹고 병풍 사이에 두 사람의 이름을 적어 놓았다고 한다.

정렴은 그 아비가 중종 때 권신이던 정순붕鄭順朋으로 선비들의 곱지 않은 시선을 받았으나, 자신은 아비와 정반대의 길을 걸어갔다. 어려서부터 천문, 지리, 복서, 의약 등 기술학을 널리 배우고 일평생 수련도교에 빠져 깨끗한 선비들과 사귀고 살다가 명종 초에 세상을 떠났다. 《북창비결北窓秘訣》이라는 수련서도 지었다. 서경덕보다 17세 연하이지만 두 사람의 학문 성향이 매우 비슷한 인물이었다.

그러나 이렇게 서경덕의 큰 기대를 모았던 인종은 애석하게도 다음 해 7월에 향년 31세로 세상을 떠났다. 재위 기간이 8개월에 지나지 않았다. 그 뒤를 이은 것은 소윤파少尹派에 속하는 문정왕후文定王后의 아들 열두 살의 명종明宗이었다. 인종을 낳은 장경왕후章敬王后 윤씨가 출산 후 7일 만에 세상을 떠나자 계비로 들어온 문정왕후 윤씨가 인종을 키웠는데, 뒤늦게 명종을 출산하면서 인종의 뒤를 잇게 된 것이다.

인종이 승하하고 명종이 즉위한 것은 서경덕이 57세 되던 7월이었는데, 건강은 더욱 악화되었다. 날씨도 무더웠지만 기대했던 임금이 죽고 평판이 좋지 않은 소윤파가 집권하면서 곧바로 대윤파에 속한 선비들을 대거 숙청하기 시작하자 서경덕은 아마도 큰 충격을 받았을 것이다. 이제 자신이 죽을 때가 되었다고 믿었는지도 모른다.

《실록》을 보면, 인종이 세상을 떠난 뒤에 서울에서 이상한 일이 일어났다고 한다. 인종이 승하했다는 소문이 장안에 퍼지자 낮부터 각계각층 주민들이 마치 제 부모가 죽은 듯이 울부짖으며 슬퍼했고, 이날 밤부터 서울에 큰 소동이 벌어졌다. 사람들이, "괴물이 밤에 다니는데, 지나가는 곳에는 검은 기운이 뭉쳐 있고, 수많은 수레가 달려가는 듯한 소리가 난다."고 떠들었다. 서로 말을 전하여 미친 듯이 현혹되어 떼를 지어 모여서 떠들고 대궐 아래서부터 네거리까지 징을 치면서 괴물을 쫓으니, 그 소리가 장안을 진동하고 사람과 말들이 놀라서 피해 다녔는데, 순졸巡卒들이 막아도 그치지 않고 계속되었다. 이런 일이 사나흘 동안 이어지다가 그쳤다.

서울 장안의 소동은 누군가 임금을 독살했다는 의심 속에서 발생한 듯하다. 또 앞으로 일어날지도 모를 대윤파(장경왕후 세력)에 대한 소윤파(문정왕후 세력)의 공격에 대한 불안감 속에서 잉태된 것으로 믿어지기도 했다. 그만큼 백성들이 인종을 사랑하고, 그를 해친 것으로 의심되는 사람들에 대한 분노가 증폭되고 있었다.

이렇게 온 장안이 온통 불안에 빠진 상태에서 7월 6일에 새 임금 명종明宗이 즉위했다. 어린 명종을 대신하여 모후 문정왕후文定王后 윤씨가 수렴청정하는 시대가 열리면서 다음 달 8월 말부터 이른바 을사사화乙巳士禍가 일어나 권력을 장악한 소윤파少尹派가 대윤파大尹派를 대거 숙청하는 사건이 터졌다. 예상했던 사건이 벌어진 것이다.

그로부터 꼭 1년이 지난 명종 원년(1546) 7월 7일에 서경덕은 향년 58세로 눈을 감았다. 명종이 즉위한 뒤 1년 동안 서경덕은 무슨 일을 했는지 아무런 기록이 없다. 병석에 누워 1년을 보냈는지, 아니면 사화士禍로 인한 피해를 우려하여 일부러 지인들을 만나지 않고 두문불출했는지도 모른다. 그러다가 갑자기 죽을 때 서경덕의 모습을 전하는 기록만이 남아 있다.

명종 원년(1546) 7월 7일에 병이 악화되자 서경덕은 죽음이 다가온 것을 느끼고 시중드는 사람의 부축을 받아 화담 위로 가서 목욕하고 돌아왔다. 그로부터 몇 시간 뒤에 눈을 감았다. 향년 58세였다. 임종했던 어느 문생門生이 "오늘 선생님의 마음이 어떠시냐?"고 묻자 서경덕은 "죽고 사는 이치를 안 지 이미 오래되었다. 내 마음이 매우 편안하다."고 말했다.

여기서 서경덕이 죽음을 어떻게 생각하고 있었는가를 보여주는 글이 많이 있는데 두 가지만 소개하기로 한다.

하나는 〈귀신사생론鬼神死生論〉이다. 이 글에서 그는 "사람을 구성하고 있는 기氣가 모여 있는 상태가 살아 있는 것이고, 기가 흩어진 상태가 죽음이다."라고 말했다. 그리고 기가 흩어진 상태, 곧 죽은 상태를 귀신鬼神과 혼魂으로 부르고, 귀신과 혼은 영원히 존재한다고 믿었다.

또 서경덕은 죽은 사람을 조문하는 〈만인挽人〉이라는 시를 지어 죽음을 설명했다. 그 시는 다음과 같다.

만물은 어디서 오고, 또 어디로 가는가	物自何來亦何去
음양은 합쳤다가 흩어지는 그윽한 이치가 있다	陰陽合散理機玄
있다가 없어지는 것은 구름이 생겼다 없어짐과 같다	有無悟了雲生滅
달도 차면 기울어지는 것이 순환의 이치다	消息看來月望弦
시작은 끝이 있으니 죽으면 항아리 두드리고 노래한다	原始反終知故缶
형체와 혼백이 흩어짐은 통발을 버리는 것과 같다	釋形離魄等亡筌
아아, 사람은 제집으로 돌아가는 것인데	堪嗟弱喪人多少
집으로 돌아가는 것을 선천先天이라 하네	爲指還家是先天

만물은 모두 서로 기대어 있다가	萬物皆如寄
하나의 기氣 속에서 떴다가 가라앉네	浮沈一氣中
구름이 생기면 자취가 보이고	雲生看有跡
얼음이 녹으면 흔적이 없다	氷釋覓無縱
낮은 밤으로, 밤은 낮으로 돌아가고	晝夜明還暗
원형이정은 끝남으로 반복된다	元貞始復終
진실로 이 이치를 안다면	苟明於此理
항아리 두드리고 노래하며 님을 보내야지	鼓缶送吾公

이 두 편의 시는 《역경》의 이치인 원형이정元亨利貞의 순환과정으로 죽음을 설명하면서 슬퍼할 일이 아니라 《장자莊子》가 그랬듯이 항아리를 두드리고 노래하면서 죽은 이를 보내야 한다고 보고 있다. 다시 말

해 죽음은 '선천先天'의 근본으로 돌아가는 변화로 이해하고, 사람이 소멸되거나 사라진다고 보지 않았다.

사실 고대로부터 한국인들은 죽음을 신선神仙이 되어 학鶴이나 기린을 타고 승천한다고 믿었는데, 그런 신선사상도 생명의 순환을 믿는 역易사상에서 생긴 것이다. 서경덕은 죽음을 이렇게 생명의 순환과정으로 보기 때문에 마음이 편안했으며, 평시처럼 자신의 몸을 깨끗하게 만들고 숨을 거두었던 것이다.

서경덕이 세상을 떠났다는 소문이 퍼지자 개성의 선비와 백성들이 몰려와서 우는 사람들이 길에 줄을 이었다고 한다. 평소 서경덕의 높은 덕에 감화를 받고, 서로 다투는 일이 생기면 관부官府로 가지 않고 그에게 찾아와서 자문을 받고 판결을 받고 살아왔던 개성 주민들이 서경덕의 죽음을 애도하는 것은 당연하다고 하겠다.

서경덕은 뛰어난 학자이기 이전에 동네의 착한 할아버지이고, 시비를 가려주는 장로長老요, 벗이요, 우상이기도 했다. 그러니 이웃 사람이 그를 따르면서 존경하였다. 서경덕과 기생 황진이黃眞伊와 관련된 아름다운 일화가 세상에 퍼진 것도 이런 서민들의 입을 통해서였을 것이다.

한 달이 지난 8월 12일에 그의 유언에 따라 화담 북쪽의 부모 묘소 옆에 안장되었다. 부인 이씨는 15년을 더 살아 명종 16년 1월 7일에 세상을 떠나, 서경덕 묘소에 합장되었다.

문인 홍인우는 7월 11일에 부음을 듣고 통곡을 하면서 애도하고, 뒤에 박민헌으로부터 《화담유고》를 빌려다가 읽어 보고, 새삼스레 서경덕의 학문이 세상을 다스리는 '명세지재命世之才'와 '경세지학經世之學'을 품은 '동방의 호걸지재豪傑之才'라고 극찬했다. 문인 허엽과 박순은 선조 때 서경덕에게 우의정을 추증하고 문강공文簡公이라는 시호諡號를 내리는 일에 적극적으로 앞장섰다.

서경덕 부인 이씨는 1남1녀를 낳았는데 아들 서응기徐應麒는 서경덕이 선조 때 우의정에 추증되자 음직蔭職으로 노비를 관장하는 장례원掌隷院의 사의(司議; 정5품)를 제수받았고, 딸은 선비 유경담柳景湛에게 시집갔다. 서응기는 1남4녀를 두었는데, 아들 우신佑申은 뒤에 무과에 급제하여 병마절도사(종2품)가 되었다.

서경덕은 측실(첩)을 두어 두 아들을 낳았는데, 서응봉徐應鳳과 서응귀徐應龜다. 세 아들 이름을 모두 신성한 짐승의 이름을 따서 지었다. 기린, 봉황, 거북이를 따르라는 뜻이다. 모두 장수長壽를 상징한다. 서응봉과 서응귀는 서자이므로 벼슬을 얻지 못했다.

그러면 측실은 왜 두었을까? 추측이지만, 서경덕이 탁타교 부근의 본가와 화담정사를 오가면서 살았기 때문에 두 집 살림을 한 셈이다. 거리가 멀어서 정실부인이 두 집을 관리하기는 어려웠을 것이다. 본가는 정실부인이 관리하고 화담정사는 여비女婢가 관리한 듯하다. 그 여비가 측실이 되었는지도 모른다.

그런데 선조 4년(1571)에 파주의 저명한 성리학자 우계 성혼成渾이 화담을 찾아간 일이 있었다. 성혼은 율곡과 절친한 학자로서 서경덕의 학문을 따르지는 않았으나, 그의 고매한 인품과 독창적인 학풍에 대해서는 존경심을 느꼈기에 방문한 것이다. 성혼은 먼저 화담묘소에 참배한 뒤에 화담정사를 찾아갔다. 그러나 화담정사는 이미 헐리고 그 옆에 새로 지은 집이 있었는데, 여비女婢가 나와서 성혼을 만나 이야기를 나누었다.

그녀는 서경덕의 가족관계를 설명해 주고, 서경덕이 죽을 때 화담에 가서 목욕하고 돌아와서 숨을 거둔 사실을 이야기하면서 위인들은 죽을 때 목욕한다고 일러 주었다.

그 여비가 서경덕과는 어떤 관련이 있는지는 알 수 없으나, 서경덕이 죽은 지 25년 뒤의 일이므로 서경덕 집안의 여비女婢이거나 혹시 서경덕의 측실일지도 모른다. 정실부인 이씨는 10년 전에 세상을 떠났지만 측실은 정실부인보다 나이가 젊었을 것이므로 생존해 있으면서 집을 지키고 있었는지도 모른다.

서경덕의 신도비명神道碑銘은 선조 7년(1574)에 우의정을 추증받고 10년이 지난 선조 17년(1584)에 묘소 앞에 신도비神道碑를 세우면서 문인 박민헌朴民獻이 썼다. 서경덕은 〈행장行狀〉이 없기 때문에 서경덕의 생애를 집약하여 정리한 것은 이것이 유일하다. 이 비명은 명필 석봉石峯 한호韓濩가 글씨를 쓰고 전자篆字는 남응운南應雲이 썼다.

박민헌이 〈신도비명〉을 쓰고 《화담집》 편찬을 주도한 것을 보면, 그가 스승을 위해서 얼마나 헌신했으며, 문인들이 박민헌을 얼마나 신뢰했는지 알 수 있다. 이런 점을 고려하면, 서경덕을 모신 화곡서원花谷書院에 배향될 자격이 충분했으나, 그가 빠지고 박순, 허엽, 민순만이 배향되었다. 그 이유는 박민헌이 강원도관찰사 시절에 어미를 죽인 자를 뇌물을 받고 죄인을 풀어 주었다는 혐의로 탄핵을 받았기 때문이었다. 그러나 문인 박지화朴枝華는 《박민헌행장》을 쓰면서 박민헌이 억울하게 누명을 썼다고 적극 변론했으며, 그가 죽은 뒤에 청백리淸白吏로 녹선된 것을 보면 누명을 쓴 것이 사실로 보인다.

23) 야사野史에 보이는 서경덕의 이모저모

서경덕은 정사正史보다는 야사野史에 더 많이 회자되는 인물이다. 아마 그이처럼 야사에 많이 등장하는 인물도 흔치 않을 것이다. 평생 벼슬을 하지 않고 처사處士로 살았기 때문이기도 하지만 그만큼 문인들과 시정인들의 사랑을 많이 받았기 때문이었다. 그 가운데 몇 가지만 소개하기로 한다.

먼저 문인들이 본 그의 인상이다. 많은 문인들이 50대 서경덕의 모습을 고고한 선비상이라고 말하고 있지만 구체성이 없다. 그런데 찬자撰者를 알 수 없는 《동유록東儒錄》을 보면, 서경덕의 만년 모습은 얼굴에 밝고 화평한 기운이 밖으로 그대로 드러나고 있었다고 하면서 참된 선비 모습이라고 칭송했다. 홍인우의 《치재집恥齋集》에도 그 일화가 실려 있다.

또 그의 문인 허엽許曄의 아들 허봉許篈이 쓴 《해동야언海東野言》을 보면, 문인 민기(閔箕; 1504-1568)가 화담의 인상을 평하여 "서경덕은 눈썹이 명쾌하고, 눈은 샛별처럼 빛났다. 서경덕은 진유眞儒의 정맥正脈"이라고 말했다.

위 기록들을 종합해 보면, 서경덕의 모습은 눈썹이 짙고, 눈에서 광채가 빛나며, 표정은 늘 밝고 아주 개방적이고 소탈하고, 겸손하고 낙천적인 듯했다. 《해동야언》에는 또 "아름다운 산천을 보면 문득 일어나서 춤을 추었다."고 한다. 그러나 서경덕이 춤을 추는 것을 본 일이 없다고 말하는 기록도 있어 헷갈리기도 한다.

이웃 평민 사람들과 하루 종일 웃으면서 이야기하고 지냈다는 일화도 전하므로 보통사람들과 격의를 두지 않는 개방적인 성격임을 알 수 있고, 또 매우 낙천적이고 흥이 많은 인물임에 틀림없다.

서경덕은 무슨 음식을 좋아하고 어떤 음식을 싫어했을까? 문인 차식車軾의 아들 차천로車天輅가 쓴 《오산설림五山說林》을 보면, 서경덕은 굶기를 자주 하고, 담백한 음식을 좋아했으며, 사람들이 혹시 기름진 생선을 보내면 먹지 않았다고 한다. 그는 말린 소어(蘇魚; 밴댕이)를 좋아했다고 한다. 남에게서 물건 받는 것을 싫어해서 사람들도 잘 주지 않았는데, 먹거리나 음료도 마찬가지였다.

서경덕은 나무로 선기옥형璇璣玉衡을 만들었다고 한다. 이것은 혼천의 渾天儀라고도 부르는데, 해와 달 그리고 수화목금토의 5개 별의 운행을 관측하는 기구로서 일찍이 세종 때 정초鄭招와 정인지鄭麟趾, 장영실蔣英 實 등이 만들었는데, 처음에는 나무로 만들었다가 뒤에는 구리로 제작했 다. 서경덕은 값싼 나무로 만들어 천체의 운행을 직접 관찰했던 것이다. 서경덕이 이런 천문기구를 직접 만들었다는 것은 천문학에 조예가 깊었 음을 보여 준다.

천문학은 역학易學과도 깊은 관계가 있다. 서경덕이 살았던 시대에는 천문학이 세종 때보다 크게 후퇴한 시기여서 혼천의를 제대로 이해하는 학자가 정부에는 거의 없었다. 이런 시기에 서경덕이 직접 옥형을 만들 어 천체를 관측했다는 것은 예사로운 일이 아니다. 상수역학象數易學은 우주의 원리와 그 운행과정을 숫자로 설명하는 학문이기 때문에 천문학 과도 관련이 깊다.

서경덕이 쓴 글 가운데 〈복기견천지지심설復其見天地之心說〉이라는 것 이 있는데, 천문학을 바탕으로 천지운행의 원리를 설명한 글이다. 이런 글을 쓰게 된 것도 선기옥형을 직접 실험하면서 얻은 지식이 도움이 되 었을 것으로 보인다.

또 이런 일화도 있다. 화담정사 마당에 살구나무가 한 그루 있었는데, 봄이 되어도 싹이 트지 않자 서경덕이 집 아이를 시켜서 흙을 걷어내고 뿌리가 드러나게 한 다음에 물을 주고 나서 멍석으로 덮어 주니 며칠이 안 되어 싹이 텄다. 문인들이 신기하게 여겨 그 이유를 물었더니 이렇 게 대답했다.

이 나무는 아침저녁으로 마당을 쓸면서 나무에 흙을 너무 많이 덮어서 기氣가 통하지 않아 싹이 트지 않은 것이다. 흙을 파내 양기陽氣가 통하게 하여 나무가 소생한 것이다. 이것이 당연한 이치인데도 사람들이 모르고 있을 뿐이다.

서경덕은 기철학氣哲學을 이런 사소한 일상생활에서도 응용하고 있었다. 바꿔 말하면, 일상에서 격물치지格物致知하는 마음가짐이 기철학을 탄생시켰다고도 볼 수 있다. 어렸을 때 종달새가 나날이 높이 올라가는 것을 보고서 땅의 기氣가 움직이는 것을 터득한 것도 마찬가지다.

서경덕은 일찍이 문인들에게 이런 말을 했다. "천하에는 세 가지 도道가 있다. 유교儒敎가 가장 좋고, 불교佛敎가 그다음이고, 선교仙敎가 그다음이다. 이것을 배우는 것도 마찬가지다." 그러니까 유불선儒佛仙 3교가 모두 좋은 도道이지만, 그 가운데 등급이 있다는 것이다. 그래서 서경덕 자신도 유불선을 모두 통달했으면서도 유교를 중심에 두고 불교와 선교를 회통會通했다고 볼 수 있다. 말하자면 3교를 회통하는 사상가였다. 선교는 고대로부터 내려온 무교(巫敎; 샤머니즘)가 중국의 도교道敎와 접합하여 만들어진 민족신앙이기도 했다.

서경덕이 도술道術이 있다는 일화도 있다. 도술은 건강수련법健康修鍊法, 병법兵法, 점술 등 다양한 용도를 가졌는데, 미래를 예측하는 말도 자주 했다. 이는 상수역학象數易學이 명과학命課學, 곧 점복占卜과도 연결되어 있기 때문이다. 그런데 서경덕은 마술魔術 비슷한 기술도 있었다.

어느 날 서경덕이 어린 문하생 차식車軾을 데리고 연못가로 걸어가서 물고기가 떼지어 노는 것을 바라보다가 문득 연못 다리에서 물고기를 잡고 싶은 마음이 생겼다. 그리하여 종이를 작게 자르고 그 위에 숫자를 써서 물 가운데로 던졌다. 그랬더니 길이가 3촌寸 정도 되는 물고기 한 쌍이 뛰어오르더니 돌 위로 떨어졌다. 서경덕은 손으로 물고기를 잡고 살펴본 뒤에 웃으면서 다시 물고기를 물속으로 놓아주었다. 서경덕은 돌아와서 차식에게 말하기를, "옛사람의 말이 속이지 않는구나."고 했다. 이때 서경덕은 《장자莊子》를 읽고 있었는데 심심풀이로 그 책에 나오는 고사를 시험해 보았다고 한다.

야사에 보이는 서경덕의 일화 가운데서 명기 황진이와의 이야기도 빠뜨릴 수 없을 것이다. 서경덕은 학문이 높을 뿐 아니라 여색을 가까이 하지 않는다는 소문을 들은 황진이는 서경덕을 한번 시험해 보고 싶었다. 그래서 어느 날 선비가 매는 허리띠를 두르고, 거문고와 술병을 들고, 《대학》을 옆에 끼고서 화담을 찾아가 절을 올리면서 말했다. "첩이 들으니, 《예기禮記》에 남자는 가죽띠를 매고 여자는 실띠를 맨다고 합니다. 첩도 《대학》을 배우고 싶어서 실띠를 매고 왔사오니 가르쳐 주시기 바랍니다." 하자 서경덕이 웃으면서 가르쳐 주었다.

밤이 되자 마치 마등魔登이 아난자阿難者에게 아부하듯이 진이가 교태를 부리기를 며칠 동안 계속했으나 서경덕은 조금도 흔들리지 않았다. 그러자 황진이는 창피하고 후회됨을 이기지 못하고 물러나와 금강산으로 유람을 떠났다고 한다.

황진이가 30년 동안 면벽하면서 도를 닦은 고승 지족선사知足禪師를 유혹하여 무너뜨렸다는 일화도 있으나, 서경덕을 무너뜨리는 데에는 실패했다는 이야기다.

또 서경덕이 중으로 변신한 호랑이를 물리쳤다는 일화도 야사에 전한다. 어느 날 서경덕이 서사정逝斯亭에 앉아서 문도들과 역易을 강론하고 있을 때 갑자기 험악하게 생긴 노승이 나타나 절하면서 만나 뵙기를 청하자 서경덕이, 시집가려는 부잣집 처녀를 해치려는 호랑이가 변신한 것을 알고 혼삿집에 문도를 보내 〈불경佛經〉을 읽게 하여 물리쳤다는 이야기다.

이런 일화들은 사실이 아닌 것도 섞여 있을 수 있지만 서경덕이 도

術道術에도 상당한 조예가 있었다는 것을 말해 준다.

24) 선조 8년(1575)에 우의정에 추증되고, 시호를 받다

생전에 단 한 가지 벼슬도 하지 않은 서경덕은 세상을 떠나고 난 뒤에 후학들 천거를 받아 두 번에 걸쳐 벼슬을 추증받았다. 첫 번째는 명종 22년(1567) 2월 3일에 정6품 벼슬인 호조좌랑戶曹佐郎이다. 명종 초년에는 문정왕후와 그 동생 윤원형(尹元衡; 1503-1565), 그리고 권신 이기(李芑; 1476-1552) 등의 횡포로 정치가 어지러웠으나, 명종 자신은 매우 착한 임금으로서 깨끗한 선비를 우대하는 정책을 펴려고 노력했는데, 명종 20년에 윤원형이 죽은 뒤에 다시 그 정책에 박차를 가했다.

《명종실록》의 이기李芑 〈졸기卒記〉를 보면, 서경덕보다 나이가 13세 위였던 그는 젊었을 때 학문을 닦는 모습도 보여 주었는데, 언젠가는 서경덕을 만나 학문을 논한 일이 있었다. 그러나 서경덕이 이기의 학문을 인정하지 않자 노기를 나타냈다고 한다. 이기는 명종 7년에 세상을 떠났다. 중종 때 좌의정을 지냈던 권신 김안로(金安老; 1481-1537)도 처음에는 서경덕을 위험한 인물로 의심했는데, 서경덕의 시를 읽고 나서 수신修身에만 힘쓰는 선비로 인정하여 안심했다고 한다.

선비를 우대하는 분위기가 무르익은 명종 22년에 임금이 먼저 성수침(成守琛; 1493-1564)과 서경덕에게 관작을 추증하라고 명하자, 영의정 이준경李浚慶이 본래 6품직을 추증받았던 성수침에게는 3품직을 추증하고, 본래 아무런 벼슬이 없던 서경덕에게는 정6품에 해당하는 호조좌랑戶曹佐郎을 추증했다. 그러나 당시 식자들은 서경덕에게 겨우 6품직을 추증한 것을 매우 안타깝게 여겼다.

서경덕보다 4세 연하였던 성수침은 우계牛溪 성혼(成渾; 1535-1598)의 아버지로서 처음에는 서울 경복궁 서북편 기슭의 청송당(聽松堂; 지금 청운중학교)에서 살다가 뒤에는 파주로 이주하여 그곳에서 평생을 처사로 살다가 죽었는데, 그의 문하에서 아들 성혼을 비롯한 여러 후학이 배출되었다.[43] 성혼은 서경덕이 죽은 뒤에 화담을 직접 찾아가서 답사하고 여행기를 남겼다. 서경덕의 학문보다는 그의 고고한 행실을 더 높이 평가했다.

서경덕이 증직을 받기 1년 전인 명종 21년에 서경덕의 문인이었던 윤담수尹聃壽의 이복 아우 월정月汀 윤근수(尹根壽; 1537-1616)가 명나라에 사신으로 간 일이 있었다. 이때 명나라 학자가 조선에도 공자와 맹자의 심법心法이나 기자箕子의 《홍범洪範》과 수학數學을 아는 자가 있느냐고 묻자, 윤근수는 서경덕, 김굉필, 조광조 등이 있다고 말했다. 특히 서경덕에 대해서는 수학이 매우 뛰어나다고 소개했다.

명종 때에는 서경덕의 문인이던 박순朴淳, 허엽許曄, 박민헌朴民獻, 고경허高景虛 등 여러 문인들이 벼슬길에 진출하기 시작했으나, 아직은 나서서 서경덕을 추존할 만한 힘을 갖지 못했다. 그러다가 선비를 우대하는 정치를 적극적으로 펴기 시작한 선조 때에 이르러 서경덕 문인의 관계 진출이 더욱 활발해지고 그들의 지위가 높아지면서 증직을 재론하는 분위기가 다시 무르익어 갔다.

먼저 선조 5년(1572) 9월 4일에 임금이 신하들과 경연經筵을 마치고 나자, 홍문관 수찬修撰 신점(申點; 1530-1601)[44]이 임금에게 서경덕이 받은 증직이 미흡하다고 다음과 같이 아뢰었다.

---

43 성수침과 성혼에 대해서는 한영우, 《우계 성혼평전》(민음사, 2016) 참고.
44 〈서경덕연보〉에는 신점申點이 아니라 홍문관 수찬 조정기趙廷機가 아뢴 것으로 되어 있으나, 이는 《실록》의 기록과 다르다.

서경덕은 학행으로 인재를 교육하여 세상에 명유名儒가 되었는데, 중종
(명종의 오기)에 추증追贈할 때 유사가 생시에 9품직인 참봉을 했던 것만
을 의거하여 좌랑(정6품)을 증직했는데, 여론이 미흡하게 여깁니다."

신점은 평산 신씨로서 서경덕의 문인은 아니지만 서경덕의 교육자로
서 공로를 기려 증직을 높이자고 건의했다. 그러자 임금도 "덕행을 논하
지 않고 이력履歷의 관작으로만 증직贈職의 고하를 정하는 것은 옳지 않
다."고 동의했다.

신점의 건의에 이어 경연특진관 미암眉庵 유희춘(柳希春; 1513~1577)
이 거들고 나섰다. 그의 말을 들어보자.

서경덕은 조행操行과 학문이 있고, 박순(朴淳; 1523~1589)과 허엽(許
曄; 1517~1580)이 모두 그의 제자입니다. 박순이 신에게 말하기를, "임
금께 청하여 서경덕을 《유선록儒先錄》에 기입하여 넣을 수 있겠는가?" 하
기에 신이 말하기를, "서경덕은 학행이 있으나 그 학문이 수학數學에 편
중되어 있으니, 어쩌겠는가?"라고 했습니다. 그랬더니 박순이 다시 말하기
를, "소강절(邵康節; 소옹)은 수학數學을 했는데도 주돈이周敦頤와 정자程
子 다음으로 쳤고, 채원정蔡元定도 수학을 했지만 주돈이와 정자와 같은
반열에 넣었으니, 대체로 사람됨이 바르고 학문으로써 무리들을 선도했다
면 《유선록》에 참여하는데 무엇이 안되겠는가?"라고 했습니다. 신이 대답
하기를, "나는 그 사실을 잘 모르니, 공公이 직접 임금께 아뢰도록 하라."
고 했습니다.

유희춘은 서경덕의 직제자가 아니었으나, 서경덕의 문인인 허엽과 매
우 가까운 학우로서 그를 적극 돕고 나섰다. 《유선록》은 바로 유희춘이

선조 3년에 지은 책으로, 명유名儒들의 열전에 해당한다.

유희춘은 본관이 선산善山으로 출신 지역은 전라도 해남海南이었다.[45] 김안국金安國 문인으로 《미암일기眉巖日記》의 저자로도 유명하며, 하서河西 김인후金麟厚의 딸이 며느리다. 그런데 허엽은 유희춘과 절친하여 명종 초에 양재역良才驛 벽서사건에 유희춘이 연루되어 함경도 종성으로 귀양가자 그에게 옷을 보내 주는 등 적극적으로 도와준 일도 있었다. 뒤에는 자신의 두 아들 허성許筬과 허봉許篈을 모두 유희춘에게 보내 글을 배우게 했다.

박순은 본래 충청도 충주忠州 출신이지만 처가妻家가 나주羅州여서 그 지역으로 본거지를 옮겨 호남 인사들과 넓게 교유하고 있었으므로 유희춘과도 가까운 사이였다. 그래서 이들의 호흡이 서로 잘 맞아 서경덕의 증직이 순조롭게 이루어진 것이다.

이렇게 9월 4일에 서경덕의 증직을 높이는 문제를 의논한 다음 날인 9월 5일에 임금은 예조에 다음과 같은 명을 내려 서경덕의 후손이 있으면 벼슬을 내리라고 했다.

> 증贈 호조좌랑 서경덕은 사기士氣가 쇠퇴한 때에 태어나서 두문불출하고 학문에만 정진하여 《주역》의 이치를 더욱 깊이 알아 스스로 깨달은 묘리妙理가 많았다. 후진들을 잘 가르쳐 훌륭한 자가 많았으니, 사문斯文에 끼친 공이 크다. 만약 그 후손이 있으면 관작을 제수하여 유학을 존

---

45 《청구씨보》의 〈선산유씨보〉를 보면 유희춘의 직계 3대조는 벼슬이 없다. 《만성대동보》에는 〈선산유씨보〉 자체가 없다. 《씨족원류》의 〈선산유씨보〉를 보면, 《청구씨보》의 기록과 비슷하다. 한편, 《세종실록》 〈지리지〉를 보면 선산유씨는 임금이 내린 사성賜姓으로 되어 있는데 누구에게 내렸는지는 알 수 없으나 대개 귀화인들에게 내린다.

중하고 도를 중히 여기는 뜻을 보이라.

선조는 서경덕이 학자를 키우고, 나아가 《주역》을 깊이 연구하여 새로운 이치를 밝힌 공적을 평가하면서 그 후손들에게 벼슬을 내리라고 명한 것이다.

임금의 명을 받은 이조는 9월 22일에 서경덕의 아들로 서응기徐應麒가 있는데, 이미 참봉이 되었으니, 그를 적절한 지위에 승진시키자고 건의했다. 그러자 임금이 이를 허락했다. 사실 서경덕에게는 첩이 낳은 아들 둘이 더 있었으나, 이들은 거론하지 않았다. 서얼이기 때문일 것이다. 이때의 결정에 따라 서응기에게는 장례원 사의(司議; 정5품)와 첨정(僉正; 종4품), 그리고 문의현령(종5품)이 내려졌다가 선조 21년(1588)에 무능하다는 이유로 파직되었다.

앞서 선조 5년 9월 4일에 신점과 더불어 서경덕의 증직을 거론했던 유희춘은 선조 7년(1574) 2월 23일에 또다시 경연 자리에서 서경덕의 증직에 관하여 이렇게 아뢰었다.

서경덕이 비록 수리數理에 주력하여 공부했습니다만, 덕의德義에 관한 말을 한 것도 보통 유자儒者들보다 월등하게 뛰어납니다. 그런데 단지 좌랑으로만 증직했으니, 다시 높여 증직하소서.

이렇게 말하고 나서 다시 서경덕의 학문을 재차 강조하여 말했다.

서경덕의 학술은 수리數理에 치중하여 마치 소강절邵康節과 채원정蔡元定이 정자程子나 주자朱子와의 관계와 같기 때문에, 이황李滉이 적실的實하지 못하다고 논했습니다. 그러나 도덕과 실천은 있었습니다.

그러니까 유희춘이 본 서경덕은, 북송의 소강절(邵雍; 1011~1077)과 남송의 채원정(1135~1196)처럼 수리학數理學에 치중하여 후대의 정자程子나 주자朱子와는 다르지만, 도덕적인 실천력이 있는 사람이기 때문에 증직을 다시 높여 주는 것이 마땅하다는 것이었다.

이렇게 경연관들이 거듭거듭 서경덕의 증직을 높일 것을 주장하고 나서자 선조는 직접 서경덕의 글을 읽어 보고 다음 해인 선조 8년(1575) 5월 11일[46]에 좌의정 박순朴淳과 홍문관 부제학 이이李珥와 더불어 서경덕의 학문에 관하여 다시 논의했다. 박순은 지위도 높지만 서경덕에게 직접 배운 문인이므로 그의 말을 듣고 싶었던 것이고, 이이는 비록 나이는 젊지만 당대 최고의 학자였기 때문에 그의 의견을 듣고자 했다. 임금이 먼저 서경덕의 학문을 이렇게 평했다.

서경덕이 지은 책을 내가 보았는데, 대체로 기氣와 수數만을 논하고, 수신修身의 일은 언급하지 않았으니, 그의 학문은 바로 수학數學이 아니냐? 그리고 그의 공부에는 의심스러운 곳이 많다.

이렇게 임금이 서경덕의 학문이 기氣와 수數에 치우치고, 도덕성이 약하다고 평하자 박순이 먼저 변명하고 나섰다.

서경덕이 항상 말하기를, "학자가 공력功力을 들이는 방법은 이미 네 분의 선생(程頤, 程顥, 張載, 朱子)을 거치면서 거론되지 않은 것이 없지만, 이기理氣의 설만은 아직 다 설명되지 못한 바가 있기 때문에 밝게 분

---

46 《선조실록》이 훼손되어 5월 며칠인지를 알 수 없다. 그러나 《선조수정실록》에는 5월 11일로 되어 있다.

변하지 않을 수 없다."고 했습니다.

이렇게 말하고 나서 박순은 서경덕이 궁리窮理하고 공력을 들인 내용을 말했다. 임금이 다시 받아서 말하기를, "이 사람의 공부는 끝내 의심스럽다."고 하면서 여전히 찜찜한 반응을 보였다. 그러자 이이가 나서서 서경덕을 이렇게 평했다.

이 사람의 공부는 진실로 학자들이 본받을 바는 아닙니다. 서경덕의 학문이 장횡거(張橫渠; 張載)에서 나왔다고 하지만, 그의 저서가 성현의 뜻과 꼭 들어맞는지는 신은 알 수 없습니다. 다만, 세상에서 이른바 학자라는 사람들은 성현의 설을 모방하여 말할 뿐 마음으로 터득한 것이 없습니다. 그러나 서경덕은 깊이 생각하고 멀리 나아가 자득自得한 묘리妙理가 많으니, 문자만 익히고 말로만 한 학문이 아닙니다.

이이의 서경덕 평은 장점과 단점을 모두 지적한 것이다. 장점은 다른 유자儒者들이 성현의 설을 모방하는 데만 그치고 있는 것과 달리, 서경덕은 '자득지묘自得之妙', 곧 독창성이 있다는 점이고, 단점은 그의 학문이 성현의 뜻과 꼭 맞는지는 모르겠다는 것이다.

이렇게 이이의 평이 소극적으로 나오자, 허엽이 20세 연하의 이이를 꾸짖으면서 말하기를, "서경덕은 기자箕子의 학통을 이을 만하다. 우리 스승의 학문은 소옹(邵雍; 강절), 장재(張載; 횡거), 정자程子, 주자朱子의 학문을 겸했는데, 어찌 함부로 논하는가?"라고 반박했다. 그러자 임금은 허엽의 칭찬이 공평을 잃었다고 말했다. 그러니까 서경덕의 학문을 지나치게 높이 평가했다는 뜻이다.

이보다 앞서 허엽은 서경덕의 학문이 장재에 비길 만하다고 논했는데, 퇴계 이황(李滉; 1501-1570)이 그 말을 듣고 "서공徐公의 저술을 내가 모두 보았는데, 장재의 《정몽正蒙》에 비길 만한 글이 어느 글이며, 《서명西銘》에 비길 만한 글이 어느 글인지 모르겠다."고 반박하니 허엽이 더 이상 힐난하지 못한 일도 있었다.

이렇게 서경덕 문인들이 앞장서 주장하는 것과 달리, 이황은 평소 서경덕이나 허엽의 학설인 주기설主氣說에 대하여 찬성하지 않고 있었는데, 그래도 이이가 중도적인 평가를 내린 셈이다. 임금은 이이의 주장을 가장 합리적인 것으로 받아들여 드디어 서경덕에게 우의정을 증직하고, 문강文康이라는 시호를 내렸다.

세상 사람들은 서경덕의 증직과 시호를 내리도록 노력한 허엽과 박순을 가상하게 여겼다. 다른 문인들은 서경덕이 죽자 배신한 자들이 적지 않았으나, 허엽과 박순만은 끝까지 스승을 배신하지 않았다고 칭찬했다. 다만 선조 때 서인과 동인이 갈라지자 박순은 서인의 영수가 되고, 허엽은 동인의 영수가 되면서 서경덕의 제자들도 서인과 동인으로 갈라졌지만, 서인보다는 동인에 더 많았다. 그런데 뒤에는 서인이 또 노론과 소론으로 갈라지고, 동인이 남인과 북인으로 갈라지고, 그 뒤에 또 남인이 근경近京 남인과 영남 남인으로 갈라지고, 북인이 또 대북과 소북으로 갈라지자 그 문인들도 다양한 당색을 지니게 되었다. 다만 당파가 다르더라도 서경덕의 주기설主氣說을 존중하는 시각은 공통적으로 지니고 있었다. 또 지역적으로 보면, 퇴계 이황의 주리설主理說의 영향력이 막강한 영남지방을 제외한 서울과 기호지방에 넓게 분포되어 있었다.

25) 화곡서원花谷書院이 설립되고, 문묘종사운동이 일어나다

서경덕이 세상을 떠난 지 63년이 지난 광해군 1년(1609)에 서경덕 문인 민순閔純의 제자로서 개성 유수를 하고 있던 홍이상(洪履祥; 1549-1580)[47] 과 그곳 선비들이 서경덕의 학문을 추모하고자 서원書院과 사우祠宇를 세우고, 이곳에 서경덕의 위패를 주향主享으로 모시고, 그 제자 가운데 박순, 민순, 허엽 등 세 사람의 위패를 배향했다. 이를 화곡서원花谷書院 으로 불렀는데, 때로는 사현사四賢祠로도 불렀다. 그 위치는 화담 묘소의 남쪽이었다. 그러니까 화담정사花潭精舍가 있던 자리였다. 화담정사는 이 미 퇴락하여 헐어 버렸다.

그동안 왜란을 만나 서원과 사우가 퇴락하자 인조 11년(1633)에 건물 을 수리해 주었는데, 이때 중수상량문을 잠곡潛谷 김육金堉이 썼다. 그리 고 나서 인조 13년(1635)에 나라에서 화곡서원에 편액扁額을 내려 국가 의 보호를 받는 사액서원賜額書院이 되었다.

광해군 1년에 화곡서원이 창건되면서 하위량河偉量을 비롯한 개성 선 비들과 김담金橝을 비롯한 경기도 유생들은 여기서 더 나아가 서경덕을 성균관 문묘文廟에 배향하는 운동을 광해군 2년부터 벌여 잇따라 상소문 을 올렸다. 서울 남인 한백겸韓百謙 등도 이에 가세했다. 한백겸은 그 아 비 한효윤(韓孝胤, 1536~1640)이 서경덕 문인 민순의 제자였고, 숙부 한 효순韓孝純도 서경덕 제자인 김근공金謹恭의 문인이었으므로 한백겸도 가 풍을 따라 화담학파에 속하는 서울 남인이었다.

광해군 2년(1610)에 이른바 5현五賢으로 불리는 김굉필, 정여창, 조광

---

47 홍이상은 본관이 풍산豊山으로 부사직 홍수洪修의 아들이다. 경기도 고양高陽에서 출 생하고, 어려서 고양에 살고 있던 서경덕 문인 민순閔純을 찾아가서 학문을 배웠다.

조, 이언적, 이황이 성균관 문묘에 함께 제향되었는데, 이런 분위기를 타고 서경덕의 문묘배향운동이 일어났던 것이다.

개성부 유생들이 서경덕의 종사從祀를 요청하는 상소를 잇달아 올리자, 광해군 2년 10월 30일에 임금은 이 문제를 정부 고관들이 의논하라고 명했다. 그러자 영의정 이원익(李元翼; 1547-1634), 좌의정 이항복(李恒福; 1556-1618), 우의정 심희수(沈喜壽; 1548-1622)가 발언했다. 그 가운데 이원익은 서경덕 학문의 깊이를 잘 모른다고 하면서 미루는 태도를 보였고, 이항복도 서경덕을 선조 때 추존한 것으로 충분하다고 하면서 이황이 서경덕의 주기설을 논파한 일도 있어서 함부로 결정하기 어렵다고 한발 물러섰다.

그러나 심희수만은 적극 서경덕의 학문을 높이 평가하고 나섰다. 북송의 소옹邵雍도 상수학象數學을 했지만, 주돈이, 장재, 정자, 주자와 함께 문묘에 배향되었는데, 서경덕의 상수학과 주기철학도 소옹과 비견되므로 문묘종사하는 것이 타당하다고 주장했다. 다만 대신들만이 의논할 것이 아니라 널리 의견을 수렴하여 결정하자고 제안했다. 실제로 심희수 자신도 상수학자로서 주기설主氣說에 이理를 절충하는 학문을 했기 때문에 크게 보면 화담학파에 속하고 있었다.

하지만 당시에는 주자학이 아직도 지배적인 학풍이었으므로 결국 서경덕의 문묘종사는 실패로 끝나고 말았다. 그 뒤 광해군 9년에는 집권파인 대북의 정인홍鄭仁弘 등이 이언적李彦迪과 이황李滉을 문묘에서 빼고, 자신의 스승인 남명 조식曺植을 문묘에 종사하려는 운동도 벌였으나 주자학을 따르는 서인들과 남인들의 반대로 무산되었다.

광해군 3년에는 서경덕의 무덤을 파헤치는 불행한 사건이 터졌다. 이 사건을 조사한 결과 개성의 토호세력들 사이에 향권鄕權을 서로 장악하려는 향전鄕戰이 벌어져 일어난 것으로 밝혀졌다. 나라에서는 다시 무덤을 수리했다.

그러나 숙종과 영조대에 이르러 서울 노론 사이에 서경덕에 대한 추모 분위기가 커지면서 임금이 개성에 행차하여 제사를 올리기도 했다. 이렇게 추앙받던 화곡서원은 대원군이 서원을 철폐할 때 함께 철거당했다. 이것이 화곡서원의 역사다. 얼핏 생각하면 서경덕이 서울 노론의 추앙만 받은 것으로 여길 수 있으나, 사실은 영남 남인을 제외한 모든 당파로부터 추앙을 받았다.

26) 《화담집》 편찬 경위

(1) 제1차 간행본: 선조 34년(1601) 윤효선尹孝先의 《만력신축본萬曆辛丑本》

서경덕 문집은 그가 세상을 떠난 뒤로 여러 차례 중간되어 오늘에 이르고 있다. 그가 사망한 지 6년 뒤인 명종 7년(1552)에 문인 박민헌과 허엽이 주동하여 서경덕의 시문詩文을 수집했다. 이해 10월 3일에 서경덕 문인 홍인우洪仁祐가 박민헌에게 사람을 보내 《화담유고花潭遺稿》를 가져다 읽어 보고 서경덕이 '명세지재命世之才'와 '경세지학經世之學'의 학자임을 새삼스럽게 느끼고 감탄했으며, 퇴계 이황에게 편지를 보내 "서경덕은 우리 동방의 '호걸지재豪傑之才'로서 가벼이 보아서는 안 된다."고 말했다.

박민헌과 허엽은 수집된 유고遺稿를 서경덕의 아들 서응기徐應麒에게 넘겨 주었는데, 서경덕의 문인 민순(閔純; 1519-1591)에게서 학문을 배운 윤효선(尹孝先; 1563-1619)[48]이 서응기로부터 유고를 받아서 친구인 생원 민유청(閔有淸; 1575-1612)과 더불어 책을 다시 필사하여 1책 2권으로 만들어 선조 34년(辛丑年; 1601) 늦여름에 간행했다.

윤효선은 서경덕의 직접 제자는 아니었으나 위에 소개한 발문에서 "서경덕은 바로 나의 조사祖師이다. 선생의 도덕과 문장을 경모하는 마음은 다른 사람보다 한층 절실하다."고 했다. 그는 광해군 때 승지에 오른 북인으로서 광해군의 친형 임해군臨海君을 축출하는 데 공을 세우고 승지에까지 오른 인물인데, 인조반정 뒤 관직을 삭탈당했다. 그의 아들이 유명한 남인 실학자 백호白湖 윤휴(尹鑴; 1617-1680)이다.

그런데 이 책은 오직 서경덕이 쓴 그 시문만 담아 책이 매우 간단했다. 이것이 《화담집》 제1차 간본으로 《만력신축본 화담집萬曆辛丑本 花潭集》으로도 불린다.[49] 박민헌, 허엽, 윤효선 등은 모두 선조 때 동인東人에 속했다.

(2) 제2차 간행: 선조 38년(1605) 홍방洪霶의 《만력을사본萬曆乙巳本》

1차본 《화담집》이 발간된 지 4년 뒤에 임진왜란 때 잃어버린 자료를 더 수집하여 선조 38년(乙巳年; 1605)에 은산현감 홍방霶(洪　　　; 1573-1638)이 중간했다. 홍방은 서경덕 문인 민순閔純의 제자로서 광해군 때 개성유수를 지냈던 모당慕堂 홍이상(洪履祥; 초명 洪麟祥; 1549-1615)[50]의 아

---

48 윤효선은 뒤에 윤효전尹孝全으로 개명했는데, 남인 실학자 윤휴尹鑴의 아버지다.

49 지금 서울대학교 규장각에 간년 미상 목판본 《화담집》이 있는데, 상하 2권(54장)으로 내용은 〈원이기原理氣〉부터 시작하여 시詩에서 끝나고 있다. 아마도 이 책은 문인들이 만든 제1차 《화담집》으로 보인다. 규장각에는 이 밖에 간년 미상의 《화담집》(83장)이 또 있는데, 내용은 앞책과 똑같으나 마지막에 부록이 들어 있는 것이 다르다. 국립중앙도서관에도 이 책이 소장되어 있다.

50 홍이상은 본관이 풍산豐山으로 서경덕 문인 민순閔純의 제자로서 선조 12년에 장

들이다. 부친으로부터 서경덕에 관한 이야기를 들은 그는 사우士友들로 부터 유고를 더 수집하고 경제적 도움을 받아 재간하게 된 것이다. 이 책은 《만력을사본 화담집萬曆乙巳本 花潭集》으로 부르기도 한다. 이번에 는 화담학파에 속하는 서인이 간행한 것이다.

(3) 제3차 간행: 영조 28년(1752) 김용겸金用謙의 《건륭임신본乾隆壬申本》

선조 때 두 차례 간행된 《화담집》을 다시 중간한 것은 영조 때였다. 영조 11년(을묘년; 1735)에 서경덕의 학문을 추앙하던 김용겸(金用謙; 1702-1789)이 개성을 유람하면서 화담에 가서 사당에 참배하고 돌아온 이후 영조 28년(壬申年; 1752)에 직접 《화담집》의 산만한 편차를 수정하 여 초본抄本을 따로 만들고, 발문跋文을 썼다. 노론 김수항金壽恒의 손자 이고 김창집金昌集의 아우인 김창즙(金昌緝; 1662-1713)[51]의 아들인 김용 겸은 서경덕의 학문이 상수학象數學에 기울어져 있다고 선비들이 그를 가벼이 보는 것을 개탄하면서 남의 학설을 의양(依樣; 모방)하는 학자 〔이황〕보다 훨씬 낫다고 생각했다.

서경덕의 학문이 높음에도 기존 《화담집》은 편차가 산만하고, 목판도 낡아서 글자가 잘 보이지 않는 것을 안타깝게 여겨 새로인 판각한 것이 다. 이 책을 《건륭임신본 화담집乾隆壬申本 花潭集》으로도 부른다.

원급제하여 벼슬길에 나아가 서인으로 활동했는데, 광해군 4년에 이이첨 일파에게 미움을 받아 개성 유수로 좌천되었다가 그곳에서 죽었다. 《광해군일기》 광해군 7년 9월 19일의 〈졸기卒記〉를 보면 홍이상은 젊었을 때 서경덕 문인 민순閔純에게서 학 문을 배워 명망이 높았다고 한다. 아호는 모당慕堂이다.

51 김창즙은 이른바 6창으로 불리던 김창집金昌集, 김창협金昌協, 김창흡金昌翕, 김창업 金昌業, 김창즙金昌緝, 김창립金昌立 등 6형제 가운데 다섯째이다.

(4) 제4차 간행: 영조 46년(1770) 원인손, 윤득관, 채위하의 《건륭경
　　인본乾隆庚寅本》

　영조 28년에 간행된 《화담집》은 편차를 다시 정리하여 진일보한 책
을 만들었으나 〈연보年譜〉, 〈유사遺事〉, 〈문인록文人錄〉 등이 빠졌다. 이
런 아쉬움 때문에 개성 선비인 한명상韓命相, 마지광(馬之光; 1726-?)
등이 자료를 더 수집하여 영조 46년(1770)에 제4차로 《화담집》을 판각
했다. 이 책이 경인년에 판각되어 《건륭경인본 화담집乾隆庚寅本 花潭集》
으로도 부른다.

　그런데 개성 유생들은 이 책을 내면서 개성 유수를 지낸 노론 탕평
파 원인손(元仁孫; 1721-1774)[52]의 서문序文을 받아 싣고, 나아가 학문이
높은 노론 낙론파洛論派 윤득관(尹得觀; 1714-1778 이후), 그리고 채제공
蔡濟恭의 친족으로 개성 유수의 보좌관을 지낸 남인 채위하(蔡緯夏; 1720-
1791)로부터 발문跋文을 받아 함께 수록했다.

　원인손은 영조 44년(1768)에 개성 유수를 지내면서 화곡서원에 가서
배알하고, 서경덕이 낚시하던 곳에 지은 서사정逝斯亭 등을 둘러보면서,
세상에서 조광조, 이언적, 이황, 이이는 성리학의 정통으로 인정하면서
서경덕의 학문을 수학으로 낮추어 보는 것을 개탄했다. 송나라 수학자인
소옹邵雍도 6현에 들어가고 있어서 서경덕도 당연히 정통에 들어가야 한
다고 말했다. 또 율곡이 "퇴계의 의양依樣보다 서경덕의 자득自得이 더
낫다."는 평을 소개했다.

　윤득관은 선조 때 명신 윤근수尹根壽의 후손으로 윤근수가 명나라에
사신으로 갔을 때 중국 학자들이 "조선에도 기자箕子의 주수疇數와 공맹

----

52 원인손은 영조 때 노소남북老少南北을 아우르는 대탕평을 주장했던 원경하(元景夏;
　　1698-1761)의 아들로서, 그 자신도 탕평파에 속했던 인물이었다.

孔孟의 심법心法을 전한 학자가 있느냐."고 묻자, 윤근수가 대답하기를 "서경덕은 성리학을 밝게 강론했으며, 수학에 더욱 정밀했다."고 말한 일화를 소개했다. 그러면서 서경덕의 수학은 기자의 《홍범》을 계승한 자득自得의 학문으로서 율곡이 이미 높이 평가했다고 말했다. 또 서경덕이 인종에게 올리려고 쓴 상제喪制에 관한 상소문은 경세관經世觀을 보여주는 놀라운 글로서, 만약 임금이 그를 등용했다면 세상을 교화하는 데 큰 보탬이 되고 백성들에게 복이 되었을 것이라고 아쉬워했다. 그러니까 서경덕은 단순한 상수학자가 아니라 정치경륜도 높은 인물로 간주한 것이다.

윤득관은 노론 낙론파洛論派에 속하는 어유봉魚有鳳의 문인으로 영조 초에 진사에 급제한 뒤 왕손이던 정조를 가르치는 교부敎傅의 직책을 가지고 있다가 영조 36년(1760)에 태거汰去당한 뒤 학자로 일생을 마쳤다.

마지막으로 채위하도 개성 유수의 보좌관을 지내면서 《화담집》의 판각이 낡고 훼손된 것을 안타까워하다가 개성 선비 한명상 등이 새로 판각하게 된 것을 반기면서 발문을 썼다. 이 글에서 이번 판각에서는 〈연보〉, 〈유사〉, 〈문인록〉 등이 추가된 것을 다행으로 소개했다. 다만 서경덕의 학문에 대해서는 감히 참람하게 논의하지 않겠다고 사양했다.

채위하는 친족 채제공이 남인이었으므로 그도 남인에 속한 것으로 보인다. 정조 14년(1790)에 평안도 자산부사(종3품)를 지내다가 파직당한 다음 해 세상을 떠났다.

이렇게 이번에 간행된 《화담집》은 개성 선비들이 주도하여 편찬되었으나 서문과 발문은 서울의 노론 탕평파와 노론 낙론계, 그리고 근경 남인의 서문과 발문을 모두 싣게 되었다. 다만 소론이 빠진 것이 아쉬운 점이었다.

(5) 제5차 간행: 정조 10년(1786) 윤숙尹塾의 《건륭병오본乾隆丙午本》

앞서 한명상과 더불어 영조 46년(1770)에 《건륭경인본 화담집》을 출간했던 개성 선비 마지광馬之光이 다시 개성 성균관 교관敎官 조유선(趙有善; 1731-1809)[53]과 힘을 합쳐 책을 간행하면서 당시 개성 유수로 와 있던 소론계 윤숙(尹塾; 1734-1797)의 서문을 받아 정조 10년(丙午年; 1786)에 1책 4권의 중간집을 간행했다. 앞서 간행한 《화담집》과 무슨 차이가 있는지는 알 수 없다. 확실한 것은 소론계 윤숙의 서문을 실은 것이다.

윤숙은 소론을 배출한 파평윤씨 후손으로[54] 영조 때 사도세자가 나경언羅景彦의 고변告變으로 추국을 받게 되자 세자를 적극 옹호하다가 미움을 받아 강진康津으로 유배당했으나 정조 때 다시 등용되어 병조판서에 이르렀다.

윤숙은 서경덕의 상수역학을 소강절邵康節에 비유하면서 칭송하고, 스스로 후학임을 자처했다. 이 책은 《건륭병오본 화담집乾隆丙午本 花潭集》으로도 불리는데, 지금 한국학중앙연구원 장서각에 소장되어 있다.

이상 《화담집》의 간행과정을 본다면 처음에는 서경덕 문인들이 주도하여 자료를 수집하고 문인의 문인인 동인 윤효선이 최초로 《화담집》을 간행하였다. 그 뒤에는 한명상, 마지광, 조유선 등 개성 선비들이 자료를 더욱 보관하여 거듭 중간본을 출판했으며, 개성 유수나 그 보좌관을 지낸 인물 또는 서경덕을 개인적으로 존경하던 서인 홍방, 노론 김용겸,

---

53 조유선은 본관이 직산稷山으로 서울 낙론계 학자인 김원행金元行의 문인이다. 영조 47년에 사마시에 급제한 뒤로 학문에 열중했다. 유일로 천거되어 참봉과 군수 등을 역임하다가 정조 때 사임하고 학문에만 열중했다. 문집으로 《나산집蘿山集》이 있다.

54 윤숙은 세조의 장인 윤번尹璠의 후손으로 증조 이후 벼슬아치가 나오지 못했다.

노론 탕평파 원인손, 노론 낙론파 윤득관, 남인 채위하, 소론 윤숙 등의 서문이나 발문을 받아 계속적으로 중간했음을 알 수 있다.

그러니까 서경덕 학풍은 노론, 소론, 근경 남인에서 공통적으로 계승되고 있었음을 보여 준다. 서경덕 학문을 가장 적극적으로 비판한 퇴계 이황李滉의 학풍을 계승한 영남 남인을 제외한 모든 당파로부터 추앙을 받은 것을 알 수 있다.

이렇게 당파를 달리하는 사람들이 잇달아 《문집》을 재간행하면서 문집 내용에 어느 정도 당색이 가미되었을 것으로 보이나 자세히 알 수 없다. 다만, 서경덕은 조선 후기에 이르러 노론 탕평파, 소론 실용파, 그리고 근경 남인 실학자들 사이에 당파를 초월하여 두루 추앙받았음을 알 수 있다.

2. 서경덕의 학문: 상수역학

1) 상수역학象數易學의 뿌리: 동이족의 역학易學과 선교仙敎

서경덕이 선조 때 우의정이라는 높은 증직을 받을 때 선조임금이나 이이李珥가 그의 도덕성을 평가하여 그리한 것은 아니고, 주로 학문적 독창성을 높이 평가하고, 또 교육자로서 훌륭한 후학을 길러낸 뛰어난 공로가 평가를 받았음은 앞에서 살핀 바와 같다.

물론 그는 가난 속에서 부귀영화를 꿈꾸지 않고 지조를 지키고 살았기 때문에 도덕성을 몸으로 보여 주었지만, 글로 그것을 가르쳐 주지는 않았다. 그의 문인 박순朴淳은, 도덕교과서는 이미 수많은 선현들이 써

놓았기 때문에 서경덕이 굳이 이를 탐구하지 않았다고 변명했지만, 서경덕의 글만 보면 선조나 이이가 문제가 있다고 말한 것도 일리가 없지 않다.

그런데 아무리 서경덕이 천재적인 두뇌를 가지고 스스로 자득한 학자라 하더라도 무無에서 유有를 창조한다는 것은 있을 수 없는 일이다. 무언가 기댈 바탕이 있어야 한다. 그 바탕에 두 계통의 영향이 있었다고 보인다. 하나는 고려 수도 개성에 축적된 상수역학象數易學과 상업문화의 전통이고, 다른 하나는 북송 학자 소옹邵雍의 영향이다.

한국 상수역학의 뿌리는 상고시대 동이족東夷族의 역학易學과 그 문화를 공유한 고조선으로 올라간다. 본래 동양 역학의 뿌리는 동이족 복희씨伏羲氏가 황하에서 용마龍馬 등 위에 그려진 〈하도河圖〉를 보고 팔괘八卦를 만든 것에서 비롯되었다. 그 뒤에 하夏나라 우왕禹王이 황하 중류의 낙수洛水에서 거북이 등에 그려진 글, 곧 〈낙서洛書〉를 보고 《홍범洪範》을 만들었다고 한다. 이 책은 음양오행의 역학을 바탕에 두고 만든 정치철학서이다.

그런데 《홍범》을 실제로 정치에 실행한 나라는 주周나라와 고조선으로, 동이족이 세운 국가인 은殷나라 왕족인 기자가 은나라가 주나라에 망하자 《홍범》을 주 무왕에게 가르쳐 주고 조선에 와서 《홍범》에 따라 팔조교八條敎와 정전제井田制 등을 시행했다고 전한다. 그 전설이 사실이라면 고조선은 이미 역철학과 음양오행사상이 뿌리를 내리고 있었다고 볼 수 있다. 《홍범》을 〈단군신화〉와 연결시켜 보면, 역학의 연속관계를 찾을 수 있다.

이 밖에 동이족의 역학문화를 알려 주는 또 다른 기록이 있다. 춘추전국시대 산동반도의 제齊나라에서 추연鄒衍이라는 음양가陰陽家가 나왔는데, 사마천이 쓴 《사기史記》에는 그는 동이인東夷人이라고 했다. 그는 연燕나라 임금의 초대를 받아 산해관山海關 부근의 갈석궁碣石宮에 가서 대접을 받았다고 하는데, 이 부근에 바로 기자조선이 자리하고 있었다. 또 제나라는 고조선과 무역을 했다는 기록도 보인다.

실제로 산동반도의 제나라와 요서지역의 고조선은 거리가 매우 가까워서, 공자가 뗏목을 타고 이민을 가고 싶어했다는 기록이 《논어》에 보인다. 공자는 고조선을 '군자의 나라'로 보았던 것이다.

고조선의 건국이념을 담은 〈단군신화〉를 보면, '음양오행' 사상과 '천지인합일天地人合一'의 삼재三才 사상이 담겨 있는데, 이것이 바로 원초적인 '역易' 사상이다. 단군신화에는 삼신(三神; 桓因, 桓雄, 檀君), 삼신(三臣; 風伯, 雨師, 雲師), 3개의 천부인天符印, 3위태백, 3천 명의 솔도率徒, 삼칠일(三七日; 21일), 360가지 홍익인간 등 모든 구성 요소가 3이라는 숫자로 집약되어 있다. 이는 천지인天地人을 하나로 보는 우주관이 담겨 있다.

또 홍익인간弘益人間 가운데 가장 중요한 일을 5가지로 보았다. 주명主命, 주곡主穀, 주병主病, 주형主刑, 주선악主善惡이 그것이다. 이 5가지 일은 바로 5행의 인의예지신仁義禮智信과 연관되어 있다. '주명'은 목木과 인仁이요, '주곡'은 토土와 신信이고, '주병'은 화火와 예禮요, '주형'은 금金과 의義요, '주선악'은 수水와 지智이다.

기자가 고조선에서 시행한 8조교八條敎, 정전제井田制, 시서예악詩書禮樂 등도 모두 〈홍범구주洪範九疇〉에 담겨 있는 역학과 홍익인간 정치를 발전시킨 것으로 보인다. 공자가 고조선을 '군자국'으로 부르면서 이민가고 싶다고 말한 이유가 여기에 있을 것이다.

삼국시대와 고려시대에도 상수역학은 그대로 전승되었고, 여기에 유교, 불교, 그리고 선교(仙敎; 巫敎)가 통합되어 새로운 형태의 민족신앙이 형성되었다. 중국이 삼국과 고려를 '동방예의지국東方禮義之國'으로 부른 것은 '군자국'의 또 다른 표현에 불과하다.

삼국시대 민족신앙은 나라마다 호칭이 조금씩 달랐다. 신라에서는 이를 선교仙敎 또는 풍류도風流道, 화랑도花郎道 등으로 부르고, 이를 따르는 신도들을 선랑仙郎이나 낭도郎徒, 또는 향도香徒로 불렀고, 고구려는 선인先人 또는 선인仙人으로 불렀다. 그 속에는 태양숭배, 심신수련心身修鍊, 천문학, 역법曆法, 병법兵法, 의술醫術, 점복占卜, 도술道術, 둔갑술遁甲術[55] 등이 복합되어 있었다.

삼국시대 삼교회통사상을 조선시대 이후에는 도교道敎 또는 신교神敎로 불렀다. 삼국시대 삼교회통문화는 고려시대로 그대로 이어지고 그 신도들을 향도香徒나 거사居士, 두레패(社長) 또는 도사道士로 불렀다. 그리고 그 문화의 중심지가 바로 개성이었다. 여기에 수학數學과 연결된 개성의 상업문화가 결합되었다.

개성에서 서경덕의 삼교회통사상과 상수역학이 꽃핀 것은 결코 우연한 일이 아닐 것이다. 당시 개성에는 서경덕의 3형제가 모두 도사道士의 행적을 보였고, 윤군평尹君平과 전우치田禹治도 그런 부류의 하나였다. 이들의 행적은 얼핏 보면 기행奇行을 일삼는 도술가道術家로 보이지만, 그 바탕에는 삼교회통의 포용적 신앙이 자리잡고 있었다.

고려의 삼교회통문화는 조선왕조에 들어와서도 그대로 왕실문화로 이어졌다. 태조, 태종, 세종, 세조는 유불선을 모두 아우르는 회통문화를 따랐다. 그러나 16세기 이후로 불교와 민간신앙 등을 이단으로 배척하는 도덕 중심의 사림들이 등장하면서 삼교회통문화가 퇴보했다. 그러나 16세기 후반 뒤로는 성리학의 지도이념이 국가경영에 한계를 드러내면서

---

55 둔갑술로 질병을 치료한 대표적인 예의 하나는, 세종이 모친 원경왕후 민씨가 병이 생겼을 때 도사道士를 불러들여 둔갑술을 이용하여 여러 지역으로 피접하면서 치료한 일이다.

다시금 실용적이면서 사회포용성을 지닌 삼교회통문화가 부활하기 시작했다. 그 선봉에 선 것이 바로 개성이요, 서경덕이었다.

2) 《해동전도록》과 《해동이적》에 오른 서경덕의 삼교회통

서경덕은 후대에 주기철학과 상수역학을 따른 유학자로 평가되기도 하지만, 다른 한편으로는 우리나라 민족도교를 전승한 도인道人으로도 평가되었다. 우리나라 도교사道敎史를 최초로 정리한 책은 인조 때 한무외(韓無畏; 1517-1610)[56]가 지은 《해동전도록》(海東傳道錄; 1610)이다. 이 책은 택당澤堂 이식(李植; 1584-1647)[57]이 우연히 어느 승려로부터 얻어 인조 때 세상에 전파했다.

《해동전도록》의 내용은 우리나라 도교가 신라 때 중국에서 들어왔다고 보고, 그때부터 조선 중기에 이르는 도가道家의 행적을 소개하였다. 그 가운데 조선시대의 수련도교는 김시습(金時習; 1435-1493)이 시작하여 개성에서 윤군평(尹君平; 성종-중종조)을 만나 도교 수련법을 전수했는데, 윤군평은 개성에서 서경덕에게, 다시 그는 평안도 희천熙川 교생

---

56 한무외는 본래 청주 선비였는데, 청주목 관기官妓를 가까이 하다가 그 남편을 죽이고 평안도 영변으로 도피하여 그곳에서 희천熙川 교생校生 곽치허郭致虛를 만나 연단鍊丹을 만드는 비법을 배웠다. 이곳에서 제자들에게 연단법을 가르치는 한편, 허균許筠과도 교제하여 신선이 되는 연단법을 전해 주었다. 죽기 직전에 《해동전도록》을 지었다고 한다.

57 이식은 본관이 덕수로 광해군 2년에 문과에 급제하여 벼슬길에 들어갔으나 폐모론에 반대하여 여주 남한강변에 택풍당澤風堂을 짓고 은거하면서 학문에 전념했다. 인조반정 후 다시 벼슬길에 나아가 여러 판서직을 역임했으나 임금을 비판하다가 미움을 받은 가운데 인조 25년에 타계했다. 처음에는 침류대학사의 한 사람으로 서경덕 학파에 속하는 인사들과도 교유가 깊었으나 인조 이후 주자성리학에 기울어졌다. 장유張維, 이정구李廷龜, 신흠申欽과 더불어 한문 4대가로 꼽힌다.

곽치허郭致虛에게, 곽치허는 한무외에게 전수했다고 한다.

당시 개성에는 전우치田禹治가 도술로 명성을 떨쳤는데, 《전우치전》을 보면, 서경덕 아우들과도 서로 도술을 경쟁했다는 설화가 있고, 서경덕도 아우들의 도술을 시험했다는 일화도 앞에서 말한 바 있다. 이런 기록들을 종합해 보면 개성이 민족도교의 한 중심지역이었음을 알 수 있고, 그 가운데 서경덕이 한자리를 차지하고 있었다.

한편 한무외와는 전혀 다른 시각에서 우리나라 도교사道敎史를 정리한 학자가 있었다. 효종—숙종대에 활동한 현묵자玄默子 홍만종(洪萬宗; 1643-1725)이 바로 그 사람이다. 그는 우리나라 민족도교의 뿌리를 단군檀君에서 찾고, 그 전통을 계승한 도인들 열전으로 《해동이적海東異蹟》(1666)을 썼다. 이 책에서도 서경덕을 도사道士의 한 사람으로서 자세히 소개했다.

우리나라 도교, 또는 선교의 뿌리를 중국에서 들어오기 이전 단군 때부터 시작된 민족 고유종교로 이해한 것은 역사의 진실을 제대로 찾은 것이다. 사실, 김부식金富軾의 《삼국사기三國史記》에서도 "평양은 선인仙人 왕검王儉의 집〔宅〕"이라고 밝혔다. 그러니까 단군왕검을 최초의 선인仙人으로 이해한 것이다. 따라서 홍만종이 한국 도교 및 선교의 뿌리를 단군에서 찾은 것도 이상한 일이 아니다.

홍만종은 한국 도교의 특징을 삼교회통사상을 지니면서 불로장생의 신선神仙사상을 겸했다고 보았다. 우리나라 도교는 양생수련법養生手鍊法으로 중국처럼 단약丹藥을 만들어 먹는 외단外丹이 아니라, 아름다운 산수 속에서 행하는 단전丹田 호흡법, 곧 내단內丹을 중시했다. 이런 지적도 매우 탁월하다.

홍만종은 《삼국유사》와 《삼국사기》 등의 기록을 따라 단군은 1508세를 살다가 산신山神이 되었으며, 신라 시조 혁거세도 죽어서 승천昇天하고 7일 뒤에 5체五體가 땅으로 떨어져 5능五陵을 만들었다고 했다. 또 경주에는 선도성모산仙桃聖母山이 있다고 소개했다. 고구려 시조 동명왕도 재위 19년에 굴속에서 기르던 기린麒麟을 타고 대동강가 어느 바위 위에서 승천했는데 그 바위를 조천석朝天石으로 불렀다. 그 밖에 신라에는 술랑述郎, 영랑永郎, 남랑南郎, 안상安詳, 옥보고玉寶高, 김겸효金謙孝, 소하蘇嘏, 대세大世, 구칠仇柒, 암시嵓始, 김가기金可紀, 최치원崔致遠 등의 신선이 있었다고 했다.

고려시대에는 강감찬姜邯贊은 문과를 급제한 유학자 출신이지만, 장군으로도 활약했고, 또 승려로 변한 호랑이 두 마리를 쫓아낸 일이 있고 뒤에 신선이 되었다고 했다. 고려 말에는 권청權淸이라는 신선이 있었는데, 그 사상이 조선시대 남궁두(南宮斗, 1526~1620)로 이어졌다고 했다.

조선 초기에는 김시습(金時習; 1435-1493), 무오사화 때 귀양간 홍유손(洪裕孫; 1431-1529), 정붕(鄭鵬; 1467-1512), 정수곤(丁壽崑; 1452-1486), 무오사화 때 귀양간 정희량(鄭希良; 1469-1502), 기묘사화 때 은둔한 남주南趎, 서경덕이 중종 때 명승지를 유람하면서 지리산에서 만났다는 지리선인智異仙人을 신선으로 소개한 다음 서경덕과 그 둘째 아우 서숭덕徐崇德도 도인으로 적었다.

서경덕 다음에는 명종-선조 때의 북창北窓 정렴(鄭磏; 1506-1549), 개성의 전우치田禹治와 윤군평尹君平, 한라선인漢拏仙人, 남사고(南師古; 1509-1571), 서경덕 문인 박지화(朴枝華; 1513-1592), 서경덕과 이지함의 문인 서기徐起, 선조 때 기인 토정土亭 이지함(李之菡; 1517-1578), 한계노승寒溪老僧, 유형진柳亨進, 장한웅張漢雄, 남해선인南海仙人, 허균 문집에 보이는 장생蔣生, 그리고 왜란 때 홍의장군으로 활동한 곽재우(郭再祐; 1552-1617) 등을 차례로 소개했다.

여기서 서경덕과 그 아우 서숭덕, 서경덕이 지리산에서 만났다는 지리선인, 서경덕의 문인 박지화朴枝華, 이지함李之菡, 서기徐起, 그리고 서경덕과 같은 시기 개성에서 활동한 전우치 등이 모두 신선전에 오른 것이 눈에 띈다.

특히 위 도사들 가운데 서경덕, 정렴, 남사고, 박지화 등은 공통적으로 유교, 불교, 선교 등 3교를 모두 포용하는 사상가로 기록하고, 또 역학易學, 천문, 지리, 의약, 풍수, 복서(卜筮; 점복) 등 기술학에 조예가 깊은 인물로 묘사하고 있다. 서경덕은 도술에도 능했지만, 유,불,도를 모두 포용하면서, 다만 유교가 최상이고, 불교를 그 다음으로 보고, 선교를 또 그 다음으로 인식했다고 썼다. 홍만종도 크게 보아 화담학파에 속하는 사상가였다.

홍만종이 이런 인물들을 모아 《해동이적》을 지은 것은 홍만종 자신이 이들과 같은 계열의 삼교회통三敎會通 사상가였기 때문이었다.[58] 수련도교의 뿌리를 홍만종이 말한 대로 단군 이후의 민족신앙으로 본다면, 그것은 고조선과 삼국시대에 유행했던 신선사상, 곧 선교仙敎로서 단순히 장수를 위한 수련에만 머문 것이 아니고 무교巫敎를 바탕으로 유교와 불교가 합쳐진 이른바 '삼교회통'의 전통을 이은 것으로 볼 수 있다.

3) 송나라 상수역학과 주자학

상고시대 동이족사회에서 만들어진 초보적인 '역학'을 더욱 발전시킨 것은 북송(960-1126)과 남송(1127-1279)의 성리학자들이었다. 그런데

---

58 홍만종의 삼교회통사상에 대해서는 한영우, 〈17세기 후반-18세기초 홍만종의 회통사상과 역사의식〉,《한국문화 12》(1991) 참고.

북송의 성리학과 남송의 성리학은 성격이 달랐다. 북송의 대표적 학자인 소옹(邵雍; 康節; 1011-1077), 주돈이(周敦頤; 濂溪; 1017-1073), 장재(張載; 橫渠; 1020-1077), 정호(程顥; 明道; 1032-1085), 정이(程頤; 伊川; 1033-1085) 가운데 특히 장재는 도교에서 말하는 기氣라는 개념을 도입하고, 소옹은 기氣가 시간의 흐름을 따라 생성하고 성장발전하는 과정이 되풀이되는 것을 수학數學으로 풀이했다. 상형象形[59]과 시간이라는 두 가지 개념을 복합하여 만물의 순환과정을 수학적으로 풀이했기 때문에 '상수역학象數易學'으로 부르게 된 것이다.

상수역학은 여기서 더 나아가서 땅의 만물이 생성되기 이전의 선천先天과 땅의 만물이 생성한 이후의 후천後天을 나누어 설명하기도 했다. 선천의 기氣는 시작도 없고 끝도 없으며, 우주공간에 꽉 차 있고, 어두컴컴하고 고요한 상태로서 이를 태허太虛 또는 혼돈混沌이라고 불렀다. 이 기氣를 유기游氣 또는 호연지기浩然之氣라고 불렀다.

유기는 시간의 흐름을 따라 음양陰陽으로 나뉘고, 음양이 다시 하늘의 4상(四象; 日月星辰)으로 발전하고, 땅의 4형(四形; 水火土石)으로 진화하고, 다시 서로 조합하여 만물이 생성〔元〕, 발전〔亨〕, 쇠퇴와 결실〔利〕, 은익과 소멸〔貞〕하는 과정을 원형이정元亨利貞으로 부르고, 그것이 변화하는 시간을 선천先天과 후천後天으로 나누어 숫자로 계산했던 것이다. 그 학문 속에 상象과 수數가 포함되어 있기 때문에 상수역학象數易學으로 불렀다.

소옹이 지은 《황극경세서皇極經世書》는 바로 시간을 선천先天과 후천後天으로 나누어 계산한 책이다. 선천은 하늘의 시간이고, 후천은 땅의

---

59 상형象形은 '역학'에서 나오는 표현으로 양기陽氣가 만든 하늘의 일월성신日月星辰을 4상四象으로 부르고, 음기가 만든 땅의 수화토석水火土石을 4형四形으로 불렀다. 이 둘을 합친 것이 상형이다.

시간이다. 선천과 후천의 시간에는 공통적으로 원형이정의 과정이 반복된다고 보고, 그 순환과정을 시간으로 설명하였다.

땅의 시간은 12개월을 1년으로 보는데, 1년은 춘하추동을 거쳐 생명체의 성장과 쇠퇴가 반복되는 하나의 주기이다. 그리고 생명체가 다시 소생하는 전환점을 11월 동짓날로 보고 이날을 지일至日이라고 불렀다. 그러니까 동짓날은 한 주기가 끝나고 새로운 주기가 시작되는 전환점이고, 이를 '복復'으로 불렀다.

그런데 하늘 시간은 땅의 시간과 다르다. 하늘 시간은 30년을 1세一世로 보고, 12세를 1운一運, 30운을 1회一會, 12회를 1원一元으로 본다. 1원은 하늘 시간으로는 1년에 해당한다. 그러면 1원은 땅의 시간으로는 몇 년인가? 이를 계산하면 12만 9,600년이 된다. 약 13만 년이 되는 셈이다. 그러니까 땅의 1년은 하늘의 약 13만 년에 해당한다. 그만큼 하늘의 변화는 지구의 변화보다 매우 느리다는 뜻이다.

1원이 되는 동안 하늘에는 춘하추동과 같은 변화가 온다. 그리고 나서 겨울에 모든 생명체가 끝나고 숨듯이 우주에도 대빙하기大氷下期가 와서 모든 생명체가 사라진다. 그러나 수만 년이 지나면 다시 생명이 탄생하여 똑같은 과정을 되풀이한다. 상수역학으로 만든 《황극경세서》는 어찌 보면 검증되지 않은 상상의 하늘 시간을 계산하여 우주변화의 역사를 기록한 책인데, 이에 맞추어 사람이 살아갈 방법을 제시한다. 매우 추상적이어서 허황하다고 생각할 수도 있으나, 물질의 변화를 수학으로 설명하려는 그 발상은 물리학物理學이나 천문학과 비슷한 점이 없지 않다. 말하자면 상수역학은 일종의 과학철학科學哲學이라고 할 수 있다.

상수역학에 따르면, 만물은 공통된 기氣를 가지고 있기 때문에 사람과 만물은 기본적으로 하나이다. 이를 '물아일체론物我一體論'이라고도 한다. 사람과 대자연이 기본적으로 하나라는 생각이다. 그래서 나를 통해서 만물의 이치를 알 수 있고, 만물을 통해서 나를 알 수도 있다. 이를 '이아관물以我觀物', '이물관아以物觀我'라고도 한다. 이렇게 우주만물의 이치를 하나로 보기 때문에 사람은 그 이치를 따라서 살아야 한다.

그리고 그 이치를 생활에 응용하면 사람의 미래를 예측할 수도 있고〔점복〕, 병을 고치기도 하고, 정치를 하기도 하고, 병법兵法에도 응용하기도 하는 등 무한한 응용이 가능하다고 믿었다. 왜냐하면 음양오행의 기는 우주자연에도 존재하고 사람의 몸에도 똑같이 존재하기 때문이다.

상수역학은 객관성을 존중하는 자연과학의 발전에 크게 기여한 반면에 한 가지 약점이 있었다. 그것은 만물 가운데 선한 것도 있고, 악한 것도 있고, 큰 것도 있고, 작은 것도 있고, 맑은 것도 있고 더러운 것도 있는 등 매우 천태만상의 다양한 모습을 보이는데, 그 차이가 나는 '까닭', '이유', '원인', '인과적 판단'이 결여되어 있다는 것이다.

'물아일체론'에 따르면, 사람이나 짐승이나 다를 게 없고, 선한 사람이나 악한 사람이 모두 똑같은 존재이니, 선善과 악惡에 대한 구별이 애매해진다. 다시 말해 모든 생명체의 공통점을 찾아 대자연을 이해하고, 그에 적응하여 살아가는 방법을 찾으면 그 자체가 선이라고 보지만, 사람이 능동적으로 악을 배척하고 선을 추구하는 적극적인 노력은 감소된다.

그래서 이런 문제점을 보완하고자 나온 것이 유교, 불교, 도교를 합하여 삼교일치의 도덕관을 세운 것이다. 유교나 불교나 도교나 모두 생명에 대한 사랑을 강조하기 때문에 도덕적 기준을 제시한다. 따라서 상수역학을 하는 사람들은 도덕 지향의 윤리도 소홀하게 여기지 않는다. 다만 우주관에 도덕적 가치를 크게 집어넣지는 않았을 뿐이다. 마치 자연과학에서 도덕적 가치를 크게 배려하지 않는 태도와 비슷하다.

그런데 남송에 이르러 상수역학에 도덕적 가치관, 곧 의리義理를 합하여 새로운 우주관을 만든 학자가 바로 주자(朱子; 1130-1200)이다. 주자는 불교에서 말하는 이理라는 도덕 개념을 새로 도입하여 이理와 기氣를 합하여 새로운 우주관을 만들려고 노력했다. 형이하形而下의 기만 가지고 우주의 이치를 해석하면 도덕성을 상실할 우려가 있기 때문에 절대선絕對善인 형이상形而上의 이理가 기氣보다 우위에 있는 것을 우주법칙으로 보았다. 다시 말해 우주의 원리에는 생명을 사랑하는 착하고 좋은 이理가 있기 때문에, 좋기도 하고 나쁘기도 한 기氣의 약점을 보완하여 더 평화롭고 성숙한 세계로 발전할 수 있다고 본 것이다.

사실, 육안으로 관찰해도 모든 생명체들이 탄생하고 성장하고 발전하고 감추고 죽고, 또다시 태어나는 과정을 보면 대자연, 곧 하늘의 이치에는 '생명에 대한 사랑'이 깃들어 있다는 것을 부정하기 어렵다. 모든 짐승들도 자식을 사랑하여 키우고, 가족을 이루고 서로 협동하기도 한다. 약육강식만 있는 것이 아니다. 그러니, 어찌 절대선絕對善인 이理의 실재實在를 부정할 수 있는가? 다만 그 이가 눈에 보이지 않을 뿐이다.

주자가 왜 이理라는 개념을 도입하여 우주론에 도덕적 관점을 투입했는지 그 이유는 알 수 없다. 그러나 주자는 북송이 금나라의 침략을 받아 남쪽으로 쫓겨난 이후에 태어난 사람으로, 금나라에 대한 감정이 매우 좋지 않았다. 주자가 정통론正統論을 강하게 투영한 《자치통감강목》을 쓴 것은 북방족이 지배한 시대의 역사를 정통에서 배제하려는 의도 때문이었다. 다시 말해 짐승과 같은 오랑캐가 지배한 시대는 역사의 정통이 될 수 없다는 신념 때문이었다. 인간을 선과 악으로 구별하여, 북방족을 악을 지닌 오랑캐로 배척했다.

인간을 도덕적인 군자와 짐승 같은 오랑캐로 나눈다면, 우주관과 인간관에도 영향을 미칠 수 있다. 선과 악이 다투는 인간세계를 정화시키려면, 악을 버리고 절대선을 향하여 나아가려는 자기혁신, 자기수양이 절대 필요하다. 주자가 형이하의 기를 인정하면서도 형이상의 이를 설정하여 우주와 인간을 이해하려고 한 이유가 여기에 있는 듯하다.

주자학은 이렇게 도덕 개념을 도입했기 때문에 불교, 도교, 노장사상 등을 굳이 따로 배울 필요가 없다고 보았다. 그래서 삼교회통을 버리고, 주자학이 아닌 사상을 다 이단으로 배척했다.

주자학은 오늘날 종교인들이 선험적이고 '전지전능全知全能'한 '하늘'이나 '신神'의 존재를 믿고, 이를 섭리攝理로 부르는 것과 비슷하다. 다만 주사학은 물질적인 기氣를 품고 있기 내문에 순수한 종교와는 다르다. 이런 생각들은 인간이 도덕을 갖고자 하는 데서 나온 주관적인 우주관이기도 하다. 그러나 주자학에서 이理의 중요성을 지나치게 강조하면 자연과학을 무시하고 종교적 신앙으로 빠질 위험성도 있다. 이것이 주자학의 약점이다. 지금도 과학과 종교가 충돌하는 것과 비슷하다.

주자학에는 그 밖에 또 다른 한계가 있다. 무엇보다 이와 기의 상호관계가 명백하게 설명되어 있지 않다. 이理와 기氣가 따로 있다는 것인지, 아니면 이와 기가 동시에 합쳐져 있다는 것인지, 또 이와 기가 대등한 것인지, 아니면 주종관계인지, 또 어떤 사람은 더 착하고, 어떤 사람은 덜 착한 이유가 무엇인지, 또 사람이 추구하는 사단(四端; 仁義禮智)과 사람이 누구나 지니고 있는 감정, 곧 칠정(七情; 喜怒哀懼愛惡欲)이 이기理氣와 무슨 관계가 있는지, 좋은 것인지 나쁜 것인지 등 많은 문제를 풀지 못했다. 다시 말해 우주론을 가지고 인간심성론과 인식론을 이해하려고 할 때 풀리지 않는 의문점이 생기는 것이다. 조선의 성리학자들이 이기론을 가지고 논쟁을 일으킨 이유가 여기에 있다.

주자가 풀지 못한 이런 문제들을 조선의 학인들이 사단과 칠정을 더욱 깊이 천착하여 이기철학의 수준을 한 단계 높게 올려놓는 데 성공했다. 그러나 호란을 경계로 하여 그 이전에는 주자보다는 상수역학 쪽에 기울어져 있었다가 호란을 거친 뒤에는 주자학 쪽으로 기울어진 점이 다르다. 이런 현상은 남송과 조선이 똑같이 오랑캐로 불리는 여진족의 침략을 받으면서 선한 사람과 악한 사람의 차이를 경험하고 나서 도덕성의 문제를 심각하게 고민하여 나타난 현상으로 보인다.

그런데 여기서 다시 주목하고자 하는 것은, 호란이 일어나기 이전 서경덕이 살았던 16세기 중엽과 그 후학들이 활동했던 16세기 말−17세기 초가 바로 상수역학의 전성기라는 점이다. 물론 그 시대에도 주자학에 기운 이황이 있었고, 주자학과 상수역학을 절충한 이이가 있었고, 서경덕과 비슷한 취향의 조식曹植과 그 후학들이 함께 존재하여 서로 논쟁과 경쟁을 벌였다. 당시에는 주자학만이 군림했던 시대는 아니었다.

또 하나 주목할 것은 조선 후기에 대두한 실학實學이 무엇을 바탕으로 형성되었느냐 하는 문제인데, 결론부터 말한다면 주자학보다는 상수역학과의 관계가 더 밀접하다는 것이다. 이념성과 종교성이 강한 주자학은 과학적인 요소를 많이 담고 있는 상수역학에 견주어 경제나 국방 등 물질적인 문제를 해결하는 실용성이 떨어지기 때문이었다.

4) 서경덕의 상수역학

서경덕의 상수역학은 예부터 개성지방에 뿌리내린 선교仙敎와 역학易學, 그리고 상업문화와 관련된 수학數學 등의 영향, 소년기의 자연관찰과 사색을 통한 자득自得 등 여러 가지 요인이 복합되어 있었음을 앞에서 설명했다. 그러나 이런 요인들이 서경덕의 상수학에 간접적인 영향을 미친 것은 사실이지만, 직접적인 것은 북송 장재張載의 주기철학主氣哲學과 소옹의 상수역학象數易學의 영향을 무시할 수 없다.

하지만 서경덕은 중국 학자들의 이론을 먼저 배우고 조술하는 데서 끝난 것은 결코 아니다. 중국 학자들의 저술을 읽기도 전에 스스로 일상생활에서 경험하면서 터득한 독창성이 매우 큰 학자였다.

서경덕의 독창성에 대해서는 당시 사람들이 공통적으로 인정하는 바였다. 그의 후학들은 물론이고, 문인이 아니었던 율곡 이이조차도 서경덕의 독창성을 높이 평가했다. 서경덕은 산속에서 살면서 한시도 자연세계의 현상에 대하여 눈을 떼지 않고 관찰하고 사색하면서 평생을 살았다. 책반을 읽고서 터득한 학문이 결코 아니고, 스스로 몸으로 체득하면서 그 이치를 소옹의 이론과 맞추어 본 것이다.

서경덕의 학문을 가장 못마땅하게 본 것은 이황李滉이었다. 이황은 서경덕이 정주학의 정맥正脈이 아니라고 평가했다. 주자朱子의 주리설主理說을 최고로 인정하는 그로서는 당연한 일이다. 율곡이 이황을 가리켜 "의양(依樣; 모방)을 벗어나지 못하고 있다."고 본 이유가 여기에 있다. 이황은 학문이 독자적일 필요가 없다고 믿었다. 좋은 사상과 학문을 받아들여 실천하는 것이 더 중요하다고 여겼다. 그래서 주자학의 교사敎師나 전도사傳道師의 기능을 주로 한 것이다. 그것도 큰 업적임에는 틀림없다.

서경덕의 상수역학은 장재나 소옹의 이론과 비슷하면서도 두 사람이 밝혀내지 못한 것을 새롭게 밝혀낸 것이 적지 않다. 특히 《황극경세서수해皇極經世書數解》는 소옹의 《황극경세서》를 더 깊이 파고들어 가서 우주시간을 더 멀리 계산하고, 지구시간과 관계를 세밀하게 계산했다. 이제 서경덕의 글로 직접 들어가서 살펴보기로 하자.

서경덕이 죽기 1년 전인 57세 되던 인종 원년(1545) 1월 초에 쓴 철학서는 대략 다음과 같다. 〈태허설太虛說〉, 〈원이기原理氣〉, 〈이기설理氣說〉, 〈귀신사생론鬼神死生論〉이 있다. 그 밖에 쓴 시기가 명확하지 않은 글로는 〈복기견천지지심설復其見天地之心說〉, 〈괘변해卦變解〉, 〈성음해聲音解〉, 〈발전성음해미진처跋前聲音解未盡處〉, 〈황극경세서수해皇極經世書數解〉,

〈육십사괘방원지도해六十四卦方圓之圖解〉,〈온천변溫泉辨〉등이 있다.

서경덕의 철학은 논설로만 피력된 것이 아니라, 시로 표현한 것이 더 많다. 그래서 반드시 시를 보아야 한다. 당시 그와 시우를 맺었던 시인들은 그의 시를 두보杜甫에 비유하기도 했다. 자연을 읊으면서 정치적 비판을 담는 형식을 취하고 있기 때문이다. 그러나 서경덕 자신은 두보에 대하여 한 마디도 말한 바가 없다. 두 사람이 비슷하면서도 서경덕은 대자연의 바람, 구름, 태양, 밝음과 어둠, 색깔의 변화 등에서 항상 기氣의 움직임과 음양의 만남을 포착하는 시를 즐겨 썼다. 예를 하나 들면, 부채나 바람의 시원함을 느끼면, 동시에 바람을 일으키는 원인을 부채가 바람을 만드는 것이 아니라 부채가 기氣를 때리는 데서 생긴다는 시를 썼다.

서경덕의 시는 그런 점에서 본다면 대자연의 아름다움을 감각적으로 바라보는 당시唐詩와는 다소 차이가 있다. 말하자면 기철학氣哲學을 담은 시다. 그래서 이理와 기氣의 관계나 사단칠정四端七情 등 심성론心性論을 쓰지 않고, 오직 기氣만을 논했기 때문에 논설이나 시나 핵심 요지는 매우 간단하다.

위에 언급한 논설들이나 시는 대부분 소옹(邵雍; 康節; 1011-1077)의 《황극경세서皇極經世書》[60]에 들어 있는 내용과 부합하는 것들인데, 소옹을 해설하거나 모방하는 데서 그치지 않고 이를 더욱 부연하여 설명하

---

60 소옹의 대표적 저술인 《황극경세서》에는 다음과 같은 7가지 제목의 글이 들어 있다. (1) 경세연역도經世衍易圖, (2) 경세천지사상도經世天地四象圖, (3) 경세천지시종지수도經世天地始終之數圖, (4) 경세육십사괘수도經世六十四卦數圖, (5) 경세일원소장지수도經世一元消長之數圖, (6) 경세사상체용지수도經世四象體用之數圖, (7) 황극경세성음창화도皇極經世聲音唱和圖가 그것이다. 그 가운데 (7) 〈황극경세성음창화도〉는 성음聲音에 관한 이론인데, 그 글이 남아 있지 않고 다만 그의 후학 채원정蔡元定이 지은 〈경세성음도〉(經世聲音圖, 또는 正聲正音圖로도 불림)가 남아 있을 뿐이다. 이 글을 통해서 소옹의 성음이론을 엿볼 수 있다.

고, 특히 선천과 후천의 시간에 대해서는 독자적인 해석을 내렸다. 이를 차례로 살펴보면 다음과 같다.

(1) 〈태허설太虛說〉

태허설의 요지는 이렇다. 태허太虛는 비어 있으면서도 비어 있는 것이 아니다. 태허는 곧 기氣다. 태허가 무궁무진하므로 기氣도 또한 무궁무진하다. 태허가 고요하면 기체氣體가 모이기도 하고 흩어지기도 한다. 태허가 텅 빈 것이 아님을 알면, '없다'고 말할 수 없다. 노자老子가 말하기를, "무無에서 생生이 있다."고 했는데, 이는 태허가 곧 기氣임을 모르고 한 말이다. 또 노자는 말하기를, "태허가 기氣를 만든다."고 했는데, 이것도 잘못이다. 만약 태허가 기를 만든다고 말한다면, 말생未生에 가서는 기가 없으면 태허가 죽는다는 것이다. 어떻게 기가 없을 수 있으며, 또 어떻게 스스로 기를 만들 수가 있다는 말인가? 기는 시작도 없고 끝도 없고 생生도 없고 소멸도 없다. 시작이 없는데 어떻게 종말이 있는가? 생이 없는데 어떻게 소멸이 있는가? 노자는 허무虛無를 말하고, 부처는 적멸寂滅을 말했는데, 이는 모두 이기理氣의 근원을 모르고 한 말이다. 그러니 어떻게 도道를 알 수가 있는가?

여기서 서경덕이 강조하고 있는 것은 "태허太虛가 곧 기氣"라는 주장인데, 태허는 만물이 생성하기 이전의 원초적인 우주공간, 곧 선천先天을 가리키는 것이다. 서경덕은 우주가 기氣에서 출발한다는 이론을 가지고 노자老子가 무無에서 생명이 나온다든가, 태허太虛가 기를 만들었다는 설을 반박하고 있다. 기는 누가 만든 것이 아니고 저절로 존재하는 실체로써 영원한 실체라고 보았다. 모든 것을 물질로 보는 현대 물리학에 가깝다고 할 수 있다.

(2) 〈원이기原理氣〉

〈원이기〉는 앞서 말한 태허太虛와 기氣에 대한 설명을 더 구체화한 이론이다. 그 요지는 이렇다. 태허는 만물이 생성하기 이전의 우주상태로서 선천先天이라고 부르기도 한다. 태허는 텅 비어 고요하고 아무런 형태가 없다. 그 크기는 무한대이고, 그 앞에는 시작도 없다. 어떻게 생겨났는지 그 유래를 알 수도 없다.

고요하고 텅 빈 것이 기氣의 근원인데, 무한대의 멀리까지 기가 가득 차 있고, 비어 있는 공간이 없다. 손으로 잡으면 아무것도 없지만, 실實이 있다. 기가 전지田地에 있으면 소리가 들리지도 않으며 냄새도 없다.

성현聖賢의 말을 주워 모아 거슬러 올라가서 소개하면, 《역易》에서는 '적연부동寂然不動'이라고 했는데, 고요하고 움직이지 않는다는 뜻이다. 《중용中庸》에서는 성誠이 스스로 이룬다고 했는데, 성誠이란 고요한 모습을 말한다. 또 일기一氣라고도 하고, 태일太一이라고도 한다. 주돈이周敦頤는 '무극이태극(無極而太極; 극이 없으면서도 극이 매우 크다)'이라고 했다. 참으로 태허는 기이하고 기이하며, 참으로 묘하고 묘하다.

여기서 기를 '하나'라고 말한 것은 '작다'는 뜻이 아니고, 하나로 뭉쳐져 있다는 뜻이다. 그래서 일기는 무한대로 큰 것이다.

기는 갑자기 뛰기도 하고, 갑자기 열리기도 하는데, 누가 그렇게 만드는 것이 아니라 저절로 그렇게 한다. 하나의 기가 둘을 낳는데 이것이 음양陰陽이다. 여기서 하나라는 것은 숫자가 아니고, 숫자의 몸체를 말한다. 다시 말해, 모든 숫자가 합쳐져 있는 숫자가 1이다. 이것이 2개의 기로 나뉘어 양의 극極은 하늘이 되고, 음의 극極은 땅이 된다. 양이 극을 때리면 그 정기精氣가 뭉쳐서 해가 되고, 음이 극에 모이면 그 정기가 뭉쳐서 달이 된다. 나머지 정기精氣들은 흩어져서 별이 된다.

기가 땅에 있으면 물(水)과 불(火)이 되는데, 물은 음陰이고 불은 양陽으로써 음양이 만나 만물의 형체가 만들어진다. 이를 후천後天이라 부른다. 기氣는 움직이고, 올라가기도 하고, 형체가 무거우면 땅으로 내려오기도 한다. 다시 말해 기는 본래 고요한 것이지만, 항상 고요한 것이 아니고, 음양으로 갈라진 기들은 항상 움직이고 서로 만나면서 만물을 만든다. 기가 고요히 아무런 형태도 없이 기묘하게 있는 것을 신神이라고 하며, 그렇게 되는 '까닭(所以)'을 이理라고 한다.

'까닭'은 달리 말하면 '이유(理由; reason)' 또는 '원인(cause)'일 것이다. 기가 스스로 진실하게 되는 것을 성誠이라고 하며, 기가 능히 뛰어서 돌아다니는 것을 도道라고 한다. 모두 갖추어져 있는 것을 태극太極이라고 한다. 이것을 다시 정리하면 기(氣; 실체)=신(神; 기의 기묘한 형체)=이(理; 이유, 원인)=성(誠; 정상적인 기)=도(道; 기의 운동)=태극(太極; 기의 전체)이다.

여기서 서경덕은 기가 움직이는 까닭을 이理로 보고 있다. 그러나 이와 기는 따로 떨어져 있는 것이 아니다. 기가 스스로 변화하는 '이유', '원인', '정상'을 이로 본다. 다시 말해 기가 움직일 때에는 항상 이가 함께 따른다. 이 점이 이를 순수지선純粹至善한 도덕율道德律로 보고, 나아가 이가 기를 주재主宰한다고 보는 주자학과 다른 점이다. 서경덕은 이가 기를 주재한다고 말하기도 했지만, 그렇다고 이를 순수지선純粹至善한 도덕률로 보지는 않았다.

또 서경덕은 소옹邵雍의 천지天地 밖에 또 다른 천지가 있을 수 없다는 말을 지지하고, 불교에서 말하는 공생空生, 진공眞空, 완공頑空 등은 태허太虛가 기라는 사실을 모르고 하는 말이라고 비판했다. 불교에서 말하는 공空이라는 것은 있는 것도 아니고 없는 것도 아닌 것인데, 그것이 기라는 것을 불교는 모르고 있다는 뜻이다.

요컨대 이 글에서는 선천과 후천이 모두 기로 이루어져 있으며, 기에서 음양이 생겨 만물이 생성한다고 본다. 그리고 나서 신神이니, 성誠이니, 이理니, 도道니, 태극太極이니 하는 것들을 모두 기와 연결시켜서 해석한 것이 특징이다. 그러니 서경덕의 우주관은 철저하게 주기론主氣論임을 알 수 있다. 다만, 그 기가 운동하고 변화할 때 '성誠'으로 나타나기도 하고, 그렇지 못한 경우도 있다고 하여 도덕성을 부여했다. 여기서 '성'은 '순수純粹' 또는 '정상正常'과 통한다. 다시 말해 기는 순수나 정상으로 변화하려는 자기 제어력을 가지고 있다. 그것이 이理다.

(3) 〈이기설理氣說〉

〈이기설〉에서는 이와 기의 관계를 더 깊이 설명했다. 태허太虛가 곧 기氣인데, 태허와 기는 모두 무궁하다. 태허와 기는 본래 하나(1)이다. 이런 하나의 기를 태극太極이라고도 한다. 태극이라는 말은 '매우 크다'는 뜻이다. 하나(1)는 둘을 포함하고 있는데, 둘, 곧 음양으로 갈라지면 열리고 닫히고, 움직이고 멈추고, 살고 이기는 것이 생긴다.

서경덕의 이 말을 일상생활에서 찾아보면 무한히 많다. 모든 생명체들은 음양이 만나면 서로 열리고 닫히는 운동을 하지 않는 것이 없고 소리가 난다. 서로 당기기도 하고 밀기도 한다.

이理는 기氣 밖에 있는 것이 아니다. 이는 기를 재(宰; 통제)한다. 다만 재宰는 밖에서 들어와서 재宰한다는 것이 아니고, 기 자체가 용사(用事; 일을 일으킴)할 때 스스로 정상正常을 잃지 않도록 하는 것을 말한다. 이理는 기氣에 앞서는 것이 아니다. 기가 시작이 없으므로 이도 시작이 없다. 만약 이가 기보다 앞선다면, 이것은 기가 시작이 있다는 뜻이다. 그러나 기는 시작이 없다.

노자老子는 "태허가 기를 만든다."고 말했는데, 이것은 기가 시작이 있고 끝이 있다는 뜻인데, 그렇지 않다.

《역》은 음양의 변화를 말한다. 음양陰陽은 두 개의 기이다. 하나는 음기陰氣이고 하나는 양기陽氣다. 둘이기 때문에 화(化; 변화)하고, 하나이기 때문에 묘(妙; 신묘)하다. 화化 밖에 또 다른 묘妙가 있는 것이 아니다. 두 개의 기가 능히 끊임없이 생명을 낳고 화化하는 것이 태극의 묘함이다. 만약, 화化 밖에 또 다른 묘妙가 있다고 말한다면, 이것은 《역》을 모르는 말이다.

여기서 서경덕은 이理와 기氣가 서로 떨어져 있는 존재가 아닐 뿐 아니라, 이理가 기氣보다 앞서는 것도 아니라고 하여 이원론二元論과 주리설主理說을 반박한다. 또 이理는 기를 재宰하는데, 재한다는 말은 기가 일을 할 때 스스로 정상을 잃지 않도록 제어하는 것을 말한다. 그러니까 이는 기 자체가 만들어 내는 운동법칙인 셈이다.

율곡 이이는 서경덕의 학문 가운데 이理와 기氣가 서로 떨어져 있지 않다는 '이기불리설理氣不離說'을 최고의 탁견으로 평가하고, 그 개념을 도입하여 자신의 이기설을 발전시켰다. 기氣가 발동하면 이理가 기에 올라탄다고 하는 이른바 '기발이승설氣發理乘說'이 그것이다. 하지만, 이이의 설은 이와 기를 하나로 보는 것은 서경덕과 일치하지만 이와 기를 둘로 나누어 보지는 않았다. 기 자체 속에 이가 들어 있다고 보았기 때문이다.

그러나 서경덕은 이理의 존재를 인정하면서도, 이에 대한 설명이 매우 미흡하여, 다만 이理는 기氣가 움직일 때 바르게 가도록 한다고 간단하게 설명하고 지나쳐 버렸는데, 이이李珥는 이 속에도 기가 있고, 기 속에도 이가 있으며, 이의 기능이 인의예지仁義禮智 등 도덕적 규범을 지니고 있다는 것, 그리고 인간의 사단(四端; 仁義禮智)과 칠정(七情; 喜

怒哀懼愛惡欲)을 이기론으로 설명한 것 등이 다르다.

(4) 〈귀신사생론鬼神死生論〉

〈귀신사생론〉은 정자(程子; 정호와 정이), 장재張載, 주자朱子 등이 주장한 사생死生과 귀신鬼神에 대한 이론을 비판한 글이다. 서경덕은 사람이 죽으면 눈에 보이는 형백形魄은 흩어져 없어져 버리지만, 그 기氣는 끝까지 흩어져 없어지지 않는다고 본다. 비유하자면, 촛불이 다 타버리면 초가 모두 없어진 것으로 보이지만, 그 기는 흩어질 뿐 없어지지 않는 것과 같다.

그 이유는 이렇다. 사람뿐 아니라 모든 만물은 기氣로 이루어져 있는데, 그 기氣는 모였다가 흩어질 뿐이고, 기가 없어지는 것은 아니다. 왜냐하면 기氣라는 것은 본래 시작도 없고 종말도 없기 때문이다. 기는 모이거나 흩어지는 등 이동할 뿐이고 사라지는 것이 아니기 때문이다.

서경덕을 따르면, 모든 만물을 구성하고 있는 기는 모이고 흩어지는 이동을 한다. 다만 모이고 흩어지는 기세가 약할 때가 있거나 강할 때가 있고, 또 그 속도가 빠를 때가 있고 느릴 때가 있을 뿐이다. 그런 차이는 기의 크기에 따라 일어난다.

사람의 정신精神과 지각知覺은 큰 기가 모인 것이기 때문에 오래 간다. 그래도 빠르고 느리고, 오래가고 그렇지 못한 차이가 있다. 기가 흩어질 때에는 아무리 빨라도 며칠이나 몇달이 간다. 다시 움직이는 시간은 기에 따라 차이가 있다고 본다.

그러면, 귀신鬼神이란 무엇인가. 그것은 기가 흩어진 형상을 말한다. 그래서 사람과 귀신은 본질적으로 하나이다. 그런데 서경덕을 따르면, 정자程子는 "사생死生과 인귀人鬼는 하나이면서 둘이요, 둘이면서 하나라."

고 말했는데, 이는 참으로 옳은 말이라고 한다. 다만 선현들은 하나이면서 둘인 '까닭'은 알지 못했다고 아쉬워했다.

서경덕의 사생론은 1774년에 프랑스 화학자 라부아지에(A.L.Lavoisier)가 발견한 '질량불멸質量不滅의 법칙', 또는 '질량보존의 법칙'과 비슷하다. 다시 말해 질량은 이동할 뿐이지 소멸되지는 않는다는 뜻이다. 다만, 현대 과학자들은 이를 실험을 통해서 증명했지만 서경덕은 실험이 아닌 경험과 관념으로 주장한 것이 다르다.

서경덕은 윗글을 만들어 박민헌(朴民獻; 頤正), 허엽(許曄; 草堂) 및 여러 문하생들에게 주었다. 이 글이 비록 졸렬하지만 여러 선현들이 밝히지 못한 것을 발견한 것이니, 잃어버리지 말고 후학後學에게 전하여, 우리나라에도 학자가 나왔다는 것을 중국과 여러 나라에 알려 주라고 부탁했다.

(5) 〈복기견천지지심설復其見天地之心說〉

이 글에서는 천지天地에도 마음이 있다는 것을 '지일(至日; 동짓날)'과 관련시켜 논한 《주역》의 이론을 소개한 것이다. 그 요지를 소개하면 다음과 같다. '지일', 곧 동짓날은 천지가 처음으로 회전하면서 음양陰陽이 처음으로 변화하는 날이다. 그래서 '지일'을 '복復'으로도 부른다. '복'은 '되돌아간다'는 뜻인데, 《주역》을 보면 복괘復卦라는 것이 있다. 천지의 마음이란 바로 천지가 새롭게 '되돌아가는 마음'을 말한다. 이에 대해서 선유들은 여러 가지 해석을 내렸다.

정자程子는 '운동의 시작'을 천지의 마음이라고 해석하고, 소옹邵雍은 '운동과 정지의 사이'라고 해석했다. 그러나 두 사람이 모두 동정動靜과 음양陰陽을 가지고 논한 것은 서로 같다. 다만 소옹은 '태극의 근본'을 가리킨 것이고, 정자는 '태극의 작용'을 말한 것이 다를 뿐이다.

어둡고 고요함으로 되돌아가는 것은 곤괘坤卦의 때이고, 양기陽氣가 발동하는 것은 복괘復卦의 조짐이다. 있는 것과 없는 것의 극한이나, 선천先天과 후천後天을 말하는 것도 그런 뜻이다. 《주역》에는 이런 것을 가리켜 "고요하여 움직이지 않다가 감응하여 통한다."고 말했고, 《중용》에서는 "성誠과 도道가 스스로 이루어진다."고 했으며, 《맹자》에서 "일이 있을 때 자신의 생각을 바르다고 말하지 말고, 바른 마음을 잃지 말고, 억지로 키우려고 하지 말라."고 한 것도 천지의 마음을 체득한 것이다. 양기가 돌아와 빠르게 약동을 시작하면, 자신의 얼굴을 보지 못하듯이 오묘하지만, 천지의 마음을 볼 수 있다.

천지의 마음은 고치거나 옮길 수 없다. 1년의 주기週期는 365도+4분의 1도이고, 시간으로 따지면 365일+4분의 1일이기 때문이다. 이것을 측량하는 방법은 물시계와 해시계로 하는데, 그 도수와 날짜가 꼭 들어맞아 변하지 않는다. 그 사이에 밤과 낮이 바뀌고 계절이 바뀌는 것은 모두 음과 양, 고요함과 움직임이 반복되면서 끊임없이 변화를 가져오기 때문이다.

천지의 마음을 사람에게 찾아보면, 어질고 지혜로운 성性과 충직하고 너그러운 도道가 모두 지일至日의 이치가 아님이 없다.

(6) 〈온천변溫泉辨〉

이 글은 온천溫泉의 원리를 소옹邵雍의 이론을 빌려 음양의 작용으로 설명한 것이다. 하늘은 양陽을 주재하고, 땅은 음陰을 주재한다. 불은 뜨겁고 물은 차다. 그런데 물은 차갑기도 하지만 뜨겁기도 하다. 그 이유를 설명한 소옹 이론의 요지를 소개하면 다음과 같다.

기氣가 나뉘어 음양이 되는데, 음양이 반반半半이면 형질形質이 만들어지고, 음양이 한쪽으로 편중되면 성정性情이 나누어진다. 하늘과 땅은 처음에는 음과 양을 모두 가지고 있어서 불과 물을 모두 그 안에 간직하고 있었다. 그런데 하늘의 양은 항상 땅의 빈 곳을 꿰고 있어서 땅이 그것을 받지 않을 수 없었다. 하늘은 하나이기 때문에 꽉 차 있으나, 땅은 둘이기에 빈 곳이 있었는데, 그 빈 곳에 양陽이 쌓여 있다.

태양이 땅의 위와 아래를 출입하면서 양이 서로 융합하여 한 덩어리가 된다. 그러면 땅이 뜨거워지고 땅속의 샘물이 뜨거운 땅에 스며들어 드디어 증기가 되어 분출한다.

비단 샘만 그런 것이 아니라 모든 만물의 기氣가 모이면 뜨거워지고 흩어지면 차가워진다. 그래서 풀도 쌓이면 뜨거워지고, 똥도 쌓이면 그렇게 된다. 돌도 염초의 흙을 간직하고 있으면 불을 얻어 폭발하고, 회석灰石은 물을 얻으면 끓어오르는데 이는 음이 양을 따르는 까닭이다. 물이 양의 압박을 받으면 뜨거워지고, 불은 만물을 맞이하여 위력이 더욱 커져서 물을 마르게 한다.

양은 음을 겸하고 있으나 음은 양을 겸하지 못한다. 그래서 양은 온전하고 풍요롭고 높지만, 음은 양의 절반이고 궁핍하고 낮다. 그래서 임금은 신하를 다스리고, 남편은 부인을 다스리고, 군자君子는 소인小人을 부리고, 중국은 오랑캐를 지배한다.

서경덕은 이렇게 음양을 가지고 온천을 설명하고 만물의 이치를 설명하면서 끝에 가서는 양이 음보다 강하고 높다는 것을 이유로 삼강의 윤리를 정당화하고 있다. 음양을 주종관계로 보는 것은, 오늘날의 과학이론과는 차이가 있으나, 음양이 서로 만나 만물이 생성하고 변화한다는 이론은 맞는 말이다.

그런데 여기서 의문이 생긴다. 서경덕은 어느 다른 글에서 음양을 주종관계로 말한 일이 없다. 혹시 《화담집》을 편찬한 후대인들이 집어넣은 글이 아닐까 의심스럽기도 하다.

(7) 〈성음해聲音解〉, 〈발전성음해미진처跋前聲音解未盡處〉, 〈언문〉에 대한 해석

소옹邵雍은 본래 《황극경세서皇極經世書》에서 〈황극경세성음창화도皇極經世聲音唱和圖〉라는 글을 지었는데, 그 글이 후세에 전하지 않고, 그 후학 채원정(蔡元定; 1161-1237)이 쓴 〈경세성음도經世聲音圖〉가 남아 있다. 오늘날 학자들은 이를 통해 소옹의 성음이론을 연구하고 있다. 그런데 〈경세성음도〉는 내용이 매우 복잡하고 난해하여 이해하기가 어렵다. 그 요지만을 간추려 소개하면 다음과 같다.

우주만물은 음陰과 양陽으로 구성되어 있는데, 하늘은 곧 양陽으로 양의 소리를 성聲으로 부르고, 땅은 곧 음陰인데 음의 소리를 음音이라고 부른다. 양과 음은 소리가 서로 다르다. 또 양의 소리를 율律이라고 하고, 음의 소리를 여呂라고 한다. 양이 소리를 내면 음이 이에 화답하는데, 이를 창화唱和라고 한다. 창화가 생기면, 양의 소리는 낮아지고, 음의 소리는 높아지는데 이때 만물이 생성한다.

괘卦를 보면 양은 1(全)이고, 음은 2(半)이다. 양은 1에서 시작하여 9에 이르러 극성極盛한다. 음은 2에서 시작하여 6에 이르러 극성한다. 따라서 양의 수는 홀수이므로 1에다 9를 더하여 10이 본수本數가 되고, 음의 수는 짝수이므로 2를 6으로 곱하여 12가 본수本數가 된다.

하늘의 양성陽聲은 일월성신日月星辰의 4상四象을 가지고 있어서 합하여 40(4×10)이 되고, 땅의 음음陰音은 수화토석水火土石의 4형四形을 가지고 있으므로 모두 합하여 48(4×12)이 된다. 이를 성음聲音의 체수(體

數; 基本數)라고 부른다.

일월성신의 4상은 서로 연결되어 160성(4×40)을 만들고, 수화토석의 4형도 서로 연결되어 192음(4×48)을 만든다. 이것을 성음의 용수用數라고 부른다. 그런데 하늘의 160성에서 땅의 48음을 빼면 112성이 되고, 땅의 192음에서 하늘의 체수 40을 빼면 152음이 된다. 이것이 용수用數이다.

그런네 앙(하늘)의 112용수와 음(땅)의 152용수는 서로 조합하여 1만 7,024개(112×152)의 변수變數를 만들어 낸다. 그리고 다시 1만 7,024개의 변수가 서로 연결하여 서로 곱해져서 2억 8,981만 6,576개(17,024×17,024)의 통수(通數; 總數)를 만들어 낸다. 이처럼 성음聲音은 무궁무진한 통수를 만들어 낸다.

성음의 수가 이렇게 무궁무진하지만, 성聲은 높고 낮은 것이 있어서 평상거입平上去入[61]이 생긴다. 한편 음音은 구부러지고 펴지는 특성이 있어서 성聲을 따라서 열리기도 하고 합하여 닫히기도 하며, 성은 부드러운 음을 만나면 맑아지고, 강한 음을 만나면 탁해진다. 이것이 소리와 음양의 관계이다.

그러면 서경덕은 소옹의 〈성음도〉를 어떻게 소개했는가? 성음이 음양의 교합에 따라 무궁무진한 소리가 생겼다고 보는 이론을 그대로 따르지만, 다만 그 수치에 대한 견해가 조금 다르다. 즉 성聲의 수치는 7에서 극에 이르러 변하고, 음의 수치는 9에서 극에 이르러 변한다고 하면서 이를 합치면 16이 된다고 했다. 그런데 성수聲數 7이 더욱 부연敷衍하여 83자字가 되고, 음수音數 9가 더욱 부연하여 132자가 생겨 이를

---

61 평상거입平上去入의 평平은 가장 낮은 소리, 상上은 처음에 낮다가 나중에 높은 소리, 거去는 가장 높은 소리, 입入은 빨리 끊는 소리를 말한다.

합치면 215개의 자모字母가 생겨난다고 했다.

서경덕은 이와 같은 이론에 기초하여 세종이 만든 '언서'(諺書; 훈민정음)의 자모를 설명했다. 그것을 따르면, '언서'는 성聲과 음音을 합하여 16개의 자모字母로 이루어져 있다고 하여 소옹의 이론과 합치된다고 해석했다. 그러나 훈민정음의 실제 자모는 모두 28자이며, 그 가운데 초성자初聲字는 17개이고, 중성자中聲字는 11개여서 사실과 조금 다르다.[62]

하지만 '훈민정음'을 소옹의 이론에 맞추어 설명한 것은 처음이다. 그런 점에서 조선 후기에 최석정崔錫鼎, 신경준申景濬, 황윤석黃胤錫 등이 소옹의 〈성음해〉를 바탕으로 훈민정음의 성음을 본격적으로 이해하려고 한 연구의 단서를 열었다고 할 수 있다.

음양사상으로 '소리'와 그 소리를 표현하는 '글자'를 해석한 것은 상수역학의 큰 공로라고 할 수 있다. 우리가 오늘날 즐겨 쓰는 음성音聲이니 율려律呂니 하는 말들이 상수역학의 음양이론에서 생긴 말이라는 것도 흥미롭다. 음악과 문자를 연구할 때 큰 도움이 되는 이론이다.

한편 〈발전성음해미진처〉는 앞에서 설명한 〈성음해〉의 미진한 부분을 보완한 글이다. 여기서는 중국의 성음과 우리나라의 성음聲音의 차이를 설명한 것인데, 우리나라의 음音은 4성〔平上去入〕 가운데 상上과 거去가 열리고 펴지는 구분이 어렵다고 했다. 다시 말해, 처음에 낮다가 나중에 높아지는 상上과, 가장 높은 음인 거去가 분명치 않다는 것이다. 이 지적은 중국어와 한국어의 차이점을 정확하게 가리킨 것이다. 다만 그 차이가 '성음'의 이치가 근본적으로 다름을 말하는 것은 아니라고 했다.

서경덕이 음운학에도 일가견을 가지고 있음을 말해 준다.

---

62 훈민정음의 초성은 본래 17자인데, 서경덕은 그 가운데 한 글자를 빼고 16자로 보았다. 이런 착오는 서경덕 자신의 착오인지, 아니면, 구술을 필사한 허엽의 실수인지는 알 수 없다.

(8) 〈황극경세수해皇極經世數解〉

이 글은 소옹邵雍이 지은 《황극경세서》의 천지시간에 관한 이론을 더
욱 보강한 글이다. 소옹은 《황극경세서》에서 두 종류의 시간을 계산해
냈다. 하나는 '하늘의 시간'이고, 다른 하나는 '땅의 시간'인데, 이 둘은
서로 다르다고 보았다. 다시 말해 '우주시간'과 '지구시간'을 구별한 것
이다. '땅의 시간'에 관해서는 이미 많은 선학들이 연구했지만, '하늘의
시간'은 소옹이 처음으로 계산해 낸 것이다.

그러면 '하늘의 시간'과 '땅의 시간'은 어떻게 다른가? 먼저 '땅의 시간'
은 12시각(12간지)[63]이 하루이고, 30일이 한 달이고, 12개월, 곧 360일+
알파가 1년이다. 그러나 이것은 기본적인 시간을 말하는 것이고, 윤달閏月
이 있고, 윤년閏年이 있어서 실제로는 1년은 대략 365일+알파로 본다. 1
년은 다시 춘하추동의 네 계절이 있어서 봄과 여름에는 양기陽氣가 우
세하여 만물이 태어나서 성장하지만, 가을과 겨울에는 음기陰氣가 우세
하여 만물이 시들고 감춘다. 이런 변화를 원형이정元亨利貞으로 부른다.

지구는 1년을 주기로 만물이 태어나서 성장하다가 시들어 숨는 과정
을 반복하는데 그 전환점이 되는 시기를 '지일至日', 곧 '동짓날'로 본다.
이날부터 숨겨져 있던 생명이 다시 되살아나서 성장, 발전, 쇠락, 감추는
과정을 반복한다.

그런데 하늘도 땅과 똑같은 원형이정의 순환과정을 거치면서 변화한
다. 다만 그 주기가 지구와 달리 매우 길다. 곧 땅의 30년을 '1세世'로
부르는데, 1세는 하늘의 한 1시각에 불과하다. '세'가 12번을 거치면 360

---

63 12간지는 자축인묘진사오미신유술해子丑寅卯辰巳午未申酉戌亥를 말한다. 오늘날은 하
   루를 24시간으로 계산하고 있으나, 12간지의 시간은 두 시간을 하나의 시각時刻 단
   위로 본 것이다.

년이 되는데, 이를 '1운運'으로 부른다. 1운은 하늘의 하루이다. '운'이 30차례 지나면 1만 800년이 되는데, 이를 '1회會'로 부른다. 1회는 하늘의 한 달이다. 1회를 12번 거치면 12만 9,600년이 되는데, 이를 '1원元'으로 부른다. 1운은 하늘의 1년이다.

지구가 360번 회전하여 1년이 되듯이 우주도 360년이 360번 회전해야 1원이 된다. 그래서 360을 360으로 곱하면 12만 9,600년이 된다. 그러니까 땅의 시각은 하늘의 시각의 360분의 1에 지나지 않는 것이다.

하늘의 1년인 1원에 우주는 춘하추동의 변화를 겪는다. 1원의 전반기는 봄과 여름에 해당하여 양기陽氣가 발동하여 만물이 탄생하고 성장하는데, 이를 선천先天으로 부른다. 그다음의 후반기는 음기陰氣가 발동하여 만물이 열매를 맺고 시들고, 빙하기氷下期가 와서 거의 다 죽는다. 말하자면 가을과 겨울에 해당한다. 이 시기를 후천後天으로 부른다. 그러다가 다시 만물이 탄생하여 성장하는 과정이 반복된다.

위와 같은 세世, 운運, 회會, 원元이 바로 하늘 시간이다. 세世, 운運, 회會, 원元의 상호관계를 다시 정리하면 다음과 같다.

1세世＝30년＝360월＝하늘의 1시간
1운運＝12세＝360년＝30년×12＝하늘의 1일
1회會＝30운＝360세＝1만 800년＝360년×30＝하늘의 1개월
1원元＝12회＝360운＝12만 9,600년＝1만 800년×12＝360년×360＝하늘의
　　1년

소옹은 이렇게 우주의 1년 시간인 1원元을 12만 9,600년으로 계산해 놓았을 뿐 여기서 멈추었다.

그런데 서경덕은 이것만으로는 하늘과 땅의 시간과 원리를 이해하는

데 불충분하다고 여겨, 더 많은 땅의 시간과 하늘의 시간을 수학적으로 계산했다. 그것이 〈황극경세수해〉이다. 서경덕이 계산한 수치는 33항이 나 되는데 다음과 같다.

(1) 하늘의 1년인 1원元은 땅의 1년처럼 360번 회전하는 시간이므로 360에 360을 곱하면 12만 9,600년이 된다. 또 1원은 360운運인데, 1운 은 360년이므로 이를 서로 곱해도 12만 9,600년이 된다. 여기까지는 소옹이 계산한 것이다.

(2) 그런데 하늘의 질서는 1원에서 그치는 것이 아니라, 1원이 다시 12 만 9,600번 반복될 수 있다. 그 수치를 계산하면 167억 9,616만 년이 된다. 여기서부터가 서경덕의 새로운 주장이다.

(3) 1원의 기간을 다시 제곱한 수치인 167억 9,616만 년이 다시 그 수 치만큼 반복된다면, 그 수치는 282,110,990,7456억이 된다〔28,211조 990만 7,456억〕.

(4) 28,211조 990만 7,456억을 12기한으로 나누어 보자〔그러면 235,092,492, 2880억이 된다〕. 이 수치는 167억 9,616만을 13억 9,968만으로 곱한 수치와 같다.

(5) 1원의 기한을 제곱한 167억 9,616만을 다시 10기한으로 나누면, 매 1분分은 16억 7,961만 6천이 된다.

(6) 〔지구의 1년은 세수歲數로는 대략 360일이지만, 기수朞數로는 366일이 고, 역수曆數로는 364일이 조금 넘는다.〕 매년 6일씩 나아간다고 했으므 로 1원의 12만 9,600이 여섯 번이다. 6을 하루로 계산하면 바로 6일 이 된다.

(7) 다시 167억 9,600년에 매년 6일을 나아간다고 했으니, 167억 9,616 만이 여섯 번이 되고, 이를 10으로 나누면 각 분分은 16억 7,961만 6

천 일이다. 6을 10번 합하면 60일이 된다.

(8) 〔1원의 기한인 12만 9,600년을 제곱한 수치인 167억 9,616만년을 12기간으로 나누면 한 기간이 13억 9,968만이라고 했다.〕 그런데 여기에 6일씩 더 나아간다고 하면, 그 기간의 수와 같은 일수日數를 6개 얻게 된다.

(9) 13만 9,968년을 10개로 다시 나누면 1억 3,996만 8천 년이 되는데, 이 수와 같은 일수日數를 얻는 것이 6번이므로, 이를 10개 합치면 60일이 된다.

(10) 1년의 기수朞數는 366일이요, 세수歲數는 대략 360일이요, 역수曆數는 354일에 여분이 있다.

(11) 자월子月에서 사월巳月에 이르기까지 6개월 동안 쓸데없이 남는 음과 양이 각각 6개〔음양을 합치면 12개〕이고, 오월午月에서 해월亥月까지 6개월 동안 쓸데없이 남는 음과 양이 각기 6개〔음양을 합치면 12개〕이다. 이를 모두 합치면 24개이다.

(12) 360일에 쓸데없이 남는 음과 양의 수 24개를 합하면 《주역》의 384효爻의 수치와 일치한다. 체수體數 384에서 건곤감리乾坤坎离 괘卦의 24효를 빼면 360이 되는데, 이 360이 용수用數이다.

360에서 10분의 3을 뺀 것이 교수(交數; 음양이 마주치는 수)이고, 10분의 7을 취한 것이 용수(用數; 252)이다. 252[64]를 절반으로 나누면 126인데, 6분分이 더 나아간다.

하루에는 밤과 낮이 있으므로 12분分을 이룬다. 그리고 10일마다 1분씩 나아가면 4개월 동안 12분을 나아간다. 나머지 6일은 6리釐를 더 나아가는데, 교수의 6일과 합치면 모두 12리가 된다. 분分은 하루의 3

---

[64] 본문에는 352로 되어 있는데, 이는 252의 오기로 보인다.

분의 1이다. 4개월을 세곱하면 1년 360일이 되고, 12분을 세곱하면 36분이 되는데, 3분을 하루로 하는 만큼 일日로 환산하면 12일이 된다. 또 12리를 세곱하면 36리가 되는데, 10리가 1분인 만큼 분分으로 환산하면 3분과 6리가 남는다.

(13) 대체로 1년 360일에 나아가고 물러가는 것이 6일씩이니, 모두 12일이 된다. 나머지 수 교수交數를 합하면 36일이 된다. 그런데 나아가고 물러가는 것을 18리씩 모두 36리가 되니, 하루는 6리가 된다. 윤일閏日로 남는 것이 모두 12일이니, 나머지 교수의 윤일을 미루어 나가면 모두 하루가 6리가 된다.

(14) 용수用數로 쓰이는 252일에 교수交數인 12일을 더하면 264일이 되는데, 이것이 실제로 쓰는 숫자이다. 15년 동안 용수의 날짜가 쌓이면 10년의 일수를 채울 수 있다.

(15) 10년 동안 나아가고 물러가는 60일이 윤閏으로 남는다. 10년 동안 남는 수 교수 36일을 축적하면 360일이 된다. 10년 동안 하루에 6리씩 축적해 나가면 10일에 60리가 된다. 10리를 1분으로 환산하면 모두 6이 되고, 3분을 1일로 환산하면 2일이 된다. 그러면 모두 12일이 되는데, 이는 1년의 윤수閏數와 꼭 들어맞는다.

(16) 1원元의 기한인 12만 9,600년에서 남는 수 교수交數의 일日을 미루어 나갈 경우, 1년은 360일인 만큼 1만 2,960년 동안 6일씩 나아가게 되고, 따라서 1만 2,960년 동안 7만 7760일이 되는데, 6일씩 물러가는 경우도 또한 마찬가지다.

12만 9,600을 하루로 삼으면 하루씩 남는 것이 2만 5,920이 되는데, 이 수는 12만 9,600일의 10분의 2에 해당한다. 무릇 12만 9,600년의 모든 나머지 교수의 윤閏은 12분씩 나아가고 물러간다. 1일日은 2분分이다.

(17) 12만 9,600을 10분의 3을 뺀 것이 교수交數이고, 10분의 7을 취한 것이 용수用數이다. 12만 9,600을 10으로 나누면 각각 1만 2,960이 되고, 여기에 7을 곱하면 9만 720년, 이를 반으로 나누면 4만 5,360년이 된다. 6일씩 나아가서 4만 5,360을 하루로 삼으면 6번이 된다.

하루에는 낮과 밤이 있으므로 나아가고 물러가는 것이 모두 12일이다. 3,600년마다 1일 나아간다면 4만 3,200이 일日로 되어 하나가 되므로 모두 4만 3,200년에 12일 나아가게 된다. 나머지 2,160년에는 나머지 6분씩 나아가니 교수 2,160년에 모두 12분 나아가게 된다.

9만 720년은 곧 용수 252일을 써서 쌓아서 얻은 것이다. 252일의 용수에 날마다 360의 숫자가 늘어난 것이다. 그래서 252에 360을 곱하면 9만 720의 수를 얻게 된다.

나머지 2,160년은 나머지 분이 6인데, 곧 6일로서 6리씩 나아가는 것이 축적되어 얻어진 것이다. 나머지 6일에 매일 360의 수가 더해지면 2,160년이 된다.

교수 2,160년 역시 6분씩 나아가니 교수는 6일로서 6리씩 나아가 축적되어 얻어진 것이다. 교수交數 6일에 매일 360이 더해지면 역시 2,160년이 된다. 6리釐씩 쌓인 것이 역시 2,160리가 된 것이고, 360리를 1분分으로 하면 6분이 된다.

30리를 하루로 하면 2,160리는 72일을 얻게 되는데, 날마다 360일을 더하면 2만 5,920일이 된다.

(18) 2,160년에 나머지 분이 6번 나아가니 6분은 2만 5,920일이 된다.

(19) 4만 3,200을 3배 하면 12만 9,600년이 되고, 나머지 교수인 12분에 3을 곱하면 36분이 된다.

(20) 4만 3,200년에 12일 나아가는데, 12일을 3배 하면 36일이 되고, 3일을 1일로 치면 모두 12일이 된다. 36분에 대해서도 3분을 1분으로

치면 모두 12분이 된다. 12만 9,600년에 6일 나아가고 6일 물러나는 것이 윤일閏日이 되고, 나머지 분分도 6분 나아가고 6분 물러난다. 그러므로 소운小運의 변화는 12와 30을 번갈아 곱하여 60에 이르게 되는데, 그러면 366일을 나아가게 된다. 물러나는 것도 마찬가지다.

〔다음에 21, 22, 23, 24, 25, 26, 27항은 앞의 1에서 7까지 항과 똑같다. 아마도 《회담집》 편찬과정에 착오를 일으킨 것 같다. 따라서 이 항에 대한 설명은 생략한다.〕

(28) 2만 8,211조 990만 7,456억도 나누어 12기한이 될 수 있다〔이를 나누면 2,350조 9,249만 2,287억이 된다〕.

(29) 하나의 기한이 13억 9,968만에 167억 9,616만을 곱한 것이 되는데, 6일씩 나아가면 그와 같은 숫자 6을 얻게 된다. 이것을 또 10으로 나누면 각각 1억 3,996만 8천에 167억 9,616만을 곱한 것이 되며, 이때마다 6일씩 나아갈 경우 10으로 나누어진 것과 합하면 60일이 된다. 모두 6번 물러나고 나아가 360일이 되고, 여기에 나머지 교수의 6분을 더하여 셈할 경우 366일을 나아가는 것이다.

(30) 13억 9,968만에 167억 9,616만을 곱한 것을 하루로 여기면, 6분을 얻게 된다. 이렇게 나누어진 것을 10배 하면 60분이 되어 6일을 얻으니, 6개의 기간은 36일이 된다〔22단에서 360 곱하기 360부터 여기까지는 다시 반복된 것인데, 계산법이 때에 따라 같지 않은 곳이 있다〕.

(31) 12만 9,600년에 6일씩 나아가는데, 12만 9,600일을 하루로 여기는 까닭에 10번 물러나게 된다. 그 수치는 다음과 같다.

(32) 167억 9,616만에 602일 나아가는데, 1만 2,060일을 하루로 치면 1원元의 일수日數도 또한 이와 같으니, 4,665만 6천 분이 하루가 된다.

(33) 360을 12만 9,600으로 곱하면 360일을 얻는데, 360일을 다시 곱하
게 되면 167억 9,616만이 된다. 360을 1일로 하면, 4천이라는 일수日數
를 얻게 된다.

이상과 같은 〈황극경세수해〉를 보면, 부분적으로 계산에 착오가 보이
고, 또 같은 내용을 반복한 것도 있다. 몇만 조兆 단위에 이르는 수치를
계산하다 보니 편집하는 과정에 착오가 생긴 것 같다. 하지만 요즘 같
으면 계산기나 컴퓨터를 이용했을 테지만 당시에는 이런 도구들이 없었
으니, 상인들이 사용하는 산대〔算竹〕를 놓고 계산했을 것이다.

어찌 되었든 소옹邵雍이 천지시간을 12만 9,600년까지 계산하고 그만
둔 것을 서경덕이 그보다 엄청나게 많은 2만 8천조가 넘는 시간을 계산
해 내고, 여기에 윤일閏日이 생기는 이유까지 계산한 것은 놀라운 일이
아닐 수 없다.

※ 상촌象村 신흠申欽의 서경덕 평가

후세 학자 가운데 서경덕의 〈황극경세수해〉에 대하여 가장 큰 관심
을 보인 이는 16세기 후반~17세기 초의 상촌象村 신흠(申欽: 1566~1628)
이었다. 그는 서경덕이 죽고 나서 20년 뒤에 태어난 인물이지만, 만년에
소옹과 서경덕의 역학易學에 심취하여 〈선천규관先天窺管〉이라는 글을
썼다.

여기서 신흠은 서경덕이 계산한 수해數解를 그대로 소개한 다음 이렇
게 평했다.

서씨徐氏가 추산推算한 것이 명쾌하다고 하겠다. 그래서 여기에 기록하여 후학들이 참조할 자료로 제공한다. 화담 서씨의 이름은 경덕敬德이고, 자는 가구可久인데 …… 우리나라는 본디 역학易學이 발전되지 않았으므로 유선儒先 중에 그 누구도 핵심 부분을 계발시켜 준 이가 없었고, 논한 것이 있다 하더라도 그저 글 뜻과 같은 부분적인 것을 해설하는 정도로 그쳤을 뿐이었다. 그런데 화담 혼자서 멀리 소강절邵康節을 이어 곧바로 그 경지를 엿보았으니 정말 세상에 드문 호걸이라 하겠다. ……

신흠은 또 〈청창연담晴窓軟談〉에서 다음과 같이 서경덕을 칭송했다.

서경덕은 …… 타고난 자질이 상지上知에 가까웠다. 초래草萊에서 일어나서 스스로 학문하는 방법을 알았는데, 특히 소강절의 역학易學에 조예가 깊어서 그 가운데 《황극경세서皇極經世書》의 숫자를 추산했는데 하나도 오류가 없었으니, 참으로 신기하다. 만약 중국에서 태어나 큰 유학자들 사이에서 교유했다면 그 고명함과 투철함이 여기서 그치지 않았을 것이다. 복희씨의 역을 좁게 파고든 사람은 우리나라에서 한 사람뿐이다.

이 글에서 "복희씨의 역易을 좁게 파고들었다."는 언급이 예사롭지 않다. 역학의 뿌리를 동이족 복희씨로 보고, 그것을 깊게 파고들었다고 극찬했다. 서경덕에 대한 신흠의 칭송은 여기서 그치지 않았다. 〈선천규관〉의 〈경서외편해經書外篇解〉에서 또 이렇게 소개했다.

화담 서경덕은 …… 우리나라에서 본래 역학易學이 없었다. 유선儒先들이 관건關鍵이 되는 것을 능히 계발한 것이 없을 뿐 아니라, 논술한 것이 다만 글 뜻의 작은 것뿐이었다. 그런데 화담은 홀로 멀리 소강절로 올라가서 곧바로 그 문호門戶를 엿보았으니, 불세출의 호걸이다. 이 수해數解는 우리나라 여러 유학자들이 발견하지 못한 것이다.

이렇게 서경덕의 〈황극경세수해〉의 독창성을 격찬하면서, 그 내용을 소개했던 것이다.

신흠의 〈선천규관〉은 서경덕의 글을 소개하는 데 그치지 않고, 자신이 공부한 역학을 13개 항목으로 나누어 자세히 설명했다. 다만 신흠은 역학에서 수학數學의 중요성을 인정하여 〈선천규관〉에서 천지만물의 이치를 수數로써 설명하면서도, 역학을 배우는 근본 목적은 이리理와 수數를 함께 고려해야 한다는 점을 강조했다. 이는 소옹의 상수역학象數易學과 정주程朱의 의리역학義理易學을 절충하는 시각이라고 볼 수 있다.

(9) 〈육십사괘방원지도해六十四卦方圓之圖解〉, 〈괘변해卦變解〉

〈육십사괘방원지도해〉는 복희씨가 지었다고 전해지는 《역학易學》의 글 가운데 64괘의 그림을 소개한 것이고, 〈괘변해〉는 주자朱子가 지은 《역학계몽易學啓蒙》 가운데 〈괘변도〉를 풀이한 글로 특별한 내용이 없어서 자세한 설명을 생략한다.

5) 서경덕의 경세관

(1) 시부명詩賦銘에 보이는 애민사상

서경덕은 정치에 관한 글을 따로 쓰지 않았다. 그러나 그가 정치에 대하여 전혀 무관심하게 지낸 것은 아니었다. 학문이 현실을 떠나 존재하는 것은 아니기 때문이다. 서경덕은 젊은 시절에는 과거에 급제하여 세상을 바로잡고자 하는 뜻을 품고 있었다.

그래서 처음부터 은둔생활로 평생을 보낼 것을 작정한 것은 아니었다. 물론 자신이 좋아하는 《역학》을 공부했지만, 부모의 간곡한 권유로 과거시험에 필요한 공부를 병행했다.

서경덕의 경세관을 보여 주는 글은 인종仁宗에게 올리려고 지은 상제개혁喪制改革을 청하는 〈상소문〉에 가장 직설적으로 보이지만, 그 밖에 그가 쓴 시詩나 부賦나 명銘 등에도 매우 암시적인 뜻을 품은 정치의식이 곳곳에 드러나 있다.

먼저, 언제 쓴 것인지는 모르나 거문고에 대하여 쓴 4편의 명銘이 있다. 얼핏 보면 음악에 대하여 쓴 글로 보이지만 그 속을 들여다보면 깊은 철학과 아울러 정치의식이 함축되어 있다. 하나는 '줄 없는 거문고'에 관한 2편의 명銘이다.

그 가운데 첫 번째 명은, 거문고의 몸체와 줄을 체體와 용用으로 보고, 줄 없는 거문고는 소리가 나지 않으므로 용用이 사라졌지만, 그 대신 소리 없는 거문고의 소리가 오히려 더 오묘하다고 하면서 천지의 이치도 보이지 않는 것에 있다는 것을 암시하고 있다. 철학적인 글이다.

두 번째 명은 매우 정치적인 내용을 담고 있다.

그 줄은 쓰지 않으나, 그 줄은 줄로 쓰인다	不用其絃 用其絃絃
궁상宮商 밖의 음률에서 나는 하늘(天; 근본)을 본다	律外宮商 吾得其天
소리를 즐기는 것은 각기 그 소리가 다르기 때문이다	樂之以音 樂其音音
귀로 듣는 것이 아니라 마음으로 듣는다	非聽之以耳 聽之以心
저 종자기鍾子期야, 어찌 내 거문고를 들을 수 있으리오	彼哉子期 曷耳吾琴

거문고 줄은 다섯 종류의 소리를 다르게 내기 때문에 즐거움을 주는 것인데, 곧 궁상각치우宮商角緻羽다. 그런데 그 다섯 소리 가운데 궁宮과 상商 아래의 세 음, 곧 각치우角緻羽가 오히려 소리의 '하늘'이라고 말했다. 이게 무슨 뜻인가? 다섯 음에는 각각 계급의 차이가 있다. 궁宮은 임금, 상商은 신하, 각角은 백성, 치緻는 일〔事〕, 우羽는 물物인데, 여기서 궁상 밖의 3음인 백성, 일, 만물이 오히려 더 높은 하늘이라는 뜻이다. 그러니까 임금이나 신하보다 백성 이하의 일과 만물이 더 하늘과 같은 근본이 된다는 것이다. 바로 민본사상民本思想을 에둘러 말한 것이다.

그다음 다른 2편의 거문고 명에서도 정치색을 담았다. 첫 번째 명에서는 5음이 화합하면 즐겁고, 음란하지 않고, 평화로우며, 하늘의 질서에 맞을 뿐 아니라 봉황처럼 아름답다고 했다. 그리고 나서 두 번째 명에서는 다음과 같이 읊었다.

거문고 뜯으니 평화가 요순시대로 돌아가네   鼓之和回唐虞兮

사특함을 씻어내니 무리들이 하늘과 함께하네   滌之邪天與徒兮

높고 넓은 곡조 누가 들을까   操裁洋人孰耳兮

번거로운 듯 간략하니 여운이 있구나   繁而簡有餘味兮

여기서도 거문고 소리가 평화로운 요순시대를 만들고, 모든 악을 씻어내어 백성들이 하늘과 함께한다고 읊었다. 그러면서 그 소리가 복잡한 듯하지만 간략하여 여운이 있다는 말은 정치를 간략히 해야 백성이 편하다는 뜻을 은근하게 담고 있다.

또 〈복숭아나무 지팡이桃竹杖賦〉라는 부賦가 있다. 언제 쓴 것인지는 알 수 없으나 30대 시절에 변산, 속리산, 지리산, 금강산 등 전국의 명승지를 유람하고자 복숭아나무 지팡이를 만들어 가지고 떠나면서 쓴 글로 보인다. 서경덕이 지은 시부詩賦 가운데 유일한 부이다. 《화담집》의 첫머리에 실은 것을 보면 문집 편찬자들이 이 글을 매우 중요시한 것 같다.

이 부가 길어서 전문을 소개하지 않고 그 요지만을 정리하겠다. 서경 덕은 먼저 이 지팡이가 곧고 깨끗하여 마치 군자君子처럼 보인다고 칭찬하고, 이 지팡이를 정부에 바쳐 임금과 대신들이 짚고 다니면서 깨끗한 정치를 펴 주기를 기원했다. 그리고 나서 동서남북의 명승지를 돌아다니면서 신선神仙들을 만나고, 사악한 뱀과 사나운 호랑이와 거친 돌을 치우겠다고 했다.

마지막에는 여행을 무사히 마치고 돌아온다면 누추한 집에서 오동나무에 걸린 달과 버드나무에 부는 바람을 즐기면서 이 지팡이와 더불어 평생을 함께하겠다고 읊었다. 정치가 정화되기를 기원하는 간절한 소망을 지팡이에 비유하여 은유적으로 드러낸 글이다.

이 시의 이야기는 실제로 서경덕이 여행을 다녀온 사실과 완전히 부합한다. 이 글에서 집으로 돌아가 오동나무의 달과 버드나무의 바람을 즐기겠다고 한 그 집은 화담정사가 아니라 탁타교 부근의 본가임을 암시한다. 화담정사에는 성균관 교수 장륜張綸이 기증한 복숭아나무를 심고, 소나무를 심었다는 시가 보이는데,[65] 본가 근처에는 버드나무가 있어서 문인 홍인우를 버드나무 아래에서 만난 일이 있었기 때문이다. 따라서 서경덕이 이 시를 지은 시기는 화담정사를 짓기 이전인 것이 확실하다.

서경덕은 56세에 성균관 유생들의 천거로 후릉 참봉(종9품)을 제수받았을 때 이를 거절하면서 지은 〈술회述懷〉라는 시가 있는데, 여기서 자

---

65 《화담집》에는 장륜이 복숭아나무를 기증하자 이를 마당에 심었다는 내용을 담은 시가 있고, 또 소나무를 심었다는 시도 보인다.

신의 공부편력을 한 마디로 피력한 구절이 보인다.

글을 읽던 당시에는 경륜經綸을 하려고 뜻했으나　　　讀書當日志經綸

노년에는 도리어 안씨顏氏의 가난함이 달콤하네　　　晚歲還甘顏氏貧

부귀富貴에는 싸움이 있어 손대기 어려우나　　　　　富貴有爭難下手

산속에는 막는 것이 없으니 몸이 편안하구나　　　　　林泉無禁可安身

그러니까 서경덕은 젊어서는 벼슬아치가 되어 세상을 다스려 바로잡
겠다는 꿈을 가졌다가 정치현실에 실망하여 산속의 은자가 되어 학문의
길을 걸어가면서 마음이 편하다고 술회하고 있다.

서경덕이 나라와 백성을 근심하는 마음을 담은 시는 그 밖에도 많다.
그 가운데 몇 수만 더 소개하기로 한다. 먼저 〈개울물 소리溪聲〉라는 시
에 다음과 같은 구절이 보인다.

쾅쾅 흐르는 계곡의 물소리 밤낮으로 울어대는데　　　聒聒巖流日夜鳴

슬픈 듯, 원망하는 듯, 또 다투는 듯하구나　　　　　如悲如怨又如爭

세상에 크고 작은 원통한 일들이　　　　　　　　　　世間多少銜冤事

푸른 하늘 향해 호소해도 분이 풀리지 않네그려　　　訴向蒼天憤未平

이 시는 바위에 부딪치며 흐르는 계곡물의 시끄러운 소리를 들으면서
원한에 쌓인 사람들이 슬퍼하고 원망하고 다투면서 울부짖는 소리를 떠
올리고 있다.

계곡 물소리를 들으면서 백성들의 한탄과 울부짖음으로 해석한 시는
이 밖에 또 있다. 34세 때 속리산에 가서 쉬면서 산과 계곡물을 바라보
고 지은 시 가운데 다음과 같은 구절이 보인다.

티끌 같은 세상, 영예와 치욕을 멀리하고	塵中謝榮辱
세상 밖 차가움과 따뜻한 변화의 이치를 알았네	物外占凉溫
산 빛깔은 기쁨을 주지만	山色開人悅
계곡 물소리는 세상의 원망을 호소하네	溪聲訴世冤
아득한 옛날의 좋았던 일들을	悠悠千古事
홀로 서서 누구와 더불어 이야기하나	獨立向誰論

이 시는 서경덕이 세속의 영예와 치욕을 멀리하고 세상 밖으로 나와
자연이 변화하는 이치를 알게 되었다면서 산의 아름다운 빛은 사람에게
즐거움을 주지만, 계곡의 시끄러운 물소리는 마치 원한에 쌓인 백성들이
울부짖으며 호소하는 소리로 느껴진다고 묘사했다. 그러면서 요순시대의
도래를 누구와 더불어 의논해야 할지 모르겠다고 한탄하고 있다.

또 어느 날 새가 먹이를 잡으려고 새벽부터 쪼아 대는 소리를 들으
면서 부엌에서 도마질하는 소리로 연관시켜 이를 원망하는 시를 지은
것이 있다. 〈도마질하는 소리를 듣고聞鼓刀〉라는 시다. 그 시는 이렇다.

새벽부터 힘껏 도마질하는 새가 있네	有鳥凌晨勸鼓刀
도마질 소리는 요리하는 부엌에나 있어야지	鼓刀應在割烹庖
몇 년 동안 소반 위 소금 떨어진 지 오래인데	年來盤上無鹽久
띠집 향해 괴롭게 절규하지 말았으면	莫向茅齋苦叫號

이 시는 화담에서 굶기를 밥 먹듯 하고 살면서 아침부터 새가 도마
질하듯 먹이를 쪼아 대는 소리를 들으면서 배고픔의 설움을 원망하는
글이다. 서경덕이 안빈낙도를 즐기고 있다고 자처하지만, 때로는 배고픔
의 고통을 절감하면서 백성들의 고통도 공감하고 있다는 증거일 것이다.

또 개성 유수 심언경(沈彦慶; 1479-1556)에게 준 시에는 다음과 같은
내용이 보인다.

깨끗한 세상에 숨어 사는 백성 되어 기쁘니	自喜淸時作逸民
돌아가 임금에게 명함 내밀고 뵙기 싫다네	還嫌投刺謁邦君
나라 병을 고치고 나쁜 풍속 바꿀 재주 없고	無才醫國趨風土
〔무심하게 풍속을 따라 이익을 쫓지 않는다〕	〔無心未利趨紅土〕
산에 살면서 흰 구름에 누울 것을 기약하네	有約〔作棲山臥白雲〕

이 시는 병든 나라와 이익을 쫓는 풍속을 고칠 재주가 없어 산속에
서 흰 구름에 누워 살겠다는 것이다. 앞부분에서는 깨끗한 세상이라고
말했지만 이는 비아냥에 지나지 않는다. 유수 심언경은 아우 심언광沈彦
光과 더불어 권세를 휘둘러 평판이 좋지 않은 인물이었기에 그와 교유
하면서도 부패한 정치를 꼬집은 것이다. 서경덕의 시는 대체로 자연의
아름다움과 세속의 더러움을 대비시키는 것이 중요한 특징이다.

(2) 〈상소문〉에 담긴 애민정신

서경덕은 결코 현실을 완전히 등지고 오직 자신의 안빈낙도安貧樂道만
을 추구한 은둔학자가 아니었다. 서경덕의 애민사상과 나라 걱정이 위에
소개한 여러 시들에 보이고는 있지만 구체성이 없다. 그런데 중종이 승
하하고 인종仁宗이 즉위하여 잘못된 상제喪製를 치르는 것을 보고 이를
바로잡을 것을 지적하는 상소문을 썼다. 57세 되던 해 3월이었다. 그러
나 그 상소문은 임금에게 올리지 않아 《화담집》에만 남아 있다.

이 상소문은 상장례喪葬禮의 잘못을 지적한 것이 주제이지만, 여기서

머물지 않고 상장례가 끼치는 민폐民弊를 날카롭게 지적하여 세인을 깜짝 놀라게 한다.

당시의 상제喪制는 《국조오례의國朝五禮儀》에 따라 거행되었는데, 선왕이 죽으면 졸곡卒哭한 뒤에는 임금과 관리들은 모두 평상시처럼 검은 관을 쓰고 정사를 보았으며, 일반 선비들은 3년 동안 흰옷을 입고 흰 관冠만 쓰도록 했다. 서경덕은 이런 예법은 임금의 존엄성을 무시하는 제도로써 옛날 성인聖人의 제도가 아니라고 여겼다. 따라서 임금과 신하들은 3개월 동안 거친 베옷으로 만든 자최齊衰 상복을 입어야 한다고 주장했다.

위 상소문은 이어 산릉제도山陵制度의 문제점을 지적하고 그 개혁을 건의했다. 왕릉을 조성하는 산릉제도에서 가장 큰 문제점으로 세 가지를 지적했다. 하나는 왕릉에 거대한 석물石物을 조성하는 일인데, 산에서 돌을 캐오기 때문에 그 공사가 매우 힘들어 백성에게 큰 고통을 줄 뿐 아니라, 장차 산에는 모두 돌이 없어질 것이라고 걱정했다. 그 대안으로 흙으로 만든 인형, 곧 작은 토우土偶를 만들어 사용하면 민폐가 없어질 것이라고 주장했다. 매우 파격적인 제안이다.

산릉의 두 번째 문제는 산릉 구역이 너무 커서 주변 백성들의 땅을 수용하여 산릉에 소속시키기 때문에 장차 경기도의 민전民田이 모두 산릉의 경역으로 편입될 것을 우려했다. 이것도 경기도 백성을 위한 획기적인 제안이었다.

세 번째 문제는 국장을 치를 때 국내외 사신使臣들이 바치는 부의물賻儀物을 왕실재산인 내탕內帑에 넣어 사용하고 있는 것을 비판했다. 임금이 사유재산을 갖기 때문에 왕실생활이 사치와 낭비로 흐르고, 그 폐단이 백성에게 미치고 있다고 지적했다. 그러면서 《주례周禮》를 예로 들어서 왕실 경비를 정부의 총재冢宰가 관리하여 왕실에 필요한 비용을 적당히 조절하여 지급하는 것이 좋다고 했다.

이런 주장은 일찍이 정도전鄭道傳이 《조선경국전朝鮮經國典》에서 《주례周禮》를 본떠서 왕실 사유재산을 없애고 그것을 재상(호조)이 관리하여 지출해야 한다고 주장했던 것과 똑같다. 서경덕은 정도전과 같은 생각을 지니고 있었다.

서경덕이 제기한 위 몇 가지 개혁안은 실제로 백성을 위한 배려에서 나온 것으로 반드시 시행할 만한 의미가 있었지만, 결국 상소문을 올리지 않았기 때문에 세상에 알려지지 않았다. 상소문을 올리지 않은 이유는, 신분이 한미한 사람이 올린 상소문은 정부에서 무시해 버리는 관례 때문이었다. 그러나 그 글이 《문집》에 실려 뒤늦게 세상에 알려지게 되었다. 만약 서경덕을 등용했다면 세교世敎에 도움이 되었을 것이라고 후세인들이 아쉬워한 이유도 여기에 있었다.

(3) 문인 홍인우가 본 서경덕의 경세가 면모

서경덕 문인 가운데 홍인우洪仁祐가 서경덕을 처음 찾아갔을 때 선비의 처신에 관하여 서경덕과 이야기를 나눈 일이 있었다. 그때만 해도 홍인우는 서경덕이 뛰어난 경세가經世家라는 것을 잘 모르고 있었다. 그러다가 서경덕이 세상을 떠나고 그 유고遺稿를 읽고서야 서경덕이 뛰어난 경세가임을 새삼 깨달았다.

서경덕이 52세 되던 해 홍인우는 서경덕을 처음 만나서 다음과 같은 질문을 했다.

선비가 천지 사이에 태어나서 임금을 섬기고 백성을 이롭게 하는 것은 분수에 맞는 일이 아닌가요? 옛 군자君子 가운데 우주宇宙와 강상綱常을 자기의 소임으로 삼은 이가 있었는데, 이것은 도를 얻지 못했거나, 아니면 감히 자기만이 착하다고 생각하여 그렇게 한 것이 아닌가요? 혹은 보배를 품고서도 세상을 등지고 숨어서 사는 이가 있는데, 이것은 옳지 못한 것이 아닌가요?

홍인우는 서경덕이 보배 같은 학문을 품고서도 세상을 등지고 사는 것이 이해가 되지 않아 그런 질문을 던지고 비판한 것이다. 그러자 서경덕이 이렇게 대답했다.

선비의 출처出處는 한 가지가 아니요. 하나는, 자기의 도道가 시행할 만해도 시기가 좋지 않으면 도를 품고서 걱정 없이 사는 사람이 있소. 둘은, 백성이 비록 새로워질 수 있더라도 자기의 덕이 새롭지 못하다고 여겨 스스로 분수를 헤아리고 처신하는 사람이 있소. 셋은, 현명한 임금이 위에 있어서 그 학문을 시험하고자 해도 스스로 산림山林으로 들어가서 자기가 좋아하는 것을 따르는 사람이 있소. 넷은, 자기의 덕이 크게 새로워지지는 않았으나 백성들이 고통받고 있는 것을 앉아서 보고만 있을 수 없어서 할 수 없이 세상에 나가서 행동하는 사람이 있소.

서경덕은 선비의 네 가지 유형을 말했다. 그러나 자신이 그 가운데 어디에 속하는지는 말하지 않았다. 그러자 홍인우가 다시 물었다.

그렇다면 공公께서는 반드시 이들 가운데 하나일 것입니다. 듣고 싶습니다.

하니, 서경덕이 한참 동안 빙그레 웃고 있다가 입을 뗐다.

나는 평생 성현聖賢의 책만 읽었으며, 이 시대가 숭상하는 과거시험을 공부하지 않았고, 두 번이나 벼슬길에 나가지 않았소. 나이는 이미 천명(天命; 50대)을 아는 시기에 이르렀는데 오래도록 성시(城市; 서울)와 떨어져 살았소. 내 뜻이 이미 이곳에 있으니 감히 무엇을 바라겠소. 감히 무엇을 바라겠소.

서경덕의 대답은 앞에서 말한 네 가지 부류 가운데 자신이 세 번째 부류에 속한다고 말한 것이리라. 하지만, 마음속으로는 첫째 부류로 생각했을지도 모른다. 만약 그에게 왕릉을 관리하는 참봉이라는 하찮은 벼슬을 주지 않고 임금과 함께 정사를 논의하는 경연관經筵官이나 삼사三司의 언관직言官職이나 문한직文翰職을 주었다면 조정에 나와서 큰일을 했을 가능성도 없지 않다.

이렇게 첫 만남에서는 홍인우가 서경덕의 경세능력을 잘 모르고 있었으나, 서경덕이 죽고 나서 《화담집》을 읽은 뒤에는 서경덕을 가리켜 '명세지재命世之才'와 '경세지학經世之學'을 지닌 '동방의 호걸'이라고 부르면서 그의 죽음을 애통해했다. 원래 경륜 있는 선비를 존중했던 인종이 세자 때 병풍에 서경덕과 정렴鄭磏의 이름을 써 놓고 뒤에 크게 쓰려고 한 이유가 여기에 있었을 것이다. 서경덕은 세상을 바로잡을 만한 정치경륜을 지닌 인물로 본 것이다.

서경덕의 문인들과 그를 사숙한 후대인들 가운데에는 뛰어난 경세가나 실학자들이 많이 나왔다. 예컨대, 직제자 가운데에는 이지함李之菡, 박순朴淳, 정개청鄭介淸 등이 그렇고, 문인 2세이거나 사숙한 사람들인 한효순韓孝純, 허균許筠, 유몽인柳夢寅, 한백겸韓百謙, 이수광李睟光, 신흠申欽 등이 그런 부류에 속한다.

서경덕 연보(1489-1546)

* 출생: 성종 20(1489) 2월 17일. 개성 동부東部 화정리禾井里에서 출생
(탁타교 부근). 증조는 당성 서씨唐城徐氏 서득부徐得富로 《족보》에는
벼슬이 없는 학생學生이라고도 하고, 주부(主簿; 종6품) 벼슬을 빌었다
고도 하는데, 실직이 아닌 듯하다. 당성 서씨는 남양 서씨南陽徐氏에서
분파된 성씨다. 남양 서씨는 고려시대 송나라에서 귀화한 성씨다.
조부는 서순경徐順卿으로 풍덕(豊德; 지금 판문점 부근)에 살면서 남의
땅을 병작하는 농민이었는데, 정직한 인품을 지녔다고 한다. 《족보》에
는 진용교위(進勇校尉; 정6품), 또는 부사맹(副司猛; 종8품), 또는 부사
용(副司勇; 조9품)의 무산직을 받았다고 하는데, 실직이 아닌 듯하다.
서경덕이 선조 8년(1575)에 우의정에 증직贈職되고, 문강文康이라는 시
호諡號를 받을 때 추증追贈된 듯하다.
부친은 서호번徐好蕃으로 풍덕에서 개성으로 이주하여 처갓집에서 살았
다. 벼슬이 수의부위(修義副尉; 종8품)라고 하나 실직이 아니고 역시 추
증된 벼슬로 보인다.
모친은 청주 한씨 분파인 보안 한씨(保安韓氏; 平山韓氏)로 공자사당(孔
子祠堂; 성균관)에 들어가는 꿈을 꾸고 서경덕을 임신했다. 양반집 후손
으로 보인다. 부친과 모친의 직업은 농사와 양잠이었다.

* 7세-8세(연산군 1-2년; 1495-1496)
봄에 밭에 나가서 종달새의 나는 모습을 보고 지온(地溫; 地氣)이 상승
함에 따라 종달새가 나날이 높이 올라가는 것을 관찰하다.
총명하고 영특하며, 마음이 굳세고 정직하였으며, 어른들의 말을 존경

하고 따르는 예의 바른 아이로 자랐다.

* 8-9세 무렵(연산군 2-3년)

   개성 성균관에 입학하여 기초적인 유학을 배운 듯하다.

* 10세(연산군 4년; 1498)

   무오사화戊午史禍가 일어나다.

* 13세(연산군 7년; 1501)

   이황李滉과 조식曺植이 출생하다.

* 14세(연산군 8년; 1502)

   개성에 마을 사립학교 선생인 경사(經師; 講書者)를 찾아가서 《상서尙
   書》를 배웠다. 〈기삼백朞三百〉에 이르자 스승이 즐겨 가르치지 않고 말
   하기를, "이것은 세상을 통틀어 깨우친 자가 드물다."고 말했다. 서경덕
   이 이상하게 생각하고 물러 나와서 15일 동안 깊이 사색하여 스스로
   깨닫게 되었다. 이로써 글은 생각하여 터득한다는 것을 알게 되었다.

* 16세(연산군 10년; 1504)

   갑자사화甲子士禍가 일어나다.

* 18세(중종 1년; 1506)

   《대학大學》을 읽다가 "사물에 나아가서 지식을 얻는다致知在格物"는 대
   목에 이르자 개연히 기뻐서 말하기를, "학문을 하면서 먼저 사물의 이
   치를 알지 못하면 책을 읽어서 무엇에 쓰겠는가?"라고 말하고서 천지
   만물의 이름을 모두 써서 벽 위에다 붙여놓고 매일 하나씩 사물의 이

치를 깊이 연구하는 것을 일과로 삼았다.

* 19세(중종 2년; 1507)

태안 이씨泰安李氏 선교랑(宣敎郎; 조6품) 이계종李繼從의 딸을 아내로 맞이하다. 태안 이씨는 조선시대 산관算官, 역관譯官 등을 배출한 대표적인 중인 가문의 하나이다. 슬하에 아들 서응기徐應麒를 두다.

* 20세(중종 3년; 1508)

일찍이 말하기를, "나는 20〔成人〕이 되었으니, 문득 두 번 과오를 저지르지 않겠다."고 스스로 다짐했다.

* 21세(중종 4년; 1509)

방안에 꼿꼿하게 앉아 4서6경四書六經과 《성리대전性理大全》 등을 읽으면서 사색을 지나치게 하여 음식을 먹어도 그 맛을 몰랐으며 며칠 동안 잠을 자지 못하기도 했다. 이렇게 3년 동안 지내자 드디어 병을 얻었다. 사색을 하지 않으려고 애썼으나 그렇게 되지 않았다.

* 24세(중종 7년; 1512)

문인 김혜손(金惠孫; 1512~1585)이 고양高陽에서 출생, 문인 이소재履素齋 이중호(李仲虎; 1512-1554) 출생.

* 25세(중종 8년; 1513)

조정의 정치가 잘못되었다는 말을 들으면 문득 얼굴에 근심스런 표정을 짓고 탄식하다. 문인 수암守庵 박지화(朴枝華; 1513-1592) 출생.

* 27세(중종 10년; 1515)

문인 치재恥齋 홍인우(洪仁祐; 1515-1554) 출생, 문인 소재蘇齋 노수신(盧守愼; 1515-1590) 출생.

* 28세(중종 11년; 1516)

개성에 화재가 일어나서 서경덕 집으로 가까이 오자 아버지 서호번이 기도하니 지붕이 날아가 화재를 면하다. 사람들이 누대로 덕을 쌓아 면한 것이라고 말하다. 문인 슬한재瑟僩齋 박민헌(朴民獻; 1516-1586) 출생(고양인).

* 29세(중종 12년; 1517)

문인 토정土亭 이지함(李之菡; 1517-1578) 출생(보령인), 문인 초당草堂 허엽(許曄; 1517-1580) 출생, 문인 이재頤齋 차식(車軾; 1517-1575) 출생(개성인).

* 31세(중종 14년; 1519)

기묘사화己卯士禍. 조광조 일파가 현량과賢良科를 실시하여 120인을 천거. 서경덕이 수석을 차지했으나 사양하다. 문인 행촌杏村 민순(閔純; 1519-1591) 출생(고양인).

* 32세(중종 15년; 1520)

이 무렵 문인 강문우姜文佑 출생(서울인).

* 33세(중종 16년; 1521)

이 무렵 황해도 해주海州 허백당, 강령康翎 촌사, 옹진甕津 향교 등지를 유람하다.

* 34세(중종 17년; 1522)

  문인 최력(崔櫟, 1522~?) 출생.

  4-9월에 건강상 이유로 속리산俗離山, 지리산智異山, 금강산 등지를 유람하다. 기행시紀行詩로 〈유산록遊山錄〉을 짓다. 이 무렵 〈도죽장부桃竹杖賦〉를 짓다.

* 35세(중종 18년; 1523)

  문인 사암思庵 박순(朴淳; 1523-1589) 출생, 문인 고청孤青 서기(徐起; 1523-1591) 출생〔홍주인〕.

* 37세(중종 20년; 1525)

  문인 마희경(馬羲慶; 1525-?) 출생〔개성인〕, 문인 남봉南峯 정지연(鄭芝衍; 1525-1583) 출생.

* 38세(중종 21년; 1526)

  문인 척약재惕若齋 김근공(金謹恭; 1526-1568) 출생.

* 39세(중종 22년; 1527)

  이 무렵 문인 차식車軾과 김혜손金惠孫이 서경덕을 스승으로 삼다.

* 40세(중종 23년; 1528)

  문인 동강東岡 남언경(南彦經; 1528-1594) 출생〔서울인〕.

* 41세(중종 24년; 1529)

  문인 곤재困齋 정개청(鄭介淸; 1529-1590) 출생〔나주인〕.

* 43세(중종 26년; 1531)

   모친의 권유로 사마시에 응시하여 생원이 되다. 성균관에 입학하다. 이
   해 조언수(趙彦秀; 1497-1574)가 서경덕과 함께 급제했다고 기뻐하다.

* 44-46세(중종 27-29년; 1532-1534): 성균관 유학.

* 47세(중종 30년; 1535)

   우계牛溪 성혼(成渾; 1535-1598) 출생(파주인).
   3-10월, 개성 유수 이구령(李龜齡; 1482~1542)과 시우詩友로 사귀다.

* 48세(중종 31년; 1536)

   율곡栗谷 이이(李珥; 1536-1584) 출생.
   문과 응시를 위해 서울에 가서 강원(姜源; 姜文佑 부친) 집에 우거하면서
   나식(羅湜; 1498-1546) 등과 만나 학문을 토론, 허엽許曄이 이를 목도.

* 49세(중종 32년; 1537)

   이 무렵 21세 된 토정 이지함李之菡이 서경덕을 찾아가서 배우다(옆집
   유부녀가 유혹), 허엽이 서경덕의 사관舍館에 찾아가 배움을 요청.

* 50세(중종 33년; 1538)

   2월에 서경덕이 친상親喪을 당하자 개성 유수 송겸宋璡이 정부에 포장
   襃章을 요청했으나 서경덕이 거부하다.

* 52세(중종 35년; 1540)

   2월: 문인 홍인우(洪仁祐; 26세)가 화담정사花潭精舍를 방문하여 배움을
   청하다.

7월 16일: 한성판윤 김안국金安國이 서경덕을 유일로 천거했으나 권신이 반대하다.

8월 6일: 홍인우가 2차 탁타교 부근의 서경덕 본가를 찾아가서 배우다.

8월 9일: 서경덕이 홍인우의 우사寓舍를 방문하여 학문을 토론하다.

8월 12일: 홍인우가 동상東床으로 가서 장재張載의 《정몽正蒙》을 배우고 토론하다. 홍인우가 말하기를, "서경덕의 학문은 처음에는 스스로 낮추고 점차로 고심하고 깊이 사색하여 여러 해 힘을 쏟아 지식이 투철하게 열리고, 이치를 설명하는 것이 정통했다. 특히 《역易》을 잘했다. 기질이 침정沈靜하고 수미粹美했다. 허엽도 또한 그렇게 말했다."

평민 제자 이균李均과 황원손黃元孫이 옷을 기증하자, 시詩를 지어 감사를 표하다. 김혜손, 박민헌, 황원손 등과 함께 금신사金神寺 뒷봉우리에 올라가서 7편의 시를 짓다.

겨울: 박민헌이 서경덕으로부터 《대학》〈혹문或問〉을 배우다. 서경덕이 말하기를, "문자상으로 보이는 의리義理는 모두 옛사람들의 말초에 지나지 않는다. 긴요한 것은 그 밑바닥에 있다."

* 53세(중종 36년; 1541)

4월: 박민헌이 홍인우를 찾아와 말하기를, "서경덕이 그대와 벗을 삼으라고 당부하셨다."

* 54세(중종 37년; 1542)

박순朴淳이 부친 박우朴祐가 개성 유수가 되자 아버지를 따라 개성에 가서 배움을 청하다.

여름: 박민헌에게 '원부元夫'라는 자字를 '이정頤正'으로 바꾸어 주다.

이해: 대관자大觀子 심의沈義가 개성 성균관 교수로 오다.

* 55세(중종 38년; 1543)

허엽許曄이 다시 방문하다. 이때 서경덕이 낙마하여 다리를 다쳤다. 여색을 조심할 것을 당부하면서 격물치지를 다시 강조하다.

* 56세(중종 39년; 1544)

1월에 이찬李澯이 개성 유수로 취임하다.

5월 1일: 성균관 유생들의 천거로 후릉厚陵 참봉(종9품)에 제수되었으나 받지 않다.

5월 5일: 박민헌에게 편지로 후릉 참봉 사양했음을 알리다. 날씨가 더워지기 시작하여 강론이 어렵다고 말하다. 저강(猪江; 猪橋?) 옆에 집을 짓는 일은 박지화朴枝華를 데리고 와서 일을 집행하는 것이 쉬울 것이라고 말하다.

이해 겨울부터 상욕床褥에 계속 있다가 병을 얻다.

신광한申光漢과 시를 주고받다. 신광한은 당시 이조판서 겸 대제학.

이해 심의(70세)가 개성 교수직을 사임하고 서울로 떠나자 〈송시送詩〉와 〈송서送序〉를 써주다.

* 56세(中宗 39년; 1544) 승하, 인종仁宗 즉위.

11월: 중종이 승하하고 인종이 즉위.

박지화에게 편지를 보내 상복제도喪服制度의 잘못을 의론.

박지화에게 편지를 보내 한질寒疾에 걸려 추웠다가 열이 올랐다가 땀을 흘리기를 하루에도 4-5차례 한다. 한 달 동안 밥을 먹지 못했다. 쇠잔한 몸이 허갈하여 오래 가지 않을 듯하다고 호소. 중종대왕 상복제도의 잘못 언급, 다행히 화담에 도착했다고 전하다.

* 57세(인종 1년; 1545)

을사사화乙巳士禍 일어나다.

윤1월 1일 밤: 〈역易을 보다가 우연히 수미음首尾吟을 발견하여 여러 사람들에게 보이다觀易 偶得首尾吟 以示學易輩 諸賢〉

윤1월 5일 밤: 선생의 침질寢疾이 오래되자, 촛불을 밝히고 논문 4편을 초草하다. "성현의 말씀은 이미 선유先儒들 주석이 많다. 다시 덧붙일 말이 필요 없다. 선현이 말하지 않은 것만 저서著書하고자 한다. 내 병이 지금 이와 같으니 전하지 않을 수 없다." 〈원이기原理氣〉, 〈이기理氣〉, 〈태허설太虛說〉, 〈귀신사생론鬼神死生論〉 등 4편을 초草하다.

3월: 상복제喪服制에 유생들이 흰 의관衣冠을 3년 동안 입는 것에 불만, 고례古禮를 따라 자최齊衰 3개월을 주장하는 상소문 집필했으나 올리지 않음.

6월 16일: 박민헌에게 편지 보내다. "더위와 습기 때문에 몸이 쇠약해졌다. 서늘한 가을에 화담에 갈 생각이나 우객寓客이 머물 곳이 없다. 내 아우는 집을 따로 지을 능력이 없고, 모아 놓은 재목도 모두 쓸모가 없어서 따로 집을 짓는 것은 불가능하다."

7월 1일: 인종 승하—명종 즉위.

세상에 전하기를, 인종이 서경덕과 정렴鄭磏을 높은 벼슬에 등용하려고 그 이름을 병풍 사이에 써놓고 있었다고 하다.

* 58세(명종 1년; 1546)

7월 7일: 화담서재에서 타계하다. 56세 겨울부터 계속 책상과 자리에 있다가 이해 7월 7일에 병이 깊어졌다. 시중드는 사람의 부축을 받아 연못 위로 가서 몸을 씻고 돌아와 얼마 뒤에 죽었다. 임종할 때 어느 문생이 "선생 오늘 마음이 어떠십니까?" 하고 물으니, "죽고 사는 이치를 이미 안 지 오래다. 생각이 편안하다."

7월 11일: 홍인우가 서경덕의 부음을 듣고 탄식하다. 경자년에 두 차례나 문하에 들어갔으나 어찌 평생의 원을 풀었겠는가? 외람되이 두 번이나 가르침의 열에 들어가서 흐릿한 생각을 깨우치고, 정성이 독실하지 못하고, 입지立志가 확실하지 못하고, 마침내 엄벙덤벙했다. 지금도 옛날과 똑같은 보잘것없는 사람이 되었다. 내 죄가 어찌 크지 않은가? 하늘이 동인東人을 돕지 않음이 어찌 이와 같은가? 오호 슬프도다.

8월에 화담 뒤 언덕에 장례하다.

박민헌이 〈신도비명〉을 쓰다.

이해 아우 서형덕徐馨德이 사마시에 급제하다.

이해 유희경劉希慶이 출생하다.

* 명종 7년(1552)

8월 9일: 박순이 홍인우를 찾아와 서경덕의 〈이기설〉 등을 놓고 토론했는데, "그분의 소견은 보통사람들이 미칠 바가 아니고, 기질은 아름답고 논의는 쾌활하다."

8월 14일; 박순이 홍인우를 찾아와서 장재張載의 〈태화편太和篇〉을 토론했다. 화담의 소견이 모두 여기에서 나왔다는 것을 알았다.

10월 3일: 홍인우가 사람을 박민헌에게 보내 《화담유고》를 가져오게 하여 읽어 보고 더욱 그의 '명세지재命世之才'와 '경세지학經世之學'에 감탄하다.

홍인우가 퇴계에게 답장을 쓰다. "화담은 우리 동방의 '호걸지재豪傑之才'로서 도덕이 얼마나 깊고 얕은가는 쉽게 논하기 어려우나 참으로 도를 아는 사람이다. 어찌 그를 작게 여길 것인가?"

퇴계는 말하다. "〈황극경세서수해〉는 서처사徐處士 화담군花潭君이 쓴 것인데, 이 사람이 《석의釋義》 등의 책을 보지 못한 것 같다. 그러나 스스로 궁리하여 여기에 이른 것은 하나의 기이한 일이다. 다만 소옹邵雍이 말한 본수本數와 맞는지는 모르겠다."

* 명종 21년(1566)

  윤근수尹根壽가 사신으로 갔는데, 중국 국자학정 육광조陸光祖가 묻기를
  "그대 나라에도 공맹孔孟의 심법心法과 기자箕子의 수해數解를 잘 아는
  자가 있는가?"고 물으니 윤근수가 김굉필과 조광조, 서경덕을 말하고,
  특히 서경덕은 수학에 매우 밝다고 말하다.

* 선조 초에 명나라 조사詔使가 와서 묻기를, "동방에도 공맹孔孟의 심학
  心學을 아는 자가 있느냐?"고 묻자, 이황이 답하기를, 서경덕, 김굉필,
  정여창, 조광조. 김안국, 유희춘, 기대승을 들다.

* 선조 8년(1575)

  5월 11일: 서경덕에게 우의정右議政을 추증하고, 문강文康이라는 시호를
  내리다.

* 제1차 《화담집》: 선조 34년(1601)

  늦여름에 문인 박민헌(朴民獻; 동인)과 허엽(許曄; 동인)이 서경덕의 시
  문詩文을 수집하여 그 아들 서응기徐應麒에게 준 것을 민순閔純의 문인
  윤효선尹孝先이 받아서 동지同志 민유청閔惟清에게 필사시켜 1책 2권의
  《화담집》을 만들었다. 이를 《만력신축본萬曆辛丑本》으로도 부른다.

* 제2차 《화담집》; 선조 38년(1605)

  늦가을에 민순閔純 제자 홍이상洪履祥의 아들 은산현감 홍방이 사우士友
  들로부터 유고를 수집하고 돈을 모아 다시 간행하다. 이를 《만력을사본
  萬曆乙巳本》으로도 부르다.

* 광해군 1년(1609)

  민순 문인 홍이상洪履祥과 개성 선비들이 주동하여 화담에 서경덕을 추

모하는 화곡서원花谷書院을 세우다. 여기에 문인 박순朴淳, 허엽許曄, 민순閔純 등 세 사람의 위패를 함께 봉안했다. 사현사四賢祠로도 불린다.

* 인조 13년(1635)
정부에서 화곡서원에 사액賜額을 내리다.

* 제3차 《화담집》; 영조 28년(1752)
11월. 안동 김씨 김창즙(金昌緝, 1662~1713)의 아들 김용겸(金用謙; 1702–1789)이 영조 11년(1735)에 개성 화담에 가서 참배하고 돌아온 뒤 《화담집》의 편차가 산만하고 판본도 매우 흐려 글자가 잘 보이지 않아, 다시 판각하다.

상수象數에 치우쳤다 하여 선비들이 순유醇儒로 보지 않는 것을 애석하게 여기고 의양依樣하는 사람이 미치지 못하는 점이 있다고 했다. 세상의 고루한 선비들이 어찌 선생의 문지방이나 엿볼 수 있겠는가. 이를 《건륭임신본乾隆壬申本》으로도 부른다.

김창즙의 형 김창협金昌協은 서경덕 문인 촌은 유희경劉希慶의 문집 《촌은집》 서문을 써 주고, 그 아우 김창흡金昌翕은 유희경의 묘표墓表를 써 주었다. 김창집 손자 미호渼湖 김원행金元行은 호락논쟁 때 '인물성동론人物性同論'을 주장했는데, 이는 서경덕의 주기철학과 관련이 깊다. 이로써 안동 김문의 가학이 서경덕의 영향을 크게 받은 것을 알 수 있다.

* 제4차 《화담집》; 영조 46년(1770)
7월 그믐. 제3차 《화담집》에서 〈연보年譜〉, 〈유사遺事〉, 〈문인록文人錄〉 등이 빠진 것을 보완하여 개성 유생 한명상韓命相과 마지광(馬之光; 1726–?) 등이 영조 46년(1770)에 중간했다. 이를 《건륭경인본乾隆庚寅本》으로도 부른다. 이때 개성 유생들은 개성 유수를 지낸 노론 탕평파

원인손(元仁孫; 1721-1774; 元景夏의 아들)의 서문과 노론 낙론파 윤득관(尹得觀; 윤근수 후손; 1710-1773 이후), 그리고 남인 채제공蔡濟恭 친척으로 개성 유수 보좌관을 지낸 채위하(蔡緯夏; 1720~1791)의 발문을 받아 수록했다.

* 제5차 《화담집》; 정조 10년(1786)

늦여름. 앞서 한명상과 더불어 제4차 《화담집》을 간행했던 마지광이 다시 개성 성균관 교관 조유선(趙有善; 1731-1809)과 힘을 합쳐 정조 10년(1786)에 다시 간행하면서 당시 개성 유수로 와 있던 소론 윤숙(尹塾; 1734-1797)의 서문을 받아 수록했다. 이를 《건륭병오본乾隆丙午本》으로도 부른다. 지금 이 책은 한국학중앙연구원에 소장되어 있다.

윤숙은 영조 때 사도세자思悼世子가 나경언羅景彦의 고변으로 추국을 받게 되자 세자를 적극 변호하다가 미움을 받아 강진으로 유배당했다가 정조 때 다시 등용되어 병조판서에 이르렀다.

윤숙은 개성에 있는 《화담집》 판본이 편차가 순서를 잃었고, 자행字行도 정밀하지 못하고 세월이 오래되어 알아보기 힘들고 유실된 것도 있어서 새로 판각할 것을 깊이 생각했다. 마침 김용겸이 편찬한 1부를 얻어와서 보았더니 편차가 바르고, 범례가 매우 좋아 마침내 고을의 여러 선비들과 판각을 의논하고, 후현들의 상론尙論을 모아 〈유사遺事〉 속에 첨부했다.

* 고종 8년(1871)

대원군이 서원을 철폐할 때 노론의 추앙을 받은 화곡서원도 철폐되었다.

제2편

문인 및 시우 열전

1. 화담 문인 및 시우들 명단

서경덕에게 직접 학문을 배운 문인은 《화담집》에 보이는 인물이 25인이고, 《화담집》에는 보이지 않으나, 다른 기록에 보이는 문인들이 있다. 그 밖에 서경덕과 나이가 비슷하여 문인으로 보기는 어려우나 시를 주고받으면서 사귄 시우들이 있다. 그 명단은 다음과 같다.

1) 《화담집》에 보이는 문인

(1) 개성 출신 문인(6인): 죽계竹溪 마희경(馬羲慶, 평민), 이재頤齋 차식車軾 이균(李均; 평민), 황원손(黃元孫; 평민), 김한걸(金漢傑; 평민), 최자양(崔自陽; 평민)

(2) 개성 이외 지역 문인(19명): 행촌杏村 민순(閔純; 고양), 사암思庵 박순(朴淳; 서울), 초당草堂 허엽(許曄: 서울), 슬한재瑟僩齋 박민헌(朴民獻; 안산), 박여헌(朴黎獻; 안산), 토정土亭 이지함(李之菡; 서울), 치재恥齋 홍인우(洪仁祐; 서울), 수암守庵 박지화(朴枝華; 서울, 서얼), 연방蓮坊 이구(李球; 서울, 서얼), 강문우(姜文佑; 서울, 서얼), 이소재履素齋 이중호(李仲虎; 서울, 서얼), 척암惕庵 김근공(金謹恭; 서울, 서얼), 동강東岡 남언경(南彦經; 서울), 최력(崔櫟, 서울?), 김혜손(金惠孫, 고양), 신역(溪申; 서울), 남봉南峯 정지연(鄭芝衍; 서울), 사재思齋 장가순(張可順, 황해도), 윤담수(尹聃壽; 서울)

위 문인들을 출신 지역별로 보면 개성인이 6인인데, 대부분 평민이거나 몰락한 양반 후손이다. 개성 이외 지역 문인은 22명으로 대부분 서울 사람들이고, 양반 자제가 많으나 서얼 출신이 5명이나 된다.

2) 《화담집》에 보이지 않는 문인(6인)

《화담집》에 정식으로 들어가 있지 않은 문인은 다음과 같다.

(1) 소재穌齋 노수신盧守愼: 서울, 양반
(2) 관물재觀物齋 민기閔箕: 고양, 양반
(3) 운곡雲谷 우남양禹南陽: 평택, 양반
(4) 아계丫溪 고경허高景虛: 제주도, 양반
(5) 곤재困齋 정개청鄭介淸: 나주인, 한미(향리?)
(6) 고청孤靑 서기徐起: 홍주인, 비천

위 6인 가운데, 노수신, 민기, 우남양은 문인으로 올라 있지는 않으나 세주細註 형식으로 문인으로 기록했다. 고경허는 《명종실록》에만 서경덕의 제자로 기록되어 있고, 나머지 정개청과 서기는 신분이 매우 한미한 사람들로서, 곤재는 지리산에서 수많은 후학을 가르치고, 서기는 계룡산에서 후학을 양성하여 명성을 떨쳤다.

3) 서경덕 시우詩友

(1) 육봉六峰 박우朴祐: 서울, 개성 유수, 박순朴淳 부친

(2) 수곡守谷 이찬李澯: 서울, 개성 유수

(3) 대관재大觀齋 심의沈義: 서울, 개성 교수, 심정沈貞 아우

(4) 모재慕齋 김안국金安國: 서울, 김정국金正國 형

(5) 보진암葆眞庵 조욱趙昱: 양평

(6) 기재企齋 신광한申光漢: 서울, 신역溰申   부친

위 6인의 시우들 가운데 박우朴祐와 이찬李澯은 개성 유수開城留守로 와 있을 때 사귄 시우인데, 박우는 아들 박순朴淳을 서경덕 문인으로 만들었다. 심의沈義는 개성 성균관 교수敎授로 와 있을 때 사귄 시우이고, 김안국金安國, 조욱趙昱, 신광한申光漢은 서로 떨어져 있으면서 지기志氣가 서로 통하여 시우가 되었다. 특히 신광한은 아들 신역을 서경덕 문인으로 들여보냈다.

2. 《문인록》에 보이는 문인 열전

I) 행촌杏村 민순閔純

민순(閔純; 1519-1591)은 본관이 여흥驪興으로, 출생지는 고양군 행주幸州이다. 아악을 지휘하던 협율랑(協律郎; 정7품)에서 출세하여 세종 때 호조참판(종2품)을 지낸 민심언閔審言의 고손자로서, 증조 민담원閔淡源은 부사과(副司果; 종6품)의 무관직을, 할아버지 민량閔樑은 중종 때 문과를 거쳐 성균관 전적과 사헌부 감찰(정6품)을 지냈으며, 아버지 민학수閔鶴壽는 벼슬이 없었다.

민순의 아호는 고향 마을 이름을 딴 행촌杏村이다. 어려서는 신숙주의 손자로서 기묘명현己卯名賢의 한 사람이자 서경덕의 시우인 신광한(申光漢; 1484-1555)에게, 장성한 뒤에는 서경덕에게 직접 배웠다. 신광한은 아들 신역을 서경덕 문하로 들여보내고 사위까지도 그와 교유하게 했으므로 민순이 서경덕 문인이 된 것도 신광한의 영향을 받은 듯하다.[1] 서경덕으로부터 주정(主靜; 靜을 중요시함)의 가르침을 듣고, 서재를 습정習靜으로 삼았다.

학문에만 전심하다가 50세 되던 선조 1년(1568)에 유일遺逸로 천거되어 토산현감으로 나갔다가 곧 벼슬을 버리고 고향 고양으로 돌아가서 학문에 전심했다. 선조 7년(1574)에 사헌부 지평(持平; 정5품)에 임명되었는데, 이해 명종비 심씨가 서거하자 임금에게 3년 동안 흰 의관衣冠을 입고 정사를 보아야 한다고 건의하여 받아들여졌으나, 이를 반대하는 신하들이 많자 선조 8년(1575)에 관직을 그만두고 고양으로 다시 내려와 후학을 가르쳤다.

이이李珥는 그를 경연관으로 다시 불러들이자고 임금에게 건의하기도 했으나 이루어지지 않았다. 58세 되던 선조 9년(1576)에 용강현령(종5품) 벼슬을 받았으나 은퇴하여 후학을 기르다가 선조 24년(1591)에 향년 73세로 세상을 떠났다.

그의 문하에서 만전당晩全堂 홍가신(洪可臣; 1541-1615),[2] 구암久庵 한

---

1 신광한이 서경덕과 교유한 것이 중종 39년(1544)이므로 이 무렵에 민순이 서경덕 문인이 되었다면 26세 때 일이다.

2 홍가신은 진사가 되었다가 선조 4년(1571)에 학행으로 천거되어 참봉을 받았다가 능력이 인정되어 군수와 부사가 되었는데, 정여립사건으로 한때 파직되었다가 다시 풀려나 임진왜란이 일어났을 때 파주와 충주목사를 지냈다. 왜란 때 의병을 일으키기도 하고, 1596년에는 이몽학의 난을 진압하는 데도 참여했다. 광해군 때에는 벼슬이 형조판서에까지 이르렀다가 아산에서 죽었다. 문집으로 《만전집晩全集》이 있고, 《만전만록晩全漫錄》이 있다. 제자백가에 두루 밝았다고 한다.

백겸(韓百謙; 1552-1615),[3] 홍치상(洪致祥; 1551-?)[4], 기천沂川 윤효선(尹孝先; 초명 윤효전尹孝全, 1563-1619), 동암東巖 이발(李潑; 1544-1589),[5] 우복룡(禹伏龍, 1547~1613)[6] 등 쟁쟁한 학자들이 배출되었다. 특히 한백겸은 근경 남인 실학 선구자이다. 또 윤효선은 그 아버지 윤희손尹喜孫이 서경덕 문인 이중호李仲虎에게 학문을 배워 부자가 모두 서경덕 문인의 제자가 되었다. 윤효선의 아들은 바로 남인의 거두가 되어 송시열과 복상논쟁을 벌인 백호白湖 윤휴(尹鑴; 1617-1680)이다. 윤휴는 12세에 소옹의 《황극경세서》를 탐독한 인물로 서경덕 학풍의 영향을 크게 받았다.

민순은 죽은 뒤에 서경덕을 모신 개성의 화곡서원花谷書院에 박순, 허엽과 함께 배향되었으며, 고양의 문봉서원에도 배향되었다. 문집으로 《행촌집杏村集》이 있다. 서경덕 문인 가운데 그의 학풍을 누구보다도 열심히 전파한 인물이다.

---

3 한백겸은 군수 한여필韓汝弼의 손자이고, 판관 한효윤韓孝胤의 아들로서, 인조의 장인 한준겸韓浚謙의 형이기도 하다. 역학易學에 밝아 선조때 왕명으로 숙부 한효순韓孝純과 함께 《주역》을 교정하고, 유명한 《동국지리지東國地理志》를 편찬하여 실학의 선구자로 평가되고 있다. 한효순은 무기에 관한 《신기비결神器秘訣》과 진법에 관한 《진설陣說》을 저술했다.

4 홍치상은 진사를 거쳐 선조 때 학행으로 천거되어 벼슬이 어사, 부사를 거쳐 봉상시정, 성균관 전적 등을 역임했는데, 행정능력이 부족하다는 평을 받았다.

5 이발은 본관이 광산光山으로 나주 출신이다. 제학 이중호仲虎의 아들. 선조 6년에 문과에 장원급제하여 홍문관 부제학, 대사간 등 청요직을 지내면서 동인의 영수가 되었다. 이이가 병조판서를 할 때 병권을 남용했다고 공격하다가 귀양을 다녀오고 선조 22년 정여립사건에 연루되어 고문을 받다가 죽었다. 왕도정치를 추구하는 이상주의자였으나, 서인과는 사이가 좋지 않았다.

6 우복룡은 아호가 구암懼庵 또는 동계東溪로 진사를 거쳐 천거되어 선조 때 현령을 거쳐 왜란 때 안동부사에 올랐으며, 강화유수와 목사 등을 역임했다가 광해군 때 세상을 떠났다.

2) 사암思庵 박순朴淳

(1) 서경덕 문하에서 공부하다

박순(朴淳; 1523-1589)은 본관이 충주忠州이다.《충주박씨족보》를 보면 중조 박소朴蘇는 조선 초기에 군사(郡事; 정3품)를 지냈고, 조부 박지흥朴智興은 진사에 머물러 벼슬을 하시 못했으나, 아버지 박우(朴祐; 1476-1547) 때부터 문과를 거쳐 개성 유수(종2품)에 올랐다.

조상은 본래 충주에 세거世居하다가 조부 박지흥이 처향妻鄕인 광주光州로 이거하고, 또 아버지 박우(朴祐; 1476-1547)가 나주羅州로 이사하여 그곳에서 출생하여 호남사림이 되었다. 호는 젊었을 때는 청하자靑霞子로 부르다가 뒤에는 사암思庵으로 바꾸었다. 기묘명현의 한 사람이자 시인으로 명성을 떨치고 목사를 지냈으며,《동국사략東國史略》을 지은 눌재訥齋 박상(朴祥; 1474-1530)은 숙부이다.

6세에 모친상을 당하고 서모庶母 손에서 자랐다. 아버지 박우가 중종 37년(1542)에 개성 유수를 할 때 따라가서 아버지 권유로 서경덕에게 가서 배웠다. 당시 박순은 20세요, 서경덕은 54세였는데, 박순은 18세에 이미 진사가 되어 있었다.

차천로車天輅의 《오산설림五山說林》을 보면, 개성 유수로 있던 박우가 어느 날 서경덕을 집으로 초대하여 음식을 접대하고 박순에게 선생과 토론을 권하고는 창밖에서 듣다가 자신도 모르게 마음이 취해 버렸다고 한다. 그래서 서경덕이 돌아갈 때에는 항상 문밖까지 나와서 송별하면서 "참으로 신선이다."라고 칭송했다고 한다.

(2) 명종대 권신과 갈등

박순은 31세 되던 명종 8년(1553) 문과에 장원급제하여 청현직을 두루 역임하다가 39세 되던 명종 16년(1561) 5월에 문정왕후 아우이자 권신이던 윤원형尹元衡에게 직언하다가 미움을 받아 홍문관 부응교(종4품)에서 쫓겨나 나주 옛집으로 귀향했다. 여기서 4세 연하인 고봉高峰 기대승(奇大升; 1527-1572)과 서로 절친하게 지내면서 학문을 논했다.

당시 기대승은 막 문과에 급제한 뒤였으나 권신들의 미움을 받아 역시 나주로 낙향하고 있었으며, 퇴계 이황과 더불어 사단칠정四端七情을 둘러싸고 약 10년 동안 벌였던 치열한 논쟁을 막 시작했던 때이다. 주리설을 강조하는 이황에 맞서 기대승은 주기설을 내세워 논쟁을 벌였는데, 이는 서경덕의 주기설을 계승한 박순의 영향도 없지 않은 듯하다.

박순은 명종 16년(1561) 12월에 복직되어 한산군수(韓山郡守; 종4품)로 나갔는데, 인근 학자들이 모여들어 학문을 강론했다. 한산은 바로 서경덕 문인 이지함李之菡의 고향으로 두 사람 사이는 매우 각별했는데, 선조 때 이지함은 박순이 조정에 있으면 나라가 위태롭지 않을 것이란 말도 했다. 박순은 이지함보다 6년 연하였다.

41세 되던 명종 18년(1563)에 임기를 마치고 서울로 돌아와 홍문관 제학과 승지, 성균관 대사성, 사간원 대사간 등의 요직을 받았다.

43세 되던 해 명종 20년(1565)에 문정왕후가 세상을 떠나자 사간원 대사간(정3품)으로 있으면서 문정왕후 동생 윤원형과 요승 보우普雨 등의 죄를 논하여 내쫓았다. 권신 윤원형이 몰락하자, 박순은 재야에서 명성을 떨치고 있던 퇴계 이황李滉, 남명 조식曺植, 기대승奇大升, 성운成運 등을 조정에 불러들이는 노력을 펼쳤다.

(3) 선조 때 벼슬; 서인으로 영의정에 오르다

45세 되던 해 명종이 세상을 떠나고 선조가 즉위하여 선비들을 우대하자 승승장구하여 벼슬이 대사헌(정2품)과 홍문관과 예문관의 대제학(정2품)에 올랐다.

그 뒤 이조판서를 거쳐 선조 5년(1572) 50세로 우의정에 올랐는데, 이해 8월에 명나라 신종(神宗; 萬曆帝)이 황제에 오르자 진하사進賀使로 북경에 다녀왔다. 그때까지 외국 사신이 황제를 만나기 위해 황궁에 들어갈 때에는 정문으로 들어가지 못하고 협문夾門으로 들어가는 것이 관행이었는데, 박순이 항의하여 이를 깨고 처음으로 정문으로 들어갔다. 다음 해 2월에 귀국하자 좌의정에 임명되었다.

53세 되던 선조 8년(1575)에는 역시 서경덕 문하에서 함께 배운 대사간 허엽許曄 등과 힘을 합하여 스승인 서경덕에게 우의정을 증직하고, 뒤이어 문강文康이라는 시호를 내리도록 힘썼다.

그런데 바로 이 무렵부터 사림이 서인西人과 동인東人으로 갈라졌는데 박순은 심의겸沈義謙 및 율곡 이이(李珥; 1536-1584)와 가깝다는 이유로 서인으로 지목되었고, 허엽은 동인의 영수가 되었다.[7] 박순은 13세 연하인 율곡과 호흡을 맞추면서 동인 영수로서 밀려났던 김효원(金孝元; 1532-1590)을 다시 등용하도록 힘쓰기도 했다. 동인과 서인을 조제보합調劑保合하는 포용적인 태도를 취했다.

그런데 이 무렵 박순과 허엽 사이를 불편하게 만든 사건이 일어났다. 황해도 재령載寧에서 어느 노비가 주인을 죽인 사건이 일어났는데, 당시

---

7 동서분당 당시 동인의 중심인물은 김효원이지만, 김효원은 나이가 44세로 허엽보다 15세나 연하여서 권위가 부족하여 허엽이 동인의 지도자가 되었다.

위관委官을 맡았던 좌의정 박순이 검시관을 시켜 살인의 증거를 찾았으나 증거를 찾지 못하자 무죄로 처리하여 노비를 석방했다. 그러자 죽은 주인과 절친했던 대사간 허엽許曄이 동인 김효원과 더불어 박순을 공격하여 두 사람 사이가 벌어졌다. 서경덕의 수제자 두 사람이 서인과 동인으로 갈라서는 불행한 일이 일어난 것이다.

박순은 다시 선조 12년(1579)에 57세로 영의정에 올라 10년 동안 재임하다가 선조 22년에 세상을 떠났다. 선조 14년 무렵 율곡 이이와 우계 성혼成渾 등 깨끗한 선비들이 정계에 진출하자 그들과 손잡고 공안貢案을 개혁하고, 주현州縣을 병합하고, 또 이이가 경제사經濟司를 세워 경장更張을 실행하는 기구로 만들자는 주장을 따르는 등 여러 개혁안을 건의했으나 선조의 허락을 받지 못했다.

선조 16년(1583)에 율곡이 병조판서를 맡았을 때 여진 니탕개尼湯介의 침략을 막고자 임금의 허락도 받지 않고 군마를 바치는 자의 병역을 면제하는 비상조치를 취하자, 도승지 박근원朴謹元을 비롯하여 송응개宋應漑, 허봉許篈 등 동인 과격파들이 들고 일어나 율곡을 나라와 임금을 무시한 '무국무군無國無君'의 죄를 지었다고 맹렬히 비판하고 나섰다. 허봉은 바로 허엽의 아들이었으므로 허씨 집안과 서인의 사이가 나빠졌다.

그러나 이이는 임금으로부터 전권을 위임받았기 때문에 큰 죄를 진 것은 아니었다. 임금은 율곡을 공격한 동인들을 삼간三奸으로 지목하여 멀리 귀양보냈는데, 허봉도 함경도로 귀양갔다가 돌아온 지 몇 년 뒤 세상을 떠났다. 허봉의 동생이 바로 허난설헌許蘭雪軒과 허균許筠이다.

이이는 이 일로 책임을 지고 물러났다가 이듬해 선조 17년(1584)에 향년 49세로 세상을 떠났는데, 그 뒤로 서인세력이 급속히 약화되었다. 박순은 율곡을 적극 구원하고 변호하는 일에 애쓰다가 율곡이 세상을 떠나고 동인들이 득세하자, 선조 19년(1586)에 벼슬을 버리고 경기도 영평현 백운산白雲山으로 은퇴하여 이양정二養亭[8]이라는 정자를 짓고 산수를 즐기면서 살다가 선조 22년(1589)에 그곳에서 향년 67세로 세상을 떠났다. 인조 때 문충文忠이라는 시호를 받고, 화담서원에 배향되고, 광주光州와 영평 등지에 그를 기리는 서원이 세워졌다.

(4) 박순의 사상; 개혁사상과 이기설

박순은 학문적으로 서경덕의 주기설主氣說과 이기일원론理氣一元論을 따르고, 《주역周易》에 심취했다. 또 서경덕의 애민정신도 계승하여 애국 애민을 위한 개혁에도 적극성을 보였다. 명종 때에는 이를 위해 권신들과 싸웠으나 실효를 보지 못했다. 선조 때에 들어와서는 권신들이 모두 물러나 희망을 가지고 개혁을 이루고자 13세 연하인 율곡 이이와 호흡을 맞추어 개혁에 앞장섰다.

이이는 당시의 시대상황을 중쇠기中衰期로 보고, 시급히 명의名醫를 불러 병을 고치거나, 뛰어난 목수를 불러 수리하지 않으면 곧 죽게 될 사람과, 무너지기 직전의 집에 비유했다. 그리하여 임시 개혁기구로서 경제사經濟司를 세우고 공법貢法 시정, 내수사內需司 폐지, 서얼허통, 국방강화 등 변법경장變法更張을 적극적으로 임금에게 촉구하자, 박순은 이이의 개혁을 적극 후원했다.

그러나 선조는 조종의 법을 함부로 고칠 수 없으며, 개혁은 반드시 부작용을 가져온다면서 반대했다. 박순은 임금의 개혁 반대에 또 한 번 좌절감을 느꼈다. 이이도 마찬가지였다. 여기에 당쟁까지 겹쳐 결국 왜란의 참화를 입었으나, 그전에 둘 다 세상을 떠나 참화를 직접 겪지는

---

8 이양정二養亭은 덕德과 체體를 함께 기른다는 뜻을 담은 정자이다.

않았다.

박순은 이이와 개혁에는 호흡이 맞았으나, 이기설理氣說에는 견해를 달리하여 몇 차례 편지를 주고받으면서 논의했다. 그 시기는 선조 8년 (1575)이었다. 이때 박순과 이이가 이기설을 가지고 토론한 것은 서경덕의 증직贈職을 둘러싸고 조정에서 가부가 논의되고 있을 때, 이이가 서경덕의 학문이 독창성은 있지만 이치에 맞는지는 잘 모르겠다고 말했기 때문에 박순이 서경덕의 학문이 높다는 것을 설명하기 위해 편지를 보낸 것으로 보인다.

그래서 박순은 지금까지 유교경전은 주로 천지가 탄생한 이후의 후천後天만 태극太極이나 음양陰陽으로 설명할 뿐, 천지가 탄생하기 이전의 선천先天에 대한 설명이 미흡한 것을 지적하면서, 서경덕이 장재張載나 소옹邵雍이 밝히지 못한 것을 더욱 발전시켜 매우 고명高明한 이론으로 만들었다고 주장했다. 이런 이론은 바로 서경덕에게서 배운 것이다.

박순에 따르면, 선천은 태기太氣가 조용하고 텅 비어 있으며, 끝도 없으며 바깥도 없고, 만질 수도 없고, 볼 수도 없다. 다시 말해 공허하고 광막하고 형체가 없는 거대한 기가 우주에 꽉 차 있다는 것이다. 기氣는 '물질'인 동시에 '에너지'를 가리킨다. 다만 그 기는 눈으로는 잘 보이지 않는 실체이다. 요즘 말로 하자면 극히 미세한 미립자微粒子를 기로 본 것이다.

박순은, 그 기는 음陰이며, 태극(太極=理)은 그 태기太氣 가운데 있다고 했다. 태극이 움직이면 양陽이 생기고, 조용하면 음陰이 생긴다. 음양이 생기면 천지가 갈라지고, 만물이 생기고, 네 계절이 운행한다. 태극이 움직이지 않으면 이理도 조용하고 광막하다. 태극이 홀로 음양을 만들 수는 없다. 이理와 기氣는 본래 선후先後가 없고, 본래 하나이다. 그런데 경전經傳에는 선천에 대한 말이 없고, 그저 태극이 양의(兩儀; 음양)를 낳았다고만 할 뿐 충분한 설명이 없다고 했다.

박순의 편지에 대하여 이이가 보낸 답서의 내용을 요약하면 다음과 같다.

천지가 생기기 이전의 선천先天을 태기太氣로 보고, 태기가 음陰이고 음이 양을 포함하고 있다는 것은 맞지만, 음도 이미 상象을 가지고 있으므로 조용하고 광막하다고 말하는 것은 잘못이다. 조용하고 광막한 것은 태극을 말하는 것이지 음양을 말하는 것이 아니다.

또 천지는 하나가 아니라 무궁하게 생겼다가 없어지는 것인데, 음이 양을 포함하고 있다는 것은 앞의 천지가 소멸된 뒤에 남아 있는 음陰을 말하는 것이다. 따라서 천지가 무수히 변한다고 가정하면 음이 양을 포함하고 있다는 말은 우주의 본원을 설명하는 데는 맞지 않을 수도 있다.

장재張載와 서경덕은 한쪽에만 치우쳐 음양과 태극이 동시에 있었다는 것을 모르고 있다. 다시 말해 음기陰氣를 음양陰陽의 근원으로 삼는 것은, 그 음陰이 옛날 양陽의 뒤인 줄을 모르고 하는 말이다. 비유하자면, 금년 봄은 작년 겨울로 근원을 삼을 줄만 알고, 지난해 겨울은 그 전해의 봄에서 시작된 것을 모르고 하는 말과 같다. 이이의 지적은, 우주가 무한히 춘하추동을 반복하면서 변한다는 전제 아래 우주의 원리를 보아야 한다는 뜻이다.

박순과 이이의 논쟁은 그 이상 이어지지 않았는데, 아마도 박순이 더는 반박하지 않은 것으로 보인다. 박순은 평생 관료생활을 지속해 왔을 뿐 학문에 침잠할 시간이 없었으므로 학문생활을 오랫동안 이어온 이이를 상대하기가 쉽지 않았을 것이다.

****

여기서 잠시 이기설의 전개과정을 살펴보면 다음과 같다.

원래 이기설은 송대 성리학자들이 먼저 주장한 것이다. 북송대의 장재張載는 형이하形而下의 형태를 가진 기氣를 강조하는 주기설主氣說을 가지고 우주의 원리를 설명하고, 소옹邵雍이 다시 기氣의 운동법칙을 수數를 가지고 설명한 바 있었는데, 이 이론은 도교道敎의 영향이 컸다. 그러다가 남송의 주자朱子가 나와 불교에서 말하는 형이상形而上의 형태가 없는 이理를 끌어들이고 여기에 도교에서 말하는 기氣를 합쳐서 이기설理氣說이 성립된 것이다.

그러나 주자의 이기설은 눈에 보이지 않는 형이상形而上의 이理를 순수지선純粹至善하고, 움직임이 없는 것으로 해석하고, 형상을 가진 형이하形而下의 기氣는 청탁淸濁과 선악善惡 등이 합쳐지고 움직이는 것으로 해석했다. 그래서 도덕적으로 이理가 기氣보다 우위에 있다고 여겼다.

주자의 이론은 두 가지 약점이 있었다. 이와 기의 차이점은 말했으나 둘의 상호관계는 깊이 있게 말하지 않았으며, 또 인간의 정신과 마음을 어떻게 해석할 것인지도 깊이 있게 말하지 않았다. 주자 이론의 이런 약점을 극복하여 이기론을 심성론心性論으로 깊이 파고 들어간 것이 조선의 성리학이었다.

먼저 중종 때 서경덕이 가장 먼저 장재와 소옹의 영향을 받아 주기설을 내세우고, 기氣가 곧 이理라고 말하여 이와 기가 둘이 아니라고 했다. 즉 이기일체론理氣─體論을 주장했다. 그러자 이황(李滉; 1501-1570)이 서경덕을 공박하고 나서서 이와 기는 서로 다른 것이라고 하면서 사단(四端; 인의예지)과 도심道心은 이理에서 나오고, 칠정七情과 인심人心은 기氣에서 나오는데 선善한 것도 있고 악惡한 것도 있다고 주장했다.

이황의 학설이 나오자 이번에는 호남의 기대승(奇大升; 1527-1572)이 이의를 제기했다. 이황의 주장을 따르면, 이理에서 발하는 선善과 기氣에서 발하는 선善이 두 가지가 있는데, 어떻게 다른 것이냐고 따졌다. 이황은 이에 대하여 이理도 발發하고 기氣도 발發하며, 이가 발하면 기가 따라온다고 했다. 이것이 이기호발설理氣互發說과 이발기수설理發氣隨說이다. 그러나 이 주장은 이理가 움직이지 않는다는 주장과 서로 상반된다고 기대승이 또 따졌다. 이 논쟁은 명종 때 일어났다.

이황과 기대승 사이의 논쟁에 이어 두 번째로 큰 논쟁을 벌인 학자가 바로 선조 때 등장한 이이李珥와 성혼成渾이다. 이이는 서경덕과 기대승의 주장을 더욱 발전시켜 이 속에도 기가 있고, 기 속에도 이가 있어서 이와 기는 둘이면서 하나라고 주장하고, 기가 발하면 이가 올라탄다는 기발이승설氣發理乘說을 내놓았다. 그리고 이 설을 토대로 사단칠정과 인심도심을 새롭게 해석했다. 곧 사단 속에도 칠정이 들어 있고, 칠정 속에도 사단이 들어 있다고 보아, 사단과 칠정, 그리고 인심과 도심을 서로 반대되는 개념으로 보지 않았다.[9]

이런 논쟁은 얼핏 보면 부질없는 철학논쟁으로 보일 수도 있지만, 그렇지 않다. 선과 악을 대립으로 보는 관점에서는 악에 대한 응징성이 강해지기 마련이고, 선과 악을 대립으로 보지 않으면 악에 대한 응징성이 한층 관대해질 수 있기 때문이다. 또 인간의 본능적 정서인 희노애구애오욕喜怒哀懼愛惡欲, 곧 칠정七情을 좀더 긍정적으로 바라보는 결과를 가져오기도 한다. 그러나 이이의 주장도 모든 문제를 다 해결한 것은 아니다. 무엇 때문에 선에 좀 더 가까워지고, 무엇 때문에 악에 더 가까워지는지 그 이유를 설명하지 않았기 때문이다.

본래 이기논쟁은 무엇이 옳고 그른지를 가리기 어려운 문제이다. 다

---

9 이이와 성혼 사이에 전개된 이기논쟁에 대해서는 한영우, 《율곡 이이평전》(민음사, 2013) 및 《우계 성혼 평전》(민음사, 2016)을 참고할 것.

만 주기설은 근대의 물리학에 가깝다고 할 수 있고, 주리설은 우주에 도덕적 질서가 있음을 강조한 것이다. 기능상으로 본다면 주기설은 과학과 물질문명 발전에, 주리설은 도덕 발전에 기여했다고 할 수 있다.

****

박순은 벼슬을 오래 했기 때문에 많은 제자를 키우지는 못했다. 그러나 다만 나주 유생 곤재困齋 정개청(鄭介淸; 1529-1590)이 소년기에 서울에 올라와서 박순에게 학문을 배운 일이 있었고, 잠시 서경덕을 만난 일도 있어서 서경덕 문인에 속했다. 그러나 정개청은 아깝게도 선조 22년에 일어난 정여립모반사건에 연루되어 함경도로 유배를 가다가 죽었는데, 그는 수백 명의 제자를 호남에서 길러 내어 그를 거쳐서 서경덕의 상수역학이 호남 선비들에게 널리 퍼지게 되었다.

그러나 박순이 실세失勢하자 정개청은 동인에 속하여 박순을 배신했다. 박순은 "정개청은 본래 미천하기 때문에 시세時勢에 영합하지 않으면 입신立身하지 못하니 괴이하게 여길 것이 없다."고 말했다. 정개청에 대해서는 뒤에 다시 설명하겠다.

박순은 이황의 학문도 높이 평가했는데, 이황도 일찍이 박순을 칭찬하기를, "박순과 상대하면 빛나기가 마치 한 줄기 청수淸水와 같고, 정신이 갑자기 상쾌해진다."고 말했다. 그러나 이황은 서경덕의 주기설主氣說은 배격했다. 박순의 인품과 학문을 분리해서 평가한 셈이다.

토정 이지함李之菡은 "박순이 있으면 나라를 걱정할 필요가 없다."고 말했다. 이는 박순이 당파를 초월하여 선비를 아끼는 마음을 가졌다고 보았기 때문이었다. 문집 《사암집思庵集》이 전한다. 죽은 뒤에 개성 화곡서원花谷書院에 민순, 허엽과 함께 배향되었다. 박순은 서경덕의 3대제자 가운데 한 사람으로 평가받은 것이다.

선조가 박순에게 쓸 만한 큰 인재를 천거하라고 말하자, 박순은 이이와 허엽을 천거했다고 알려져 있다. 박순은 허엽이 비록 당을 달리했지만 그를 훌륭한 인재로 천거했다.

3) 초당草堂 허엽許曄

(1) 허엽의 가계

허엽(許曄; 1517~1580)은 박순과 더불어 서경덕 문인으로서 정치적으로 고관의 지위에 오른 인물 가운데 하나이다. 본관이 양천陽川이고, 아호는 초당草堂이다. 박순보다 6세 연상이다.

한강寒岡 정구鄭逑가 지은 허엽의 행장行狀을 보면, 그의 가계는 다음과 같다. 고조는 충무위 절충장군 섭호군(攝護軍; 종4품) 허추許樞로서 세종 때 무관으로 추천받아 벼슬했다. 증조는 예종 때 문과에 급제하여 성균관 전적(典籍; 정6품)을 지낸 허창許菖, 조부는 용양위 사용(司勇; 정9품)을 지낸 무인 허담許聃,[10] 아버지는 군자감 부봉사(정9품)를 지낸 허한許澣이다. 허한은 호랑이 그림을 잘 그리고, 당시唐詩를 잘했다고 한다. 고조에서 부친에 이르는 4대조는 모두 생몰년을 알 수 없고, 벼슬도 매우 낮아 현달하지 못한 하급 양반이다.

그러나 허엽의 가계를 더 거슬러서 올라가 보면, 고려시대에는 대대

---

10 정구가 지은 〈허엽행장〉에는 허담의 벼슬이 금화사禁火司 별제(別提; 종6품)으로 되어 있으나, 이 벼슬은 허엽이 고관에 오른 뒤에 증직된 것으로 보인다.

로 큰 벼슬아치가 나온 당당한 귀족가문의 하나였다. 특히 충렬왕 때 수문전修文殿 대학사로서 《고금록古今錄》이라는 역사책을 짓고 충렬왕의 묘정廟庭에 배향된 허공(許珙; 1233-1291)이 가장 유명하다.

허공의 아들 허관(許冠; 호부산랑), 손자 허백(許伯; 陽川君), 증손자 허경(許絅; 지신사), 고손자 허금(許錦; 1340~1388)도 대대로 높은 벼슬을 했다. 허금은 고려 말기 전리판서典理判書에까지 올랐는데, 그 아들이 허기許錡다. 허기는 판삼사사判三司事 전보문全普門의 아내 송씨가 후사가 양자로 삼았는데, 양모가 죽자 많은 노비를 물려받았다. 그런데 태종 4년에 노비변정사업奴婢辨正事業을 할 때 국가에서 이를 불법으로 받았다고 하여 모두 몰수하여 공노비公奴婢를 만들었다.[11] 이렇게 많은 노비를 소유했다면 토지도 매우 많았다는 뜻인데, 전제개혁으로 대부분 속공屬公되었을 것으로 보인다.

허기의 아들이 바로 위에 언급한 허추許樞로서, 그도 세종 때 장죄贓罪로 처벌받았으므로 재산이 또 없어진 것을 알 수 있다. 이렇게 본다면, 허씨 일가는 조선왕조 건국과정에 전제개혁으로 몰락하고, 건국 뒤에는 노비변정사업으로 노비까지 잃어버려 경제적으로 크게 몰락한 집안이었음을 알 수 있다. 뒷날 허균이 조선왕조 건국을 매우 부정적으로 보는 시각이 여기서 비롯된 것이 아닐까 한다.

한편 허엽 집안은 한효순韓孝純, 한효윤韓孝胤, 한백겸韓百謙, 한준겸韓浚謙 집안과 혼사를 맺고 있어서 혈연적으로 가까웠다. 증조 허창의 생질녀가 한사무韓士武에게 시집갔는데, 한사무의 증손자가 한효윤과 한효순이고, 한효윤의 두 아들이 한백겸과 한준겸이다. 이들은 모두 화담학파에 속했다. 허엽과 그 아들들인 허성(許筬; 1548-1612), 허봉(許篈;

---

11 《태종실록》 태종 4년 1월 12일 및 4년 8월 11일조.

1551-1588), 허균(許筠; 1569-1618)도 화담학파에 속하므로 두 집안은 학문적으로도 서로 가까웠다.

그런데 두 집안을 혈연적으로 더욱 가깝게 만든 것은 허엽의 첫째 부인이 또한 한씨라는 사실이다. 두 누이가 명나라 황제의 후궁이 되고, 또 딸이 성종을 낳아 인수대비仁粹大妃가 된 한확(韓確; 1400-1456)의 고손녀[12]가 바로 허엽의 첫째 부인으로, 딸 둘을 먼저 출산하고 뒤에 허성許筬을 낳았다. 첫째 사위는 박순원朴舜元이고, 둘째 사위는 퇴계 문인 우성전禹性傳이다.

허엽은 첫째 부인 한씨가 허성을 낳은 뒤에 바로 세상을 떠나자 둘째 부인으로 강릉김씨 예조판서 김광철金光轍의 딸을 맞이하여 허봉, 허난설헌, 허균을 낳았다. 이들은 모두 강릉 외가에서 출생했다. 지금 그곳에는 초당두부촌이 있고, 그 부근에 허난설헌기념관이 있다.

3남1녀의 나이를 견주어 보면, 허봉은 허성보다 3세 아래이고, 허난설헌은 허봉보다 12세 아래이고, 허균은 허난설헌보다 6세 아래다. 그러니까 허균은 큰형보다 21세 연하이고, 둘째 형보다 18세 연하이다. 이런 나이 차이를 보면 허균의 두 형들은 아버지뻘이 되는 셈이다. 허균이 어린 막내로서 귀여움을 받고 자랐음을 짐작할 수 있다.

허엽은 벼슬이 선조 때 대사성, 부제학, 관찰사에 이르고, 동인과 서인이 분당할 때 동인으로 활동하다가 선조 13년에 64세로 세상을 떠났다.

허성은 벼슬이 이조판서에 이르고, 선조가 세상을 떠날 때 영창대군의 보호를 부탁받은 일곱 신하, 곧 '유교칠신遺敎七臣'의 한 사람이었다. 그의 막내딸이 광해군의 이복동생 의창군義昌君 이광李珖에게 시집가서

---

12 첫째 부인 한씨의 가계는 다음과 같다. 한확(좌의정)――한치례(韓致禮; 좌리공신)――한익(韓翊; 정랑)――한숙창(韓叔昌; 정국공신)――딸 한씨(허엽부인)

왕실의 인척이 되었기 때문에 선조가 영창대군의 보호를 부탁한 것이다. 그러나 이 일로 광해군 때 일시 곤란에 처했으나 임해군臨海君의 반역을 고발한 공으로 공신이 되고 지중추부사에 올랐다가 광해군 4년에 65세로 세상을 떠났다. 그러나 인조반정 뒤 광해군에 협력한 죄로 관작이 삭탈당했다.

허봉은 재주가 뛰어나 22세에 형보다 11년이나 먼저 문과에 급제하여 벼슬길에 올랐다. 동인 과격파에 속하여 34세 되던 선조 17년(1584)에 율곡 이이李珥를 탄핵하다가 미움을 받아 함경도로 귀양을 갔다가 돌아왔으나, 도성 안 출입이 금지되어 성 밖을 전전하다가 38세에 객사했다. 시인으로서 명성이 높았다. 그러나 허봉은 당파가 분열하기 이전에는 이이를 존경하고 따랐다. 이이도 이런 허봉의 재주를 사랑하여 구제하려고 애썼으나 선조가 따르지 않고 끝내 유배 보냈다.

허난설헌도 재주가 뛰어나서 시인으로 명성을 떨쳤으나, 김성립金誠立에 시집간 뒤로 가정생활이 순탄하지 못하다가 27세로 요절했다.

허균은 형제 가운데 가장 영특하여 가족들의 사랑을 받고 자랐으나 12세에 아버지를 여의고, 엄한 교육을 받지 못하여 방종한 소년으로 자랐다. 왜란 중인 선조 27년에 26세로 문과에 급제하여 벼슬길에 올랐으나 문장력은 뛰어나지만 행실이 문제가 되어 청요직에는 한 번도 오르지 못하고 공주목사(정3품)를 하다가 파직되어 부안扶安으로 낙향한 가운데 광해군 시대를 맞이했다.

허균은 허성을 따라 영창대군을 따르는 소북파에 속했다가 소북이 망하자 근경 남인과 손잡고 끝까지 광해군을 몰아내는 반역을 시도하다가 칠서지옥七庶之獄이 일어나 신변의 위협을 느끼자 대북파 이이첨李爾瞻의 휘하로 들어가 인목대비 폐비운동을 도와주는 척했다. 그러나 사실은 반역으로 권력을 잡은 뒤에 《홍길동전》에 보이는 이상사회를 건설하려는 꿈을 꾸고 있었다. 그의 반역은 미연에 탄로되어 광해군 10년에 형장의 이슬로 사라졌다. 향년 50세로 파란만장한 생애를 마감했다. 그의 일생과 사상에 대해서는 필자가 쓴 《허균평전》이 있다.

허엽 일가의 일생을 총괄하면 허엽과 그의 3남 1녀가 모두 높은 벼슬을 하고 시인으로서 또는 사상가로서 명성을 떨쳐 명문가로 부상했지만, 허균을 끝으로 급속도로 몰락한 집안이 되었다. 그러나 허엽 일가, 특히 허균이 남기고 간 족적은 조선 중기 사상사와 문학사에 중요한 획을 긋는 사건으로 주목할 필요가 있다.

(2) 허엽의 학업

허엽은 15세에 아버지를 여의고, 그 뒤 조광조 문인이던 장음정長吟亭 나식(羅湜; 1498-1546)에게 역학을 배우다가, 나식이 진천鎭川에 사는 이색의 후손 송애松厓 이여(李畬; 1503-1542)를 추천하여 그에게 다시 역학을 배웠다. 그러나 이들에게 배운 것은 주자가 만든 《역학계몽易學啓蒙》을 읽는 정도의 초보적인 수준이었다. 그러다가 서경덕의 역학이 한층 고명하다는 것을 알고 다시 그의 문하로 들어간 것이다.

허엽이 서경덕을 만난 것은 20세 되던 해 서울에서 나식과도 함께였다. 서경덕이 43세에 생원이 되어 성균관에 입학하여 관학유생으로 있을 때 그가 역학에 밝다는 소문이 널리 퍼졌다. 역학을 공부하던 나식羅湜은 서경덕을 만나고 싶어하다가 중종 31년(1536) 가을에 서경덕이 서울 강원姜源의 집에서 우거寓居하고 있다는 소식을 듣고 그 집으로 찾아가서 밤새도록 역학을 토론한 일이 있었다.[13] 이때 나식의 제자인 허엽

---

13 《초당집》 가운데 허엽이 쓴 스승 이여李畬의 행장인 〈이문학선생행장李文學先生行

도 함께 했다. 허엽은 서경덕의 역학이 나식보다 높다는 것을 알고, 다음해 서경덕이 다시 서울에 과거시험을 치르기 위해 오자 두 번이나 그의 숙소를 찾아가서 두 번 절하고 간절하게 가르침을 청했다.[14] 이때 허엽은 21세였다. 허엽을 만난 서경덕은 도道에 나아가는 방법을 가르쳐 주었는데 처음에는 그 뜻을 이해하지 못하고 있다가 3-4년 뒤에 비로소 깨우쳤다고 한다.

그 뒤 서경덕이 개성에 화담서재를 짓고 후학을 가르치기 시작하자 나식의 학우였던 효령대군 후손 연방蓮坊 이구(李球; 1494-1573)와 관물재觀物齋 민기(閔箕; 1504-1568)도 함께 갔다. 나이로 보면 이구가 서경덕보다 5세 연하이고, 민기는 15세 연하이므로 거의 동료나 다름없었지만 학문으로 서경덕의 제자가 되었다.

허엽은 24세 진사가 되고 다시 문과를 준비하고 있었는데 27세 되던 중종 38년(1543) 3월에 관서지방에 갔다가 서울로 돌아오는 길에 개성에 들러 서경덕을 다시 알현하고 왔다. 이때 서경덕은 55세였는데 그 무렵 말에서 떨어져 다리를 다쳤다고 한다.

이때 서경덕은 허엽을 보고, "지난번에 서울에서 두 번이나 만나 이야기를 나누었는데, 나는 아직도 잊지 않고 있소. 격조한 지가 오래되었구려. 그동안 얻은 것이 무엇이오?" 하고 물었다. 허엽은 "예"하고 대답한 뒤에 명덕明德에 관하여 묻고, 또 "격물치지格物致知의 방법은 모두 《대학大學》의 〈혹문或問〉 가운데 있는데, 주자朱子가 정자程子의 말을 가지고 설명했습니다. 선생께서는 견해가 높으시므로 독자적인 견해를 가지셨을 것입니다. 꼭 선유先儒의 설을 인용하는 것은 말을 꾸미고 규범

狀〉참고.
14 《초당집》 가운데 허엽이 친구 노수신盧守愼에게 보낸 글인 〈송노과회서送盧寡悔序〉 참고.

에 아첨하려는 뜻이 아니겠습니까?" 하면서 질문했다. 그러자 서경덕이 이렇게 말했다.

세상의 영재들이 도를 찾으려는 자가 적지 않지만, 배움이 부족한데도 나이가 많아지면 고개를 숙이고 세속에 빠지는 자가 적지 않소. 그래서 도를 아는 맛을 알지 못하니, 내가 겨물치지의 방도를 말하는 이유가 여기에 있소. 세상에 학자라는 사람은 다른 것은 극복하는 사람이 많지만, 여색을 초탈하는 사람은 적소. 학문의 근본은 혼자 있을 때 삼가는 것이오(愼獨). 학문의 근본이 없으면 학문을 해도 자신을 속이는 일에 빠지는 것이 심하다오. …… 나는 17세에 비로소 인간세상에 남녀의 일이 있다는 것을 알았는데, 마을에서 여자를 희롱하는 사람이 많은 것을 보고 사람들에게 "그런 일이 옳으냐, 그르냐"를 물어보았더니, 모두 "크게 옳지 않다."고 말했소. 이때부터 나는 여색을 끊었는데, 50에 이르도록 처음과 똑같소.

서경덕은 격물치지格物致知라는 것이 대단한 것이 아니라 세속의 욕망에 빠지지 않는 것이라고 말하면서, 특히 여색에 빠지면 모든 것이 무너진다고 강조했다. 그러면서 혼자 있을 때 삼가는 태도, 곧 신독愼獨이 중요하다고 일러 주었다.

서경덕은 여색과 관련하여 또 자신이 경험한 이야기를 또 들려주었다.

예전에 해주海州 관청으로 놀러간 일이 있었는데, 수령이 관례대로 기생을 보내 주었소. 내가 가라고 말했으나 기생은 가지 않고 내 옆에서 옷을 입은 채 잠을 잤소. 이때 내 마음을 돌아보니 마치 죽어서 재가 된 듯 편안했소.

허엽은 이해 3월에 서경덕에게 들은 이상과 같은 말을 학우 노수신(盧守愼; 1515-1590)에게 편지로 전해 주면서 다음과 같은 말을 덧붙였다.

> 내가 우러러 악惡을 제거하는 용맹함을 생각해 보니 악惡을 제거하는 정성을 선생처럼 용맹하게 한다면 천하의 선善을 어찌 다 하지 못함이 있겠소. 이런 마음으로 도道에 나아간다면 어찌 그 도道의 맛을 모를 이치가 있겠소. 옛날의 군자君子는 중용中庸에 의거하여 세속을 떠나 숨어 살아도 고민하지 않았으며, 남이 알아주지 않아도 후회하지 않았으니, 이것이야말로 천하의 선善을 다하고, 지극한 도道의 맛을 즐기는 것이 아니겠소.

당시 노수신은 정성(定省; 부모에 대한 효도)을 위해 강원도로 떠나려고 했었는데, 허엽이 위와 같은 편지를 보내면서 송별사를 대신한다고 말했다. 청년 시절 허엽의 순수한 마음이 엿보인다.

또 정확한 시기는 알 수 없으나, 허엽이 개성 화담을 찾아갔을 때 서경덕이 6일 동안 굶고 있으면서도 초연한 모습을 보였다는 일화가 허엽의 아들 허균許筠이 쓴 글에 보이는데, 앞에서 이미 소개했으므로 생략한다.

허엽은 서경덕이 죽음에 임박하여 철학서를 쓸 때〈원이기原理氣〉등 여러 편의 글을 구점口占하여 기록했다. 서경덕의 말을 받아서 적었다는 뜻이다. 그만큼 서경덕의 신임을 크게 받고 있었다는 것을 알 수 있다. 허엽이 끝까지 스승을 배반하지 않고, 스승에게 우의정을 추증하고 시호를 받도록 노력한 것도 이런 깊은 사제관계 때문이었을 것이다.

(3) 명종대의 벼슬

허엽은 화담 문하에서 역학을 공부하면서 24세인 중종 35년(1540)에 진사가 되고, 30세 되던 명종 1년(1546)에 문과 갑과에 급제했다. 다음 해인 명종 2년(1547)에는 가까운 친구인 해남 출신 미암眉庵 유희춘(柳 希春; 1513-1577)[15]이 양재역벽서사건良才驛壁書事件으로 함경도 종성鍾城 으로 귀양가자 그에게 여러 차례 따뜻한 옷을 보내 주었다. 어려울 때 친구가 진정한 친구라는 사실을 허엽은 보여 주었다.

허엽은 두 아들 허성과 허봉에게 이르기를, "어려운 사람에게는 반드 시 인휼仁恤을 베풀어야 한다."고 훈계했다. 그러면서 두 아들을 유희춘 에게 보내 학문을 배우도록 했다. 이런 끈끈한 우정이 계속 이어져서 뒷날 유희춘은 자신이 지은 《유선록儒先錄》에 서경덕을 넣었고, 서경덕 이 증직과 시호를 받는 데 힘을 보탰다.

허엽은 32세 되던 명종 3년(1548)에 사간원 정언(正言; 정6품)이 되었 는데, 소윤파 윤춘년(尹春年; 1514-1567)과 사이가 매우 좋았다. 그는 대윤파 숙청에 앞장섰기 때문에 도덕적으로는 비난을 많이 받았으나, 학 문적으로는 주자학에만 매이지 않고 유불도儒佛道를 통합하는 학문을 했

---

15 유희춘은 본관이 선산善山으로 아호는 미암眉巖이며 해남 출신이다. 《세종실록》 지 리지를 보면 유씨는 임금이 성씨를 내려준 사성賜姓으로 고려시대에 귀화한 집안으 로 보인다. 유희춘의 직계조상 3대조는 벼슬이 없다가 유희춘이 출세하자 증직贈職 되었다. 외조부는 유명한 최보崔溥이다. 유희춘은 김안국 문인으로 선조 33년 (1538)에 문과에 급제한 뒤에 벼슬길에 올랐는데, 명종 2년 양재역에 문정왕후와 권신 이기 등을 비난하면서 나라가 곧 망할 것이라는 익명 벽보가 붙자 이에 연루 되어 제주도에 유배되었다가 곧 함경도 종성에 안치되어 19년 동안 귀양살이를 하 면서 학문에 전념했다. 선조가 즉위한 뒤에 벼슬길에 다시 들어서서 이조참판에까 지 올랐다가 선조 13년에 향년 65세로 세상을 떠났다. 저서로 《미암일기》, 《국조유 선록國朝儒先錄》 등이 있다.

다. 윤원형尹元衡이 자기 첩을 처로 만든 뒤에 그 서자를 출세시키고자 서얼허통庶孼許通을 법으로 만들어 비난을 받았으나, 윤춘년은 이 법이 서얼 전체에 도움이 된다고 여겨 반대하지 않았다. 또 민생의 가장 큰 폐단이었던 공납제도의 개혁을 강력하게 요구하는 등 개혁 성향이 강한 인물이었다.

서경덕이 명종 즉위년에 세상을 떠난 뒤에 일부 문인들이 의지할 곳을 찾지 못하고 있다가 윤춘년을 만나자 마치 성인聖人을 만난 듯이 그를 따랐다. 주자학자들은 인종仁宗의 외가인 대윤파를 지지했으나, 개혁 성향의 비주자학자들은 명종의 외척인 소윤파에 더 가까웠다. 허엽뿐 아니라 서경덕 문인 박민헌朴民獻과 그 밖에 김계휘金繼輝, 김홍도金弘度 등 깨끗한 선비들도 그를 따랐다.

허엽은 윤춘년과 가까우면서도 권신으로 횡포를 부리던 윤원형이나 이량李樑 등과는 가까이하지 않았다. 허엽은 대윤파 및 권신들로부터 견제를 받기 시작했으나 허엽이 서경덕의 문인이라는 후광을 업고 있을 뿐 아니라 품행이 조신하여 벼슬길은 순탄한 편이었다.

33세 되던 명종 4년(1549)에는 인사권을 행사하는 이조좌랑(정6품)에 오르고, 2년 뒤에는 홍문관 부교리(종5품)를 거쳐 이조정랑(정5품)에 올라 청현직淸顯職 반열에 들어갔다.

36세 되던 명종 7년(1452)에는 의정부 검상(檢詳; 정5품)이 되어 세 의정議政의 합의사안을 임금에 보고하는 일을 맡았다. 37세에는 성균관 사예(司藝; 정4품)와 사헌부 장령(掌令; 정4품)을 거쳐 홍문관 교리(校理; 정5품)에 올랐는데, 사람됨이 편안하고 사람들과 담소할 때에는 화기和氣를 불러낸다는 평을 받았다.

38세 되던 명종 9년(1554)에는 다음 해 3월에 윤달이 없는 것을 이상하게 여겨 천문학에 밝은 허엽에게 물어보았더니 허엽이 그 이유를 명쾌하게 설명했다. 그 뒤 집재산을 털어서 부모의 제사를 위한 가묘家廟를 세웠는데, 관청비용으로 지었다는 탄핵을 받고 파직당했다. 이 사건은 그가 재물을 탐냈다는 이유로 두고두고 그의 약점으로 발목을 잡았다. 그러나 허엽은 가재家財로 지은 것이라고 변명했다.

허엽이 41세 되던 명종 12년(1557)에 명신名臣 김안국金安國의 아들로서 허엽의 아랫동서인 김여부金汝孚가 사간원 사간이 되자 허엽과 가까웠던 김홍도金弘度와 심한 갈등을 벌였다. 김여부가 권신 윤원형에 아부하면서 탐욕을 부려 아버지 김안국의 명성을 더럽히자 허엽이 김여부를 나무랐으나 김여부가 분노하여 김홍도를 귀양보냈다. 허엽도 황해도 배천군수(白川郡守; 종4품)로 좌천되어 나갔다.

명종 14년(1559)에 황해도에서 임꺽정 도적패가 일어나 수령을 무인으로 바꿀 때 허엽도 체직되어 서울로 올라와 세자시강원 필선弼善을 거쳐 사헌부 집의(執義; 종3품)에 임명되었다.

44세 되던 명종 15년(1560)에 그는 공조참의(정3품 당상관)를 거쳐 성균관 최고책임자인 대사성(정3품 당상관)에 올랐다. 2년 뒤에는 예조참의를 거쳐 동부승지에 임명되었는데, 경연에 참석하여 조광조의 신원을 청하여 파란을 일으켰다. 중종이 내린 처사를 뒤집는 일이기 때문이었다. 임금은 언관의 탄핵을 받아들여 허엽을 파직했다.

그러나 44세 되던 명종 17년(1562)에는 여러 6조의 참의(參議; 정3품 당상관)와 성균관 대사성(大司成; 정3품 당상관)을 거쳐 승지에 올랐다. 이 무렵부터 그는 조광조의 신원과 임금의 내탕인 내수사內需司 개혁, 그리고 이황, 조식, 이항 등 재야 선비들을 조정에 불러들여 벼슬을 내릴 것을 건의했다.

47세 되던 명종 18년(1563)에 삼척부사(종3품)로 내려보냈으나 두 달만에 언관의 반대로 또 파직되었다. 권신 이양李樑에 밉보인 것이 원인이었다. 다음 해 명종 19년(1564)에는 경주부윤(종2품)으로 내려갔다가 2년 뒤에 성균관 대사성으로 다시 돌아왔다.

(4) 선조 때의 벼슬; 동인으로 활동

51세 되던 해 명종이 승하하고 선조가 즉위하자 선비를 존중하는 정책을 폈다. 대사성 허엽은 퇴계 이황을 스승으로 초빙하여 모시자고 건의하여 임금의 재가를 받았다. 선조는 허엽을 승지로 삼았다.

52세 되던 선조 1년(1568)에 명나라에서 황태자를 책봉하자 이를 축하하는 진하부사進賀副使로 명나라에 다녀왔다. 다음 해 다시 승지와 홍문관 부제학(정3품 당상관)에 임명되었는데, 아직도 남아 있는 이양李樑 등 명종 때의 권신들을 처벌하고, 유학을 진흥시킬 것을 임금에게 권고했다.

2년 뒤인 선조 4년(1571)에 그는 이조참의(정3품 당상관)를 거쳐 사간원 대사간에 올랐으나 병으로 사직했다. 선조 5년에 허엽은 중종 때 조광조가 시행하려다가 실패한 향약鄕約을 다시 실시하자고 건의하자 임금이 오활하다고 하면서 거절했다.[16] 이해 대사성과 대사간에 재차 취임했다가 홍문관 부제학을 또다시 맡았다.

선조 6년(1573)에 부제학 허엽은 임금에게 듣기 싫은 정책을 건의했다. 임금의 재물(내수사)은 《주례周禮》를 따라서 유사有司가 그 출납을 관리하도록 하자고 건의하자 임금이 화를 내면서 거절했다. 《주례》에는 임금의 사유재산을 금지하고 왕실에 필요한 재물은 총재冢宰가 관리하도록 되어 있었다. 임금의 사유재산인 내수사內需司의 폐단은 뜻있는 선비들

---

16 이 기록은 《선조수정실록》에 의거한 것이다. 그러나 《선조실록》에는 선조 6년에 향약 시행을 건의한 것으로 되어 있어 혼란스럽다.

이 누누이 그 개혁을 주장해 왔으나 임금은 번번이 받아들이지 않았다.

선조 7년(1574)에 향약 문제를 놓고 허엽과 이이가 논쟁을 벌였다. 이이는 허엽에게 "집에서 향약으로 다스리고 있느냐."고 묻자 허엽은 "임금이 명이 없어서 못하고 있다."고 하자, 이이는 다시 "가정을 다스리는 것도 임금의 명령이 있어야 하느냐."고 힐난했다. 이이는 향약이 비록 좋은 제도이지만 선부후교先富後敎를 내세워 백성이 경제적으로 안정되어야 교화가 이루어질 수 있다는 주장을 견지했다. 맹자가 "백성은 항산恒産이 없으면 항심恒心이 생기지 않는다. 의식衣食이 풍족해야 예의를 안다."는 말을 옳게 여겼다. 이이의 주장이 현실적으로 맞는 견해였다.

선조 8년(1575)에 허엽은 대사성 자리에 있었는데, 이해 허엽과 박순朴淳이 힘을 합하여 강력하게 추진한 결과 서경덕에게 우의정이 추증되고, 문간文簡이라는 시호가 내려졌다. 임금은 처음에는 서경덕의 학문이 수학數學에 빠져 있고, 수신修身에 관한 이론이 없다고 하면서 미흡하게 여겼으나, 서경덕 제자인 박순은 "소옹(邵雍; 康節)도 수학을 했지만 주돈이周敦頤와 정자程子 다음으로 인정받았다."고 하면서 변호하고 나섰다. 허엽도 "서경덕의 학문은 기자箕子의 학통을 이은 것이다. 그의 학문은 소옹(邵雍; 康節), 장재(張載; 橫渠), 정자程子, 주자朱子의 학문을 겸했다."는 요지로 서경덕 학문을 비호했다. 허엽의 주장에 대해 선조는 지나치다는 평을 내렸다.

한편 이이는 서경덕 학문의 옳고 그름은 잘 모르겠지만, 이황의 학문이 '의양지미'(依樣之味; 옛사람을 모방)가 있는데 견주어 서경덕의 학문은 '자득지묘'(自得之妙; 스스로 깨우침)가 있다고 하자 드디어 임금이 허락하였다. 실제로 이이가 이기설理氣說에서 이理와 기氣가 하나라고 말한 것은 서경덕의 영향이 컸다.

허엽은 친구 유희춘柳希春에게 서경덕을 《유선록儒先錄》에 넣어 달라고 부탁하고 유희춘도 이를 따라서 배후에서 서경덕 추증을 도와주었다. 다만 이황은 서경덕의 학문을 맹렬히 비난했다.

결과적으로 서경덕 문인 가운데 서경덕을 끝까지 배신하지 않고 지켜준 사람은 박순과 허엽이었다. 두 사람은 뒤에 당파가 서인西人과 동인東人으로 갈렸지만 서경덕을 높이는 데는 힘을 합쳤다.

(5) 동서분당 이후의 벼슬과 행적

선조 8년 무렵부터 선비들이 동인, 서인으로 갈라져 다툼이 일어났다. 명종 때까지 권신과 선비가 싸우면서 사화士禍가 일어났는데, 동서분당 이후로는 선비들이 온건개혁파와 급진개혁파로 갈리면서 당쟁이 시작된 것이다. 기성 선비들은 서인에 속하고, 신진 선비들은 동인에 속했다. 서인은 주로 주자학자들이 많이 참여했으나, 동인에는 서경덕 문인, 조식 문인, 그리고 이황 문인들이 속했다.

그러나 선조 말년에 영창대군永昌大君이 출생하면서 선조의 후계자를 둘러싸고 동인들이 광해군을 따르는 북인과 영창대군을 따르는 남인으로 갈렸는데, 또 북인도 광해군과 조식曺植을 따르는 대북大北과 영창대군을 보호하려는 소북小北으로 갈리고, 남인도 서경덕 학파는 근경 남인으로, 이황학파는 영남 남인으로 갈렸다. 그러나 대북을 제외한 소북, 근경 남인, 영남 남인은 영창대군을 보호하여 대북과 맞섰다.

영창대군을 옹호하는 데에는 서인도 가세하자, 사면초가에 몰린 대북은 고립을 탈피하여 광해군을 옹호하고자 무리수를 쓰다가 결국 인조반정으로 몰락했다. 인조반정 뒤에 대북은 완전히 몰락하고, 소북은 근경 남인으로 편입되어 당파는 서인과 두 개의 남인으로 재편성되었다.

선조 8년 이후 서인과 동인으로 분파되었을 때 박순朴淳은 서인에 속하여 율곡 이이 등과 가까웠으며, 허엽은 나이로 보면 신진 선비가 아니었으나 급진적 성향 때문에 동인에 가담하여 그 영수가 되었다.

박순과 허엽이 당을 달리하게 된 이유는 온건개혁과 급진개혁의 차이도 있었지만 개인적인 문제도 있었다. 이 무렵 황해도 재령지방의 어느 노비가 주인을 죽인 사건이 일어났는데, 당시 대사간으로 있던 허엽은 그 주인과 족당族黨 사이로서 노비의 처벌을 원했으나, 검시관들이 뚜렷한 증거를 찾아내지 못하자 재판을 맡았던 좌의정 박순이 할 수 없이 죄인을 풀어 주었는데, 이 사건으로 두 사람 사이가 불편해졌다.

그 밖에 허엽이 동인의 영수가 된 것은 또 다른 이유가 있었다. 김효원(金孝元; 1542-1590)과 심의겸(沈義謙; 1535-1587)이 이조 전랑銓郎 자리를 놓고 갈등이 생겼을 때, 허엽은 김효원 편을 들었다. 그 이유는 몇 가지가 있었다. 심의겸이 먼저 김효원을 윤원형尹元衡의 문객이라고 비난했는데, 실은 과거시험을 보러 와서 잠시 윤원형 집에 묵은 것일 뿐 문객은 아니었다. 심의겸은 또 명종비 인순왕후仁順王后 심씨의 동생이기도 하여 척신戚臣에 속했다. 물론 심의겸도 조신한 선비로서 명종 때 권신을 내쳐서 선비들의 존경을 받았고, 이이와도 가까운 사이였다. 다만 척신이라는 굴레를 벗어나지 못하고 있었다.

그 뒤 김효원이 이조전랑으로 추천되었을 때 심의겸이 그를 배척했다가, 다시 다른 사람이 추천하여 김효원이 그 자리에 가게 되었는데, 김효원이 물러날 때 심의겸의 아우 심충겸沈忠謙이 그 후임자로 추천되었으나 김효원이 그를 물리쳐 심의겸에게 보복하고, 그 대신 이발(李潑; 1544-1589)을 추천했다. 이발은 서경덕 문인이던 민순閔純과 김근공金謹恭의 문인이어서 허엽으로서는 이발이 된 것을 환영했다. 더욱이 김효원은 이황과 조식의 문인으로 행동이 조신한 인물이었다. 이런 이유로 허엽은 김효원 편을 들었던 것이다.

위와 같은 몇 가지 요인이 복합되어 허엽은 동인이 되었다. 김효원이 비록 동인이지만 아직 나이가 어려 지도자가 되기 어려웠기 때문에 원로 대신으로 있던 허엽이 영수의 지위를 얻게 되었다.

선조는 동인과 서인이 갈등을 벌이고 있을 때 서인 편을 들었다. 동인들의 과격성과 급진성을 싫어했기 때문이다. 개혁을 강조하는 허엽도 오활한 사람이라고 평가했다. 이렇게 선조가 이이李珥를 적극 신임하고, 서인편을 적극적으로 옹호하자, 주로 언관직을 차지하고 있던 허엽과 동인들은 서인을 맹공하기 시작했다. 이발이 특히 강경했다. 좌의정 박순도 동인의 비판을 이기지 못하고 선조 9년에 스스로 병을 핑계로 관직을 물러났다.

허엽도 서인의 견제로 결국 관직에서 물러났다. 선조 9년 이후로 허엽의 벼슬에 관한 기록이 보이지 않는다. 그러다가 63세 되던 해인 선조 12년(1579)에 허엽은 경상도관찰사에 임명되었다. 이때 임금은 서인에게도 실망하여 허엽을 다시 중용하려고 생각하여 그를 경상감사에 임명한 것이다. 허엽은 김정국이 만든 《경민편警民編》과 《삼강오륜행실》을 간행하여 널리 보급하고, 소송사건을 잘 처리하는 등 풍속교화에 힘썼다. 그러나 건강이 좋지 않아 큰 치적을 내지 못하고 있다가 다음 해 서울로 소환되었는데, 올라오는 도중에 상주尙州 객사에서 세상을 떠났다. 향년 64세였다. 《선조수정실록》[17]에는 그의 〈졸기卒記〉가 다음과 같이 기록되었다.

…… 젊어서 서경덕을 따라 배웠고 노수신盧守愼과 벗했으므로 사류士

---

17 선조 13년 2월 1일자. 그러나 노수신이 쓴 《허엽신도비명》에는 2월 4일로 되어 있다. 이것이 맞는다.

類로 이름이 드러났다. …… 그는 마음속으로 선류善流를 보호하려고 하여 일에 따라 구제한 점은 칭찬할 만했다. 금상(今上; 선조)의 조정에서는 …… 직언을 잘했지만 일의 실정에는 절실하지 못하여 임금이 그를 중하비 여기지 않았다. 관질을 올려 경상감사를 삼았다가 즉시 판서 자리에 천망하여 장차 크비 쓰려고 했다. 그런데 허엽은 말년에 창기倡妓를 가까이하고, 독한 약을 복용하다가 병을 얻은 뒤로는 성질이 편벽되고 조급해져서 …… 선비와 백성들이 피이하비 여겼다. 결국 병으로 해직되어 오다가 상주 객관에서 졸했다.

또 위 〈졸기〉에는 허엽의 학문과 당색에 대해서 다음과 같이 평했다.

허엽이 이황과 더불어 학문을 논의할 때 고집스럽고 구차한 논란을 많이 하자 이황이 말하기를, "태휘(太輝; 허엽의 자)가 학문을 하지 않았더라면 참으로 착한 사람이었을 것이다." 했다. 그러나 경서의 가르침을 독실하비 좋아하여 늙도록 비을리하지 않았으므로 세상에서 이를 훌륭하비 여겼다. 동서의 당이 갈라진 뒤 허엽은 동인의 종주宗主가 되어 의논이 가장 엄격했다. 박순과는 동문에서 수학한 친한 벗이지만, 만년에는 색목이 달라서 공박하는 일을 서슴치 않았다. …… 세 아들인 성筬, 봉篈 균筠과 사위인 우성전禹性傳, 김성립金誠立은 모두 문사로 조정에 올라 서로의 수준을 높였기 때문에 세상에서 일컫기를 "허씨가 당파의 가문 가운데 가장 치성하다."고 했다〔허균이 패역悖逆으로 주멸당하자 문호가 침체되었다〕.

(6) 허엽을 추모한 사람들

허엽이 죽은 뒤에 〈신도비명神道碑銘〉은 학우인 소재蘇齋 노수신(盧守慎; 1515-1590)이 쓰고, 그의 행장은 한강寒岡 정구(鄭逑; 1543-1620)가 지었다. 두 사람 모두 근경 남인들이다. 뒤에 허적許積과 동강 김우옹金宇顒 등 남인이 시호를 요청하여 숙종 때 시호가 내려졌다.

허엽의 문집으로 《전언왕행록前言往行錄》과 《초당집草堂集》을 남겼으며, 죽은 뒤에 개성 화곡서원花谷書院에 배향되었다. 박순과 더불어 서경덕이 죽은 뒤에도 스승을 배신하지 않고 끝까지 옹호하여 우의정을 추증하는 데 기여했다.

이황은 말하기를, "차라리 학문을 하지 않았으면 착한 사람이 되었을 것이다."고 말했는데, 이는 허엽이 서경덕의 주기설을 따른 것을 비판한 것이다. 한편 율곡은 "이론에 모순된 점이 많고, 글의 뜻이 잘 통달되지 않는다."고 아쉬워했다. 허엽은 벼슬살이를 오래 했기 때문에 학자로서 공로는 크지 않았다.

허균과 허난설헌은 외가인 강릉에서 출생하여, 지금 강릉시에는 이를 기념하여 허엽의 호를 딴 초당동草堂洞을 만들고 허균과 허난설헌기념관을 세웠으며, 허엽이 즐겨 먹던 두부를 만들어 '초당두부'로 부르게 했다.

4) 슬한재瑟僩齋 박민헌朴民獻과 박여헌朴黎獻 형제

(1) 박민헌의 가계와 학업

박민헌(朴民獻; 1516-1686)은 본관이 함양咸陽이다. 아호는 슬한재瑟僩

齋 또는 저헌樗軒 또는 정암正庵이다. 그의 아우 박여헌朴黎獻도 서경덕 문인인데 고향이 경기도 안산安山으로 알려져 있어 박민헌의 고향도 이 지역으로 보인다.

증조는 목사를 지낸 박휘朴煇이고, 조부는 목사를 지낸 박영창朴永昌 이고, 아버지는 문과에 급제하여 성균관 전적(典籍; 정6품)이 된 박유朴 瑜이다. 자字가 본래 원부元夫인데 27세 무렵 54세의 서경덕을 찾아가서 자를 바꾸어 달라고 청하자 서경덕이 이정頤正으로 지어 주었다. 그러나 만년에 희정希正으로 다시 바꾸었다.

《화담집》에는 어느 해인지 모르나 가을에 박민헌, 김혜손, 황원손 등 세 제자와 더불어 성거산聖居山을 등산하다가 금신사金神寺 뒤 봉우리에 올라 몇 수의 시를 지은 것이 보이고, 박민헌이 학업을 마치고 서울로 돌아갈 때 작별하면서 격려하는 시를 써 주었다.

서경덕으로부터 학문을 배웠는데 상수역학象數易學에 뛰어났다. 그러나 서경덕이 죽은 뒤에는 소윤파 윤춘년尹春年 문하에도 드나들면서 그를 따랐다.

그는 서경덕을 찾아가기 직전인 25세 되던 중종 35년에 경기관찰사 추천으로 포상을 받았다. 부친 박유가 세상을 떠나자 3년 동안 죽만 먹고 산 효자였기 때문이다.

(2) 명종 때 벼슬

31세 되던 명종 1년(1546) 4월에 생원이 되고, 5월에 문과에 급제하자 전에 효행으로 포상된 것을 감안하여 6품직인 성균관 전적(典籍; 정6품)과 사간원 정언(正言; 정6품)이 되었다. 그는 소대召對에 검토관으로 참여하여 임금에게 경연經筵에 충실할 것을 여러 차례 건의했다.

명종 3년에는 홍문관 수찬에 임명되자, 권신 이기李芑의 처벌을 요구하여 그의 미움을 받고, 해남 현감으로 좌천되었다가 명종 5년에는 관직을 삭탈당했다. 파직당한 뒤 고향으로 내려가서 은거하던 그는 명종 7년에 윤춘년(尹春年; 1514-1567)의 도움을 받아 다시 관직에 복귀하여 홍문관 수찬(정6품), 사헌부 지평(정5품), 홍문관 교리(정5품), 의정부 검상(정5품)으로 승진했다. 그는 임금에게 경연에 열중할 것을 기회 있을 때마다 진언했다.

그런데 박민헌이 윤춘년과 가까이 지내고 그의 도움을 받아 벼슬을 얻은 것을 정주학을 따르는 선비들은 그의 흠결로 여겼다. 그 이유는 윤춘년이 정주학을 좋아하지 않을 뿐 아니라, 명종 때 권신이던 윤원형과 가까운 사이라는 것 때문이었다. 그런 점에서 윤춘년의 정체를 잠시 살펴보면 다음과 같다.

윤춘년은 문정왕후의 동생 윤원형尹元衡의 6촌 동생으로 중종 38년(1543)에 문과에 급제했다. 명종이 즉위하자 윤원형을 위해 그의 형 윤원로尹元老를 제거하는 데 앞장선 뒤에 청요직과 6조의 여러 판서를 두루 맡으면서 정계에서 큰 영향력을 발휘했다.

윤춘년은 학문적으로 정주학을 좋아하지 않고, 유불도儒佛道의 삼교일치三敎一致를 주장하고, 김시습金時習을 추존하여 공자孔子에 비유했으며, 승려 보우普雨를 좋게 보는 등 포용적 자세를 지녔다. 당시 김홍도金弘度, 김계휘金繼輝,[18] 이산해李山海 같은 선비들은 물론이고 서경덕 문인인 허엽許曄, 박민헌朴民獻 등도 윤춘년을 따랐으며, 그의 학문을 따르는 선비들은 그를 성인聖人으로 부르기도 했다.

윤춘년은 이황, 기대승, 조식 등 재야 유학자들을 조정으로 불러들이

---

18 김계휘는 본관이 광산光山으로 사계沙溪 김장생金長生의 부친이다.

는 일에도 적극적이었고, 개혁적인 정책도 적극적으로 추진했다. 예를 들면, 서얼금고를 제한적으로 풀어 주어 과거응시를 허용하고, 민전民田을 침탈하는 둔전屯田의 폐단, 뇌물을 바치고 관작을 얻는 폐단, 남의 노비 탈취, 방납의 폐단 등도 비판했다. 또 권력을 남용하던 정순붕鄭順朋, 이기李芑, 이량李樑 등의 처벌을 건의하기도 했다. 이 밖에도 생원과 진사의 등용, 동전銅錢의 사용을 주장하고, 양천교혼을 막아 양인 남자가 늘어나게 하자고 건의했다.

윤춘년은 권력을 행사하면서도 자신의 사사로운 이득을 추구하지 않고 청렴하게 살았으며, 주색에도 빠지지 않아 염근리廉謹吏와 청백리로 천거되기도 했다. 서경덕이 세상을 떠난 뒤에 화담학파에 속한 학인들 가운데 그를 따르던 선비들이 적지 않았다. 그의 학풍이 서경덕과 비슷한 점이 많기 때문이었다. 문인들은 선조 때 동인에 속한 인사들이 많았다.

그러나 그의 삼교일치 주장은 정주학을 숭상하는 선비들에게는 이단으로 비쳐졌다. 윤춘년은 선조 즉위년에 향년 54세로 세상을 떠났는데, 《명종실록》을 편찬한 선조시대 정주학을 따르는 서인들은 윤춘년을 비판하는 사론史論을 도처에 실었다. 윤춘년과 박민헌의 친교는 기본적으로 학문적인 공감대와 개혁 성향에서 맺어진 것으로 볼 때 이를 박민헌의 결점으로 볼 필요는 없을 것 같다.

명종 7년에 벼슬길에 복귀한 박민헌은 명종 8년에 사헌부 지평持平을 하면서 천문기구인 혼상渾象을 교정하는 일을 맡았는데, 그 공으로 사헌부 장령(掌令; 정4품)으로 승진했다. 명종 9년에는 세종 때 천문시계와 자격루를 합쳐서 만든 흠경각欽敬閣을 중창한 공으로 의정부 사인舍人과 절충장군(정3품 당상관) 호군護軍의 품계를 받고, 사가독서賜暇讀書의 특혜를 받았다. 그가 천문역학에도 밝은 인물이었음을 알 수 있는데 그것도 서경덕의 영향을 받은 것이다. 이때 나이 38세였다.

명종 10년에는 승지를 거쳐 의정부 참찬관(정2품)으로 올랐는데 임금에게 영남 명유 이황李滉과 호남 명유 김인후金麟厚를 조정에 불러들이자고 건의하기도 했다. 김인후는 인종이 세상을 떠나자 벼슬을 버리고 장성長城으로 낙향한 호남의 명유였다. 정조 때에는 정조의 적극적인 추천으로 문묘에 배향되기도 했다. 호남 선비로서는 유일하게 문묘에 배향된 인물이다.

임금은 박민헌의 천문학에 대한 지식을 아껴서 흠경각, 간의대, 보루각과 천문, 지리, 명과학 등을 총괄하는 관상감의 부제조를 겸하게 했다.

명종 10년 윤11月에 그는 사간원 대사간의 언관직을 제수받자 평소에 품었던 국가의 여러 문제들을 거침없이 지적하기 시작했다. 명종 11년 1월에 차자箚子를 올려 시사의 문제점을 지적하고 개혁을 건의했다. 첫째 공도公道가 무너져 인사가 청탁으로 이루어지고, 심지어 여러 지방관에는 각기 매관매직하는 정가定價가 매겨져 있다고 개탄했다. 또 민간 노비들을 투탁시키는 내수사內需司의 폐단을 지적하고, 임금이 경연을 소홀히 한다고 비판했다.

명종 12년 1월에 올린 차자에서도 국가의 재력財力이 고갈되고 언로가 통하지 않으며, 기강이 무너져 공도가 행해지지 않고 있다고 개탄하면서, 마치 중병에 걸린 환자가 큰 침자針刺로 치료하지 않으면 구료할 수 없는 지경에 이른 것과 같다고 진단했다. 이를 시정하는 길은 우선 언로를 여는 것이 첫 번째라고 지적했다. 이런 지적은 당시 재야 명유 조식曹植이 개혁상소를 올리자 임금이 화를 내어 조야의 선비들이 입을 다물고 말하지 않는 풍조에 대한 걱정 때문이었다.

이해 2월에는 명종 10년에 전라도 연안에서 일어난 을묘왜변에 대한 뒷수습으로 조정에서 대마도에 사신을 보내려 하자 이를 반대하는 차자를 올렸다. 대마도는 본래 계림(신라)에 속했던 땅으로서 대대로 우리나라가 먹여 주는 은혜를 입고 살아왔다면서, 오랑캐를 다스리는 방법은 오직 무력만을 사용해도 안 되고, 그렇다고 약점을 보여 업신여김을 당해도 안 되는 것이라고 했다. 과거에는 경제력과 군사력의 힘을 바탕으로 저들을 어루만져 복종을 받았는데, 지금은 경제력도 없고 군사력도 약한 상태에서 사신을 보내 타협하는 것은 저들의 기세를 올려 주는 역효과만 난다고 지적했다.

명종 12년(1557) 8월에 박민헌은 강원도 관찰사로 나갔는데, 대사간 시절에 공격을 받았던 임금의 외척 심통원沈通源 일당이 박민헌을 미워하여 그를 파직했다.

(3) 은거생활 후 선조 때 재기하다

42세 되던 명종 12년(1557)에 파직당한 박민헌은 10년 동안 은거생활을 보내다가 선조가 즉위하자 다시 기용되어 상주목사와 청주목사를 거쳐 선조 3년(1570)에 강원도관찰사로 다시 나갔다. 이때 나이 55세였다. 선조 때 서경덕 문인이던 박순과 허엽 등이 요직을 차지하면서 그를 다시 기용한 듯하다.

그가 10년 동안 은거생활을 할 때의 자세한 행적을 알 수 없으나, 한효윤(韓孝胤; 1536-1580) 등 후학을 가르친 것이 이 무렵이다.[19] 한효윤은 바로 한백겸과 한준겸의 부친이다. 한효윤의 아우는 한효순(韓孝純; 1543-1621)이다. 그도 서경덕 문인 김근공金謹恭에게서 직접 학문을 배웠으므로 자연스럽게 서경덕의 학문을 전수받았다. 그는 왜란 때 삼도체

---

19 한영우, 《나라에 사람이 있구나: 월탄 한효순이야기》(지식산업사, 2016) 참고.

찰부사가 되어 이순신李舜臣에게 군함과 군량, 그리고 수군을 지원해 준 인물로서, 큰 공을 세워 선무공신이 되고, 광해군 때에는 좌의정에까지 올랐으나 근경남인의 영수로 지목되어 이이첨李爾瞻과 갈등을 빚은 인물이다.[20]

그러니까 서경덕의 상수역학을 한씨 일족에게 전수한 인물은 박민헌과 민순, 그리고 김근공 등 서경덕의 문인 세 사람이었다. 이로 보아 서경덕 학문을 가장 적극적으로 받아들인 것이 한씨 일족임을 짐작할 수 있다.

박민헌은 선조 5년(1572)에 사은사로 명나라에 다녀온 뒤 우부승지로 임명되었는데 중국 사신이 왔을 때 왕명을 늦게 전달한 잘못으로 파직되었다가 다음 해인 선조 6년 8월에 전라도관찰사로 나갔다. 선조 7년 7월에는 행정력이 뛰어난 전라도 수령들을 조정에 천거하고, 이어 재야의 유일遺逸로서 나주의 김응기金應期와 무안의 정개청鄭介淸을 천거했다. 정개청은 바로 박순의 문인이기도 했다. 그에 대해서는 뒤에 다시 소개하겠다.

그런데 이해 8월에 도둑을 잡은 수령의 공로를 과장하여 제멋대로 은혜를 베풀어 임금을 속였다고 하면서 사간원과 사헌부, 그리고 홍문관이 함께 박민헌을 탄핵하고 나섰다. 호남 수령 안여경 등이 잡은 도적은 사나운 도적이 아니고 좀도둑에 지나지 않는데, 이를 공로로 인정하여 품계를 올려 준 것은 임금을 속인 일이라는 것이다.

선조는 언관들의 탄핵을 받아들여 그를 파직하고 함경도병마절도사로 내보냈다. 그러자 선조 8년 9월에 또 언관들이 박민헌이 늙고 계략이 부족하여 북병사로서 적합지 않다고 비판하자 임금이 그를 옹호했다.

---

20 한영우, 《나라에 사람이 있구나: 월탄 한효순이야기》.

북병사를 그만둔 박민헌은 한동안 재야에서 보내다가 선조 13년에 다시 기용되어 동지중추부사로서 경연특진관이 되었다. 이때 그는 북방의 유생들이 학문을 하고자 해도 스승이 없어 곤란을 받고 있으니, 성균관, 예문관, 승문원, 교서관 등에 소속된 권지(權知; 임시직)들을 보내자고 건의하니 임금이 허락했다.

선조 14년 2월에 사간원과 사헌부가 박민헌이 선조 3년에 강원도감사로 있을 때 저지른 잘못을 또 들고나와 처벌하라고 청했다. 10여 년 전의 일을 들추어내어 그를 공박한 것이다. 존이라는 자가 제 어미를 죽인 사건이 있었는데, 박민헌이 뇌물을 받고 그를 풀어 주었다는 이유였다. 그러나 임금은 오래전 일이라면서 그를 옹호하다가 파직하고 일시 하옥시켰다가 풀어 주었다. 노수신盧守愼은 박민헌이 일부러 죄인을 풀어 준 것이 아니고, 진상을 잘 몰라서 그랬을 것이라고 변명해 주었다.

3년 동안 은거하던 그는 선조 17년 5월에 이르러 영의정 박순이 박민헌을 다시 등용하자고 임금에게 건의하여 한직인 동지중추원사(종2품)에 임명되었다. 2년 뒤인 선조 19년(1584)에 향년 69세로 세상을 떠났다. 뒤에 청백리淸白吏로 녹선되었다.

박민헌은 서경덕의 《문집》 편찬을 주도하고, 〈신도비명〉을 지을 정도로 서경덕의 수제자 가운데 한 사람이었다. 그러나 그가 뒷날 화곡서원花谷書院에 배향되지 못한 것은 강원감사 시절에 죄인을 풀어 준 혐의로 언관의 탄핵을 받은 까닭이었다. 문집으로 《슬한재집瑟僩齋集》이 있다.

박지화朴枝華가 그의 〈행장行狀〉을 썼는데, 《실록》에 보이지 않는 벼슬 이름이 많이 보인다. 또 그가 관직생활 중에 처벌받은 일은 실제와 다르다고 적극 변명했다. 그가 벼슬할 때 몇 차례 탄핵을 받은 것은, 그의 실책이라기보다는 당색이 다르고 학풍이 다른 서인들의 편협한 시각이 작용한 것으로 보아야 한다.

정처 조씨曹氏는 후사를 보지 못하여 측실에서 6남을 얻었다. 적통 후손이 끊어진 것이다.

(4) 박여헌朴黎獻

박여헌(朴黎獻; ?-1556 이후)은 앞에 소개한 박민헌의 아우다. 박민헌이 1516생이므로 박여헌의 출생연도는 1520년 전후가 될 듯하나, 출생연도와 죽은 해를 알 수가 없다. 다만 아들 박효생朴孝生이 1556년에 태어났으므로 박여헌은 그 뒤에 죽었을 것이다. 경기도 안산安山 출신이고, 묘소도 지금 안산시 단원구 선부동에 있다.

어려서부터 재주가 남달리 뛰어나서 일찍이 서경덕을 찾아가서 학문을 배우고 화담 문인들과 교유했다. 아마도 형과 함께 다녔을 것이다. 과거시험에 뜻을 두지 않았지만 《함양박씨보》를 보면 벼슬이 궁중에서 음식을 만드는 전생서典牲署의 직장(直長; 종7품)과 찰방(察訪; 종6품)에 이르렀다. 학행으로 천거된 듯하나 기록이 없어 자세한 내막을 알기 어렵다.

생몰년을 알 수 없고, 《실록》에도 아무런 기록이 없다. 아마도 일찍 요절한 듯하다. 그 아들 박효생은 선조 때 부사(종3품)를 지내고 광해군 때 성균관 직강(直講; 정5품)을 지냈다. 손자는 박창朴敞으로 군수를 지내고, 증손 박종부(朴宗阜; 1600-1645)는 문과를 거쳐 벼슬이 군수에 이르렀으며, 무덤이 모두 안산에 있다. 형 박민헌이 후사가 끊어진 것과 달리 박여헌의 후손은 번창한 것을 알 수 있다.

뒷날 남인 실학의 대가인 성호星湖 이익李瀷이 안산 출신이라는 것을 고려하면, 박민헌과 박여헌 형제의 학풍이 이익에게도 영향을 주었을 가능성이 있다.

5) 토정土亭 이지함李之菡

(1) 이지함의 가계와 큰형 이지번

이지함(李之菡; 1517-1578)[21]의 문집 《토정유교土亭遺稿》에 실린 이관명李觀命의 〈시장諡狀〉을 보면, 이지함의 본관은 한산韓山으로 고려 말 명유인 목은牧隱 이색李穡의 6대손이다. 5대조 이종선(李種善; 1368-1438)은 의정부 좌찬성을 거쳐 세종 때 중추원사를 지냈고, 고조 이계전(李季甸; 1404-1459)은 세종 때 집현전 직제학을 거쳐 부원군에 오르고, 증조 이우(李堣; 1432-1467)는 세조 때 대사성을 지냈다.

조선 초기에 대대로 문과를 거쳐 고관대작을 지내면서 전성기를 구가했던 이지함의 선대는 할아버지 이장윤(李長潤; 1455-1528) 이후로 가세가 기울어지기 시작했다. 이장윤은 과거를 거치지 않고 문음으로 출사했기 때문에 높은 벼슬을 하지 못하고 여러 고을의 현감(종6품)을 지내는 데 그쳤다. 일반적으로 대대로 문음으로 출세하는 후손들은 공부를 게을리하여 가세가 기울어지는 경우가 많았다.

이장윤은 네 아들을 두었는데 장남은 이질(李秩; 1473-1560)로서 문음으로 군수를 지내고, 차남은 이치(李穉; 1477-1530), 3남은 이온李穩으로 현감을 지내고, 4남은 이정李程으로 부호군을 지냈다. 4형제가 모두 낮은 벼슬에 머물렀다.

차남 이치가 바로 이지함의 부친인데, 28세 되던 연산군 10년(1504) 갑자사화에 작은할아버지 이파(李坡; 1434-1486)가 폐비윤씨의 죄를 비판한 죄로 부관참시당했는데, 이에 연좌되어 이치도 진도珍島로 유배 갔

---

21 이지함에 관해서는 신병주, 《토정 이지함평전》(글항아리; 2008) 참고.

다가 중종반정 뒤 풀려나서 중종 2년(1507)에 사마시에 급제하고 학행으로 천거되어 벼슬길에 올랐다. 한성부 참군(參軍; 정7품)에서 시작하여 의금부 도사(종5품)를 거쳐서 우봉현감(종6품)과 수원 판관(종5품)을 지내다가 병으로 낙향한 뒤에 중종 25년(1530)에 향년 54세로 세상을 떠났다.

이치는 문과에 급제하지 못하여 낮은 벼슬에 그쳤으나, 깨끗한 선비의 길을 걷다가 세상을 떠났는데, 슬하에 네 아들을 두었다. 이지영李之英, 이지번(李之蕃; 1508-1575), 이지무李之茂, 그리고 이지함(李之菡; 1517-1578)이다. 맏아들 이지영은 어렸을 때 요절하여 대가 끊어져서[22] 《족보》에서 삭제되었다. 그래서 둘째 아들 이지번이 장남 노릇을 했다. 이지함보다 9세 연상이다.

이지함은 14세에 아버지를 여의고, 16세에 어머니마저 여의어서 고아의 처지가 되었는데, 큰형 이지번의 보호를 받고 학문을 배우면서 성장했다. 이지번은 아버지가 생존해 있을 때에도 이지함을 가르쳤다.

그러면 이지번은 어떤 인물인가? 그는 선조 8년(1575) 12월에 내자시정(內資寺正; 정3품 당하관)으로 세상을 떠났는데, 그의 〈졸기卒記〉가 보인다. 그 〈졸기〉를 보면, 이지번은 어려서부터 효성이 지극하여 모친이 병들자 다리를 찔러 피를 뽑아 약에 타서 마시게 하니 병이 나았다고 한다. 유생으로 지내는 동안 중종 때 권신이던 김안로(金安老; 1481-1537)의 미움을 받아 여러 옥사獄事에 화를 입고 해도海島로 유배당했다가 김안로가 중종 32년(1537)에 진도珍島에서 죽자 풀려났다고 한다. 이때 30세였다. 성균관에서 그를 재랑(齋郞; 종9품)으로 천거했으나 나가지 않았다.

---

22 《씨족원류》의 〈한산이씨보〉를 보면, 이치의 맏아들은 이지영李之英으로 후사가 없다고 기록되어 있다.

39세 되던 명종 원년(1546)에 진사시에 급제했으나, 전해 일어난 을사사화乙巳士禍에 실망하여 고향 보령으로 낙향했다. 그 뒤 명종 6년(1551)에 문음으로 천거되어 공노비를 관리하는 장례원掌隸院의 사평(司評; 종6품)에 제수되었다. 이 무렵 이지번의 아들 이산해(李山海; 1539-1609)가 10대 소년으로 신동神童이라는 소문이 자자하자, 당시 문정왕후 아우로 실권을 장악하고 있던 윤원형尹元衡이 이산해를 사위로 삼고자 했다. 그러나 이지번은 횡포를 일삼는 윤원형을 피하고자 벼슬을 그만두고 아우 이지함과 더불어 담양 구담龜潭으로 내려가 집을 짓고 살면서 학문에 힘쓰고 마음을 닦았다. 이때 이지함은 30대 중반이었다.

구담에 은거할 때 이지번의 기행이 나타났다. 그는 항상 청우(青牛; 흑소)를 타고 강가를 왕래했으며, 구담의 두 봉우리에 칡으로 만든 줄을 걸고, 학처럼 생긴 물건을 매달아 이를 타고 오르내렸다. 그래서 사람들은 이지번을 일러 '구담신선'이라고 일컬었다. 이때 소문을 들은 퇴계 이황이 찾아와서 성리학을 공부하라고 당부하고 갔다고 한다. 그러나 이지번은 성리학보다는 천문, 지리, 점복 등 기술학에 오히려 관심을 두고 있었다. 이지함의 기행도 형님의 기행을 닮은 듯하다.

선조가 즉위하여 선비들을 우대하자 이지번은 다시 벼슬길에 나와서 청풍군수(清風郡守; 종4품)를 역임했는데 평판이 매우 좋았다. 그 뒤 내자시정(內資寺正; 정3품 당하관)에까지 올랐다가 선조 8년(1575)에 세상을 떠났다. 향년 68세였다. 평생을 권신들을 멀리하면서 깨끗하게 살다 간 선비였다. 이지번의 아들 이산해(李山海; 1539-1609)는 선조 후반기에 영의정에 올랐는데, 이지함은 조카 이산해를 무척 아끼고 학문을 가르쳐서 형님의 은혜에 보답했다.

이치의 셋째 아들이자 이지번의 바로 아우가 이지무李之茂였는데 생몰년을 알 수 없다. 진사에 급제했으나 벼슬을 하지 못했다. 그 아들이 선조 때 판서를 지낸 이산보(李山甫; 1539-1594)이다. 이산보는 어렸을 때 아버지를 여의고, 숙부인 이지함을 아버지처럼 따르면서 학문을 배웠다. 이지함은 두 형을 대신하여 이산해와 이산보 두 조카를 가르치는 데 정성을 쏟아 큰 인물을 만들었다. 그러나 자신의 네 아들은 제대로 키우지 못하고 모두가 불행한 삶을 살았다.

이치의 넷째 아들이자 막내아들인 이지함이 태어난 것은 중종 12년 (1517) 9월이었다. 출생한 곳은 고향인 보령保寧으로 보인다. 부친 이치가 병으로 벼슬을 그만두고 낙향했을 때이다.

(2) 과거 준비하다 포기하다

이지함은 어려서 공부를 하지 않았는데, 5세 무렵부터 큰형 이지번이 독려하여 공부를 시작했다. 공부를 하지 않았다는 것은 놀기를 좋아했다는 뜻일 것이다. 밥을 손으로 먹고 허름한 옷차림으로 살게 된 것도 어쩌면 어려서 시작된 버릇이 아니었을까 싶다. 그러나 이런 식습관은 가난한 서민들이나 노비들의 버릇을 보고 배웠는지도 모른다.

몇 살 때인지는 확실치 않으나 왕실 후궁의 후예로서 모산수(毛山守; 종4품)의 직함을 가지고 있던 이정랑(李呈琅; ?-1550)의 딸을 아내로 맞이했다. 당시 관례로 본다면 17-20세 무렵이었을 것으로 보인다.

그런데 조카 이산해李山海가 쓴 이지함의 〈묘갈명墓碣銘〉을 보면, 결혼한 다음 날 집을 나갔다가 저녁에 돌아왔는데, 새로 지어 입은 도포도 없이 돌아와서 처갓집 사람들이 그 이유를 물었더니, 홍제교弘濟橋를 지나다가 세 거지 아이가 추위에 떨고 있는 것을 보고 입은 도포를 찢어서 나누어 주었다고 했다. 불쌍한 사람을 동정하는 그의 범상치 않은 기행이 벌써 나타나고 있었다.

결혼 뒤부터 평소 독서를 별로 하지 않던 이지함이 갑자기 태도를 바꾸어 아침부터 저녁 때까지 광릉(廣陵; 광주) 촌장村庄으로 가서 노비를 보내 산에 가서 등잔 기름을 마련해 오게 했다. 장인이 이지함의 지나친 독서를 염려했다는 것을 보면 이 집은 장인의 별장인 듯하다. 이지함은 서울에 집이 없었으므로 처가살이를 잠시 한 듯하다.

장인의 만류에도 아랑곳하지 않고 이지함은 스스로 도끼를 들고 산으로 들어가서 소나무를 베어나가 집 마당에서 대우지 연기와 화염이 가득 차서 사람들이 모두 피했다. 그러나 이지함은 혼자 단정하게 앉아서 책 읽기를 게을리하지 않았다. 그 결과 1년여 만에 경사자집經史子集과 제자백가의 책들을 거의 다 읽고 장차 과거 치를 준비를 하고 있었다. 아마도 큰형 이지번의 독려도 있었을 것이고, 가장으로서의 책임감도 컸기 때문인 듯하다.

그런데 어느 날 이웃에 사는 사람이 과거에 급제하여 잔치와 놀이를 베푸는 것을 보고, 이를 천하게 여겨 과거 준비를 그만두었다. 그 뒤에 과거 시험장에 나갔지만 글을 짓지도 않고, 또 지은 글도 시관試官에게 바치지 않았다. 사람들이 그 이유를 묻자 "사람마다 좋아하는 것이 다르다. 나는 이것을 즐긴다. 쉬고 싶지만 할 수 없다."고 하면서 그들을 조소했다. 마지 못해 시험장에 들어가서 과거시험 자체를 조롱한 셈이다.

(3) 형님 이지번의 불행을 보고 서경덕 문하로 들어가다

큰형 이지번이 김안로에게 미움을 받아 귀양 갔다가 30세 되던 중종 32년(1537)에 풀려난 그해에 이지함은 21세가 되었다. 이 무렵 그는 책 상자를 짊어지고 개성으로 49세 무렵의 서경덕을 찾아가 역학易學을 비롯한 학문을 배우기 시작했다. 기록을 보면, 이지함이 서경덕을 찾은 것은 '묘세妙歲'라고 한다. 스무 살 안팎이라는 뜻이다. 형님 이지번의 권유가 있었던 듯하다. 형님의 곤욕을 보면서 벼슬에 대한 애착을 더욱 멀리한 것이다. 이때 서경덕은 서울과 개성을 왕래하면서 문과시험을 준비하고 있었다. 이지함이 서경덕에게 학문을 배울 때 하숙집 여인의 유혹을 물리쳐 서경덕을 감동시킨 일화가 〈야사野史〉에 실려 있는데, 이미 앞에서 소개했으므로 생략한다.

서경덕은 여색을 가까이하면 학문이 무너지고 세속의 이욕에 빠지게 된다고 굳게 믿고 있어서 제자들을 만날 때마다 이 점을 강조해 왔다. 황진이가 서경덕을 유혹하다가 실패했다는 이야기도 거짓이 아니다. 선생은 이지함의 반듯한 행동을 보고 더 이상 가르칠 것이 없다고 판단한 것이다. 이지함도 뒤에 아들과 조카들에게 항상 훈계하기를 "여색을 가까이하지 말라. 여색을 물리치지 못하면 다른 것은 볼 것도 없다."고 가르쳤다. 모든 나쁜 사욕私欲이 여색으로부터 시작된다는 것을 이지함은 깨치고 있었다.

이때 이지함이 찾아간 서경덕의 집은 탁타교 부근에 있던 본가로 보인다. 이때는 아직 화담서재를 짓기 직전이었다. 서경덕으로부터 그는 수학數學, 천문, 지리, 점복占卜, 의약醫藥, 도술道術 등을 배웠기 때문에 주자학자와 다른 방외인의 길을 걸어갔다. 주자학자들은 이런 학문을 잡학雜學으로 천시했으나, 이지함은 오히려 주자학은 사람의 자유를 구속한다고 믿었다. 그 자유는 학문의 자유와 행동의 자유를 모두 포함하고 있었다. 그렇다고 남에게 해를 끼치는 방종을 의미하는 것은 아니었다.

서경덕으로부터 학문을 배우고 보령으로 돌아온 그는 후생을 가르치면서 생계를 유지했다. 이지함이 26세 되던 무렵에 20리 밖에 살던 6세 연하의 천민 서기(徐起; 1523-1591)가 거의 날마다 찾아와서 학문을 배웠다. 당시 서기는 20세 무렵이었다. 집이 너무 가난하여 말이 없어서 타지 못하고 걸어 다녔다고 한다. 서기는 이지함이 키워 낸 첫 번째 제자였는데, 뒤에 지리산과 계룡산에 들어가 후학을 가르쳐 큰 학자로 성장했다. 아호가 고청孤青인데, 계룡산의 봉우리 이름에서 따온 이름이다.

(4) 명종 때 안명세와 장인의 죽음을 보고 기인 행세를 하다

이지함이 29세 되던 해 명종이 즉위하자 소윤파가 대윤피를 숙청하는 을사사화乙巳士禍가 일어나고 그 뒤에도 선비에 대한 탄압이 계속되었다. 이때 깨끗한 젊은 선비 안명세(安明世; 1518-1548)가 을사사화의 내막을 〈시정기時政記〉로 기록하여 이기李芑, 정순붕鄭順朋 등 권신들을 비난한 것이 문제가 되어 명종 3년(1548)에 사형을 당했다. 31세의 젊은 나이였고, 이지함은 32세였다.

뒷날 이지함의 제자 중봉重峯 조헌(趙憲; 1544-1592)이 선조 임금에게 올린 상소문을 보면, 안명세가 처형당한 것을 본 이지함은 바다와 섬을 돌아다니면서 거짓 미치광이로 세상을 도피했다고 말했다.[23] 그러니까 사화의 여파가 자신에게도 미칠지 모른다는 위험을 피하고자 쓴 도피방법이었다는 것이다.

그러나 이지함의 기인행각은 그런 이유만은 아니었다. 명종 4년(1549), 33세가 된 이지함을 더욱 위기로 몰아넣는 사건이 또 일어났다. 장인 이정랑이 모역사건에 연루되어 형장刑杖을 받다가 세상을 떠난 것이다. 명종 2년에 이기李芑와 정순붕鄭順朋 등 소윤파 권신들을 비난하는 양재역벽서良才驛壁書 사건이 일어났을 때 대윤파 윤임의 사위인 이홍윤李洪胤이 이정랑을 임금으로 추대하는 역모를 꾸몄다고 이홍윤의 형 이홍남

---

23 《선조수정실록》 선조 19년 10월 1일자 조헌의 상소문 참고.

李洪男이 고발했다. 두 사람은 형제간이었으나 서로 사이가 나빠 형이 아우를 고발한 것이다.

이 사건으로 이정랑이 연루되어 체포된 뒤 장형을 받다가 세상을 떠났다. 이 사건은 이지함에게는 엄청나게 큰 충격이었다. 자칫하면 자신도 역모에 연루되어 목숨을 잃을 수도 있었기 때문이다. 이 사건이 터지기 전에 점복술에 능했던 이지함은 처갓집에 액운이 있다는 것을 예견했다. 그래서 이를 미리 제거하지 않으면 화가 자신에게 미칠 것이라고 형 이지번에게 말하고는 처자를 거느리고 보령保寧으로 내려갔는데 마침내 그 예언대로 그다음 해 사건이 일어났다고 한다.[24]

설상가상으로 명종 때 이지함 형제를 곤란에 빠뜨린 사건이 또 일어났다. 소윤파 권신 윤원형尹元衡이 이지번의 아들 이산해(李山海; 1539-1609)가 신동으로 알려지자 사위로 삼고자 했다. 악명 높은 윤원형과 사돈이 되는 것을 피하고자 이지번은 즉시 문음으로 얻은 장례원 사평(司評; 정6품)의 벼슬을 버리고 아우 이지함과 함께 충청도 단양丹陽으로 내려와 구담龜潭 부근에서 학문을 닦고 신선처럼 살아서 사람들이 '구담신선'으로 불렀다는 이야기는 앞에서 이미 설명했다.

이지함 형제가 이곳으로 온 정확한 시기는 알 수 없으나, 이산해의 혼담이 오간 것이 15세 전후일 것이므로 대체로 명종 8년(1553) 무렵일 것이다. 그렇다면 이지함의 30대 중후반 무렵 일이다. 윤원형이 죽은 것이 이지함이 49세 되던 명종 20년(1565)이므로 그때까지는 도피생활이 계속 이어졌을 것이다. 단양에서만 머물지 않고, 전국을 유람하면서 장사를 하기도 하고, 배를 타고 서해안의 여러 섬들을 돌아다니면서 곡식

---

24 이산해가 지은 〈이지함묘갈명〉에는 이정랑이 죽은 시기를 이지함이 시골로 내려간 '그 다음해'로 되어 있으나, 《선조수정실록》 이지함 〈졸기卒記〉에는 '그 다음날'로 되어 있다. 이산해의 묘갈명이 옳을 듯하다.

이나 채소를 심어 육지에 내다 팔기도 하면서 가난한 사람들을 도와주는 일을 한 것으로 보인다.

야사에 수없이 보이는 이지함의 기행奇行이 나타난 것이 이 시절일 것이다. 반쯤은 자신을 보호하고자 미치광이처럼 보이도록 한 의도된 연출일 수도 있고, 반쯤은 몸에 배인 자유분방한 성품이 그대로 표출된 것이기도 할 것이다.

(5) 선조 즉위 후 마포생활: 조헌과 사제관계를 맺다

이지함이 51세 되던 해 선조가 즉위하여 권신들이 사라지고 선비들이 우대받을 때까지 이지함 형제의 행적은 도피생활로 점철되었다. 그러나 선조가 즉위한 뒤에는 더 이상 도피할 필요가 없어졌다. 그래서 서울에 터전을 만들고 상업에 종사하면서 빈민을 위한 자선사업에 종사하고, 다른 한편으로 장안의 깨끗한 선비들과 만나 마음 놓고 학문과 시국을 논하고 싶었을 것이다.

이지함은 먼저 상업입지 조건이 가장 좋은 마포麻浦에 토정土亭을 짓고 살았다. 제대로 된 집을 마련할 여력도 없었을 것이다. 그러나 이지함이 항상 토정에만 머문 것은 아니었다. 때로는 남소문동25에 있는 집에 우거하기도 했다.26 선조 7년(1574)에 태천苔泉 민인백(閔仁伯; 1552-1626)이 남소문동 인가에 우거하고 있던 이지함을 찾아가서 절하고 대화를 나눈 일이 있었다. 이지함은 아침 술을 들어 얼굴이 붉어져 있었는데, 연신 귀밑 털을 위로 쓸어올리면서 말하기를 "이 병은 유래가 있

---

25 남소문동은 지금의 장충동에 해당한다. 여기서 한강 나루터로 가는 지름길이 있었다.
26 민인백閔仁伯의 《태천집苔泉集》.

는데 귀가 매우 아프다."고 했다. 그 유래가 무엇인지 모르나 혹시 바닷가에 자라면서 수영을 많이 하여 얻은 병인지도 모른다. 그는 파선되어 물에 빠진 사람을 바닷속까지 깊이 잠수하여 구해 준 일이 있었다.

이지함은 상업을 좋아했기 때문에 원래 한곳에만 정착하면서 살지 않고 보령과 서울을 오가고, 또 서울에 있을 때는 남소문동 하숙집과 토정을 오가면서 살았다.

선조가 즉위한 뒤에 형 이지번도 벼슬을 다시 받았다. 단양에서 가까운 청풍淸風의 군수(郡守; 종4품)에 임명되었는데, 깨끗한 정치를 베풀어 백성들의 칭송을 받았다. 그는 선조 8년(1575)에 향년 68세로 세상을 떠났다. 이지번이 세상을 떠나자 이지함은 고향에서 올라와 부모처럼 3년 간 심상心喪[27]을 했다. 사람들이 그 이유를 묻자 이지함은 큰형이 학문을 가르쳐 주었기 때문에 스승과 같다고 말했다.

이지함이 토정에 있을 때 제자가 되고자 찾아온 선비가 있었다. 선조 4년(1571)에 28세이던 중봉重峯 조헌(趙憲; 1544-1592)[28]이 김포에서 찾아왔다. 이지함은 조헌의 그릇이 큰 것을 보고 "나한테 배우지 말고 율곡 이이李珥, 우계 성혼成渾, 구봉 송익필宋翼弼을 찾아가서 배우라."고 말했다. 사실은 조헌이 이지함을 찾아오기 전에 파주에 살고 있던 그분들에게 학문을 배운 일이 있었는데, 이지함의 말을 듣고 다시 세분을 찾아갔다.[29] 그러나 조헌은 끝까지 이지함을 스승으로 모셨다. 조헌은 뒤에 자신의 스승은 이지함, 율곡, 우계 세 분이라고 공언했다. 실제로 조헌의 행실과 학문은 이지함을 가장 많이 닮았다. 특히 점복占卜을 잘하

27 심상은 상복을 입지 않고 상주처럼 행동하는 것을 말한다.
28 조헌은 본관이 배천白川으로 김포에서 살았는데, 집이 가난하여 농사짓고 땔나무 하면서도 먼 곳에 있는 학교를 하루도 빠지지 않고 다녔다.
29 《중봉집重峰集》의 〈연보年譜〉 참고.

여 임진왜란이 일어날 것을 예견하고 가족들을 미리 피난시키기도 했다.

다음 해인 선조 5년(1572) 6월에 교서관 정자(正字; 종9품)로 있던 조헌은 임금이 불사佛事를 하려고 하자 이를 반대하는 상소를 올렸다가 미움을 받아 파직되었다. 이때 이지함은 조헌을 데리고 지리산에서 학문을 닦고 있던 제자 서기徐起를 찾아갔다. 먼저 부여의 백마강가에 있는 사찰(고란사)에서 조헌과 만나 함께 떠났는데, 몇 달 동안 서기와 더불어 학문을 토론하고 돌아왔다. 가는 도중에 연산(連山; 論山)을 거쳐 갔는데, 이지함이 갑자기 말을 달려 어느 집을 지나갔다. 조헌이 이상하게 여겨 그 이유를 물었더니 이지함은, "저 집은 선량한 사람을 해친 김개金鎧[30]의 집이어서 나도 모르게 빨리 통과했다."고 말했다. 김개는 조광조를 비판한 인물이었기 때문이다.

조헌과의 만남은 그 뒤에도 계속 이어졌다. 선조 9년(1576)에 조헌이 33세로 통진현감通津縣監으로 있을 때 이지함이 마포에서 배를 타고 찾아가서 민심이 좋지 않은 것을 이야기하고 며칠 동안 묵었다가 돌아왔다. 그 뒤 선조 11년(1578)에 조헌은 무슨 일로 파직되어 통진 부근의 부평富平으로 귀양을 갔는데, 이때 부친상을 당했다. 그러자 이지함이 찾아가서 조문했다. 그때 혜성이 나타나자 조헌이 길흉을 물었더니 이지함은 이렇게 말했다.

"(이 별은) 꼬리는 짧고 속도는 느리므로 15년 뒤에 천리에 걸쳐 피가 흐를 조짐이오. 그전에 그대가 만약 옛사람의 책을 많이 읽어서 임금에게 재앙을 막을 방도를 권한다면 흉변凶變을 길吉하게 만들고, 백성들이 혜택을 입을 수 있을 것이오. 요새 월정(月汀; 尹根壽)이 편찬한 포은 정몽주

---

30 김개는 기묘사화 때 조광조를 비판하여 선비들의 미움을 받은 인물이었다.

의 화상을 보니 그대와 매우 비슷하게 생겼소. 신하된 자의 충효가 포은
처럼 된다면 죽어도 유감이 없을 것이오. 다만 친구께서는 가난하여 부모
를 봉양할 재물이 없는 것이 걱정스럽소."

이지함은 10여 년 뒤에 일어날 임진왜란의 재앙을 예언하고, 조헌이
충신으로 죽을 수도 있다는 것을 예견했던 것이다. 이 이야기는 《중봉
집》의 〈연보〉에도 보인다. 사람들은 조헌이 너무 오활하여 큰 인재가
아니라고 했으나, 이지함은 조헌이야말로 안빈낙도하면서 임금과 나라를
사랑하는 큰 인재인데, 두고 보면 내 말이 맞을 것이라고 사람들에게
말했다. 이지함의 예언은 모두가 들어맞았다.

조헌도 이지함을 닮아 점복에 능하여 왜란이 일어날 것을 미리 예견
하고 가족들을 피난시켰다.

(6) 포천현감을 지내다

이지함이 처음으로 벼슬을 받은 것은 선조 6년(1573)이었다. 57세 때
일이다. 이해 6월 5일에 학행學行으로 전 참봉 조목趙穆, 학생 이지함,
생원 정인홍鄭仁弘, 학생 최영경崔永慶, 김천일金千鎰을 6품으로 제수했다.
이때 이지함은 보령에 있다가 형 이지번이 병들어 위문차 올라왔다가
그 소식을 듣더니 귀를 씻고 내려가 버렸다. 벼슬을 내리면 임금을 만
나 인사를 올리고 떠나는 것이 예절이었으나, 인사도 드리지 않고 떠나
가자 벼슬이 취소되었다.

그러나 정부에서는 이해 8월에 다시 포천현감(抱川縣監; 종6품)을 제
수하자 이번에는 받았다. 지방 수령은 백성을 직접 보살피고 다스리는
자리이기 때문에 비록 직책은 낮아도 중앙정부의 6품직보다는 낫다고

생각하여 받았다. 어느 정도는 자신의 포부를 펼 수 있는 기회라고 여겼다. 그러나 1년 남짓 된 다음 해 8월에 벼슬을 그만두고 고향으로 돌아왔다. 짧은 기간이었지만 그가 한 일은 적지 않았고, 재미있는 많은 일화를 〈야사〉에 남겼다.

그는 포천현감으로 부임할 때 관복을 입지 않고 무명옷에다 짚신을 신고 천으로 만든 모자를 쓰고 출근했다. 첫 출근부터 파격적이었다. 관청 사람들이 음식을 올리자 이지함은 자세히 쳐다보다가 수저를 놓고 먹지 않았다. 아전들이 깜짝 놀라 무릎을 꿇고 말하기를, "우리 읍에는 토산물이 없어서 맛있는 음식이 없습니다. 다시 올리겠습니다."라고 했다. 잠시 뒤에 성찬을 만들어 다시 올리자, 이지함이 또 자세히 응시하더니 먹지 않았다. 그러자 아전들이 놀라고 두려워서 "죄를 지었습니다."고 말했다.

이지함은 그제야 입을 열었다.

우리나라 백성들이 곤궁하고 고통스러움이 지극한데도 모두 앉아서 먹고 마시는 것이 이렇게 절제가 없다. 나는 음식을 먹을 때 식기食器를 사용하는 것을 싫어한다.

이어 다섯 가지 잡곡을 섞어서 밥 한 그릇과 채소 한 그릇만 지어서 모자에 담고, 모자 갑匣에다 올려서 가져오라고 아전에게 명했다. 이지함의 식습관은 거지들과 거의 비슷하여 보통 때는 손에다가 밥과 반찬을 올려놓고 먹기도 했다.

다음 날, 포천현의 품관品官[31]들이 인사하러 오자, 마른 채소를 넣은

31 품관은 은퇴한 벼슬아치나 산직벼슬을 받은 사람들을 말한다. 곧 품계는 있지만

죽을 끓여서 대접했다. 품관들이 관(冠)을 벗고 수저를 들자 먹기만 하면 토했다. 그러나 이지함은 이를 다 먹었다. 그 뒤 이지함이 벼슬을 버리고 돌아올 때 읍민들이 길을 막고 가지 말라고 막았다고 한다.

이지함이 수령으로서 지켜본 포천현은 거의 절망적인 상태였다. 마치 어미를 잃고 추위에 떨고 있는 거지아이 같다고 비유하면서 포천현민의 참상을 알리는 긴 상소문을 지어 임금에게 올렸다. 포천현의 한 가지 어려운 사례를 다음과 같이 소개했다.

신이 일찍이 마을에 나갔다가 40세쯤 되어 보이는 한 여인이 문 앞에 앉아 있는 것을 보았는데, 얼굴에 수심이 가득 차 있었습니다. 신이 그 이유를 물으니, 이렇게 말했습니다. "집에 메마른 땅이 조금 있었는데, 지난해 흉년이 들어서 조석 식량이 끊어진 지 오래 되었습니다. 남편이 배고파하는 것을 차마 볼 수가 없어서 야채를 삶아서 주었더니 남편은 억지로 두어 번 삼키고는 탄식하면서 "더는 삼킬 수가 없다."며 먹지 않았습니다. 그다음 날과 또 그다음 날도 이와 같았습니다. 열흘 뒤에 남편은 병이 들어서 죽었습니다." 그 여인은 설움이 복받쳐 울면서 말을 맺지 못했습니다. 조금 뒤에 마음이 진정되자 또 말하기를, "저의 기혈(氣血)도 이미 쇠약해져서 세 살 된 아이가 젖을 달라고 보채지만 젖을 주지 못한 지가 오래되었습니다. 단오날 밤에 아기는 손발을 떠는데 마치 추운 겨울에 떠는 것처럼 보였습니다. 그래서 놀라서 일어나 손을 입에 대보았더니 이미 기절한 상태였습니다. 방안으로 뛰어 들어가서 항아리 바닥을 손으로 쓸었더니 쌀이 몇 톨 집혀 급히 씹어서 물을 섞어 입에다 넣었더니

실직이 없는 사람들로서 유향소(留鄕所; 鄕廳)에서 좌수(座首)나 별감(別監)을 맡아 자치를 하면서 수령을 돕는 일을 하는 사람들이다.

조금 있다가 숨이 되살아났습니다. 그러나 앞으로 며칠이나 더 살지 모르겠습니다." 이렇게 말하면서 아낙네는 계속 울었습니다. 신은 그 말과 그 모습을 보고는 저도 모르게 눈물이 흘러내렸습니다. 이것은 한 사람의 딱한 여인이지만, 흉년이 들면 고을 사람들이 모두 구렁텅이에 빠지게 될 것입니다.

이지함은 포천고을의 참상을 이렇게 보고하면서, 다음과 같이 그 대안을 제의했다.

산과 들의 공터에 버려진 은銀은 무엇이 아까워서 금지하고 주조鑄造하지 못하게 합니까? 능곡陵谷에 매장되어 있는 옥玉은 무엇이 아까워서 금지하고 채취하지 못하게 합니까? 바닷속에 있는 무궁무진한 물고기는 무엇이 아까워서 금하고 잡지 못하게 합니까? 염분이 있는 땅의 무진장한 물은 무엇이 아까워서 소금을 굽지 못하게 합니까? 개인이 모리謀利하는 것은 불가하다고 하지만, 현읍縣邑에서 하는 모리는 만민의 목숨을 구제하는 것이니 진실로 금지해서는 안됩니다.

또 무릇 물산은 해당 군에서만 취하고, 다른 군읍에 있는 물산은 항상 금하여 취하지 못하게 하는 것은 잘못이 아닌가요? 비록 도가 다르고 군郡이 다르다고 하더라도 모두 왕토王土가 아닌 것이 없습니다. 포천은 바다가 없으니 다른 지역에서 해산물을 취하는 것이 어찌 불가하겠습니까?

이지함은 포천현의 식량 문제를 해결하고자 백성들이 자유스럽게 은銀과 옥玉 등의 광물을 채취하여 이득을 취하고, 바다에서 물고기와 소금 등 해산물(海物)을 채취하도록 허가하여 그 이득으로 식량을 바꾸도록 하는 방법을 제안한 것이다. 그러면서 국부민안國富民安을 위한 세 가지 대책을 건의했다. 이 대책은 포천현에만 해당되는 것이 아니라 국가 전체의 해결책이라고도 말했다.

세 가지 대책은 인심人心, 전조銓曹, 육해陸海이다. 인심은 도덕을 보관하고 있는 창고이고, 전조는 인재를 담고 있는 창고이고, 육해는 백 가지 용도를 담고 있는 창고이다. 따라서 정치가 도덕의 창고를 활짝 열면 인심을 얻어서 나라가 편안해지고, 전조가 전국의 인재의 창고를 활짝 열어서 등용하면 백성이 기뻐서 환호하고, 육해의 창고를 활짝 열면 재리財利가 늘어나서 나라와 백성이 잘살게 된다고 했다.

이지함은 그 가운데 포천군의 시급한 문제로서 육해陸海의 창고를 먼저 거론했다. 곧 재화와 식량 문제다. 포천은 양정良丁이 겨우 수백 명이지만, 공사公私 노비와 노약자가 1만 명을 내려가지 않는다고 했다. 포천군이 보유한 식량이 5천 석 정도인데, 여기서 전세田稅, 종자곡, 공납을 바치고 나면 남는 것은 1천 석도 안되니 이것을 가지고 1만 명을 먹일 수는 없는 일이다. 더욱이 해마다 변장邊將과 야인野人들을 먹이는 비용이 100여 석이 되므로 10년 뒤에는 1천 석이 되어 원곡이 모두 바닥이 난다고 지적했다.

이를 구제하려면 경창京倉의 곡식이나 부유한 군읍의 식량을 옮겨다가 먹이는 방법을 쓰고 있지만, 제한된 식량으로 전국의 빈민을 모두 구제하기는 어렵다. 따라서 포천이 스스로 자급자족할 수 있는 대안으로 앞에서 말한 것처럼 은銀이나 옥玉을 백성이 자유롭게 채취하도록 허용하고, 어업漁業과 염업鹽業을 자유롭게 하여 역시 그 이익을 관과 백성이 나눌 것을 제안했다. 그렇게 하면 백성도 나라도 이득을 얻는 길이된다.

포천군이 아닌 전라도 만경현에 양초洋草라는 어장이 있는데 소유주가 없으므로 여기서 고기를 잡도록 허용하고, 또 황해도 풍천부에는 초도椒島라는 무인도가 있으니 여기서 소금을 구워서 팔도록 하자고 제안했다. 비록 두 지역이 포천군 소속은 아니지만 전국은 어디나 왕토王土이므로 그 이용을 허용해야 한다고 주장했다. 이렇게 한다면 포천군의 식량 문제는 스스로 해결될 것이다.

이지함은 원래 재리財利라는 것은 나쁘게 쓰면 이욕利慾이 되지만, 잘 쓰면 덕의德義가 되는 것이니, 재리로써 백성을 구제해야 한다고 강조했다.

그러나 이지함이 올린 상소는 국가에서 받아들이지 않았다. 상업이나 어업, 광업, 염업 등을 허용하면 노력에 견주어 이득이 적을 뿐 아니라, 본업本業인 농업을 망칠 우려가 있다는 것이 위정자들의 일반적인 생각이었다. 그러나 이지함은 본업本業과 말업末業이 서로 보완관계를 가지므로 어느 한쪽에 치우쳐서는 안 된다고 굳게 믿었다. "본업으로써 말업을 다스리고, 말업으로써 본업을 보충해야만 백 가지 용도가 풍족해진다."고 거듭거듭 강조했다.

정부의 반대에 실망한 이지함은 단기적인 대안으로 포천군민이 쉽게 할 수 있는 일부터 착수했다. 포천군의 사농공상士農工商이 모두 자기 분야에서 '부지런히' 참여하여 의식衣食을 스스로 해결하라고 가르쳤다. 우선 부지런하기만 해도 굶어 죽지 않는다고 보았다. 백성 가운데 가장 무능한 사람에게는 볏짚을 주고 짚신을 만들어 팔게 했다. 그랬더니 하루에 10개를 만들어 파니 수개월 동안 먹을 양식을 조달할 수 있었다. 백성들이 절약에 힘쓰면서 사농공상의 직업에 골고루 나아가 부지런히 종사하면 생활이 나아질 수 있다는 것이 그의 신념이었다.

(7) 아산현감으로 복무하다 세상을 떠나다

선조 7년 8월에 포천현감을 그만두고 서울로 돌아온 이지함은 마포에 이미 지어 놓은 토정土亭에 거처하면서 고향도 오가고, 때로는 남소문南 小門에 있는 집에도 왕래하면서 지냈다.

이렇게 4년 동안을 백수로 지내면서도 많은 명사들과 제자들을 만나 면서 수많은 일화를 남겼다. 그 이야기는 뒤에 다시 하겠다. 62세 되던 선조 11년(1578) 5월에 충청도 아산현감牙山縣監을 제수받았다. 고향 보 령에서 가까운 지역이다. 비록 작은 고을이지만 아마도 백성과 나라를 위한 마지막 봉사로 여긴 듯하다.

아산현감으로 부임한 그는 무엇보다 군정軍政의 폐단을 가장 절실한 문제로 인식하고 그 개혁을 청하는 상소를 올렸다. 한 마디로 군액軍額 을 과다하게 책정하여 나이 70이 넘어도 군역을 지고, 도망간 일족一族 의 군역까지 떠맡고 있다는 것이다. 양인良人 장정壯丁뿐 아니라 관노비 들도 마찬가지로 자기 신역身役만 지는 것이 아니라 일족의 신역까지 지고 있고, 여자들도 자기 신포身布만 아니라 일족의 신포까지도 부담하 여, 이를 관부에 소송訴訟하면서 울부짖고 있다는 것이다. 하루에 올라오 는 정소呈訴가 많으면 4-5백 명에 이른다고 했다.

군역 부담 때문에 생계가 어려워 홀아비, 과부, 고아, 독거노인 등 이 른바 환과고독자鰥寡孤獨者가 많고, 60이 넘어도 결혼을 하지 못하고 늙 어가는 사족士族이 부지기수라고 했다.

이지함은 사족 김백남金百男을 예로 들었다. 본인은 61세인데도 장가 를 가지 못했고, 여동생은 50세인데도 시집을 가지 못했으며, 남동생은 57세인데도 미혼이라고 했다. 그러면서 이들 형제남매들이 모두 김백남 의 집에 얹혀서 산다고 했다. 이 밖에도 결혼하지 못한 늙은 사족들의 이름을 여러 명 열거하면서 사족이 이 지경이니 서민들의 경우는 말할 필요도 없다고 했다.

군정문제를 해결하는 방안은 군액을 대폭 감축시켜 본인의 역만 부담시키고, 일족一族의 역役을 시급히 면제하며, 그 대신 군인을 의용義勇하게 만드는 것이라고 주장했다. 말하자면 군인의 정예화이다. 국방력이란 군대 숫자에 있는 것이 아니라 나라를 위해 목숨을 바칠 수 있는 정예군인가 아닌가에 달려 있다면서, 현재의 군인들은 국가를 위해 싸우지 않을 것이라고 했다. 만약 이런 상태에서 북방 여진족이나 남방의 왜구들이 수만 명을 이끌고 침범해 온다면 반드시 나라가 망할 것이라고 했다. 몇 년 뒤에 일어난 왜란과 호란이 그 예견을 증명해 주었다.

이지함은 "임금은 백성을 하늘로 삼아야 하고, 백성은 먹고 사는 것을 하늘로 삼는다."는 경구警句를 인용하면서, 지금은 모든 군읍들이 하늘을 무너뜨리고 있으니 나라를 보전하기 어렵다고 결론지었다. 그러므로 비록 임금의 좌우에 있는 고관들이 이지함의 주장을 불가하다고 말하더라도, 군액을 감축하고 일족징포一族徵布를 없애야 한다는 것은 모든 백성들의 공론公論이라고 단정했다.

그러나 백성을 사랑하는 이지함의 애타는 호소도 무용지물이 되었다. 앞서 포천현감 시절에 경험했던 좌절감을 또 한 번 맛본 것이다. 사실 이지함이 제기한 군정문제는 아산현에만 해당되는 일은 아니었기에 당장 어떤 조치가 내려질 수 있는 일은 아니었다.

그래도 이지함은 자신이 할 수 있는 최소한의 구제책이라도 강구하지 않으면 안 된다고 느꼈다. 그래서 걸인청乞人廳을 만들어 거지들을 구제하고, 그들이 자립하도록 교육시켰다. 또 아산 백성을 가장 괴롭히는 것 가운데 하나가 어장漁場임을 알았다. 백성들이 교대로 어장에 나가서 물고기를 기르고 잡아서 관청에 바쳤는데, 기르는 물고기보다 바치는 물고

기가 더 많은 것을 알고 어장을 폐쇄시켜 후환을 없앴다.

또 백성을 괴롭히는 아전의 농간을 귀신처럼 적발했다. 어느 늙은 아전이 비리를 저지르자 "그대는 비록 늙었지만 마음은 어린애와 같다."고 질책하고서 그의 관을 벗기고 머리를 깎아 어린애처럼 보이게 만들고, 벼루와 먹을 가지고 수령의 안전에서 일하게 했다. 그 늙은 아전이 매우 부끄럽게 여겼다. 또 장사하여 얻은 이득과 농지를 개간하여 얻은 수천 석의 곡식으로 빈민을 구호했다.

이지함은 아산현감에 취임한 지 3개월 만인 선조 11년(1578) 7월 17일, 이질병에 걸려 향년 62세로 세상을 떠났다. 죽음에 임박하여 항상 구토를 하면서 손으로 구리대야를 두들겼는데, 막내아들인 서자 이산휘李山輝가 옆에서 지켜보다가 짐짓 "그 소리가 매우 평화스럽습니다. 아버님께서 꼭 나으실 것입니다."라고 말하고는 문밖으로 나와서 발을 구르고 가슴을 치면서 통곡했다. 이지함이 세상을 떠나자 읍민들이 친척이 죽은 것처럼 애통해하면서 울부짖었다. 묘소는 보령의 선친 묘소 옆에 안장했다.

이산휘는 이지함의 서자로 뒤에 임진왜란이 일어나자 의병을 일으켜 큰 공을 세웠다. 이산해가 쓴 〈묘갈명〉을 보면 이지함은 아들 넷을 두었는데, 모두 요절했다고 한다. 〈족보〉에는 정처 소생인 이산두李山斗와 서자 이산휘 두 사람만 기록되어 있다.

당시 대사간 김계휘(金繼輝; 1526-1582)[32]가 율곡에게 묻기를, "이지함이 어떤 사람이오? 혹시 제갈량諸葛亮에 비유하면 어떻겠소?" 하니 율곡이 대답하기를, "토정은 적당하게 쓸 만한 인재가 아니오. 어찌 제갈량에 비교하겠습니까? 만물에 비유한다면 기화이초奇花異草나 진금괴석珍

32 김계휘는 본관이 광산光山으로 김장생金長生의 아버지다.

禽怪石이라 할 만합니다. 포백布帛이나 숙속菽粟이 아닙니다."라고 했다. 그러니까 율곡이 본 이지함은 제갈량 같은 큰 경륜을 가진 사람은 아니지만, 그렇다고 평범한 인물도 아니고, 기이한 화초花草나 진귀한 짐승이나 괴상한 돌에 해당한다고 말했다. 개성이 매우 강한 괴짜 인물로 보았다.

(8) 이지함의 학문

이지함과 오랫동안 가까이 지냈던 19세 연하의 율곡 이이가 쓴 〈석담일기石潭日記〉를 보면, 이지함은 서경덕의 제자로서, 주자성리학에는 크게 매력을 느끼지 않고, 다만 주경궁리主敬窮理에 치중했다고 한다. 주경主敬은 마음을 다스려 여색이나 세속적인 이욕利慾을 멀리하는 것이다.

이지함은 꼭 성리학을 해야 바른 사람이 되는 것은 아니라고 보았기 때문이다. 궁리窮理는 이치를 공부하는 것인데, 그 이치를 천문天文, 지리地理, 의약醫藥, 복서(卜筮; 점복), 율려(律呂; 음악), 산수(算數; 象數易學) 등 실용적인 학문에서 찾았다. 요즘 말로 하자면 자연과학과 기술학에 좀 더 가까운 학문이다. 성리학은 실생활에는 크게 도움이 되지 않는 학문이라고 보았다. 말하자면 이지함의 학문은 실학實學에 속했다.

이지함은 일찍이 율곡에게 말하기를, "성인聖人은 배울 만하고 또 그렇게 될 수도 있다. 하지만 성인을 사납게 버리고 행동할 수 없는 것이 두려울 뿐이다."라고 에둘러 말했다. 율곡이 다시 말하기를, "어르신께서는 성리학을 배우시라."고 권고하자, 이지함은 "나는 욕심이 많아서 배울 수가 없다."고 말했다. 율곡이 또다시 말하기를, "어르신께서는 성리(聲利; 명예와 이득)와 분화(芬華; 사치스러움)에는 관심이 없으신데, 어찌하여 욕심이 많아서 학문에 방해가 된다고 여기십니까?"라고 했다. 그러자 이지함은 그 이유를 다음과 같이 설명했다.

> 욕심이란 명리名利나 성색(聲色; 겉모습)만을 말하는 것이 아니오. 마음이 향하는 것은 천리天理가 아니면 모두 인욕人慾이오. 나는 자방(自放; 자유분방)을 좋아하기 때문에 승묵(繩墨; 도덕적 규범)에 얽매이지 않소. 그러니 이것이 물욕物欲이 아니고 무엇이겠소?

이지함은 자방自放을 좋아하기 때문에 이미 만들어진 성리학의 도덕 규범에 얽매이기를 싫어하고, 그런 자방自放을 인욕人慾과 물욕物欲이라고 스스로 말했다. 하지만, 그가 말한 인욕이나 물욕은 이익과 명예를 추구하는 나쁜 의미의 욕심을 말하는 것이 아님을 알 수 있다.

그가 말한 '자방'은 곧 '자유분방'이라는 뜻인데, 생각과 행동을 현재의 규범에 얽매이지 않고 자유스럽게 새롭게 만들어가고 싶다는 뜻이다. 결코 타락이 아니다. 그러니까 실속 없는 성리학의 구속에서 벗어나겠다는 것이지, 도덕적으로 비난받을 탕아가 되겠다는 것이 결코 아니었다. 겉으로는 도덕군자인 것처럼 꾸미고, 속으로는 이욕을 탐하는 세속 선비들의 이중적인 행태를 버리겠다는 뜻이 함축되어 있다. 허위의식을 거부하는 이지함의 이런 모습은 어쩌면 60년 뒤 허균許筠과 비슷한 점이 많다.

이지함은 당시의 시대를 병든 나라, 망해 가는 나라로 바라보았기 때문에 출세의 도구로 전락한 성리학은 이미 그 시대의 문제를 해결하는 데 적절치 않다고 믿었던 것이다. 사실, 사화士禍를 일으키고 부정부패를 일삼은 권신들 모두가 성리학을 배운 사람들이었다. 물론 이지함이 훌륭한 유학자가 없다고 본 것은 아니다. 율곡은 그 가운데 한 사람이다.

율곡은 이지함에게 성리학을 공부하라고 권고했으나 듣지 않았지만, 그러나 이지함 자신은 율곡을 경륜가로 존경하고, 그가 조정에 있으면

나라가 안정될 것이라고 말하면서 그가 은퇴하는 것을 적극 만류했다. 그 밖에도 서경덕徐敬德, 조식曺植, 박순朴淳, 조헌趙憲 등 훌륭한 선비들이 많았지만, 그들이 반드시 주자성리학에 영향받은 것으로만 보지는 않았다.

성리학에도 여러 분파가 있기 때문이다. 이지함이 추구한 성리학은 도덕 위주의 성리학이 아니라 국부민안國富民安을 가져올 수 있는 실용성을 지닌 성리학이었다. 그래서 천문, 시리, 의약, 복서(점복), 음악, 도교 등을 포함한 잡학雜學을 추구했다. 이지함은 바로 실학자였다.

주자성리학이 지향하는 농업 위주의 경제구조도, 상업, 수공업, 광업, 어업, 염업 등 다양한 산업으로 고르게 발전시켜야만 국부와 민안을 가져올 수 있다고 믿었다. 농업이 본업이지만, 말업으로 천시되고 있는 산업을 적극 육성시켜 본업의 한계를 극복하자는 열린 사고가 바로 그가 지향한 '자방', 곧 '자유분방'이었다.

(9) 〈야사〉에 보이는 이지함의 기행

이지함의 행적은 정사正史보다는 야사野史에 많이 전한다. 그의 행적에 기행奇行이 너무 많기 때문이었다. 그의 기행은 사화를 피하기 위하여 의도적으로 연출한 것도 있지만, 그의 학문 성격과 관련이 깊다. 천문, 지리, 수학, 의약, 복서, 음악, 도술 등을 배운 사람의 자연스러운 행실일 수도 있었다.

먼저, 그의 외모부터 알아보자. 우선 키가 보통 사람보다 훨씬 크고 기골이 장대했다. 얼굴은 검고 둥글었다. 발이 한 자가 넘을 만큼 컸다. 눈빛이 빛나 사람들을 감동시켰으며, 목소리가 우렁찼으나 말을 많이 하지는 않았다. 기우가 당당하고 위풍이 늠름했다.

항상 해를 가리는 초립(草笠; 삿갓)을 쓰고, 짚신이나 나막신을 신고 대나무 지팡이를 짚고 다녔다. 서울 마포에 토정을 지은 뒤에는 솥을 쓰고 다녔다는 일화도 있다. 솥은 어디에 가거나 밥을 지어 먹을 수 있고, 물을 담아 손을 씻을 수 있고, 햇빛도 가릴 수 있는 도구였다.

옷은 거친 무명옷을 입고, 두터운 솜옷을 짊어지고 다니기도 했다. 솜옷은 아무 데서나 잠을 자기 위함이었다. 이런 복장부터가 양반의 복장이 아니고, 평민의 옷차림이었다. 갓을 쓰고 도포를 입고 가죽신이나 천으로 만든 신만 신고 다니는 것이 양반의 행색이다.

추위와 배고픈 것을 잘 참아 내어 열흘을 굶고도 배고픔을 느끼지 않았다. 마치 서경덕이 엿새를 굶고도 태연했던 것과 비슷하다. 추운 겨울에도 알몸으로 매서운 바람 앞에 앉아 있었다. 말을 타지 않고 걸어 다니는 것을 좋아하여 보령에서 서울로 올 때도 걸어서 다녔는데, 300리 길을 하루 이틀 만에 도착했는데도 피곤한 기색이 없었다.

그는 길에 서서 잠자기도 했다. 피곤하면 대나무 지팡이를 두 손으로 잡고서 몸을 약간 구부리고 얼굴을 낮게 하고, 두 다리를 벌리고 선채로 눈을 감았다. 그러면 코 고는 소리가 우레처럼 들렸다. 소나 말을 만나도 물리쳐 버리고 산 언덕처럼 의연하여 조금도 동요하거나 놀라서 깨지 않았다.

이지함은 배 타고 다니기를 좋아하고, 배를 잘 부려서 마치 평지를 가듯이 했다고 한다. 천기天氣를 잘 보아서 파도가 잔잔한 때를 이용하는 것도 배를 잘 부리는 기술의 하나였다. 이런 기술은 어려서부터 바닷가 마을인 보령에서 익힌 지식과 기술이었다.

어느 해 10월에 풍랑 때문에 나룻배가 전복되자 이지함은 물속으로 헤엄쳐 들어가서 표류하던 사람을 구조하고 나서 다시 물속 깊은 곳으로 들어가서 거의 죽기 직전의 사람을 구조하여 향약鄕藥을 가지고 치료하여 죽은 사람이 한 사람도 없었다고 한다.

이지함은 전국 여러 지역을 돌아다니면서 유명 인사들을 만났는데, 그때마다 범상치 않은 많은 기행과 일화를 남겼다.

일찍이 제주도를 갔다가 돌아오는 길에 전라도 해발海南에서 이발(李潑; 1544-1589)[33]의 집을 찾아갔다. 이발은 아직 젊었으므로 그를 만나고자 간 것은 아닌 듯하다. 그의 아버지가 이중호(李仲虎; 1516-?)로서 나주羅州 사람인데, 그 아내가 해남 윤씨여서 이지함이 찾은 집은 해남 윤씨 윤구尹衢의 집인 듯하다. 그러니까 이발의 외갓집이다.

이지함이 바다를 건너왔으므로 피곤하고 배도 고팠을 것이므로 주인은 성찬을 차려 주었는데 이지함은 수저를 사용하지 않고 손을 씻더니 손에다 밥과 반찬을 담아서 순식간에 먹어 치웠다. 밤이 되자 주인은 비단으로 만든 금침을 펴놓고 함께 자자고 청하니, 이지함은 혼자서 자는 것이 편하다고 하여 할 수 없이 주인이 방을 나왔다. 다음 날 아침 이지함은 금침에다 화살을 낭자하게 펴놓고 인사도 하지 않고 가버렸다. 사치스런 비단 이불에 대한 거부감 때문이었다.

이지함은 그 집을 나와 바로 여수麗水에 있는 전라 좌수영左水營으로 갔다. 겨울철인데도 홑옷을 입고 삿갓을 쓰고 맨발에다 짚신을 신고 들어왔으나 조금도 말이 비굴하지 않고 당당하여 문지기가 괴이하게 여겨 수군절도사에게 알렸다. 절도사가 즉시 대문 밖으로 나와 극진하게 대접하여 10일 동안 유숙했다.

그때 절도사의 통인(通引; 심부름 관노)으로 일하던 김순종金順從이라

---

33 이발은 뒤에 문과에 급제하여 높은 벼슬에 오르고 동인에 속했다. 선조 16년에 율곡이 병조판서로 있으면서 니탕개의 침략을 막기 위해 말을 바친 자에게 변방을 지키는 일을 면제해 주었는데, 임금의 사전허락을 받지 않고 마음대로 처리했다고 하여 맹렬하게 율곡을 탄핵했다. 그러자 선조가 그를 변방으로 귀양을 보냈다가 선조 22년(1589)에 정여립사건에 연루되어 죽었다.

는 아이가 얼굴도 옥처럼 깨끗하고 영리했는데 밤낮으로 독서를 하고 있었다. 이지함은 그 아이를 사랑하여 관노안官奴案에서 삭적하고 보령으로 데리고 와서 가르쳤더니 얼마 되지 않아 사마시에 급제했다. 그 뒤 명문집안의 여인과 결혼시키고 결성(結城; 홍성)에 집을 마련하여 사대부 집안을 만들었다. 이지함이 신분이 천한 사람들을 얼마나 아꼈는지 여기서도 볼 수 있다.

한번은 표연히 배를 타고 제주에 갔었는데, 제주목사가 그가 왔다는 소문을 듣고 관아로 안내했다. 아름다운 기생으로 하여금 이지함이 묵는 방에 이불을 들여보낼 때 곡식창고를 가리키며 말했다. "네가 만약 이지함에게 행운을 입는다면 저 창고 하나를 상으로 주겠다." 그 기생이 이지함을 이상한 사람으로 생각하고, 그를 혼란시키기 위해 밤새도록 아양을 떨면서 못하는 짓이 없었으나, 끝내 성공하지 못했다. 그러자 목사가 더욱 이지함을 존경하게 되었다. 이 일화는 서경덕을 찾아갔을 때 하숙집에서 벌어진 일과 매우 흡사하다.

이지함은 관상觀相에도 능하고 점복술도 뛰어나 미래를 예견하는 능력이 탁월했다. 큰형 이지번의 아내가 임신하여 출산일이 다가왔는데, 어느 관상가가 이지함에게 묻기를, "그대 형수님의 산월産月이 가까운데 그대는 어찌하여 사내아이를 낳았다고 기뻐하는가?"하고 물으니 이지함이 말하기를, "어제 사내아이를 낳았는데, 한 나라의 재상감이다."라고 했다. "그것을 어떻게 아는가?"고 다시 물으니, 대답하기를, "우는 소리를 듣고 안다."고 했다. 그 아이가 바로 뒷날 선조 때 영의정에 오른 아계鵝溪 이산해李山海였다.

또 이런 일도 있었다. 성균관 유생 윤준尹浚이 시인으로 명성을 떨쳤는데, 이지번에게 시를 지어 보내고 평가를 부탁했다. 이지번이 극구 그 시를 격찬하자 이지함은 "그 시는 흉하게 죽는 시입니다. 형님은 왜 그리 지나치게 칭찬하십니까?"라고 말했다. 이지번이 놀라서, "그 사람은 나이가 젊어서 앞길이 창창한데 너는 어떻게 그토록 망령된 말을 하느냐?" 하고 질책했다. 이지함은 웃으면서 "뒷날 제 말이 맞는다는 것을 알게 될 것입니다."고 말했다. 과연 윤준은 명종 4년에 윤원형을 비방하다가 그의 형 윤결尹潔과 함께 처형당했다. 그는 윤원형의 형인 윤원로尹元老 편을 들다가 화를 당한 것이다.

이지함은 천인賤人 제자 서기(徐起; 1523−1591)를 데리고 제주도를 세 번이나 다녀왔는데, 작은 배에다 큰 바가지들을 네 모퉁이에 매달아 풍파를 견뎌냈다고 한다. 이지함은 배를 부리는 기술과 풍파를 예견하는 능력이 탁월했다.

제주도에 세 번이나 간 이유는 무엇이었을까? 한라산에 올라가 남극성南極星을 관측하기도 했다고도 한다. 그러나 별을 보고자 세 번이나 제주도를 방문한 것은 아닐 것이다. 무엇보다도 제주도를 새로운 농업과 상업의 중심지로 만들어 부를 축적하고, 겸하여 오고 가면서 세상 구경도 하고, 또 지방에 사는 선비들을 만나기 위해서였다. 포천현감 시절에도 무인도에서 어업과 염전업을 할 것을 정부에 건의하기도 한 것을 보면, 해양개척에 대한 이지함의 꿈이 매우 컸던 것을 알 수 있다.

어느 땐가 제주도에 갔을 때에는 직접 장사를 해서 백성들에게 맨손으로 생업하는 방법을 가르쳐 주기도 했는데, 몇 년 안에 곡식 수만 석을 생산하여 빈민들에게 나누어 주고 왔다. 또 어떤 섬에 들어가서는 호박 수만 개를 수확하여 바가지를 만들어 거기다 곡식 수천 석을 담아 가지고 서울 마포(삼개)로 왔다고 한다. 그리고 그 자본을 풀어 마포 인근 강촌 사람들을 불러 모아 흙집을 짓고 이를 토정土亭[34]이라 불렀

---

34 토정의 위치는 지금 마포구 지하철역 1번 출구 부근이다.

다. 토정 위에는 정자를 지어 낮에 기거하고, 밤에는 토정 밑으로 들어가서 잠을 잤다. 말하자면 토정을 한강무역의 중개지로 만든 것이다.

젊었을 때 부모가 세상을 떠나 보령 바닷가에 묘소를 썼는데, 점복占卜에 능한 그는 먼 훗날 언젠가는 바닷물이 들어와서 묘소를 덮칠 것으로 예견했다. 어느 풍수가 장지葬地의 오른편 산이 빈약하다고 지적했는데, 이는 우백호右白虎가 바다에 잇닿아 있다는 뜻이다. 풍수가는 묘지때문에 다른 형제들은 복을 받겠지만 이지함은 불행해질 것이라고 말했다. 형 이지번도 그 점을 걱정하자, 이지함은 이렇게 말했다. "나는 불행해도 몇 대 뒤에는 훌륭한 사람이 나올 것입니다. 그러나 형님댁에는 큰 인재가 나올 것입니다."라고 말하면서 태연자약했다. 좌청룡은 견실하여 형님 후손이 잘되고, 우백호는 허술하여 아우인 자신의 후손이 잘되지 못할 것을 예견한 것이다.

그의 예언대로 이지번의 아들 이산해李山海는 영의정에 올랐고, 그다음 형 이지무의 아들 이산보李山甫는 이조판서에 올랐다. 그러나 이지함의 후손은 고손자에 이르기까지 큰 인물이 나오지 않다가 그다음 5대손에 이르러 승지 이정익李楨翊이 나왔다.

이지함은 부모의 묘소가 먼 훗날 물에 잠길 것을 더 걱정하여 묘소 앞바다에 제방을 쌓아 침수를 막는 축방공사를 시작했다. 그리하여 직접 큰 돌을 배에다 싣고 와서 바다를 메우기 시작했는데, 바다가 넓고 깊어 비용이 너무나 많이 들었다. 수천 석의 곡식이 필요했다. 자금을 모으기 위해 어업도 하고, 염전도 하고, 장사도 하는 등 하지 않은 일이 없었으나, 사람들은 감당하기 어려운 일을 한다고 비난했다. 이지함은 "나는 최선을 다하면 그만이고, 성공과 실패는 하늘에 달려 있다."고 하면서 공사를 그만두지 않았다. 바다가 워낙 넓어서 결국 제방을 다 쌓지는 못했지만, 부모에 대한 효심은 남다른 바가 있었다.

사람들은 이 축방공사가 무덤을 지키려는 효심보다도 농지를 개간하여 돈을 벌려는 일로 보기도 했는데, 이지함도 그런 생각이 없지는 않았을 것이다. 이를테면 효도도 하고 돈도 벌 수 있는 일거양득으로 생각했을 가능성이 크다. 다만 그가 개인적인 부귀를 위해서 돈을 벌려는 생각은 추호도 없었다. 빈민을 구제하는 것이 목적이었다.

　　사실, 보령 앞바다는 간척공사가 적합한 땅이었으나 개인이 할 수 있는 일은 아니었다. 실제로 명종대 권신들이 농민들을 동원하여 서해안 지역에 간척공사를 하여 많은 이득을 얻은 것이 사실이었다.

　　이지함의 상업관商業觀을 보여 주는 일화도 있다. 19세기 중엽 학자 이원명(李源命; 1807-1887)[35]이 지은 《동야휘집》(東野彙輯; 1869 추정)에 실린 일화이다. 어느 날 부인이 이지함에게, "사람들이 당신을 이인異人이라고 하니, 나를 위해서 조금만 보여 달라."고 청했다. 이지함은 "내가 나비를 만들어 낼 테니 보시오."라고 말했다. 부인이 "지금 추운 겨울인데 무슨 나비가 있습니까? 망령된 말씀이오." 하고 믿지 않았다. 이지함은 "차례차례 보시오" 하면서 누비옷을 나무 그릇 안에 넣고 여러 가지 색깔의 비단을 잘게 잘라서 손으로 쥔 다음 무어라고 주문을 외우다가 갑자기 그 비단조각을 공중으로 던졌다. 그러자 각종 나비가 방안에 가득 차서 날아다녔다. 부인이 깜짝 놀라니, 이지함이 손을 펴고 공중을 향해 주문을 외우니 나비들이 모두 손으로 모여들었다.

　　부인이 다시 "지금 식량이 다 떨어졌는데, 왜 그런 신술神術로 식량을 만들지 않습니까." 하니, 이지함이 웃으면서 "어렵지 않아요." 하면서 여종을 불러 놋그릇을 주면서 "이것을 가지고 경영京營 다리 앞으로 가면

---

35 이원명은 본관이 용인龍仁으로 형조판서 이규현李奎鉉의 아들이다. 철종 때 이조판서를 지냈다.

어떤 노파가 100전을 주고 살 것이다. 그 돈을 받아 가지고 오라."고 말했다. 여종이 시키는 대로 돈을 받아 가지고 왔다. 이지함은 다시 여종에게, "이 돈을 가지고 서소문 밖 시장으로 가면 부들모자를 쓴 사람이 숟가락과 젓가락을 급히 팔 것이니, 그것을 사 가지고 오라."고 했다. 여종이 시키는 대로 사 가지고 왔는데 은수저와 은젓가락이었다. 이지함은 다시 여종에게 "이것을 가지고 기영畿營 앞으로 가면 하례下隷가 방금 은수저를 잃어버렸는데 네가 은수저를 보이면 15냥을 주고 살 것이다." 했다. 과연 그 말대로 되었다.

이지함은 15냥 가운데 1냥을 여종에게 주면서 "놋그릇을 샀던 노파가 처음에는 놋그릇을 잃어버려 우리 놋그릇을 샀지만 지금 잃어버린 놋그릇을 찾았기 때문에 뒤에 산 놋그릇을 다시 팔 것이다. 여종이 그 말대로 하여 놋그릇을 다시 사 가지고 왔다. 이지함은 그 그릇과 남은 돈을 부인에게 주니 식량이 해결되었다. 부인이 그런 일을 해서 돈을 더 벌자고 하니, 이지함이 웃으면서 "이만하면 족하오. 돈이 많으면 반드시 재앙이 생길 것이니 더 이상 돈을 벌면 안 되오."라고 말했다.

이 일화는 후대인이 지어낸 말일지도 모른다. 하지만 이지함이 상술商術에 뛰어나면서도 도덕성을 잃지 않은 장사꾼이었음을 상징적으로 말해 준다.

(10) 마포 토정 시절에 만난 명사들

토정 시절의 이지함은 선조 5년(1572)에 죽기 직전의 남명 조식(曺植; 1501-1572)을 찾아가서 만난 일이 있었다. 당시 조식은 함양咸陽에 있을 때인 듯하다. 조식은 이지함보다 16년이나 연상으로서 웃어른을 만나러 갔는데도 이지함은 삿갓에 누추한 옷을 입고 갔다. 양반의 예절에는 맞지 않는 일이다. 하인이 누가 왔다고 고하니 조식이 계단으로 내려와서 반가이 맞아들이고 후하게 대접했다. 이지함이, "어떻게 농민이나 나무꾼이 아닌 것을 아시고 이렇게 지극하게 맞이해 주십니까?" 하고 물었다. 조식은, "그대의 풍채와 골격을 내가 어찌 모르겠소?"라고 답했다.

이지함은 자신이 추위와 배고픔을 잘 참아 내고, 간혹 며칠 동안 밥을 먹지 않고 바위틈에서 잠자고 쉬어도 별 탈이 없다고 설명했다. 그리지 조식은 우스갯소리로, "늠름한 기품이 이와 같은데, 어찌 신선술을 배우지 않으시오?"라고 하자, 이지함은 긴장한 얼굴로 "선생께서는 어찌 이렇게 사람을 가볍게 보십니까?"고 말했다. 그러자 조식이 웃으면서 "미안하다."고 말했다.

천문天文을 잘 보는 어떤 사람이 어느 날 이지함의 집을 찾아와서 문을 두드리고 말하기를, "요새 작은 미성尾星이 오래도록 희미하게 빛났는데, 지난밤에 그 별이 갑자기 어두워졌으니, 그대에게 재난이 생길 것이오. 그래서 특별히 와서 알려 드립니다."라고 말했다. 그랬더니 이지함이 "아. 내가 어찌 재난을 만나겠소? 반드시 남명 처사南冥處士에게 재난이 올 것이오."라고 대꾸했다. 그 뒤 얼마 안 있어 조식이 세상을 떠났다고 한다.[36]

이지함이 선조 6년에 1년 동안 포천현감을 지내고 선조 7년(1574)에 마포 토정으로 돌아온 뒤로 선조 11년에 아산현감으로 부임할 때까지 4년 동안 그는 어떻게 지냈을까? 그는 일상으로 되돌아가서 한강을 끼고 장사도 했을 터이지만, 장안의 선비들과 만나 학문과 시국을 논하면서 보냈다. 서경덕의 문인에다 기인의 명성까지 겸했으니, 그 소문이 서울 장안에 얼마나 자자했겠는가.

---

36 이 기록은 〈남명사우록南冥師友錄〉에 보인다.

이지함이 60세 되던 선조 9년(1576) 겨울에 20세 된 유천柳川 한준겸(韓浚謙; 1557-1627)과 21세 된 백사白沙 이항복(李恒福; 1556-1618)[37]이 사마시 초시에 급제하고 나서 함께 한강변 어느 집에 와서 회시會試를 준비하고 있었다. 이때 이지함이 마포 토정에 와서 겨울을 지내고 있었으므로 두 사람은 아침저녁으로 이지함을 찾아가서 인사를 올리고 가르침을 받았다.

한준겸은 바로 한백겸韓百謙의 친아우인데, 한백겸은 서경덕 문인 민순閔純에게서 학문을 배웠다. 아버지 한효윤韓孝胤도 서경덕 문인 박민헌朴民獻의 문도였고 숙부 한효순韓孝純은 서경덕 문인 김근공金謹恭의 문인이었으니, 한준겸이 서경덕 문인 이지함에게 관심을 갖는 것은 자연스러운 일이었다.

어느 날 이항복이 이지함에게 물었다. "공께서는 고인高人과 일사逸士를 보신 적이 있습니까?" 하니, 이지함이, "나는 일찍이 지방을 돌아다니면서 많은 사람을 보고 알았소. 가장 높은 사람이 두 사람이고, 그다음 가는 사람이 한 사람일세."라고 말했다. 그러자 이항복이 "그 사람이 누구입니까?"라고 물으니, 이지함은 다음과 같이 말했다.

한 사람은 항상 바다에서 살면서 고기잡이를 생업으로 하는데 처음에는 충청도 해상에서 만났네. 그 뒤 10여 년이 지나 전라도 해상에서 다시 만났는데, 정해진 집도 없이 배에서 지내면서 아내와 딸 하나를 데리고 살았지. 큰 배를 사용하지 않고 중간 크기의 배를 부렸는데, 고기를 잡다가 여가가 생기면 돈을 받고 곡식을 운반하는 것으로 생계를 돕고

---

37 이항복은 본관이 경주이고, 훗날 오성대감으로 널리 알려진 인물이다. 선조-광해군 때 영의정에까지 올랐다.

있었네. 그 배는 300석을 실을 만했으나 항상 200석 이하만 운반했다네. 무게가 가벼워야 운반하기도 편하고 또 무거운 것을 책임질 걱정도 덜었지. 무엇보다 운반비를 싸게 받았네. 나를 만나면, 작은 배에 돛을 달고 함께 멀리 나가서 고기잡이를 했는데 마치 딴 세상 같았고, 다른 어부들은 가지도 않는 곳이었지. 그가 노와 돛을 다루는 기술은 다른 어부들이 따라오지 못했지. 잡은 물고기를 구워도 먹고 끓여도 먹고 했는데 그 맛이 일품이었네.

그가 어느 날 외출하고, 마침 그 아내도 딸을 혼자 집에 두고 이웃집에 갔지. 어떤 사람이 물고기를 사러 왔는데 그 딸이 시가보다 두 배를 받고 팔았다네. 아내가 집으로 오자 딸이 비싸게 팔았다고 자랑하자 아내가 놀라서 "이 물고기를 시가보다 배나 받았으니 아버지가 들으면 크게 화를 낼 것이다. 얼른 뒤쫓아가서 반값을 깎아 주고 오거라."며 야단쳤다네. 이것으로도 그 사람의 일면을 알 수 있지.

나는 그가 이인異人임을 잘 알고 있었기에 머물러 기다렸다가 보고 싶었지. 그러던 어느 날 저녁에 배를 타고 갔더니, 그가 아내에게 "내가 천문을 보니 내일이 동지절冬至節이니 팥죽을 쑤시오. 누가 나를 보고자 한다."고 말했지. 내가 그 사람과 더불어 일월성신의 운행과 변이, 겨울치지의 이치를 이야기했는데 환하게 알고 있었소. 내가 치국治國의 방도를 물었더니 웃고 대답을 하지 않더군. 그러면서 "그대는 왜 일이 많으시오"라고 말하더군. 내가 거듭 성명을 물어보아도 역시 대답을 하지 않았네. …… 뒷날 내가 다시 찾아올 것을 알았기 때문이지.

내가 존경하는 또 한 사람은 서치무徐致武인데 숨어 살면서 스스로 즐겼소. 겨우 글자를 아는 사람이었소. 누가 그에게 《청구풍아靑丘風雅》38를 주니 그가 받아 가지고 나에게 와서 배우기를 청했지. 내가 가르쳐 주었더니 하루 종일 책을 읽더군. 그리고 여가가 생기면 물도 길어 오고 땔나무도 해 오면서 집안일을 거들어 주었소. 내가 그만두라고 했으나 그가 말하기를, "그 사람이 책을 주었는데 내가 그 책을 읽기를 바란 것입니다. 내가 만약 읽지 않을 것이면 받지 말았어야 하는데 받았습니다. 그래서 열심히 읽었고, 또 공에게서 가르침을 받았으니 스승과 제자의 분이 있습니다. 독서하는 여가에 놀지 않고 집안일을 도와주는 것은 제자로서 마땅히 해야 할 일이지요."라고 말했소. 그 사람 나이가 거의 60세인데, 1년 동안 한 번도 게으른 적이 없었소.

그다음 사람은 서기(徐起; 1523-1591)인데, 사람됨이 두 사람에 비한다면 한참 미치지 못한다오. 하지만 글을 잘 짓고, 조용히 몸을 다스려 속세의 무리들과는 다르지오.

다소 긴 인용문이지만, 이지함이 존경하는 세 사람 가운데 첫 번째 사람은 학식이 풍부하면서도 양심적으로 어업과 해상운송업에 종사하는 성명을 알 수 없는 사람이고, 두 번째 사람은 신분이 낮은 사람이면서 학업에 열중한 60세 서치무徐致武이고, 세 번째 사람은 신분을 말하지 않았지만 비천한 사람으로 글을 잘 짓는 서기徐起였다. 세 사람 가운데 주자학자는 한 사람도 없고 그저 평범하고 신분이 천한 사람들이지만, 성실하면서도 학문이 높은 사람들임을 알 수 있다.

서기徐起는 같은 고향 사람으로 젊었을 때에는 20리 밖에서 이지함 집으로 걸어와서 학문을 배웠지만 뒤에는 지리산과 계룡산으로 들어가서 대학자가 되고 수많은 후학들을 길러냈다. 아호가 계룡산 봉우리에서

---

38 《청구풍아》는 성종때 김종직金宗直이 지은 책으로, 삼국시대부터 조선초기에 이르는 시기의 명시名詩들을 모으고 해설을 붙인 책이다.

따온 고청孤靑이다. 이지함은 제자 조헌趙憲에게 서기徐起를 우리 시대 최고의 인물이라고 말하면서 그와 친하게 지내라고 부탁하기도 했다. 서기는 서경덕에게서도 학문을 배웠다고 알려지고 있다.

토정 시절의 이지함을 찾은 선비들 가운데 위에 말한 한준겸이나 이항복은 뒷날 큰 벼슬아치가 된 인물이다. 그러나 그 밖에 또 다른 선비들이 있었다. 율곡 이이도 그 가운데 한 사람이었음은 앞에서 이미 설명했다.

이지함이 율곡을 마지막으로 만난 것은 선조 11년(1578) 3월이었다. 아산현감으로 떠나기 직전이었고, 이지함이 세상을 떠나기 4개월 전이었다. 당시 율곡은 43세였다. 율곡을 만나던 날 장안의 명사들이 많이 모였다. 이지함은 좌우를 돌아보더니 큰 소리로 말했다. "성현聖賢들의 행위가 후폐後弊를 만들었소이다." 율곡이 웃으면서 "무슨 기이한 말씀을 하시려고 그러십니까? 어르신께서 책 하나를 쓰시면 장자莊子와 짝하게 되실 것입니다." 그러자 이지함이 웃으면서 다음과 같이 말했다.

공자孔子는 병을 핑계 대고 유비孺悲를 만나지 않았고, 맹자孟子는 병을 핑계 대고 제齊나라 임금의 부름을 거절했소. 그래서 후세의 선비들은 병이 없으면서도 병을 핑계 대고 있소이다. 병을 핑계 대고 사람을 속이는 것은 게으른 노비들이 일하기 싫어서 하는 행위로서 선비 된 사람들이 차마 할 수 없는 일인데도 공자와 맹자의 행위에 가탁하고 있으니, 어찌 성현의 행위가 후세의 폐단을 가져온 것이 아니겠소.

이지함의 말을 듣고 선비들이 모두 한바탕 웃었다. 이지함은 비록 우스개로 한 말이지만, 유자들의 위선僞善을 꼬집은 것이다. 이 무렵 율곡이 병을 핑계 대고 대사간大司諫을 면하려고 사직서를 올리자, 이지함이 이런 말을 했던 것이다.

이지함은 또 "지난날의 요성妖星이 오늘날에는 서성瑞星이 되었소."라고 말했다. 율곡이, "어째서 그렇습니까?" 하고 물으니 이지함이 대답하기를, "인심人心과 세도世道가 모두 무너지고 말았으니, 앞으로 큰 재변이 올 것이오. 요성이 나타난 뒤에는 위아래 사람들이 모두 두려워하고 인심이 조금 바뀌어 겨우 큰 재난이 생기지는 않을 것이니, 어찌 서성이 아니겠소." 이지함은 계속하여 이렇게 말했다.

> 지금의 세도世道는 사람의 원기元氣가 이미 쇠약해져서 손을 써서 구제할 약이 없어졌소. 다만 위태롭게 망하는 것을 구제할 수 있는 한 가지 기책奇策이 있소.

그러자 좌중이 모두 그 기책이 무엇이냐고 묻자, 이지함은 "지금 세상이 반드시 이 기책을 쓰지 않을 것인데 말해서 무엇하겠소." 하고 굳게 입을 다물고 있었다. 좌중이 간절하게 말해 달라고 요청하자 이지함은 한참 있다가 입을 열었다.

> 오늘 숙헌(叔獻: 율곡의 자字)이 조정에 머무르게 된다면 큰일은 하지 못하더라도 나라가 망하지는 않을 것이오. 이것이 바로 나의 기책이오. 이밖에 다시 무슨 기책이 있겠소. 초楚나라와 한漢나라가 서로 겨룰 때, 한나라가 한신韓信을 얻은 것이 기책이 되었고, 관중關中이 비로소 평정되었소. 또 소하蕭何를 입용한 것이 기책이 되었으니 소하와 한신을 얻은 뒤에 무슨 다른 기책을 말할 수 있겠소.

이지함의 말을 들은 좌중이 모두 웃었다. 이지함의 말은 해학을 담고 있지만, 정곡을 찌르고 있다고 사람들은 생각했다. 바로 이 때문에 사람들이 이지함을 좋아했다.

이지함의 만류에도 율곡이 이해 4월에 향리鄕里로 은퇴하자, 이지함이 "그대는 왜 은퇴하는가?"라고 질책했다. 율곡이 "제가 잘못했기 때문입니다."라고 말하자 이지함은 다시 이렇게 반박했다.

> 부모님의 병이 위중하여 죽음이 임박했는데, 자식 된 자가 약을 만들어 올리면 병든 부모가 매우 화를 내면서 그 약 그릇을 땅에 내던지기도 하고, 자식의 얼굴에 던지기도 하여 코와 눈을 다치게도 하지만, 그렇다고 자식 된 자가 도망갈 수가 있겠소? 울면서 약을 권하고, 화를 낼수록 더욱 나아가서 임금의 시비를 알도록 하는 것이 옳은 일이오.

이지함의 말을 들은 율곡이 말했다.

> 비유하신 말씀은 매우 간절합니다만, 군신君臣과 부자父子의 분수는 차이가 있지 않겠습니까? 만약 어르신께서 말씀하신 대로라면, 차라리 신하가 도망가는 의리도 있는 것이 아니겠습니까?

결국, 율곡은 관직을 떠났다. 유교 경전에는, 자식이 부모의 잘못을 세 번이나 간언해도 받아들이지 않으면 울면서 따라야 하고, 신하가 임금에게 세 번이나 간언해도 받아들이지 않으면 그 나라를 떠나는 것이 도리라고 했다. 율곡은 바로 이 점을 지적하여 이지함의 충고를 받아들이지 않은 것이다.

이지함이 자주 만나고 아낀 선비 가운데 27세 연하인 중봉重峯 조헌(趙憲; 1544-1592)[39]도 있었음은 앞에서 이미 설명했으므로 생략한다.

실제로 조헌의 학문과 행동을 보면 이지함과 율곡을 닮은 점이 너무나 많았다. 천문, 지리, 복서 등을 좋아하고, 공납제도를 개혁하고, 서얼등용을 건의하고, 염철鹽鐵을 강조하고, 100만 대군의 설치를 주장하는 등 실학적인 성향이 강한 인물이었다. 조헌도 왜란이 일어나기 전에 왜란이 일어날 것을 정확하게 예견하고 이에 대비하고 있었다.

한편, 조헌은 "나의 스승은 이지함, 이이, 성혼 세 분이다. 그분들의 학문적 성취는 서로 다르지만, 마음이 깨끗하고 사욕이 없으며, 행실이 세상의 모범이 되었다는 점은 똑같다."고 말했다. 조헌은 또 이지함이 죽은 뒤에 그를 조정에서 추장推奬해야 한다고 말하고, 큰형 이지번이 선조 8년에 병들어 죽자 이지함이 보령에서 서울로 올라와서 3년복을 입는 등 스승처럼 모셨다고 칭송했다.

조헌은 이지함이 평소에 존경하는 사람이 많았다면서, 청백한 박순朴淳을 좋아해서, "박순이 조정을 떠난다면, 조정이 위태로울 것이다."라고 말했다고 했다. 박순은 바로 이지함이 서경덕 문하에서 함께 공부한 동문이었다.

(11) 대인大人, 지음知音, 과욕過欲에 대한 견해

이지함은 평생 행동과 말을 사람들에게 보여 주었을 뿐이지 본인이 직접 글로 쓰는 것은 좋아하지 않았다. 그래서 《토정선생유고》에 들어 있는 이지함의 글은 포천현감과 아산현감 시절에 임금에게 올린 두 편

---

39 조헌은 본관이 배천白川인데 《족보》를 보면 고조는 유일遺逸로 세종 때 목사를 지냈으나, 그 뒤로 직계조상 3대조 가운데 벼슬아치가 없다. 10살부터 계모 밑에서 자라면서 집이 가난하여 스스로 땔나무도 하고 농사도 지으면서 공부하여 과거에 급제했다. 입지전적인 인물이다.

의 상소문과 세 편의 설說과 한 편의 사辭뿐이다. 그 가운데 상소문 두 편은 이지함의 경륜을 보여 주는 글로서 앞에서 이미 소개했다.

이제 그 나머지 글들이 비록 간단해도 이지함의 인생관과 도덕관을 보여 주는 글이기에 그냥 넘어갈 수는 없을 듯하다. 먼저 3편의 설은 〈대인설大人說〉, 〈피지음설避知音說〉, 〈과욕설過欲說〉이다.

〈대인설〉은 어떤 사람이 대인大人인가를 설명한 글이다. 그 글을 소개하면 다음과 같다.

> 사람은 네 가지 소원을 가지고 있다. 안으로는 영(靈; 존엄)과 강强을 원하고, 밖으로는 부富와 귀貴를 원한다. 귀貴는 벼슬을 하지 않는 것보다 더 귀한 것이 없고, 부富는 욕심이 없는 것보다 부富한 것이 없고, 강强은 싸우지 않는 것보다 강한 것이 없고, 영靈은 모르는 것보다 존엄한 것이 없다. 그런데 알지도 못하고 존엄하지도 않으면서 어리석은 사람이 있고, 싸우지도 않고 강하지도 않으면서 유약한 사람이 있다. 알지 못하면서 존엄하고, 싸우지 않으면서 능히 강하고, 벼슬도 없으면서 능히 귀한 사람은 오직 대인만이 할 수 있다.

비록 짧은 글이지만, 이지함의 인생관이 녹아 있다. 사람이 존엄하고, 강하고, 부유하고 귀하기를 바라지만, 이를 위해서 많이 배우려고 덤비고, 욕심을 가지려고 덤비고, 싸우려고 덤비고, 벼슬하려고 덤비는 사람들은 대인大人이 아니라고 본 것이다. 반대로 많이 배우지도 못하고, 욕심도 없고, 싸우지도 않고, 벼슬도 하지 않으면서, 존엄하고 강하고 부하고 귀한 사람이 바로 대인이라는 것이다.

이 글은 바로 이지함 자신의 인생관이고, 자신이 대인이라는 것을 암시한 것이기도 하다. 동시에 많이 공부하고 싸우고 욕심이 크고 높은 벼슬을 하려고 덤비는 세속의 선비들을 소인小人으로 비아냥한 글이기도 하다. 어찌보면 도가적道家的인 인생관이기도 하다.

두 번째 글 〈피지음설〉은 다음과 같다.

선비가 수레를 타고 다니는 것은 지음(知音; 명성을 크게 얻음) 때문이다. 그런데 숙계(叔季; 말세)의 지음은 재앙의 씨가 된다. 왜 그런가? 재용財用은 본래 흉물凶物이 아니지만 국가의 재앙이 재용에서 많이 나온다. 권세權勢는 본래 흉물이 아니지만 대부大夫의 재앙이 권세에서 많이 나온다. 회벽(懷璧; 구슬을 품다)은 본래 흉물이 아니지만 필부匹夫의 재앙은 회벽에서 많이 나온다. 지음知音은 본래 흉물이 아니지만, 어진 선비의 재앙은 지음에서 많이 생긴다.

선맹宣孟[40]에게 지음을 받지 않았다면 정영程嬰[41]이 어찌 재앙을 입었겠으며, 연단燕丹[42]에게 지음을 얻지 않았다면 형경(荊卿; 荊軻)이 어찌 재앙을 입었겠으며, 소하蕭何에게 지음을 얻지 않았다면 한신韓信이 어찌 재앙을 입었겠으며, 서서(徐庶; 劉備의 참모)에게 지음을 받지 않았다면 제갈량諸葛亮이 어찌 재앙을 입었겠는가?

지음을 받으면 재앙을 받지 않는 사람이 드물다. 곤란과 치욕을 받지 않은 사람은 들어본 일이 없다. 그렇기 때문에 지음 얻기를 원하는 것은 어진 선비가 진실로 피해야 한다. 서로 만나면서도 재앙을 받지 않는 것

40 선맹은 중국 춘추시대 진나라 장군으로 본명은 조선자趙宣子이다.
41 정영은 춘추시대 진晉나라 사람으로 충신 조씨가문을 도안고가 멸문시키려 하자, 유복자로 태어난 아기를 주치의였던 정영에게 부탁하여 살려 달라고 했다. 정영은 그 아이를 살리고자 자기 아들을 죽이고 그 아이를 아들로 삼아 뒷날 도안고에게 복수하게 했다. 그 아이의 정체성을 증명하고자 자신의 팔목을 잘랐다.
42 연단은 춘추시대 연燕나라 임금의 태자이다. 형가荊軻를 시켜 진왕秦王을 죽이려다 실패했는데 뒤에 진나라가 연나라에 쳐들어오자 연단은 형가를 베어 진왕에게 바쳤다.

은 오직 산수山水 사이에서 서로 알아주는 것과 전야田野 사이에서 서로 알아주는 것뿐이다.

이 글은 말세에는 지음知音, 곧 너무 명성을 떨치다가 오히려 재앙을 입은 사실을 역사적으로 소개하면서 어진 선비가 몸을 보신하려면 속세俗世의 지음을 피하고 산속이나 들판에서 살면서 지음을 얻는 것이 좋다고 했다. 역시 어진 선비들의 은둔생활을 권장하고 또 자신의 정체성을 알리는 글이다.

세 번째 글인 〈과욕설〉도 앞의 글과 비슷한 내용인데, 이를 옮겨 보면 다음과 같다.

맹자가 말하기를, "양심(養心; 마음을 기르는 것)은 과욕(寡欲; 욕심을 줄이는 것)보다 좋은 것이 없다."고 했다. 과寡는 없애는 것이다. 처음부터 없애고 또 없애어 없애는 것이 없어지면 마음이 텅 비고 신령스러워진다. 신령스런 빛은 밝음이 되고, 밝음이 생기면 성(誠; 성실)이 된다. 성誠의 길은 중中이 되고, 중中이 생기면 화和가 된다. 중화中和는 곧 공(公; 公益)의 아비가 되고 생(生; 生命)의 어미가 된다. 순순하게 안이 없어지고 넓고 넓게 밖이 없어지고, 밖에 가진 것이 작아진다. 처음에 작았던 것이 또 작아진다. 형기形氣에 얽매이면 내가 있음은 알고 다른 사람이 있는 것은 모른다. 다른 사람이 있는 것은 알아도 도道가 있는 것을 모른다. 물욕物欲을 서로 숨기고, 사람을 많이 죽이고, 욕심을 작게 하는 것도 어려운데 하물며 욕심을 없애는 것을 바랄 수 있겠는가? 맹자가 한 말이 참으로 멀구나.

이 글은 사람이 욕심을 줄여 없애 버려야 공도公道에 다다를 수 있다는 것을 맹자의 말을 빌려 설파한 것이다. 욕심을 줄이고 없애면 마음이 허령해지고, 정신이 밝아지고 성실해지며, 마침내는 중화中和에 이르게 된다. 중화에 이르면 안과 밖이 없어져 나와 남이 한 몸이 된다는 것이다. 반대로 물욕을 가지면 사람을 많이 죽인다.

이지함은 이런 마음으로 재물財物을 키우고 모으는 데 힘썼지만 그 재물을 자신이 가진 일이 없고 모두 어려운 사람들에게 나누어 주면서 평생을 살다가 간 것이다.

이지함 자신도 평생을 거지처럼 살았고, 그의 가족도 매우 가난하게 살았다고 한다. 4형제 아들이 거의 다 요절한 것도 이런 가난 때문이 아니었을까 싶다.

이지함의 마지막 글은 도연명陶淵明의 〈귀거래사歸去來辭〉에 대하여 차운次韻한 시이다. 도연명은 4-5세기의 중국 위진남북조시대 동진東晉 사람으로 쌀 다섯 말 때문에 지조를 굽히고 벼슬하기가 싫어서 고향으로 내려가서 평생 농사를 지으면서 가난하게 살다가 죽은 사람이다. 사상적으로는 불교와 도교에 빠져 있었고 서민적인 시를 많이 지어 중국 시문학사의 거장으로 추앙받은 인물이다. 이지함은 안빈낙도安貧樂道의 모범생인 도연명을 추모하면서 이 글을 지은 것이다.

(12) 《문집》과 《토정가장결》에 대하여

이지함에 대한 재평가가 국가 차원에서 본격적으로 논의된 것은 노론이 집권했던 숙종대였다. 숙종 31년(1705) 6월에 민진후閔鎭厚가 주장하여 이조판서의 벼슬을 증직하고, 숙종 44년(1718) 9월에는 문강文康이라는 시호를 내렸다. 시호를 요청하는 시장諡狀은 이관명李觀命이 지었다.

당시 노론들이 이지함을 추장하게 된 계기는, 무엇보다도 서경덕의 제자 조헌趙憲이 일찍이 선조 임금에게 올린 상소문이 결정적인 촉매제가 되었다. 그 상소문에서 조헌은 다음과 같이 말했다.

신이 스승으로 섬긴 분은 세 분입니다. 이지함, 이이, 성혼입니다. 세 분은 덕을 이룬 것이 서로 같지 않지만, 마음이 깨끗하고 욕심이 없으며, 그 행동이 세상의 모범이 된 것은 서로 똑같았습니다.

이 상소문이 결정적인 증거자료가 되었다. 이이, 성혼은 모두 서인들이 추앙하는 인물이고, 조헌도 서인이 추앙하는 인물인데 조헌이 이지함을 이이, 성혼과 동렬에 놓았으니, 그 파장이 클 수밖에 없었다.

이렇게 국가의 공식적인 포장襃奬이 이루어지자 그의 문집이 숙종 46년(1720)에 이르러 비로소 후손 이정익(李禎翊; 1655-1726)이 계림부윤鷄林府尹으로 있을 때 간행되었다. 정철鄭澈 후손인 정호(鄭澔; 1648-1736)의 서문과 송시열宋時烈의 발문을 받아 《토정선생유고》라는 이름으로 출간했다.

그러나 위에서 지적한 것처럼 이지함이 직접 쓴 글은 많지 않다. 그래서 《문집》에 들어 있는 이지함의 글은 포천현감과 아산현감 시절에 올린 상소문과 몇 편의 간단한 논설이 있을 뿐이다. 나머지 글들은 그의 문인들이 남긴 이지함의 일화逸話들을 〈유사遺事〉라는 이름으로 모은 것인데, 〈유사〉의 분량이 가장 많다. 그 밖에 이지함의 제문祭文과 시호諡號를 요청한 글뿐이다.

이렇게 이지함의 글이 적은 것은, 그가 학자라기보다는 깨끗한 행실과 교육자로서의 구실이 컸다는 것을 의미한다. 하지만 이런 단편적인 글을 통해서도 이지함의 인간상과 실천과 경륜을 이해하는 데는 상당한 도움을 준다. 다만 아쉬운 것은 그 일화들의 시기가 분명치 않아 이지함의 일생을 시간순으로 정리하는 데는 상당한 애로가 있다. 또《실록》에 보이는 기록도 대부분 이런 일화들을 토대로 기록한 것이기 때문에 새로운 내용을 찾기가 어렵다.

다만 이지함을 뒷날 적극적으로 추모하고 나선 사람들이 서인 계열이 된 것은, 주로 이지함과 친교를 맺은 사람 가운데 율곡栗谷, 박순朴淳, 조헌趙憲 등의 영향력이 컸기 때문이다. 그래서《문집》을 만드는 데 다소간 편견이 있을 수 있다는 것을 감안할 필요가 있다.

실제로 이지함은 뚜렷한 당색이 없는 인물이었고, 그 조카 이산해李山海는 동인東人의 영수였으며, 그와 친교가 있었던 한준겸韓浚謙은 한백겸韓百謙의 아우로서 동인 정여립과도 절친했던 인물이었으므로 이지함은 동인들과의 교류도 활발했다고 볼 수 있다. 그러나 뒤에 동인의 후예인 근경 남인들이 몰락하면서 이지함은 서인과 노론의 추앙을 받게 된 것이다.

그러나 송시열이《문집》발문에서 지적한 것처럼, 이지함의 학문과 사상은 주자학을 존중하는 서인 및 노론과는 상당한 간극이 있다. 송시열은 이지함의 학문을 존중하여 그를 칭송한 것이 아니라 그의 행실이 깨끗한 점을 칭송한 것뿐이다. 이지함은 주자학자가 아니라 잡학을 존중하는 실학자에 가깝다고 할 수 있다. 그래서 이지함의 실학을 계승한 것은 동인과 남인 계열이었다.

특히 농업 중심의 경제구조를 상공업과 어업, 염전, 광산업 등을 통해서 보완하고, 유통경제의 활성화를 지향한 이지함의 꿈을 계승 발전시킨 사람은 광해군대의 중북 계열 학자인 어우於于 유몽인(柳夢寅; 1559~1623)이었다. 47세나 연하인 그는 직접 이지함과 교류하지는 않았지만, 점포 설치, 화폐 사용, 수레 이용 등을 포함한 유통경제의 활성화를 추구했다.

마지막으로 검토할 것이 있다. 이지함과 후세에 전파된《토정비결》과의 관계이다. 이지함이 복서(卜筮; 점복)에 대한 지식과 실천은 뒷날 그를 운명을 점치는 예언가로 인식시켰다. 따라서 이지함이 예언서인《비결秘訣》을 지었을 가능성은 매우 크다.

그런데, 숙종 46년(1720)에 후손이 간행한《토정선생유고》에는 아무런《비결》이 실려 있지 않다. 다만 1985년에 여강출판사에서 간행한《토정선생유고》에는 서울대학교 규장각에서 소장하고 있는《토정가장결土亭家藏訣》을 수록하고 있다.

위《토정가장결》은 이지함이 직접 쓴 글이 아니고 제삼자가 쓴 것이므로 이지함의 저서라고 단정하기는 어렵다. 하지만 그 서문을 보면 500년 뒤에 조선왕조가 큰 변란을 만나게 될 것을 예견하고 후손들이 재앙을 파하도록 하고자 이지함이 예언서를 지어 그때그때 피난할 곳을 가르쳐 주었다고 한다.《정감록鄭鑑錄》과 비슷한 책이다. 따라서 위 책은 현재 사주팔자四柱八字를 가지고 운명을 예측하는《토정비결》과는 성격이 많이 다르다.《토정비결》은 후세 사람들이 토정의 이름을 가탁하여 만든 책으로 보인다.

6) 치재恥齋 홍인우洪仁祐

홍인우(洪仁祐; 1515-1554)는 본관이 남양南陽이고 아호는 치재恥齋이다, 서울과 여주에서 살았다.《남양홍씨보》를 보면 홍인우는 연산군 때 병조판서를 지낸 홍귀손洪貴孫의 증손자로, 조부 홍이평洪以平은 성종 때 대사성을 지내고, 부친 홍덕연洪德演은 김안국金安國 문인으로 중종 때 문과에 급제하여 조광조와도 친밀했으며, 벼슬이 첨지중추부사에 올랐다. 대대로 높은 벼슬을 한 사족집안이다.

홍인우는 5형제 가운데 차남으로, 최초의 양명학자로 알려진 동강東岡 남언경(南彦經; 1528-1584)은 그의 매부이다. 두 아들을 두었는데 큰아들 홍진洪進은 선조 때 형조판서를 지내고, 둘째 아들 홍적洪迪은 이황 문인으로 벼슬이 선조 때 사헌집의에 올랐다.

홍인우는 23세에 아버지 권유로 진사가 되어 성균관에서 공부했으나 문과응시를 포기했다. 성균관 재학 중이던 26세 되던 중종 35년(1540)에 52세이던 서경덕을 찾아가서 학문을 배웠다. 남언경도 서경덕의 문인이니, 처남과 매부가 모두 서경덕의 제자가 된 셈이다.

《치재유고恥齋遺稿》의 〈일록초日錄鈔〉를 보면 홍인우가 서경덕을 만나 나눈 대화록이 있다. 그 대화록은 앞에서 이미 설명한 바 있으나, 그 요지만을 다시 정리하면 다음과 같다.

먼저 홍인우가 처음 서경덕을 만난 시기는 2월이고, 장소는 화담정사 花潭精舍였다. 홍인우가 먼저 질문한 것은 선천先天, 후천後天, 이기理氣, 체용體用과 종시終始의 이치였는데, 서경덕은 마치 대나무를 쪼개듯 선명하게 대답했다.

다음에 홍인우는 몸가짐과 마음가짐, 임금과 백성을 돕는 일, 그리고 군자君子가 도道를 얻고서도 은둔하여 벼슬하지 않는 것은 옳은 일인가 등을 물었다. 서경덕은 선비의 처신에 네 가지 유형이 있다고 대답했다. (1) 행할 만한 도道를 품고 있으면서도 때가 좋지 않아 근심 없이 사는 사람, (2) 백성이 새로워질 수 있더라도 자신의 덕이 새롭지 않아 분수를 헤아려 나가지 않는 사람, (3) 명군明君이 위에 있어 배운 것을 시험할 수 있으나, 산림山林에 들어가서 자신이 좋아하는 것을 따라서 사는 사람, (4) 덕이 새로움을 갖추지 못했지만 생민이 곤궁한 것을 좌시할 수 없어서 부득이 세상에 나가서 일하는 사람이다.

서경덕의 말을 들은 홍인우가 다시, "그렇다면 공께서는 이곳에서만 사실 예정입니까?" 하니 서경덕이 한참 동안 생각하다가 입을 열었다.

평생 성현聖賢의 글만 읽었을 뿐이오. 그래서 평시에 과거시험 준비를 하지 않았소. 또 두 번이나 조정에 〔천거되었어도〕 도움을 주지 않았소. 게다가 이미 천명天命을 아는 나이〔52세〕가 되었소. 성시城市를 떠나 뜻이 이곳에 있으니, 어찌 감히 바라겠소? 어찌 감히 바라겠소."

홍인우는 이해 8월 6일 다시 개성에서 서경덕을 만났는데, 이번에는 화담정사가 아니라 탁타교橐駝橋 옆에 있는 본가였다. 겨우 비바람을 막을 정도로 허름했다. 버드나무 그늘에 앉아서 홍인우가 〈하도낙서河圖洛書〉와 〈태극도太極圖〉에 대하여 질문하자 "좋다."고 말하여 토론했으나 다 마치지 못했다.

사흘 뒤인 8월 9일에 이번에는 서경덕이 홍인우가 묵고 있는 집으로 찾아가서 〈하도낙서〉와 〈태극도〉, 그리고 《정몽正蒙》 2편을 설명했다. 홍인우는 8월 12일에도 서경덕을 찾아가 《정몽》을 또 배웠는데, 이번에는 동상東庠에서였다.

뒤에 서경덕은 제자 박민헌에게 말하기를, "많은 학문에 뜻을 둔 사람들을 만났지만 더불어 진보한 사람은 오직 홍인우뿐이다."라고 했다.

홍인우가 서경덕으로부터 학문을 배운 것은 이것이 전부다. 서경덕은 제자 박민헌에게 홍인우를 벗으로 삼으라고 권고하여 박민헌이 자주 서울과 여주를 왕래하면서 지내던 홍인우를 만나 서경덕의 학문을 주제로 서로 토론했다.

홍인우가 32세 되던 해 7월 7일에 서경덕이 세상을 떠나자 홍인우는 7월 11일에 부음을 듣고 통곡하면서 애도하였다. 뒤에 《화담유고花潭遺稿》를 박민헌으로부터 빌려다가 읽어 보고, 새삼스레 서경덕의 학문이 세상을 밝게 다스리는 '명세지재命世之才'와 '경세지학經世之學'을 품은 '동방의 호걸지재豪傑之才'라고 극찬하고, 이황을 찾아가서 "서경덕을 과소평가하면 안 된다."고 말했다. 홍인우는 박순과도 자주 만나 서경덕이 쓴 이기론理氣論과 장재張載가 쓴 태화편太和篇을 가지고 토론했다.

홍인우는 기대를 가졌던 인종仁宗이 즉위한 지 8개월 만에 세상을 떠나고 명종明宗이 즉위하여 을사사화가 일어나자 더욱 벼슬에 뜻을 잃었다.

38세 되던 해에 그는 서울에 올라와 벼슬하고 있던 퇴계 이황을 세 차례 만나 다시 학문을 배웠다. 몇 차례 이황을 찾아가자, 그 뒤 이황이 한 차례 홍인우를 찾아와서 강론했다. 다음 해에도 이황이 홍인우를 찾아왔는데, 이때에는 서경덕의 〈황극경세성음해皇極經世聲音解〉를 가지고 토론했다.

본래부터 《심경心經》이나 《근사록近思錄》 등 마음을 다스리는 학문을 좋아하던 그는 이황을 만난 뒤로 더욱 주정主靜과 경敬에 가까워졌다. 그러니까 상수역학보다는 정주학 쪽에 더 기울어졌다.

이렇게 학문에만 전념하던 그는 39세 되던 해 봄에 금강산을 다녀와서 《동유록東遊錄》(또는 관동록關東錄)을 썼는데, 다음 해 명종 8년 2월에 아버지를 여의었다. 상제喪祭를 법도에 맞게 치르느라 과로하다가 이해 향년 40세로 생애를 마감했다.

문집으로 《치재집》이 전한다. 죽은 뒤에 아들 홍진(洪進; 1541-1616)이 선조 때 크게 출세하자 영의정으로 추증되고, 여주의 기천서원에 제향되었다. 홍인우의 묘표음기墓表陰記는 한백겸의 아우 한준겸韓浚謙이 지었다.

7) 수암守庵 박지화朴枝華

박지화(朴枝華; 1513-1592)의 본관은 정선旌善이고, 박형원朴亨元의 서자庶子이다. 《청구씨보》의 〈정선박씨보〉에는 오직 박지화 1인만 기록되어 있어 그가 정선 박씨의 시조임을 알 수 있다. 《만성대동보》와 《씨족원류》에는 〈정선박씨보〉 자체가 없다. 《세종실록》 〈지리지〉와 《동국여지승람》에도 정선군의 성씨 가운데 박씨가 없다. 따라서 정선 박씨는 박지화가 처음으로 만든 본관임을 알 수 있다.

박지화의 자는 군실君實이고 호는 수암守庵이다. 일찍이 취재取才를 통해 이문(吏文; 외교문서)을 가르치는 학관學官이 되었으나 신분관계로 그만두었다. 어려서부터 명산을 돌아다니면서 솔잎을 먹고 살면서 유교, 불교, 도교를 두루 공부하여 삼교三敎에 회통했다.

언제 서경덕을 찾아갔는지는 알 수 없으나, 차천로의 《오산설림五山說林》을 보면, 박지화가 서경덕에게 가장 오랫동안 배운 문인이면서 배운 것이 아주 많았다고 했다. 특히 그에게서 역易을 배우고, 수련도교에도 눈을 뜨고, 예학禮學도 배웠다고 한다. 어느 날 서경덕이 하루 종일 수數를 따져 보더니 중국〔명나라〕이 먼저 패망하겠다고 말했다고 한다.

평생 북창北窓 정렴(鄭𥖝; 1506-1549),[43] 고옥古玉 정작(鄭碏; 1533-1603) 형제 등 도인道人들과 교류했다. 그러나 이이나 성혼과 같은 명유나 박민헌, 허엽, 노수신, 이구, 남언경 등과 같은 서경덕 문인들과도 어울리고, 고청孤青 서기(徐起; 1523-1591),[44] 백호白湖 임제(林悌; 1549-1587)[45]

---

[43] 정렴과 정작은 형제간이다. 본관은 온양이다. 아버지는 명종 때 을사사화에 관여하여 권신으로 알려진 정순붕鄭順朋이다. 아버지와 달리 평생 도인으로 활동하면서 이이, 성혼 등과도 교유했다. 시를 잘하고 의학에도 밝았다. 정렴은 《북창비결北窓秘訣》이라는 수련서를 저술하기도 했다.

등과도 폭넓게 교유하면서 80평생을 살다가 임진왜란 때 세상을 떠났다.

나이 70여 세에는 금강산에서 수련하고 7년 만에 돌아오기도 했는데, 걸음걸이가 나는 듯했다고 한다. 80세에 왜란이 일어나 왜병이 서울을 점령하자 친구들과 함께 포천 백운산白雲山 사탄촌史呑村으로 피란을 갔는데, 가는 도중에 친구들에게 말하기를 "나는 늙어서 따라갈 수가 없으니 뒷날 나를 여기서 찾으라."고 말했다. 왜병이 물러간 뒤에 친구들이 그곳을 찾아가니 박지화는 보이지 않고 계곡 위 나뭇가지에 시 한 수를 쓴 종이가 걸려 있었다. 친구들이 물속에서 시신을 찾아 장례를 치러주었다고도 하고, 나무 밑에 단정하게 앉아 죽은 것을 물가에 임시로 매장했다고도 한다. 말하자면 그는 스스로 목숨을 끊은 것이다.

그의 문집인 《수암유고守庵遺稿》를 보면 주로 정렴鄭磏이나 정작鄭碏 형제 등 도인道人들과 나눈 시가 가장 많다. 그의 사상을 엿볼 수 있는 글은 별로 없다. 그런데 그의 철학사상을 엿볼 수 있는 글이 한 편 남아 있다. 51세 되던 명종 18년(1563)에 경상도 인동仁同에 사는 이이李珥라는 늙은 침술사鍼術師가 조정에 의학교수醫學敎授로 천거된 것을 알고 그에게 보낸 편지인 〈여이노선서與李老仙書〉라는 편지의 글이다.

이 글은 한 마디로 한 번 진맥診脈으로 명치의 병을 알 수 없으며,

44 서기는 충청도 남포(藍浦; 보령) 출신으로 본관은 이천利川이며, 아버지는 서귀령 徐龜齡이다. 집안이 매우 한미했다. 서경덕과 그 문인 이중호李仲虎를 사사하고, 이 지함에게 직접 학문을 배웠다. 충청도 홍주와 공주의 계룡산, 지리산 등지를 돌아다니면서 학문에만 전심했다. 문집으로 《고청유고》가 있다. 서기가 죽은 뒤에 박지화는 그의 〈묘지명〉을 써 주었다.

45 임제는 나주羅州가 본관으로, 속리산의 처사인 성운成運에게 학문을 배우고 문과에 급제하여 홍문관 관원이 되었으나 당쟁에 실망하여 벼슬을 버리고 여러 지역을 방랑하다가 고향에서 39세로 세상을 떠났다. 성격이 호방하여 많은 일화와 시를 남겼다. 죽을 때 "황제를 한 번도 칭해 보지 못한 못난 나라에 태어나서 죽는데 슬퍼하지 말라."는 유명한 유언을 남기기도 했다.

한 가지 약으로는 오장육부의 병을 고칠 수 없다면서 역학易學의 이치를 배워서 치료해야 한다는 내용이다. 그러면서 역학의 역사를 길게 설명하고 있다. 먼저 우주자연의 이치를 이렇게 말했다.

천지에 가득찬 것은 이理와 기氣뿐이다. 이는 기를 타고 있으면서 만가지 변화의 근원이 되는데, 기는 이理와 묶여서 동정動靜의 기틀이 된다. 이른바 형이상形而上은 태극의 이理이며, 형이하形而下는 음양의 기氣이다. 하도河圖는 이기理氣의 근원인데, 그 가운데 수數가 운행한다. 성인聖人이 이를 괘卦로 그렸다. 위와 아래를 살펴보고, 멀고 가까운 것을 취하는 것은 일월성신日月星辰과 조수초목鳥獸草木의 모습에 불과하고, 신명神明의 덕德을 통하고, 만물의 정情을 분류하는 것은 건순동함健順動陷과 뇌풍산택雷風山澤의 모습에 불과한데, 짝수와 홀수를 찬연하게 볼 수 있다. 4상과 8괘는 이를 얻어야만 정할 수 있는 것이다. ……"

이렇게 《주역》의 이치를 설명하고, 복희伏羲와 주 문왕周文王, 북송의 소옹邵雍, 남송의 주자朱子가 차례로 그 이론을 발전시킨 과정을 설명했다. 그리고 나서 박지화 자신이 역학을 공부한 과정을 적었다. 처음 10년 동안 공부했으나 그 뜻을 깨닫지 못했는데, 세월이 흐르면서 〈하도낙서河圖洛書〉, 동그라미와 네모꼴, 짝수와 홀수, 선천先天과 후천後天, 8괘와 체용體用의 뜻을 여러 유학자를 통해서 증험하고, 여러 학우들에게 물어보았으나 기질이 어둡고 어리석으며, 게으름을 이기지 못하면서 지금에 이르렀는데 옛날에 얻은 것마저 모두 잊어버리고 말았다고 회고했다. 그러다가 2년 전에 일재一齋 이항(李恒; 1499-1576) 선생을 만나 학문하는 방법을 물었더니, "학자는 먼저 4서(四書; 논어, 맹자, 중용, 대학)를 공부하고 나서 《주역周易》을 공부해야지, 그렇지 않고 평생 《주역》만

읽으면 얻는 것이 없을 뿐 아니라 그 밖의 수數를 알 수 없다.”고 했다. 그래서 지난 10여 년의 잘못을 깨달았지만, 그렇다고 갑자기 옛날의 의문을 버릴 수가 없었다. 역易이 비록 어려운 학문이지만 명덕明德을 밝히고, 분함과 욕심을 억누르는 것이니 하학下學이 아니라고 말했다.

결론적으로 침술사인 이이 노인에게 당부한 것은, 사람의 몸은 천지 음양오행의 기氣를 타고났으므로 그 이치를 따라 치료하라는 것이다. 그러면서 역易을 공부하되 먼저 〈지남도해指南圖解〉를 공부하라고 권했다.

박지화는 처음에는 방외의 자유인으로 살다가 70이 넘은 뒤에는 주로 서울에 살면서 두문불출하고 방안에 단정하게 앉아서 마치 산림처사처럼 지냈다고 한다. 특히 만년에는 20세 연하인 우계 성혼(成渾; 1535-1598)과 자주 편지를 주고받으면서 지냈는데, 율곡 이이李珥, 구봉 송익필宋翼弼과 더불어 파주 3현으로 알려진 성리학의 대가였던 그와의 교류는, 그가 만년에 어느 정도 성리학으로 귀의했음을 말해 준다.

그러나 그의 전 생애를 통틀어 말한다면 유불도儒佛道 삼교일치를 지향한 도인道人이라는 점에서 정주학의 이단아로 각인되었다. 박지화는 뒤에 한무외韓無畏가 지은 《해동전도록海東傳道錄》과 홍만종洪萬宗이 지은 《해동이적海東異蹟》에 모두 한국의 도교를 계승한 인물로 기록되어 있다. 저서에 《수암집》, 《사례집설四禮集說》 등이 있다.

8) 연방蓮坊 이구李球

이구(李球; 1494-1573)는 세종의 둘째 형인 효령대군의 증손이다. 《씨족원류》를 보면 효령대군의 서자庶子인 이신(李宸; 安康都正)이 할아버지이고, 아버지 효연(孝延; 또는 孝智; 介山副守)도 서자이다. 어머니는 성담년成聃年의 딸이다. 이구는 종친서자였으므로 실직이 아닌 종성령鐘城令의 직함을 자동으로 받았다. 그 뒤에는 아무런 벼슬도 하지 않았다.

이구의 자는 숙옥叔玉, 아호는 연방蓮芳이다. 처음에 엄용공嚴用恭과 윤정(尹鼎; 1490-1536)에게 배우고, 역학에 밝은 나식(羅湜; 1498-1546)과 민기(閔箕; 1504-1568)와도 학우로서 서로 친하게 어울렸다. 그러다가 서경덕을 찾아가서 역학을 다시 배우게 된 계기가 있었다.

중종 31년(1536) 가을에 48세이던 서경덕이 문과시험을 치르기 위해 서울에 와서 강원姜源의 집에 잠시 우거寓居하고 있었다. 강원은 바로 서경덕 문인 강문우姜文佑의 부친이다. 이때 서경덕이 역학에 조예가 깊다는 것을 알고 있던 나식이 강원의 집으로 찾아와서 서경덕과 더불어 밤새도록 역학을 토론한 일이 있었다. 이때 나식에게 역학을 배우고 있던 20세의 허엽許曄이 배석하여 토론을 참관하고 서경덕의 학문이 고명한 것을 알게 되었다.

허엽은 다음 해 다시 서울에 있던 서경덕을 찾아가서 두 번 절하고 배움을 간청하여 허락을 받았다. 이때 나식의 학우였던 이구李球와 민기閔箕가 허엽과 함께 서경덕의 문하로 들어가게 된 것이다.

이구는 서경덕의 주기설을 따라 '심무체용설心無體用說'을 주장했다. 본래 태허太虛에는 기氣만 있기 때문에 마음에는 본래 체(體; 理)와 용(用; 氣)이 따로 없다는 주장이다. 이 문제로 이황은 우주에는 본래부터 이理와 기氣가 있고, 이가 기를 주도하기 때문에 마음에도 체와 용이 있다는 관점에서 이구의 주장을 비판했다. 그런데, 이구의 학설은 《퇴계집》에만 보인다. 이구의 학설이 《퇴계집》에 실린 것은 그 까닭이 있다.

이황의 문인이자 허엽의 사위인 우성전禹性傳이 원나라 학자 임은林隱 정복심程復心이 그린 주기설主氣說 그림을 보고 의심이 나서 장인인 서경덕 문인 허엽許曄에게 질문했다. 그러자 허엽이 다시 서경덕 문인 이

〈사진 1〉 이구의 기권도와 정복심의 기권도

구에게 물었고, 이구가 허엽에게 대답했다. 우성전이 이구의 대답을 보고 다시 스승 이황에게 질문하여 이황이 대답한 글이 《퇴계집》에 실리게 된 것이다.

그러면 이구는 정복심의 주기설 그림을 어떻게 이해했는가? 주기론자인 정복심은 동그라미 속에 기氣를 그리고, 기가 음양으로 갈라지는 모습을 그림으로 그렸다. 이구는 이 그림을 매우 좋게 보고, 이를 더 부연하여 그림을 다시 그렸다. 그리고 나서 "기氣는 이理의 성盛이고, 이는 기氣의 묘妙이다. 이가 아니면 본체가 확립되지 못하고, 기가 아니면 작용이 행해지지 않는다. 그러므로 인仁에 나타나는 것은 기氣이고, 작용 속에 숨은 것은 이理이다."라고 설명하면서 서경덕의 학설도 이와 같다고 주장했다. 그러니까 마음의 본질은 기氣이고, 기 속에 이理가 숨어 있어서 작용한다고 하여 이가 기를 움직인다고 본 것이다.

이황은 우성전의 질문에 대하여 다음과 같은 요지로 대답했다. 한 마디로 이구가 그린 그림은 잘못되었다는 것이다. 원래 정복심이 그린 그림의 동그라미는 태극도太極圖를 말하는 것인데, 태극은 이理이다. 그런데 정복심은 태극의 중앙에 기氣를 그려 놓았는데, 이것은 이를 통해서 기를 구하게 하는 그림이지, 기를 통해서 이를 구하는 그림이 되지는 않는다고 말했다. 그래서 정복심이나 이구는 잘못된 이기론을 주장하고 있다고 비판했다. 주리설을 주장하는 이황으로서는 당연한 말이지만 그렇다고 이황의 주장이 반드시 옳다고 말할 수는 없을 것이다.

주기설과 수리설의 차이는, 어느 것이 옳고 그른가의 문제가 아니라 우주를 물질 중심으로 보느냐 아니면 도덕적 관점에서 보느냐의 차이를 말해 줄 뿐이기 때문이다.

9) 동강東岡 남언경南彦經

(1) 남언경의 가계와 벼슬

남언경(南彦經; 1528-1594)은 개국공신 남재南在의 6대손이다. 남재의 아우는 남은南誾으로 정도전 일파에 가담하여 왕자의 난 때 정도전과 함께 이방원의 습격을 받고 죽었다. 증조 남구南俅는 음보로 군수를 지내고, 할아버지는 부사직(副司直; 종5품)을 지낸 무인이고, 아버지는 문과를 거쳐 명종 때 영흥부사를 지낸 남치욱南致勗이다. 서경덕 문인 홍인우(洪仁祐; 1515-1554)의 아랫 매부이기도 하다. 호는 동강東岡이다.

처남 홍인우의 영향을 받아 남언경이 서경덕을 찾아가 학문을 배운 것은 10대 후반으로 보인다. 남언경이 18세에 서경덕이 죽었기 때문에 18세 이전에 서경덕에게 학문을 배웠음을 알 수 있다.

19세 되던 명종 1년에 생원이 되고, 헌릉참봉獻陵參奉을 거쳐 39세 되던 명종 21년(1566) 6월에 학행으로 조식曹植, 이항李恒, 성운成運, 한수韓脩, 김범金範 등과 함께 천거되어 지평현감에 제수되었다가 곧 조지서 사지司紙로 옮겼다. 이때 임금을 면담하여 2제3왕(二帝三王; 요, 순, 우, 문, 무)을 따르고 마음을 다스리는 데 힘쓰라고 건의했다.

46세 되던 선조 6년(1573)에 양주목사로 승진하고, 다음 해 사헌부 지평, 선조 8년에 사헌부 장령, 선조 11년에 사헌부 집의로 있다가 체직되었으며, 선조 15년에는 파직당했다.

선조 20년에는 전주부윤을 지냈는데, 정여립鄭汝立과 가까운 사이가 되고, 62세가 되던 선조 22년(1589) 12월에 정여립 모역사건이 터지자 정여립에게 선물을 주고 찬양하고 정여립의 집에서 야장冶匠을 시켜 무기를 만든 죄 등으로 파직되어 감옥에 들어갔으나, 죄인을 재판하던 정철鄭澈이 봐주어 석방되었다.

임진왜란이 일어난 선조 25년(1592) 12월에는 여주목사에 임명되었다가 다시 66세 되던 다음 해에는 이조참의에까지 올랐다. 선조 27년 7월에는 그와 절친한 종친 경안령慶安令 이요李瑤가 임금에게 남언경이 쓴 글을 보여 주었다. 그 내용은 일본과 화친하지 말고 싸워서 이겨야 하며, 명나라가 선조와 세자 광해군을 이간시키고 있으므로 광해군을 명나라에 보내면 호랑이와 표범이 산속에 도사리고 있는 형세가 되어 실낱같은 국맥에 도움이 될 것이라고 했다는 것이다. 그러면서 태종도 세자 때 명나라에 다녀오고, 양녕도 그랬기 때문에 왕조의 안정에 기여했다고 했다.

남언경과 이요가 어떤 마음으로 이런 건의를 했는지 그 진심은 알 수 없으나, 광해군을 보호하려는 마음 때문인 것 같기도 하다.

이요는 또 임금에게 양명학陽明學과 육상산陸象山의 학문도 추천했다. 선조는 은근히 양명학을 좋아했으나 유성룡 등 정주학자들의 반대로 적극적으로 양명학을 따르지는 않았다.

남언경은 이조참의에까지 올랐지만 양명학자라는 비판을 받고 사직하여 양근楊根 영천동靈川洞에 은퇴하여 살다가 선조 27년에 향년 67세로 세상을 떠났다. 그는 죽은 뒤에 양평의 미원서원迷源書院에 배향되었다.

(2) 남언경의 학문

남언경은 서경덕으로부터 주기론主氣論을 배우고, 이어 명나라 초기 학자 진백사(陳白沙; 陳獻章)와 왕양명의 《전습록傳習錄》을 탐독하여 우리나라 최초의 양명학자로 인정받았다. 30세 무렵부터 이황의 주리설主理說을 비판하기 시작했는데 두 사람의 논쟁은 《퇴계집》에 실려 있다.

남언경은 서경덕의 주기를 따라 우주의 본질과 형상작용을 모두 기氣로써 설명하고, 기는 선천先天이나 후천後天이나 영원불변하는 것으로 보았다. 그런데 기가 움직이고 모이고 흩어지는 것은 법칙이 있는데, 이를 이理로 보았다. 그러므로 기를 떠나서 이理가 있는 것은 아니다. 이런 관점에서 그는 기는 유한하고 이는 무한하다는 이황의 주장을 반박했다.

그런데 남언경은 여기서 한 걸음 더 나아가 기는 선善도 있고 악惡도 있는데, 사람의 마음속에 있는 양지良知가 발생할 때에는 천지와 사람의 기氣가 선善으로 일체가 된다고 주장했다. 그러니까 기를 좋은 방향으로 이끄는 구실을 하는 것은 바로 사람의 양지로 보았다. 이는 왕양명의 학설을 받아들인 것으로, 이理를 우주와 인간의 착한 본성本性으로 보는 이황의 주장과는 다른 것이다.

남언경의 학설은 이요를 거쳐 뒤에 장유(張維; 1587-1638)와 정제두(鄭齊斗; 1649-1736)에 계승 발전되었다.

남언경은 많은 제자를 배출하여 서경덕의 학문을 전파시켰다. 그 가운데 하나가 서얼학자 촌은村隱 유희경(劉希慶; 1545-1636)이다. 유희경은 선조 말-광해군 초에 창덕궁 옆에 침류대枕流臺를 짓고 살면서 수많은 선비들과 시를 나누면서 교유하여 이른바 '침류대학사枕流臺學士'를 만들어 낸 중요한 인물이다. 침류대학사 가운데 이수광李晬光, 한백겸韓百謙, 유몽인柳夢寅 등 실학자들이 배출되었다. 이들에 대해서는 뒤에 다시 설명할 것이다.

10) 최력崔櫟

최력(崔櫟; 1522-1550)은 본관이 전주全州이다. 여러 《전주최씨보》와 이산해李山海가 지은 〈최역묘갈명崔櫟墓碣銘〉을 통해 그의 가계와 행적을 알아 보면 다음과 같다.

그는 세종조 돈녕부사로서 청백리에 오른 최사의崔士儀의 7대손이다.[46] 할아버지는 성종 때 문과에 급제하여 연산군 때 이조참의를 지낸 최해崔瀣인데, 연산군에 아첨하고 대신들에게 방자하여 중종 때 버림받았던 인물이다. 최해의 아들은 최희증崔希曾인데, 아무런 벼슬이 없이 몸을 숨기고 살다가 일찍 세상을 떠났다. 최희증이 바로 최역의 아버지다. 중종 때 문과에 급제하여 정언을 지낸 최희맹崔希孟은 최역의 숙부이다.

아버지를 일찍 여읜 최역은 어려서부터 글을 잘했는데, 글을 지어 숙부 최희맹에게 바로잡아 줄 것을 요구하니, 숙부는 "내가 따라갈 수가 없다"고 감탄했다. 처음에 서경덕을 찾아가서 공부할 때 신광한申光漢이

---

46 이산해李山海가 지은 〈최역묘갈명崔櫟墓碣銘〉에는 최사의가 최역의 고조高祖로 되어 있어서 《족보》와 다르다. 묘갈명이 착오를 일으킨 듯하다.

지은 시詩의 운자韻字에 맞추어 시를 지으라고 여러 문인들에게 과제를 내주자 최역이 시를 한 수 지어 올렸다. 그 시 가운데, "밤새도록 달을 본 것은 경치를 탐한 것이 아니고, 해가 질 때까지 낚싯대를 던진 것은 물고기를 낚으려는 것이 아니었네."라는 대목을 서경덕이 읽고 탄복하여, "참으로 도道의 근본을 아는 시로구나."라고 말했다.

그는 뒤에 파주의 성수침成守琛과 함양의 조식曹植을 찾아가서 학문을 배우기도 했다. 평생토록 버슬길에 나아가지 않고 《근사록近思錄》과 《성리대전性理大全》을 탐독했다고 한다.

인종仁宗이 죽고 나서 명종이 즉위하자, 소윤少尹은 대윤大尹이 계림군桂林君을 추대했다는 죄로 을사사화를 일으켜 대윤 일파를 숙청했는데, 이때 누가 최역이 관여되어 있다고 고발하여 의금부에 체포되어 고문을 받았다. 최역은 "일찍부터 계림군을 알고 있다."고 공초했다. 깜짝 놀란 고문관이 "어떻게 알았느냐."고 묻자 최역은 "계림군이 항상 갈도喝道하면서 오갔기 때문에 알았다. 그런데 지금은 듣지 못했다."고 하여 풀려났다.

을사사화를 보고 크게 실망한 그는 더욱 벼슬에 뜻을 잃고 있다가 명종 5년에 향년 29세로 세상을 떠났다. 최역은 두 아들을 두었는데, 큰아들은 최철견(崔鐵堅; 1548-1618)으로 선조 18년에 문과에 장원급제하여 동인으로 활약했으며, 광해군 때 이조참의에 올랐는데, 아버지 최역에게 호조참판을 증직했다. 최철견의 큰아들이 이산해의 외손서外孫壻가 되었다. 최역의 둘째 아들은 최철강崔鐵剛으로 이산해와 같은 마을에서 친구로 지냈다. 이런 인연으로 이산해가 최역의 묘갈명을 쓰게 되었다.

Ⅱ) 김혜손金惠孫

김혜손(金惠孫; 1512-1585)의 본관은 경주慶州이고, 자는 언순彦順이다. 대대로 고양高陽에 거주했다.

개국공신 김곤金稛의 후손으로 대대로 벼슬했으며, 아버지 김당(金璫; 1465-1532)도 중종 때 기묘사림을 비호하고 의정부 찬성(종1품)에 올랐다. 고양과 개성의 거리가 매우 가까워 일찍이 화담에게서 학문을 배웠는데 만년에 역易을 더욱 탐독했다.

아버지가 고관이었으므로 음직蔭職으로 벼슬이 생원을 거쳐 내자시, 금화도감, 장원서 별제(別提; 정6품), 주부, 판관, 풍저창수豊儲倉守 등을 거쳐 재령군수에 이르렀다가 선조 18년(1585)에 향년 74세로 세상을 떠났다. 선조 11년에 풍저창수를 할 때 사간원에서 그의 노쇠를 이유로 파직을 청하자 임금이 허락했다.

그가 죽은 뒤에 묘비문墓碑文은 일송一松 심희수(沈喜壽; 1548-1622)[47]가 짓고, 명필 한호(韓濩: 石峯, 활인서 별제)가 글씨를 썼다. 일상의 범절과 붕우나 친척관계가 독실하여 칭송을 받았으며, 평생 안빈낙도했다고 한다.

《화담집》을 보면 어느 해 가을에 서경덕이 김혜손, 박민헌, 황원손 등 세 문인들과 함께 성거산聖居山에 등산했다가 금신사金神寺 뒤편의 봉우리에 올라 시를 쓴 것이 보이고, 김혜손이 학업을 마치고 돌아갈 때 작별의 시를 써 주기도 했다.

《문집》이 없어 그의 학문을 자세히 알기는 어렵다.

---

47 심희수는 성리학자 이연경李延慶의 외손자로 서경덕 문인 노수신盧守愼과 강문우(姜文佑)의 제자이다. 선조 때 벼슬이 좌의정에까지 올랐다가 광해군 때 영창대군과 인목대비를 보호하다가 대북파의 미움을 받고 둔지산에 은거하다가 세상을 떠났다.

12) 신역(申湙; 1521-?)

신역(申湙; 1521-?)은 본관이 고령高靈이다. 족보를 보면 증조는 명신 신숙주申叔舟이고, 할아버지는 내자시정을 지낸 신형申泂이며, 아버지는 명종 때 의정부 찬성贊成을 지낸 기재企齋 신광한(申光漢; 1484-1555)이다.

아버지 신광한의 《기재집》에 있는 〈행장行狀〉과 〈묘지명墓誌銘〉을 보면, 신광한의 첫째 부인 임씨林氏는 아들을 낳지 못하고 죽었으며, 둘째 부인 오씨吳氏에게서 두 아들을 얻었는데, 맏아들이 신역이고, 둘째 아들이 신진(申津; 1527-?)으로 되어 있다. 아우 신진은 호가 남암嵐巖으로 48세 되던 선조 7년(1574)에 문과에 급제하여 벼슬이 도사(都事; 종5품)에 이르렀으며, 아들 신홍점申鴻漸을 낳아 가통을 잇게 했다.

신광한은 서경덕보다 5세 연상이지만 서경덕이 현인賢人이라는 소문을 듣고 그를 찾아가서 서로 시를 주고받으면서 교유하였다. 그것이 《화담집》과 신광한 문집인 《기재집企齋集》에 보인다. 따라서 아들 신역을 서경덕에게 보내 학문을 배우게 한 것은 부친 신광한임을 알 수 있다. 또 신광한은 사위도 서경덕과 교유하도록 주선했다고 한다. 신광한에 대해서는 뒤에 다시 자세히 설명할 것이다.

그러면 신역은 무슨 일을 했을까? 그는 서경덕에게 가서 역易을 배운 뒤에 31세 되던 명종 6년(1551)에 아비 신광한이 함경도 관찰사에게 부탁하여 참봉(종9품)을 주어 문과에 응시하도록 했으나 불법이 발견되어 취소되었다.

35세 되던 명종 10년에 진사가 되고, 그 뒤 문과에 응시하여 초시에는 급제했으나 전시에서 낙방한 뒤 벼슬을 포기했다. 평생 처사로 살면서 《주역》을 공부했는데, 후사마저 보지 못하여 가계가 끊어졌다. 《문집》이 없다.

13) 강문우姜文佑

강문우(姜文佑; 1520 전후-1592경)의 본관은 진주晋州이다. 《족보》를 보면, 그의 증조부는 강자순姜子順인데, 문종과 후궁 양씨楊氏 사이에 태어난 경숙옹주敬淑翁主의 남편이므로 부마이다. 그런데 옹주가 아들을 낳지 못하자 양첩良妾을 얻어 강형동姜亨仝을 낳았다. 강형동의 아들이 강원姜源이고, 강원의 아들이 강문우이다. 그러니까 강문우는 서손庶孫이다. 그의 생몰년은 알 수 없으나 광해군 2년(1610)에 강문우의 제자로서 우의정에 오른 심희수(沈喜壽; 1548-1622)가 "고故 교리 강문우에게서 글을 배웠다"고 한 것을 보면, 이때는 이미 세상을 떠난 것을 알 수 있다.

그런데 허엽이 쓴 송애松厓 이여(李畬; 1503-1544)의 행장行狀을 보면, 중종 31년(1536) 가을에 서경덕이 서울에 있는 강원姜源의 집에 와서 우거하고 있었는데, 나식이 찾아와서 서경덕과 밤새도록 역학을 토론했다고 한다. 그러므로 이때 이미 강문우도 서경덕의 제자가 된 것으로 보인다. 강문우의 나이가 20대쯤으로 본다면 그의 출생연도는 1520년 전후가 아닐까 짐작된다.

한편 유몽인의 《어우야담於于野談》을 보면, 그가 서얼로서 문과에 응시한 것은 법적으로 불가능하여 이름을 바꾸어 두 번이나 응시했다. 두 번째 응시했을 때 신분조사 관원이었던 성균관 직강(直講; 정5품) 차식車軾과 성균관 전적(典籍; 정6품) 안해(安海; 1504-?)가 서명署名을 하게 되었다. 이때 안해가 관청에 이를 고발하려 하자 차식이 만류하기를, "이 사람이 지난번에도 응시했다가 취소되었는데, 이번에 또 취소시키는 것은 상서롭지 못하다. 내가 차라리 벌을 받을지언정 차마 고발할 수 없다."고 말했다.

사실, 강문우는 차식과 함께 서경덕 문하에서 공부한 사이였다. 그러니 차식이 차마 그를 관에 고발하지 못했을 것이다. 그러나 안해는 마침내 관에 고발하여 응시를 막았다고 한다. 유몽인은 이 일화를 기록하면서 이런 말을 덧붙였다. "다음 해 안해는 눈병으로 실명失明했는데, 사람들이 "안해는 착한 일을 하지 못하여 그렇게 되었다. '덕이 있는 차식, 박덕한 안해'라고 말했다."

강문우는 이렇게 두 차례에 걸쳐 개명한 일로 응시를 거부당했으나, 마침내 명종 11년에 권신 윤원형尹元衡이 자기의 양첩자良妾子를 출세시키고자 서얼금고법을 완화시켜 양첩良妾이 낳은 서자는 손자 때부터 과거응시가 가능하도록 허락했다. 강문우가 명종 13년(1558)에 문과에 급제한 것은 이렇게 개정된 법을 따른 것이다. 이때 강문우의 나이는 40세 무렵이었을 것이다.

그는 문과에 급제한 뒤 벼슬이 함경도 경성만호鏡城萬戶를 거쳐 교서관 교리校理에 이르렀다. 서자이기 때문에 좋은 벼슬자리를 얻지 못한 것이다. 임진왜란 때 만호를 지냈던 경성鏡城으로 피난가서 의병을 일으킨 정문부鄭文孚를 도와 앞장서서 성문을 열고 들어가 공격하여 경성을 수복하는 데 큰 공을 세웠다. 죽은 뒤에 왜란 때 공이 인정되어 예조참판(종2품)에 증직되었다.

강문우는 일찍이 식량을 싸들고 서경덕 문하에 들어가서 공부했는데, 스승이 점심시간이 되어도 식사를 하지 않고 강론만 계속했다. 강문우가 이상하게 여겨 부엌에 가서 부인에게 물어보니 식량이 떨어져서 어제부터 굶고 있다는 말을 들었다.

강문우는 생년과 몰년을 모두 알 수 없으나, 만년에는 벼슬을 그만두고 후학을 양성했다. 그의 문인 가운데 뒷날 좌의정에 오른 심희수(沈喜壽; 1548-1622)가 있었다.

심희수는 어렸을 때는 외조부인 이연경李延慶[48]에게서, 뒤에는 서경덕 문인 강문우와 노수신에게서 학문을 배웠으며, 서경덕 문인 김혜손金惠孫의 묘비문을 써서 그를 추앙하기도 했다. 그의 사상에 대해서는 뒤에 다시 자세히 설명하겠다.

14) 이소재履素齋 이중호李仲虎

이중호(李仲虎; 1512-1554)는 세종의 둘째 형인 효령대군의 5대손으로 아버지는 부정副正을 지낸 이정李精이다. 이중호는 이정의 서자庶子이다.[49] 아호는 이소재履素齋이다.

그는 어려서 김안국金安國으로부터 학문을 배우고, 다시 김굉필 문인으로 《주역》과 잡학을 겸비한 유우(柳藕; 1473-1537)에게서도 배운 다음 그와 비슷한 학문 성향을 가진 서경덕에게서도 학문을 배웠다. 종성군 이구도 효령대군의 서얼 후손으로서 서경덕의 문인이 되었음은 앞에서 이미 설명했다. 《명종실록》에 실린 그의 〈졸기卒記〉에 그의 생애가 자세히 소개되어 있다.

신분 제약 때문에 그는 벼슬을 포기하고 학문에 전심하고 후학을 길

---

48 이연경(1484-1548)은 본관이 광주廣州로 훈구파였던 이극감李克勘이 증조부, 이세좌李世佐가 조부였다. 그러나 연산군의 생모 윤씨의 폐비사건에 관여되어 갑자사화 때 몰락하고, 이연경도 해남으로 유배당했다. 중종이 즉위한 뒤에 현량과에 추천되어 벼슬길에 나아가 교리와 지평 등의 직책을 얻었으나 조광조가 몰락하자 다시 관직을 삭탈당하고 충주로 내려가 은거하면서 살았다. 그는 세 딸을 두었는데, 하나는 노수신盧守愼에게 시집가고, 또 하나는 심건沈鍵에게 시집갔는데, 심건의 아들이 바로 심희수이다. 노수신과 심희수는 어렸을 때 이연경에게 학문을 배웠다. 학식과 덕망을 갖춘 인물이었다.

49 《명종실록》 명종 9년 11월 26일의 이중호 〈졸기卒記〉에는 "종실 고양부정高陽副正 이억손李億孫의 서자庶子"라고 하여 혼란을 주고 있다. 이억손은 정종의 제10자 덕천군德川君 이후생李厚生의 후손인데, 《전주이씨보》를 보면 효령대군의 후손이 맞다.

렸다. 서경덕 문하에 들어가서 예설禮說을 강론하자 서경덕이 그를 따라갈 수 없다고 칭찬을 아끼지 않았다. 학문이 높아지자 수백 명의 선비들이 서울로 몰려들어 학문을 배웠는데, 그 가운데 이인李訒, 박응남(朴應男; 1527-1572),[50] 박점(朴漸; 1532-?),[51] 김근공金謹恭이 특히 유명하다. 생원, 진사가 된 사람만 40여 명이나 되었다고 한다.

집이 너무 가난하여 말년에 고향 홍주洪州로 내려가 농사를 지으려하자 명종 9년(1554) 9월 16일에 장령 이언충李彦忠이 천거하여 사과司果의 군직軍職을 주어 녹봉을 받게 하고 계속 서울에 머물게 했는데, 두 달 뒤에 향년 43세로 세상을 떠났다.

중종조 기묘사화己卯士禍와 명종초 을사사화乙巳士禍 이후로 선비들이 《소학》 읽기를 꺼려했으나 이중호는 《소학》과 《근사록近思錄》을 우선적으로 가르쳐 제자들을 반듯하게 키우는 데 주력했다.

저서로 《심성도설心性圖說》, 《심성정도心性情圖》, 《자경시문自警詩文》 등이 있고, 문집으로 《이소재집》을 남겼다. 퇴계 이황은 그의 학설이 중도中道를 벗어난 듯하다고 비판적으로 평가했다. "만물의 이치가 모두 내게 있으니, 실천하기가 어렵지 않다."고 제자들에게 가르쳐 양명학에 기운 듯한 인상을 주었기 때문이다. 죽은 뒤에 문경文敬이라는 시호를 받았다.

---

50 박응남은 본관이 반남潘南으로 사간 박소朴紹의 아들이다. 명종 8년(1553)에 문과에 급제하여 벼슬길에 올라 선조 때 대사헌이 되었는데 성품이 강직하여 당시 권신 이량李樑을 탄핵하다가 귀양갔다. 심의겸과 가까운 서인으로 조카딸을 선조의 왕비(의인왕후)로 책봉하도록 했다. 죽은 뒤에 이조판서에 추증되었다.

51 박점은 본관이 고령高靈으로 박세정의 아들이다. 선조 2년(1569)에 문과에 급제하여 벼슬이 선조 때 도승지에 이르렀다. 선조 24년에 건저의사건(세자책봉 건의사건)으로 서인이 몰락하자 파직당하여 은퇴한 뒤 다시 벼슬길에 오르지 않았다.

15) 척재惕齋 김근공金謹恭

김근공(金謹恭; 1526-1568)은 본관이 강릉江陵으로 목사 김모金瑁의 서자庶子이다. 호는 척재惕齋 또는 척약재惕若齋이다. 이식李植의 《택당집 澤堂集》을 보면 서경덕의 문인으로 그의 학문을 조술祖述했다고 한다. 그러나 이중호에게서도 학문을 배웠음은 앞에서 이미 설명했다.

신분이 서자이기 때문에 벼슬에 뜻을 잃고 후학을 가르치는 데 평생을 바쳤다. 그 문하에서 동암東巖 이발(李潑; 1544-1589)과 월탄月灘 한효순(韓孝純; 1543-1621) 등 거물이 배출되었다. 이 두 사람은 선조 때 모두 모두 동인에 속했다.

이발은 본관이 광산光山으로, 나주羅州 출신이며, 선조 때 이조참판과 관찰사를 지낸 이중호李仲虎의 아들이다. 앞에 소개한 이중호와는 동명이인이다.

이발은 선조 6년에 문과에 장원급제하여 벼슬이 대사간(정3품 당상관)에 이르렀다. 처음에는 율곡 등 서인과도 가까이 지냈으나 뒤에는 정여립鄭汝立과 가까워 동인의 영수가 되어 정철鄭澈 등 서인과 대립했다. 선조 22년(1589)에 정여립사건이 일어나자 그 당여로 몰려 곤장을 맞고 죽었다. 인조 20년에 영의정 이원익의 상소로 신원되었다.

한효순52은 개국공신 한상경韓尙敬의 후손으로 박민헌朴民獻의 문인인 한효윤韓孝胤의 아우이고, 한효윤의 두 아들이 한백겸과 한준겸이다. 한효순은 문과에 급제하여 왜란 때 영해부사와 경상도 관찰사로 관군을 조직하여 경상도를 수복하여 선조로부터 "나라에 사람이 있다."는 칭찬을 들었다. 뒤에 삼도도체찰부사로 이순신을 적극 후원하여 군량과 무

---

52 한영우, 《나라에 사람이 있구나: 월탄 한효순이야기》 참고.

기, 군선 등을 조달하여 뒤에 선무공신이 되었다.

한효순은 광해군 때에는 좌의정에 올랐으나 이이첨의 인목대비 폐비 사건에 협조하지 않자 "남인의 괴수"로 몰렸다가 뒤에는 인목대비를 폐위시키되 후궁으로 대우하고 서궁西宮에 계속 살도록 하여 인목대비의 목숨을 구했다.

서경덕의 상수역학은 그의 제자 민순, 박민헌, 김근공, 이지함 등으로부터 학문을 배운 한효윤, 한효순, 한백겸, 한준겸 등 한씨 일가로 전파되어 조선 후기 근기 남인 실학 성립에 선구적 역할을 맡았다. 이들에 대해서는 뒤에 다시 소개하겠다.

16) 사재思齋 장가순張可順

장가순(張可順; 1493-1549)은 자가 자순子順이고 호가 사재思齋로서, 본관이 충청도 결성(結城; 홍주)이다. 서경덕보다는 나이가 네 살 아래이므로 제자라기보다는 학우이다. 그는 황해도에서 참봉 장유張裕의 아들로 태어났다. 《만성대동보》에는 〈결성장씨보〉 자체가 없고, 《청구씨보》와 《씨족원류》의 〈결성장씨보〉에는 그의 가계가 보이지 않는다. 집안이 매우 한미한 것을 알 수 있다.

학행으로 건원릉 참봉으로 제수되었으나 받지 않았다. 6경과 제자백가에 모두 통달했는데 서경덕과 교류하면서 역학을 배워 이 방면의 대가가 되었다. 저서로 《사재언행록思齋言行錄》과 《인사심서목人事尋緒目》이 있다.

먼저 《인사심서목》은 천지만물과 인간의 모든 일들이 하나의 이치, 곧 천인일리天人一理, 천인합일天人合一의 원칙에서 이루어졌다는 전제 아래 우주자연의 질서와 인간만사의 질서를 통일적으로 설명한 책이다.

장가순이 이 책을 만들어 서경덕에게 보여 주자, 서경덕이 이 책을 보고 칭찬하면서 다른 사람이 많이 보도록 권장했다는 하는 글이 《인사심서목》의 서두에 보인다. 이 책을 만든 시기를 알 수 없지만, 서경덕이 죽음에 임박하여 자신의 주기설主氣說과 상수역학에 관한 글을 썼기 때문에, 이보다는 먼저 지은 책으로 보인다.

이 책은 먼저 천지자연의 이치를 설명하고 나서 뒤에 인간세상의 원리를 설명하고 있다. 천지자연의 이치를 담은 책이 《역易》인데, 그 뿌리는 복희伏羲의 〈하도河圖〉와 우禹의 〈낙서洛書〉에서 찾았다. 〈하도〉와 〈낙서〉에서 상(象; 點과 卦)과 수數가 발생하여 천지자연의 이치를 상수象數로서 설명하게 되었다고 보았다. 그러니까 상수역학象數易學으로써 천지만물과 인간의 이치를 통일적으로 설명하고 있다.

그리하여 앞에서는 일, 십, 백, 천, 만, 억, 조(兆; 10억), 경(京; 10조), 해(垓; 10경), 자(秭; 10해), 양(穰; 10자), 구(溝; 10양), 간(澗; 10구), 정(正; 10간), 재(載; 10정), 극(極; 10재)까지 있다고 하고, 하늘의 질서가 한 바퀴 도는 시간을 1원元으로 부른다. 그런데 지구시간에도 10간干과 12지支가 있듯이, 우주시간에도 10간과 12지가 있다. 1원 속에는 12회會가 있다. 1회의 시간은 1만 800년이므로, 1원의 시간은 12만 9,600년이 된다. 12회 가운데 첫 번째 회에 하늘이 생기고, 두 번째 회에 땅이 생기고, 세 번째 회에 사람이 생기고, …… 열한 번째 회에 만물이 닫히고, 열두 번째 회에 하늘과 땅이 청소된다. 그러다가 다시 그다음 회가 시작되면서 하늘이 생기면서 무궁한 순환이 계속된다. 이는 마치 지구가 12개월 동안 만물이 탄생, 성장, 시들고, 죽었다가 그 이듬해 다시 탄생하여 순환하는 모습과 같다.

그런데 다시 1회가 30개의 시간으로 나누어지는 것을 1운運이라고 부르고, 1운이 다시 12개로 나누어지는 것을 1세世로 부른다. 1세는 30년을 가리킨다. 이를 다시 정리하면 다음과 같다.

1세世―30년―360월
1운運―12세―360년
1회會―30운―360세―1만 800년
1원元―12회―360운―12만 9,600년

위 우주시간은 소옹邵雍이 지은 《황극경세서》의 수치를 그대로 빌어
온 것이다. 그런데 서경덕은 〈황극경세수해〉를 지어 더 많은 우주시간
을 계산했음은 앞에서 이미 설명한 바 있다. 장가순은 서경덕의 글을
보지 못했기 때문에 소옹이 계산한 시간을 이용한 것이다.

장가순은 이렇게 우주시간을 소개한 뒤에 여기서 파생된 5성五聲, 12
율律, 5도五度, 5량五量, 5칙五則 등을 설명하고, 이어 만물총목萬物總目이
라는 항목 아래 태극, 음양, 4상, 8괘, 64괘, 9주九疇, 황극皇極, 5행五行,
5사五事, 8정八政 등으로 마치 백과사전식으로 인간세계의 원리를 설명해
나가고 있다.

지금까지 상수역학의 원리를 바탕으로 우주의 원리와 인간세계의 원
리를 총망라하여 통일적으로 설명한 책은 우禹가 짓고 기자箕子가 퍼뜨
렸다는 《홍범구주洪範九疇》밖에 없는데 장가순이 여기에 소옹邵雍의 상
수역학을 합하여 새롭게 정리한 것이다(문집에 많은 그림이 실려 있다).

I7) 윤담수尹聃壽

윤담수(尹聃壽; 1513경-?)의 본관은 해평海平이다. 조광조의 문인으로

서 부사(종3품)를 지낸 윤변(尹忭; 1493-1549)의 맏아들이다. 생몰년을 알 수 없다. 계모가 낳은 이복동생으로 윤춘수(尹春壽; 1521-1579), 윤기수尹期壽, 오음梧陰 윤두수(尹斗壽; 1533-1601), 월정月汀 윤근수(尹根壽; 1537-1616)가 있다. 윤두수 형제와 20년 이상 차이라고 하므로 출생 연도는 1513년 무렵으로 보인다.

어머니가 일찍 세상을 떠난 뒤로 서경덕 문인이 되었는데 벼슬은 하지 않았으나 선비들에게 존경받았다고 한다. 아들은 윤현(尹晛; 1536-1597)으로 선조 즉위년에 문과에 급제하여 벼슬이 승문원 판교(判校; 정3품)에 이르렀다. 서인에 속했다. 그런데 윤현의 딸은 동인→북인→남인으로 자정하고 광해군 때 좌찬성에 오른 이상의(李尙毅; 1560-1624)에게 시집갔다. 그러니까 이상의는 윤현의 사위다. 이상의의 증손자가 바로 남인 실학자 성호星湖 이익(李瀷; 1681-1763)이다. 윤담수의 학문이 뒤에 이익에게 전수된 것을 알 수 있다.

윤현의 숙부 윤두수는 선조 때 영의정에 오른 서인의 영수인데, 이황과 서경덕 문인 이중호 문하에서 학문을 배웠다. 그 아우 윤근수도 서인으로 고관에 올랐지만 이황 문하에서 학문을 배웠다. 윤두수는 선조 때 명나라에 사신으로 갔을 때 중국인들이 조선에도 수학數學을 하는 학자가 있느냐고 묻자 서경덕이 기자箕子의 《홍범》을 계승한 수학자라고 자랑스럽게 대답하고, 귀국한 뒤에 《기자지箕子志》를 편찬하여 율곡 이이가 같은 해 《기자실기箕子實記》를 편찬하는 계기를 만들었다.

또 윤근수 후손 윤득관(尹得觀; 1714-1778)은 노론 탕평파로서 영조 때 개성 선비 한명상韓命相과 마지광馬之光 등이 제4차 《화담집》을 편찬할 때 발문跋文을 써 주기도 했다. 이렇게 본다면 윤담수, 윤두수, 윤근수 형제가 다 같이 화담학을 후세에 전파하는 데 기여했다고 할 수 있다.

18) 이재頤齋 차식車軾

　차식(車軾; 1517-1575)은 개성 사람으로 본관은 연안延安이다. 아호는
이재頤齋이다. 《만성대동보》의 〈연안차씨보〉를 보면 그는 고려 말 두문
동 72현의 하나로 알려진 차원부(車原頫; 1320-?)의 후손인데, 조상 4대
에 벼슬아치가 없다. 한편 《씨족원류》의 〈연안차씨보〉에는 차식은 차원
부의 5대손으로 되어 있고, 차식과 그 아들 차금로車金輅, 차천로車天輅,
차운로車雲輅, 차제로車帝輅 등이 가계가 끊어진 채 외따로 기록되어 있다.

　그러면 조상 4대에 왜 벼슬아치가 나오지 않았을까? 그 이유가 있었
다. 어우於于 유몽인(柳夢寅; 1559-1623)이 쓴 〈차식신도비명車軾神道碑
銘〉을 보면, 연안 차씨는 본래 신라 때부터 내려온 대성大姓이었으나 고
려 말 간의대부 차원부가 조선왕조의 개국을 거부하고 평산平山 수운동
으로 피신하고 있었다. 이성계가 그를 찾아가 함께 요동을 정벌하고 나
라를 세울 것을 제의했으나 끝까지 거부했다고 한다.

　그런데 차원부가 조선 초기 권신인 하륜河崙, 정도전鄭道傳, 함부림咸
溥霖, 조영규趙英珪 등 네 사람 모두 차씨 집안의 얼출蘗出이라고 《연안
차씨보》 등 여러 족보에 기록해 두었다. 이에 앙심을 품은 하륜 등이
가병家兵을 보내 차원부의 족속 81인을 죽이고, 그 아들 차안경은 자살
하고, 차안경의 아들 차상도, 손자 차보성은 도망가서 목숨을 보전했다.
차보성의 아들 차계생이 고향 개성으로 돌아와서 호군(護軍; 산직)이 되
었으며, 차계생의 아들 차광운은 과거에 응시했으나 낙방하여 지방의 교
관敎官이 되었다. 차광운의 아들이 바로 차식이다.

　이상의 기록은 유몽인이 문종 때 박팽년朴彭年이 편찬했다고 알려진
《설원기雪冤記》를 토대로 한 것이다. 이 《설원기》는 차식의 아들 차천로
車天輅가 조상의 가계를 미화시키고자 만든 위서僞書라는 설도 있어서

어디까지가 진실인지 알 수 없다. 어쨌든 차식의 집안이 조선왕조 건국 이후로 쇠락한 것만은 사실이다.

앞서 소개한 유몽인의 〈신도비명〉을 보면, 차식은 아들 5형제를 두었다고 한다. 차은로車殷輅, 차금로車金輅, 차천로車天輅, 차운로車雲輅, 차하로이다. 그러나 다른 기록에는 네 아들을 두었다고 한다. 차금로車金輅, 차천로(車天輅; 1556-1615), 차운로(車雲輅; 1559-?), 차제로車帝輅다. 그 가운데 장남 차은로는 20세 이전에 요절하고, 차금로는 족형의 양자로 들어가고, 차천로와 차운로는 모두 문과에 급제하여 벼슬아치가 되고 문명을 날려 명문가로 올라섰다. 특히 차천로는 대문장가로 이름을 떨쳐 차씨 집안을 빛나게 만들었다.

그러면 차식의 일생은 어떠했는가? 차식은 중종 12년(1517) 9월에 출생했는데, 10세 때부터 시서詩書를 읽고, 바로 동치童穉 시절에 서경덕 문하에 들어가서 학문을 배웠다. 동치는 10세 안짝이므로 서경덕이 40세 이전으로 아직 화담서재를 짓기 전이다. 서경덕 문인 가운데 가장 먼저 찾은 문인으로 보인다. 개성 사람이기 때문일 것이다.

21세 되던 중종 32년(1537)에 진사시에 급제하고, 중종 38년(1543)에 27세로 문과 2등으로 급제하여 내섬시 직장直長이 되었다. 그 뒤로 여러 관청의 좌랑, 주부, 교리, 교감, 직강 등의 5-6품 벼슬을 역임했는데, 청요직인 홍문관의 벼슬은 받지 못했다. 집안이 한미했기 때문이었다.

그 뒤로 지방 수령으로 내려가 경기도 통진, 황해도 황주, 해주, 강원도 고성, 평해 등지의 현감, 판관, 성균관 직강, 군수 등을 지냈다. 수령을 지내면서 선정을 베풀었으며, 고성군수高城郡守로 있을 때에는 해산정海山亭을 짓기도 했다. 지금 관동 8경의 하나이다. 평해군수를 지내던 중 선조 8년에 향년 59세로 세상을 떠났다. 본래 《문집》이 있었으나, 왜란 중에 소실되어 남아 있지 않다.

야사野史를 보면, 차식이 서경덕을 만났을 때 일어난 일화들이 있는데, 앞에서 이미 소개했으므로 생략한다. 다만 그 줄거리만 다시 소개하면, 서경덕이 종이를 미끼로 삼아 낚시를 하여 물고기를 잡았다는 이야기가 있다. 또 유몽인의 위 〈신도비명〉에는 차식이 성균관 직강直講으로 있을 때, 강문우姜文佑가 서얼임에도 문과응시를 눈감아 주었다는 이야기가 전한다. 차식은 강문우가 서경덕 문인이기에 그를 도와주려고 애쓴 것을 알 수 있다.

차식이 정종의 왕릉인 후릉厚陵 참봉이 되었을 때 오랫동안 폐지되었던 제사를 정성스럽게 지냈다. 그랬더니 꿈에 임금이 나타나 벼슬을 주겠다고 말하고, 또 어미의 병을 고쳐주겠다고 했다고 했는데, 과연 꿈대로 되었다고 한다.

19) 마희경馬羲慶

마희경(馬羲慶; 1525-1589)의 본관은 충청도 목천木川이다.《만성대동보》에는 〈마천목씨보〉 자체가 없고,《청구씨보》에는 조상의 가계가 끊어진 형태로 마희경과 그 후손들이 기록되어 있을 뿐이다. 그런데《씨족원류》의 〈마천목씨보〉에는 마희경과 그 아버지 마승원馬承元이 따로 독립되어 있는데, 마승원은 학생學生으로 되어 있다. 집안이 매우 한미한 평민이었음을 알 수 있다.

17세기 소론 학자 박세채(朴世采; 1631-1695)가 그의 묘갈명墓碣銘을 써 주었는데, 다음과 같은 글이 보인다.

고려 때 목천인木川人이 의義를 지키고 항복하지 않자 다섯 가지 짐승

이름으로 성姓을 내렸는데, 마씨馬氏가 그 하나이다.[53] 8세조 마경수馬堈秀가 평장사平章事가 되면서 현달하기 시작했고, 증조 마지로馬智老와 할아버지 마우동馬羽東은 승의부위(承義副尉; 정8품 무반직), 아버지 마승원馬承元은 교수, 어머니는 덕수 김씨이다.

그러나 마희경의 증조와 조부가 가졌다는 승의부위는 실제 벼슬이 아니고 일반 정병正兵인 듯하다. 그의 3대조는 벼슬이 없는 평민이었다. 목천 마씨들은 스스로 고구려에서 남하하여 백제를 건국하는 데 도움을 준 10제 성씨十濟姓氏 가운데 하나인 마려馬黎가 시조라고 한다.

목천 마씨는 고려시대에 벼슬아치가 나오고 조선 초기에는 마천목馬天牧 같은 장군도 배출되었으나, 마천목은 장흥長興으로 본관을 바꾸었다. 한편 조선 세종 때에는 귀화한 여진 추장 가운데 마변자馬邊者가 있었는데, 이들의 뿌리도 고구려 사람으로 보인다.

이덕형李德泂이 쓴 《송도지松都誌》를 보면, 마희경은 개성 선죽교 남쪽에서 출생했다고 한다. 그렇다면 서경덕의 생가 부근이다. 출생연도가 1525년이므로 아무리 늦어도 20세 이전에 서경덕을 찾았을 것으로 보인다. 만약 20세였다면 서경덕은 이미 57세였으므로 죽기 전해이다. 그러므로 10대였을 때 스승을 찾았을 것이다.

마희경의 아호는 죽계竹溪이다. 23세인 선조 즉위년(1567)에 생원生員이 되고, 선조 14년(1581)에 이조판서 율곡 이이가 효렴孝廉으로 그를

---

53 《세종실록》〈지리지〉를 보면 목천의 토성土姓 가운데 마馬, 우牛, 돈(豚; 돼지), 상(象; 코끼리) 등 4개의 성씨가 보이는데 모두가 짐승 이름이다. 고려가 후삼국을 통일할 때 후백제 계열의 목천 사람들이 항복하지 않자 짐승 이름으로 성씨를 바꾸었던 것으로 보인다. 그런데 조선 초기 귀화한 여진족 추장 가운데 마씨가 있는데 높은 무관직을 받은 일도 있어 혹시 귀화한 여진족 후손일지도 모른다.

천거하여 한성부 북부北部 참봉을 주었으나 사양하고 학문에 전념했다. 어느 날 윤두수(尹斗壽; 1533-1601)가 찾아가서 그의 학자됨을 보고, "난초는 깊은 고랑에 있었으나 그 향기가 저절로 스며드네."라고 칭찬했다. 윤두수의 맏형인 윤담수尹聃壽는 바로 서경덕의 문인이어서 윤두수도 서경덕을 존경했다. 향년 65세로 세상을 떠난 뒤에 개성의 사현사四賢祠에 배향되었다.

개성에는 마씨 후예들이 많이 살고 있었는데, 그 가운데 영조 때 개성 선비 마지광馬之光은 《화담집》을 중간하는 일에 앞장섰다.

20) 김한걸(金漢傑; ?-1583)

김한걸(金漢傑; ?-1583)은 본관이 개성이고 거주지도 개성이다. 《세종실록》〈지리지〉에도 김씨는 개성의 토성土姓으로 되어 있다. 그러나 개성 김씨의 뿌리는 의성 김씨義城金氏로 알려져 있고, 그 위로 올라가면 경주 김씨에서 분파되었다고 한다.

그런데 《만성대동보》에는 〈개성김씨보〉 자체가 없고, 《청구씨보》의 〈개성김씨보〉에는 오직 고려 문종 때 평장사를 지낸 김준金畯 한 사람만 기록되어 있어 김한걸의 가계가 보이지 않으며, 《씨족원류》의 〈개성김씨보〉에는 아버지 김예근金禮根이 따로 독립되어 있고, 그 아들 김한걸金漢傑, 김한경金漢卿 형제 이름, 그리고 김한걸의 아들 김경심金慶深 이름이 보인다. 《문과방목》을 보면, 김한걸의 증조는 김양생金洋生, 할아버지는 김석강金石剛, 아버지는 김예근金禮根이다. 그리고 김한걸은 두 아우를 두었는데 김한영金漢英, 김한경金漢卿이다. 김한걸의 아들은 김경심(金慶深; 1531-?)이다. 김한걸 3형제와 김한걸의 아들은 모두 과거에 급

제했다.[54]

어느 족보를 보거나 김한걸의 직계 3대조에 벼슬아치가 없다. 조선왕조에 들어와서 한미한 집안으로 몰락했다가 김한걸 이후로 다시 벼슬아치로 부상한 것이다.[55]

아들 김경심은 출생연도가 중종 26년(1531)이다. 이로 미루어 김한걸의 출생연도는 1510년대로 짐작된다. 죽은 해는 선조 16년(1583)이다.[56]

김한걸은 중종 38년(1543)에 진사가 된 뒤에 서경덕에게 학문을 배웠는데, 서경덕이 사신士伸이라는 자字를 지어 주었다. 명종 1년(1546)에 문과에 급제하여 벼슬이 군수(종4품)에 이르렀는데, 명종 15년(1560) 1월 16일에는 고성군수高城郡守로 있으면서 민생이 파탄된 사정을 처절한 어조로 상소했다. 선조 4년(1571)에 여산군수礪山郡守로 있으면서 재물을 탐비貪鄙한 죄로 파직당했는데 구체적으로 무슨 죄를 지었는지는 아무런 기록이 없다. 학문적인 업적은 없다.

김한걸의 아우 김한경金漢卿은 자가 사원士元으로 중종 35년(1540)에 문과에 급제하여 홍주목사(정3품)가 되었으나 명종 18년(1563)에 권신의 미움을 받아 파직되었다. 김한걸의 아들 김경심은 선조 16년(1583) 윤 2월에 아버지 무덤을 임금이 주차하는 지역인 개성부 천수정天壽亭 부근에 모신 죄로 찰방직에서 파직되었다.

---

54 김한걸은 명종 1년(1546)에 문과에 급제하고, 아우 김한영은 같은 해에 무과에 급제하고, 그 아우 김한경은 중종 35년(1540)에 문과에 급제하여 목사에 올랐다. 김한걸의 아들 김경심은 선조 3년(1570)에 문과에 급제하여 판관이 되었다.

55 김한걸의 아우 김한경은 명종 18년(1563)에 파직되었는데, 《명종실록》에는 그가 한미한 집안 출신이라고 되어 있다.

56 선조 16년 윤2월 24일자 《선조실록》을 보면, 찰방 김경심이 아비 김한걸의 무덤을 개성부 천수정天壽亭 부근에 안장했다고 한다.

21) 최자양崔自陽

최자양(崔自陽; 1510년대-?)은 그 아들 간이簡易 최립(崔岦; 1539-1612)이 한호(韓濩; 石峯), 차천로車天輅와 더불어 '송도삼절松都三絕'로 불리는 문장가 인물이므로, 그 아비도 개성 사람으로 보인다. 본관은 강원도 통천通川이다.[57] 생몰년을 알 수 없으나 아들의 나이로 비추어 보면 1510년대 무렵 태어난 것으로 보인다.

《씨족원류》의 〈통천최씨보〉에는 그의 가계가 보이지 않으며, 《청구씨보》의 〈통천최씨보〉를 보면 그는 가계가 끊어진 형태로 최자양과 그의 아들 최립, 그리고 손자 최동망(崔東望; 1557-?)이 외따로 기록되어 있다. 아들과 손자가 모두 문과에 급제하여 벼슬이 군수(종4품)에 이르렀다.

〈만가보萬家譜〉의 〈통천최씨보〉에는 최자양의 이름이 보이지 않고, 최립의 부친은 최형한崔亨漢으로 되어 있다. 한편 《만성대동보》의 〈통천최씨보〉에는 최자양이 고려 때 대장군을 지낸 최록崔祿의 후손으로서 시조가 되었다고 하면서 가계가 끊어진 형태로 외따로 기록되어 있고, 아들 최립과 손자 최동망의 이름만 보인다. 최록의 손자는 세종 때 좌의정을 지낸 최윤덕崔潤德이다. 그러나 최자양은 최윤덕 가계와는 연결되지 않는다.

이상 네 족보를 보면, 최자양은 선대 가계가 분명치 않은 미지의 인물임이 드러난다. 평민으로 살아오다가 아들과 손자가 출세하면서 비로소 〈통천최씨보〉에 외따로 입적된 것으로 보인다.

---

57 《세종실록》 〈지리지〉를 보면 통천에는 세 종류의 최씨가 있다. 하나는 속성續姓으로 되어 있는데, 속성은 향리성鄕吏姓을 말한다. 다른 하나는 통천 임도臨道의 망입성亡入姓인데, 경상도 자인慈仁에서 도망하여 들어온 성씨다. 마지막으로 통천 벽산의 일반 성 가운데 최씨가 있다.

그는 서경덕에게 학문을 배웠는데, 《주역》에 밝았다고 한다. 뒤에 진사進士가 되었으나 벼슬길에 나아가지 않았다. 그 아들 최립은 선조 때 시인이자 문장가로 이름을 날렸을 뿐 아니라 아버지와 서경덕의 영향을 받아 역학易學에도 일가를 이루었으며, 초목이나 자연물을 대상으로 시부詩賦를 많이 지었다.

22) 이균李均과 황원손黃元孫

이균李均과 황원손黃元孫은 개성 사람으로 본관을 알 수 없는 평민들이다. 서경덕에게 학문을 배웠는데, 서경덕이 52세 되던 해에 두 사람이 추위에 떨고 있던 서경덕에게 옷을 선물했다. 서경덕은 두 사람에게 고마움을 표하는 뜻으로 시를 써 주었다. 그 시는 앞에서 이미 소개했으므로 생략한다.

다만 그 시를 보면, 이균과 황원손은 비록 평민이지만 가난하지는 않은 듯하고, 자질도 영리하고 행동거지가 매우 착하고 효성스러웠음을 알 수 있다.

그런데 차천로車天輅의 《오산설림五山說林》을 보면 이런 글이 보인다. "황은손黃殷孫은 시정인市井人으로서 글을 아는 사람인데, 평생토록 서경덕을 경모敬慕하고, 화담 선생도 그와 더불어 대화를 했다."고 한다. 여기서 황은손이 시정인市井人이라고 한 것으로 보아 그는 개성 상인商人인 듯하다. 차천로가 아마도 황원손을 황은손으로 잘못 기록한 것 같다. 개성 상인 가운데에는 학문을 배운 사람들도 있다는 것을 알 수 있다.

개성 상인이 무식하지 않고 매우 양심적이라는 것은 널리 알려진 사실이다. 이들은 학자나 벼슬아치가 되려고 공부한 것이 아니고 자신들의 품격을 높이기 위해 서경덕을 찾은 것이다. 이것이 당시 개성 사람의 수준이었다.

3. 《문인록》에 보이지 않는 문인들

〈서경덕문인록〉에 보이는 문인에 대한 소개는 앞에서 살펴보았다. 그런데 〈문인록〉에는 보이지 않으나, 서경덕의 문인이 확실한 인물들이 더 있었다. 곤재困齋 정개청(鄭介淸; 1529-1590), 고청孤靑 서기(徐起; 1523-1591), 소재穌齋 노수신(盧守愼; 1515-1590), 아계丫溪 고경허高景虛, 관물재觀物齋 민기(閔箕; 1504-1568), 운곡雲谷 우남양禹南陽 등 6인이 바로 그들이다. 이들은 모두 임진왜란 이전의 인물들이다. 이들의 행적을 차례로 살펴보기로 한다.

l) 곤재困齋 정개청鄭介淸

(1) 정개청의 일생

정개청(鄭介淸; 1529-1590)은 본관이 경상도 고성(固城; 鐵城)으로 전라도 나주羅州 출신이다. 《세종실록》〈지리지〉나 《동국여지승람》 고성군 성씨조에는 고성에 정씨가 없을 뿐 아니라, 《만성대동보》, 《청구씨보》, 《씨족원류》 등에도 〈고성정씨보〉 자체가 없을 정도로 집안이 한미했다.

《곤재우득록》에 실려 있는 〈곤재선생세계困齋先生世系〉 등을 보면 그의 6대조 정가물(鄭可勿; 夢松)은 고려 말에 영동정승同正이라는 산직을 받았는데 어떤 일로 쫓겨나서 나주 금성산 아래 대곡동에서 대대로 살게 되었다고 한다.

그런데 이긍익李肯翊의 《연려실기술燃藜室記述》과 장지연張志淵의 《대동기문大東奇聞 등을 보면, 대대로 나주 향리鄕吏를 지내다가 정개청의 아비 정세웅鄭世雄이 향리직을 벗어나서 무안務安으로 가서 심의겸沈義謙의 농장을 관리하다가 봉산훈도(종9품)를 지냈다고 한다. 그래서 사람들은 그를 가리켜 한천寒賤 출신이라고 했다. 지금도 고성 정씨 인구는 극히 희소하여 2천 명도 안 된다. 그의 아호雅號는 곤재困齋이다.

타고난 자질이 영특했던 정개청은 처음에는 벼슬을 할 생각으로 과거에 응시하여 향시鄕試에 여러 번 급제했으나 최종시험에는 급제하지 못했다. 그래서 과거를 포기하고 학자의 길을 걷기로 마음을 바꾸고, 처자를 버리고 중이 되어 풍수설에 따라 여러 지역을 유람하였다. 보성寶城 영주산사瀛州山寺에 이르러 여종을 아내로 취하고 토실土室을 짓고, 사서四書는 물론이요, 《심경》, 《근사록》 등을 읽고, 나아가 소옹의 《황극경세서》도 탐독했다. 그 밖에 천문, 지리, 의약, 복서, 병법 등 실용적인 잡학雜學을 넓게 공부했다. 심지어는 선기옥형璇璣玉衡 등 천문시계, 혼천의渾天儀 등에도 조예가 깊었다고 한다.

그러다가 그는 견문을 넓히고자 서울에 올라와서 나주 출신 명신으로 서경덕 문인이었던 6세 연상의 박순朴淳을 찾아가서 다시 학문을 배우고 서경덕 문하에 종유했다고 한다. 박순은 정개청에게 집안 도서를 빌려주어 공부하게 했다. 서경덕이 세상을 떠날 때 정개청은 18세였으므로 직접 만났을 가능성도 없지 않지만, 그보다는 박순을 통해 서경덕 학문을 배운 것이다. 이때 기이한 정보를 많이 들었는데, 그 뒤로 의문스럽고 어려운 문제들을 풀어 바른 데로 귀일했다고 한다. 따라서 그는 학문적으로 보면 소옹의 상수역학과 서경덕 학문의 영향을 크게 받아 화담학파에 속하는 것은 사실이다. 그런데도 〈문인록〉에 들어가지 못한 것은 뒤에 정여립사건에 연루되어 세상을 떠났기 때문인 듯하다.

정개청은 서경덕이 죽은 뒤에도 계속하여 서울에 머물면서 서경덕 문인들과 교유하다가 만년에는 다시 전라도 무안務安으로 내려가서 학문에 전념하고 후학을 가르쳤다. 그를 찾아온 문도門徒가 무려 400여 명에 이르러 호남 선비들의 존경을 크게 받았다.

46세 되던 선조 7년(1574)에 서경덕 문인 박민헌朴民獻이 전라도 관찰사로 있을 때 정개청을 학행으로 천거하여 서울 북부 참봉(종9품)에 제수하였다. 55세 되던 선조 16년(1583)에 박순이 또 그를 천거하여 나주 훈도(종9품)에 임명하고, 그 뒤에 이산해李山海가 천거하여 전생서 주부와 곡성현감 등에 제수되었다. 그러나 나주훈도를 제외하고는 모두 사양하고 벼슬을 받은 뒤 금방 낙향하여 실제 벼슬한 기간은 모두 합쳐 몇 달에 지나지 않았다.

61세 되던 선조 22년(1589)에 정여립사건이 터지자, 그의 운명이 갑자기 나락에 떨어졌다. 이 사건에 연루되어 함경도 경성鏡城으로 유배가는 도중에 향년 62세로 세상을 떠났다. 본인은 모역한 사실을 부인했으나 그가 정여립 당으로 몰린 것은, 그 사건의 위관이었던 정철鄭澈이 그를 미워하여 그의 글 가운데 동한(東漢; 後漢)시대의 절의파節義派와 진晋, 송대宋代의 청담파淸談派를 비판한 글이 반역의 뜻을 담고 있다고 보았으며, 또 개인 감정을 지닌 나주 유생들이 정개청이 정여립과 가까운 사이로서 역모에 가담했다고 관청에 고발한 사건 때문이었다.

그러나 정개청은 자신이 쓴 글이 반역을 선동한 글이 아니고 오히려 절의파와 청담파가 임금을 버린 불충함을 비판한 글이라고 변명했다. 그가 죽고난 뒤에 이산해, 심희수, 유성룡, 이원익, 한응인, 윤선도, 허목 등 동인계 대신들이 그의 억울함을 호소하고, 또 그의 문도들도 그가 죽은 뒤에 신원운동을 펴서, 드디어 동인이 집권했던 광해군 8년(1616)에 전라도 함평에 있는 자산서원紫山書院에 배향되었다. 그 뒤로 자산서원은 동인의 후신인 기호남인畿湖南人이 집권할 때에는 존속되다가 서인이 집권하면 훼철되는 등 우여곡절을 겪었다.

저서로 《우득록愚得錄》이 있다. 이 책에는 남인 실학자 허목許穆이 쓴 서문序文이 실려 있어 기호 남인들이 정개청을 숭모하고 있었음을 알 수 있다.

(2) 정개청의 상수역학

정개청 문집인 《우득록》은 성리설性理說로 가득 차 있다. 다만 지금 전하는 문집은 후대에 남인 윤선도尹善道가 편집하면서 그가 역적으로 죽은 것을 변명하는 태도를 지녔기 때문에 의도적으로 그의 학문이 이단異端이 아니고, 정주학의 충실한 계승자인 것처럼 보이기 위해 가필한 흔적이 많이 보인다.

그러나 이 책을 자세히 들여다보면 기본적으로 서경덕과 소옹의 상수역학象數易學을 벗어나지 않고 있음을 알 수 있다. 《우득록》에 실린 〈곤재선생사실困齋先生事實〉을 보면 다음과 같은 글이 보인다.

영주산사에 …… 흙을 쌓아 집을 만들고 사서四書, 《심경心經》, 《근사록近思錄》을 읽고, 〈태극도〉의 이기二氣와 오행의 오묘함, 선천先天과 후천後天의 수數에 이르기까지 검토하지 않음이 없고, 《서경》의 〈기삼백편朞三百篇〉, 선기옥형璇璣玉衡의 주註, 주천周天의 도수度數, 성기星紀의 전차躔次, 일월日月의 운행을 정밀하게 연구하고, 손으로 계산하고, 마음으로 그리고, 입으로 말했는데, 앞뒤가 모두 들어맞았다. …… 《역학》이나 《율려신서律呂新書》, 《황극경세서》에 더욱 힘쓰고, 천문, 지리, 의약, 복서卜筮, 산수, 진陣을 치는 법, 황왕皇王과 제패帝覇의 도덕道德과 공력功力의 방법을 두루 연구하지 않음이 없었다. …… 또 서화담 문하에 종유하면서 이상한 말을 들은 뒤에 평생을 의심하고 논란하여 하나같이 정학正學으로 돌아갔다. ……

윗글을 보면 정개청의 학문은 주자학이라기보다는 소옹邵雍이나 서경덕의 상수역학이나 역사, 천문, 지리, 의약, 점복, 음악, 병법 등 이른바 잡학에도 깊은 연구를 쏟은 것을 알 수 있다. 서경덕의 학문과 비슷한 점이 매우 많다. 그러다가 만년에는 정학 곧 주자학으로 돌아갔다고 했는데, 이는 윤선도가 정개청의 누명을 벗기기 위해 그렇게 쓴 것으로 보인다.

정개청은 성리설에도 일가견을 피력했다. 그의 성리설 가운데 이기론理氣論의 특징은 이와 기가 하나이면서 둘이고, 둘이면서 하나라는 데서 출발한다. 이 이론을 주장한 것이 선조 10년(1577)인데, 이미 서경덕이 그런 주장을 폈고, 율곡 이이가 이를 계승했던 것이므로 새로운 것은 아니다. 나이는 정개청이 율곡보다 7세 연상이지만, 율곡은 이미 30대에 이런 주장을 냈다.

다만 정개청은 이理는 혼연지선渾然至善하지만 움직임이 없으나, 기氣는 좋은 것도 있고 나쁜 것도 있으며, 맑은 것도 있고 더러운 것도 있는 등 천차만별하지만 움직임이 있다고 보았다. 그런데 이理는 기氣를 올라타고 움직인다. 그래서 기氣에 따라서 이理도 선악이 생긴다. 그러니까 본래의 이理는 선善한 것이지만 기氣가 나쁘게 움직이면 이理도 악을 지닌다. 바로 이 주장도 "이理 속에 기氣가 있고, 기 속에 이가 있다."는 주장과 서로 통한다. 정개청의 이기설은 한마디로 기의 주도권을 인정한 점에서 서경덕과 율곡의 이기설과 비슷하다.

정개청은 사단四端과 칠정七情에 대해서도 이기론으로 설명했다. 곧 4단은 이理가 생각 없이 문득 발하는 것이고, 7정은 기氣가 계산된 생각으로 발해서 생긴다고 한다. 그러니까 4단은 본능에 속한다. 예를 들면 어린아이가 물에 빠지는 것을 보면 문득 측은한 마음, 곧 인仁이 생기는데, 이것은 여러 가지를 생각하고 하는 행동이 아니라 본능적으로 생기는 행동이라고 본다.

한편 7정은 무언가를 목적으로 삼고 계산하여 생기는 마음이다. 그런데 4단도 절도에 맞으면 선善이 되고, 절도에 맞지 않으면 악惡이 된다. 마찬가지로 7정도 절도에 맞으면 선이 되고, 절도를 잃으면 악이 된다. 이와 같은 4단과 7정에 대한 정개청의 해석은 율곡의 해석과 매우 비슷하다. 다만 율곡은 이에도 기가 있고, 기에도 이가 있기 때문이라고 보았으나, 정개청은 선악을 가르는 기준이 절도節度라고 본 것이 다르다.

그런데 절은 이나 기와는 관계없는 사람의 마음이다. 그래서 기질氣質을 다스리는 마음수양이 필요하다고 보아 기질의 변화를 매우 중요하게 강조한다. 그 방법이 바로 교화와 교육이고, 경敬과 덕德을 함양하는 일이다.

한편 《우득록》에는 소옹의 상수역학에서 말하는 《황극경세서皇極經世書》의 우주시간의 변화를 숫자로 설명하고, 역괘易卦를 그림으로 자세히 설명하고 있다. 이는 소옹이나 서경덕의 이론과 흡사하다.

그러면 정개청의 시국에 관한 생각은 어떠했는가? 그의 시국관을 보여 주는 자료가 바로 천재天災로 말미암아 임금이 구언求言을 할 때마다 선조 임금에게 올린 개혁상소문이다. 그는 일평생 여러 차례에 걸쳐 상소문을 올렸는데 매번 만언萬言에 이르는 장문이었다. 그래서 〈만언소〉

로도 불린다. 그 내용의 핵심은 교육과 인사제도가 잘못되어 사부詞賦와 성율聲律과 암기식 공부만으로 인재를 취하고, 일단 벼슬아치가 되면 이 익만 탐하고 백성들을 수탈하여 윗사람만 섬기면서 승진이나 탐하여 민 생이 어렵고 원성이 높아져서 하늘이 노하여 천재지변이 일어났다는 것 이다. 이런 일을 시급히 개혁하여 도덕적인 사림정치로 돌아가지 않으면 나라가 망할 것이라고 경고하는 내용이었다.

선조 20년(1587) 2월에 올린 상소문 가운데 또 이런 구절이 보인다.[58]

> 민생을 구하고자 만일 호걸스런 선비가 특별히 나타나서 자기의 도道 를 실현하려고 한다면, '그가 나의 일을 해롭게 만들고, 나의 간사스러움 을 드러낸다'고 하면서 비방이 사방에서 일어나서 배척하여 그 자리를 편 안하게 하지 못하게 할 것입니다. 그리하여 그 몸을 지탱하지 못하고 기 필코 참혹한 상태에 이르게 한 뒤에야 그칠 것입니다. 이런 일들은 후세 학자들이 눈으로 보았기 때문에 의기가 소침하여, 도덕적인 행위는 자신 을 망치므로 그저 책을 외우는 것으로 지위를 영광스럽게 만들게 된 것 입니다.

이 상소는 정여립사건이 터지기 2년 전에 올린 것인데, 여기서 '호걸 스런 선비'를 언급한 것은 마치 2년 뒤에 일어난 정여립사건을 예견한 듯한 느낌도 든다. 또 허균이 〈호민론豪民論〉을 내세워 힘과 재력을 가 진 호민들이 일어나서 혁명을 해야 한다고 주장한 것과도 비슷하다. 동 인 과격파 사이에서는 호걸의 등장을 은근히 희구하는 듯한 분위기가

---

58 《우득록》의 〈곤재선생사실〉에는 이 상소문이 선조 5년 10월로 보인다고 했으나, 《선조실록》을 보면 선조 20년 2월 29일에 올린 것으로 되어 있다.

공통적으로 퍼져 있었음을 알 수 있다. 보기에 따라서는 이런 호민론은 반역을 정당화하는 이론으로 보일 가능성이 크고, 실제로 정여립, 정개청, 허균이 똑같이 호민론을 주장하다가 반역죄로 세상을 떠났다.

정개청은 수많은 깨끗한 선비들이 떼죽음을 당하는 사화士禍를 경험하면서 선비들이 도덕성을 상실하고 출세에만 매달리는 풍조가 생겼다고 개탄했다. 다만 그의 말은 어조가 격렬하고 원론적으로는 맞는 말이지만, 나라를 구하고 백성을 구하는 구체적인 방안은 내놓지 못하여 그저 도덕교과서에 보이는 성현의 말씀을 되풀이하는 데 머물렀다. 바로 이런 점은 그가 훌륭한 학자이긴 해도 뛰어난 경세가가 아니라는 것을 보여 준다.

선조는 즉위 초에 명종대 권신들의 잔당을 제거하고 사림정치를 회복하려고 노력했으나, 선조 8년 이후로 동서東西가 분당하여 싸우면서 의욕이 저하되기 시작했다. 여기에 공빈 김씨恭嬪金氏가 후궁이 되어 임해군과 광해군을 출산하자 그 오라비 김공량金公諒이 권세를 잡고 횡포를 부리기 시작하여 정치가 어지러워지고 군역軍役과 공납貢納으로 민생이 파탄되기 시작했다.

당시 뜻있는 선비들은 서인과 동인 모두에 다 있었지만, 상대당이 하는 일은 서로 비난하여 어느 것 하나 제대로 개혁을 이루지 못했다. 율곡이 당시의 현실을 토붕와해土崩瓦解의 무너진 집과 중병이 든 환자에 비유하여 경장更張을 하지 않으면 나라가 망할 것이라고 경고했지만 선조는 부작용이 있다는 이유로 개혁을 반대했다. 그래도 서인들은 개혁으로 나라를 구하려고 했으나, 동인 급진파들은 혁명으로 나라를 구하고자 했다. 그 대표적인 인사가 선조 22년에 난을 일으킨 정여립이었다.

정여립의 당여로 몰렸던 정개청은 비록 반역에는 가담하지 않았지만, 이심전심으로 호걸스런 선비가 나와서 왕을 바꾸었으면 하는 충동이 없지 않았던 것 같다. 그래서 동한절의東漢節義와 진송청담晉宋淸談을 비판했던 것인데, 비록 이 글이 모역을 부추기는 것은 아니라고 스스로 변명했지만, 혁명을 의심받을 만한 부분이 없지 않았다.

정개청의 글 가운데, 또 하나 의심을 살 만한 글이 있다. 선조 12년(1579)에 쓴 〈신불사이군臣不事二君〉에 관한 글이다. 그 내용은 이렇다.

> 임금과 신하는 의義로써 합合하는 것인데, 도道가 합하지 않아 의義가 끊어지면, 다른 나라에 가서 벼슬해도 좋은 것이다. 어찌 두 임금을 섬겼다는 혐의가 있겠는가? 이른바 '두 임금을 섬긴 자'는 의義를 끊지 않으면서 다른 나라를 이롭게 한 자를 말한다. 공자孔子가 72 임금을 두루 섬기고, 맹자孟子가 제齊나라와 양梁나라를 섬긴 것은 모두 도道가 합하지 않아서 떠난 것이다. 그러니 어찌 옳지 않다고 말할 수 있는가? …… 옛날의 벼슬아치는 의義를 끊고 다른 나라에 가서 벼슬하는 것이 통상적인 예例이었다. 다만 그 형세가 떠날 수 없는 사람이 있다. 나라의 재상들과 귀척貴戚의 재상들이다. 공자나 맹자는 나라의 재상도 아니고, 귀척의 재상도 아니었다. 더구나 그 벼슬 여행이 의義를 위함이었다. 그 도道를 위함이 가능하지도 않고 불가능하지도 않은 세상에서 가능한 것을 하는 때가 아니겠는가? 그러나 이는 모두 봉건封建 시대를 말하는 것이다. 군현제도가 실시된 시대에는 다름이 있으니 다시 할 수 없는 일이다.

이 글은 공자와 맹자가 여러 나라를 돌아다니면서 여러 임금을 섬긴 것이 의義를 위한 일이기 때문에 옳은 일이라고 인정한다. 다만 그 시대는 봉건시대로서 주周나라 왕실 밑에 여러 제후들이 난립했던 시기이기 때문에 가능하지만, 그 뒤에 군현제郡縣制가 실시되어 통일국가를 이룬 시대에는 여러 임금을 섬기는 것이 맞지 않는다는 것이다.

따라서 이 글은 원칙적으로 의義를 위해서라면 성인聖人도 '충신불사이군忠臣不事二君'을 지키지 않았다고 일단 긍정하면서, 다른 한편으로는 임금이 하나가 된 나라에서는 옳지 않다는 이중적인 판단을 내린 것이다.

평상시라면 별달리 위험한 글이 아닐지 모르나, 문제는 정여립이 반역을 일으킬 무렵에 '충신불사이군'을 비판하고 나섰기 때문에 정개청의 글도 오해를 받을 소지가 없지 않았다는 점이다. 그래서 당시 사람들 가운데에는 정개청을 정여립과 같은 생각을 가진 위험인물로 보아 "살아 있는 정여립"이라고 비판하기도 했다.

2) 소재蘇齋 노수신盧守愼

(1) 노수신의 가계와 학통

이현익(李顯益; 1678-1717)의 문집인 《정암집正庵集》을 보면, 서경덕 문인 가운데 노수신(盧守愼; 1515-1590)을 언급하고 있다. 노수신의 문집에는 그런 사실이 보이지 않으나, 그는 서경덕의 영향을 크게 받은 심희수(沈喜壽; 1548-1622)의 이모부이기도 하고, 서경덕 문인 허엽許曄과 매우 가깝고, 정여립을 천거하는 등 동인들과 친교가 두터웠던 것은 사실이다. 특히 허엽은 노수신에게 서경덕의 훌륭한 가르침에 대하여 편지를 써서 보낸 일이 있음은 이미 허엽 전기에서 서술한 바 있다.

노수신은 본관이 광주光州이고, 아호는 소재蘇齋이다. 태종 때 우의정을 지낸 노숭盧嵩의 후손이지만, 증조 노경장盧敬長은 참봉을 지내고, 할아버지 노후盧珝는 창수倉守, 아버지 노홍盧鴻은 활인서 별제別提를 지냈으므로 증조 이후로는 그다지 현달한 집안은 아니다. 17세에 유명한 유학자이자 장인인 탄수灘叟 이연경(李延慶; 1484-1548)[59]으로부터 수신에 관한 학문을 배웠다.

(2) 인종-명종대의 벼슬과 20년 귀양살이

20세에 생원과 진사시에 모두 급제하고, 27세에는 서울에 와 있던 유명한 영남 성리학사인 이언적李彦迪에게서 성리학을 배웠다. 29세 되던 중종 38년(1543)에 문과에 장원급제하여 벼슬길에 나아가 31세 되던 인종 1년에는 사간원 정언正言으로서 권신 이기李芑를 탄핵하기도 했다.

인종이 재위 1년 만에 세상을 떠나고 명종이 즉위하여 을사사화가 일어나자 윤원형尹元衡 등 소윤파의 미움을 받아 충주로 유배갔다가 다시 상주와 순천으로 갈수록 멀리 유배당했다.

33세 되던 명종 2년(1547)에 양재역벽서사건[60]이 발생하자 이에 연루되어 더 멀리 진도珍島로 유배되었다. 진도 유배생활은 51세까지 이어졌다. 그 뒤 서울과 가까운 충청도 괴산으로 옮겨졌다가 53세에 선조가 즉위하자 비로소 풀려났다. 유배기간이 모두 합쳐 20년이 넘었으니, 30-40대를 유배로 보낸 셈이다.

진도 유배기간에 노수신은 자신의 서재를 소재穌齋라고 이름하고, 마음을 다스리는 심학心學에 깊이 빠졌는데, 이때 두 종류의 글을 읽었다.

---

59 이연경은 본관이 광주廣州로서 세종 때 집현전 학자였던 이극감李克勘의 후손인데, 조광조가 실시한 현량과에 급제하여 홍문관 교리에 임명되었으나, 기묘사화로 조광조 일파가 몰락하자 벼슬을 버리고 충주로 낙향하여 학문에 전념했다.

60 양재역 벽서사건은 명종 2년 9월에 과천현 양재역에서 익명의 벽서가 발견되었는데, 그 내용은 문정왕후와 이기 등이 나라를 망치게 한다는 내용이었다. 당시 문정왕후의 동생 윤원형 등 소윤 일파는 이 사건의 배후에 대윤(인종의 외척)이 있다고 몰아세워 대거 숙청에 나섰다.

하나는 명나라의 주기철학자主氣哲學者인 나흠순(羅欽順; 호는 정암整庵; 1465-1547)의 《곤지기困知記》를 읽었고, 또 하나는 명나라 학자 진백(陳柏; 소산蘇山; 1506-1580)이 쓴 〈숙흥야매잠夙興夜寐箴〉을 읽으면서 그에 대한 여러 학설을 참고하여 주해註解를 달기 시작했다.

나흠순은 명종 2년 때까지도 살아 있던 학자였으므로 서경덕과 거의 동시대 인물인데, 〈곤지기〉를 써서 주기설主氣說을 주장하고, 나아가 이理와 기氣가 둘이 아니라 일체一體라고 하여, 이와 기를 나누어 보고 이가 기를 주재한다고 본 주자와는 견해를 달리했다.

노수신은 양명학의 영향을 받았으나 양명학과는 성향이 달랐다. 서경덕의 주기설 및 이기일체설理氣一體說이나 율곡의 이기설과도 유사한데, 율곡은 오히려 나이가 21세 연하이므로 그의 영향을 받지는 않은 것 같다.[61] 서경덕의 영향을 받았을 가능성이 크다.

노수신은 〈곤지기〉의 영향을 받으면서 결과적으로는 서경덕의 학설과도 통하게 되었으나, 굳이 서경덕을 언급하지는 않았다. 하지만 그는 주기설과 이기일체설을 따르면서 인심人心과 도심道心, 그리고 4단四端과 7정七情 등에 관한 견해도 주자나 이황과는 달리 보았다. 인심은 기氣에서 발하고, 도심은 이理가 발하며, 사단은 이에서 발하고 칠정은 기에서 발한다고 보는 주자와 이황의 견해와는 달리, 인심과 도심, 사단과 칠정 속에 모두 이와 기가 함께 들어 있으므로 서로 대립되는 개념이 아니라고 본 것이다.

노수신은 45세 되던 명종 13년(1558)에 〈인심도심변人心道心辨〉을 저술하여 도심은 도道가 발동하기 이전의 마음이고, 인심은 도가 발동한

---

61 율곡 이이가 사단칠정 및 이기설을 둘러싸고 성혼과 논쟁을 벌인 것이 선조 5년(1572)이므로 노수신은 이보다 앞서 이기설을 주장한 셈이다.

이후의 마음이라고 해석하여 인심과 도심이 서로 대립되는 개념이 아니고, 오직 시간적인 선후관계로 해석했다. 이런 해석은 율곡 이이가 선조 5년(1572) 이후 이기일체설을 가지고 사단칠정을 논한 것과 비슷하지만, 도심과 인심을 시간적인 선후관계로 본 것이 다르다.[62]

그러면 진백의 〈숙흥야매잠〉은 어떤 책인가? 이 책은 아침 일찍 닭이 울 때 일어나서 밤에 잠자리에 들 때까지 부지런히 힘써야 할 일과 마음가짐을 적은 글이다. 다시 말해 마음을 수양하는 심학心學에 관한 글인데, 이에 대한 주해를 붙이면서 인심과 도심의 관계, 4단과 칠정의 관계를 이기일체설을 바탕으로 새롭게 해석하게 된 것이다. 〈숙흥야매잠〉은 이황이 읽고서 《성학십도聖學十圖道》를 지을 때 참고한 바 있지만 노수신과는 해석의 차이가 있었다.

42세 되던 해에는 소윤少尹이 싫어서 벼슬을 버리고 고향 장성長城으로 낙향한 하서河西 김인후金麟厚와 시를 주고받으면서 교류하고, 44세 되던 해에는 자신이 지은 〈숙흥야매잠주해〉를 퇴계 이황에게 보내 의견을 구하고, 2년 뒤에도 퇴계와 논변하면서 부분적으로 개정했다. 그러나 이기理氣를 둘로 나누어 보는 이황의 주장을 노수신은 다 따르지 않았다. 노수신의 학설은 양명학과 비슷하다고 여겨져 이황을 따르는 정통 주자학자들로부터 공격을 많이 받았다.

(3) 선조 때 벼슬

노수신의 운명이 바뀐 것은 53세 되던 해 명종이 승하하고 선조가 즉위한 뒤부터였다. 그동안 권신들의 탄압을 받았던 선비들이 대거 조정

---

62 율곡 이이의 생애와 사상에 대해서는 한영우 《율곡 이이평전》(민음사, 2014) 참고.

으로 돌아왔는데, 노수신도 유배지였던 괴산에서 돌아와 홍문관 교리(정 5품)를 거쳐 선조 1년에는 부제학으로 뛰어오르고, 청주목사를 거쳐 충청도 관찰사(종2품), 대사간, 대사헌으로 급상승했다. 나이에 맞는 벼슬을 한꺼번에 받은(정3품 당상관) 것이다. 이해 노수신은 아직 17세밖에 안 된 선조에게 〈숙흥야매잠주해〉를 바쳐 임금이 무엇보다 마음을 다스리는 일부터 시작할 것을 권고했다. 임금은 이 글을 교서관에 넘겨 책으로 간행했다.

선조 4년(1571)에는 호조참판과 대사헌, 선조 5년에는 이조참판, 홍문관과 예문관의 대제학, 이조판서, 선조 6년(1573)에는 59세의 나이로 드디어 의정부 우의정에 올랐다. 당시 좌의정은 서경덕 문인 박순朴淳으로 그와의 호흡이 잘 맞았다.

선조 6년에 왕명으로 학행이 뛰어난 재야 인사를 조정에 추천했는데, 조목趙穆, 이지함李之菡, 김천일金千鎰, 최영경崔永慶, 유몽학柳夢學, 기대정奇大鼎, 홍가신洪可臣, 유몽정柳夢鼎 등이 6품의 직책을 받았다. 그 가운데 이지함은 서경덕 문인이고, 홍가신은 서경덕 문인 민순의 제자이다. 동인 계열 인사가 많이 눈에 띤다. 박순의 영향도 작용했을 것이다.

선조 8년(1575)에 동서가 분당할 때 노수신은 인맥상으로는 동인편에 더 가까웠으나, 뚜렷하게 어느 편에 서지 않고 중립적인 태도를 보이면서 인물 중심으로 서인과 동인을 대우했으나 일부 과격한 동인들이 율곡 이이를 공격하는 것은 찬성하지 않고 율곡을 옹호했다.

선조 11년(1578)에 좌의정으로 승진하고 박순이 영의정으로 올랐다. 선조 13년(1580)에는 동인에 속했던 허엽許曄이 죽자 선조 18년에 〈신도비명〉을 써 주어 그의 학문과 업적을 칭송했다. 박순과 허엽 등 서경덕 학파와 매우 가까운 사이였음을 알 수 있다.

선조 21년(1588)에는 영의정 박순이 병으로 은퇴하자 노수신이 영의정에 올랐는데, 건강이 악화되어 사직하고 한직인 판중추부사로 물러났다. 박순은 다음 해 67세로 세상을 떠났다. 서인의 중추인물이었던 이이는 선조 17년에 이미 세상을 떠났는데, 이 무렵부터 동인세력이 득세하기 시작했는데, 박순마저 세상을 떠나자 서인세력이 더욱 약화되었다.

선조 22년(1589) 10월에 동인 정여립鄭汝立 역모사건이 터졌을 때 노수신은 병으로 정사에 참여하지 못했는데, 정여립을 조정에 천거한 것이 바로 노수신이었으므로 매우 난처한 처지에 놓였다. 본의 아니게도 반역자의 후원자로 지탄을 받았다. 정여립은 본래 학문이 뛰어나고 율곡을 성인聖人이라고 떠받들면서 따랐는데, 율곡도 그의 학문을 인정하여 조정에 천거한 일이 있었다. 그러나 율곡이 세상을 떠나자 등을 돌리고 동인에 가담하여 모반을 꾀한 것이다.

정여립사건의 충격으로 노수신은 병이 더욱 악화되어 선조 23년(1590) 4월에 향년 76세로 세상을 떠났다. 경상도 상주목 산하의 화령현에 안장되었다. 뒤에 충주의 탄계서원과 상주의 도남서원에 배향되었다.

문집인 《소재집》은 세 번에 걸쳐 간행되었다. 첫 번째는 아들 노대하盧大河가 선조 35년(1602)에 목판으로 출간했으나 불타버리고, 광해군 8년(1616)에 문인 강복성康復誠이 두 번째로 금속활자로 간행했고, 세 번째는 효종 6년(1655)에 후손 노경명盧景明이 간행하여 지금까지 전한다. 이 책에는 윤근수 문인 조경趙絅이 쓴 서문과 유성룡 문인 이준李埈이 쓴 〈행장〉이 실려 있다.

3) 고청孤靑 서기徐起

서기(徐起; 1523-1591)는 본관이 이천利川으로 아호는 고청초로孤靑樵

老이다. 계룡산 고청봉에서 땔나무하는 늙은이라는 뜻이다. 조부는 서승우徐承佑, 아버지는 서귀령徐龜齡이라고 하지만, 《만성대동보》, 《청구씨보》, 《씨족원류》의 어느 〈이천서씨보〉에도 그의 가계는 보이지 않는다. 여러 기록을 보면 "출신이 천미賤微하다." 또는 "출신이 매우 미미하여 조상을 알 수 없다."고 한다. 또는 "누세한족"累世寒族이라는 기록도 있다. 송시열宋時烈의 《우암집尤庵集》을 보면 서기는 심의겸의 아우 심충겸沈忠謙의 사노私奴였다고 한다. 그런데 서기가 책을 열심히 읽고 행동이 방정하여 노비에서 풀어 주고 '처사處士'로 불러 주었다고 한다. 그래서 사람들은 "노비가 어질 뿐 아니라 그 주인도 어질다."고 칭송했다.

서기는 충청도 홍주목洪州牧 관하의 남포(藍浦; 보령)에서 출생했다. 이지함과 고향이 20여 리 정도밖에 안 되어 매우 가까웠다고 한다. 태어나면서부터 매우 영특하여 7세 때 마을 서당에 다녔는데, 특히 선학禪學을 좋아했다.

뒤에 서당이 불타자 공부를 중지했다가 서울로 올라가서 서경덕 문인 이중호(李仲虎; 1512-1554)에게 배우고, 20세 무렵에 가까운 고향 사람인 6세 연상의 이지함을 찾아가서 학문을 다시 배웠다. 이때 이지함은 26세 정도로서 아직 보령에 살고 있었는데, 집이 가난하여 말을 타지 못하고 약 20리 되는 거리를 날마다 걸어서 찾아갔다고 한다. 이 사실은 이미 이지함 전기에서 소개한 바 있다.

그런데 서경덕 문인 박지화(朴枝華; 1513-1592)가 쓴 《서기행록徐起行錄》을 보면, "서기가 서경덕 문하에 종유했다."고 되어 있다. 이는 직접 서경덕을 만났다는 것인지, 아니면 그 문도들과 교유했다는 것인지 확실하지 않지만, 나이로 보면 서경덕이 세상을 떠날 때 서기의 나이는 24세였으니 그 몇 년 전에 만났을 가능성이 크다. 또 설령 서경덕을 직접 만나지 못했더라도 그를 가르친 이중호나 이지함이 서경덕 문도이었으므로 서경덕 문인으로 간주해도 무방할 듯하다.

이지함이 제주도 한라산에 올라가서 남극의 별들을 관찰하고 돌아올 때 동행하기도 했다. 제자백가에서부터 성리학에 이르기까지 넓게 독서를 했는데, 특히 역학易學을 좋아하고 서경덕의 상수역학을 알게 되었다. 마을 사람들을 가르치고자 고향인 보령에 강신당講信堂을 지었는데, 그를 질투한 마을 소년이 불을 질러 태워 버렸다. 아마도 서기의 신분이 천한 것을 멸시한 양반자제가 저지른 듯하다.

그리하여 고향 마을 사람들을 교화하는 것은 어렵다는 것을 알고 가족을 데리고 전라도 지리산智異山으로 들어가서 홍운동紅雲洞 산꼭대기에 초가집을 짓고 농사를 지으면서 살았다. 식량이 떨어지면 산배〔山梨〕나 산밤〔山栗〕을 따서 먹고 배고픔을 달랬다. 요즘 자연인의 모습과 그대로 닮았다.

지리산에서 가르칠 때 후학들이 떼로 몰려들어 그의 집 근처에 집을 짓고 살면서 배웠다. 그러자 이웃의 연곡산사燕谷山寺에서 싫어하여, 4년 뒤에 다시 가족을 이끌고, 공주公州 계룡산으로 들어가서 고청봉孤靑峰 아래에 집을 짓고 다시 후학들을 가르치자 수백 명의 학도들이 모여들었다. 고청孤靑이라는 아호雅號가 여기서 생긴 것이다.

지리산에서 공부할 때이던 선조 5년(1572)에 이지함이 조헌(趙憲; 1544-1592)을 데리고 찾아가서 몇 달 동안 강론하고 돌아온 일도 있었다. 이때 서기의 나이는 이미 50세의 장년이었고, 이지함은 56세, 조헌은 29세였다. 이지함은 조헌에게 서기와 가까이 지내라고 권고했기에 그를 데리고 먼 길을 다녀온 것이다.

이렇게 서기는 평생 교육자로 살다가 임진왜란이 터지기 1년 전에 향년 69세로 세상을 떠났다. 그가 죽은 뒤에 충청도 유학자 윤봉구尹鳳九와 충청도 관찰사 홍계희洪啓禧가 함께 노력하여 영조 28년(1752)에 사헌부 지평(정5품)을 추증했다. 박지화朴枝華가 서기의 〈묘지명墓誌銘〉을 써 주고, 그다음 해 죽었다. 박지화는 임진왜란이 일어난 해에 피난살이를 하다가 자결했다.

서기는 본래 저술을 좋아하지 않아 남긴 글이 별로 없다. 지금《고청선생유고》를 보면 10세 때 지은 시와 후배 친구인 정개청鄭介淸과 조헌(趙憲; 1544-1592)에게 보낸 시 등 몇 편만이 남아 있다.

4) 아계丫溪 고경허高景虛

고경허(高景虛; ?-1582 이후)는 본관이 제주이고 출신지도 제주이다. 아호는 아계丫溪다. 생몰년을 알 수 없다. 고조는 세종 때 한성판윤과 예문관 제학을 지낸 고득종高得宗이고, 증조는 판관을 지낸 고태보高台輔, 할아버지는 군수를 지낸 고계조高繼祖, 아버지는 진사 고한형高漢衡이다. 제주도에서 가장 출세한 집안이다.

《명종실록》을 보면 그는 어려서부터 서경덕 문하에 들어가서 학문을 배웠기 때문에 약간 명성이 있었다고 한다.

명종 1년(1546)에 문과에 급제하여 예문관 검열(정9품), 명종 7년(1552)에 사헌부 지평을 거쳐 명종 9년(1554)에 평안도 감군어사監軍御史로 나갔는데, 진상進上으로 고통받는 백성들의 부담을 줄여 달라고 상소하여 임금의 허락을 받았다. 명종 10년(1555)에는 사간원 헌납, 명종 11년에는 병조의 인사권을 가진 병조정랑의 직책을 받았는데, 다음 해 체직되었다.

명종 12년(1557)에는 문관의 인사권을 가진 이조정랑(정5품)의 요직을 다시 맡았는데, 어리석고 시비가 어둡다는 이유로 언관의 탄핵을 받고 또 파직당했다. 그러나 그가 파직당한 것은 권신 윤원형 일파의 미움 때문이었다. 당시 김여부金汝孚와 김홍도(金弘度; 1524-1557)가 사이가 나빠 서로 당을 만들어 싸웠는데, 김여부는 명신 김안국金安國의 아들이었으나 권신 윤원형에 아부하여 평판이 좋지 않았다. 김홍도는 그런 김여부를 미워하여 사이가 나빴던 것이다. 고경허는 김홍도파에 속하여 윤원형파의 미움을 받게 되었다.

그 뒤 명종 17년(1562)에 임금은 고경허를 자리가 비는 대로 외직에 보임하라고 명했는데, 어디에 보임되었는지는 알 수 없다.

명종 20년(1564)에는 처음으로 청요직인 홍문관 교리를 거쳐 의정부 사인舍人, 사간원 사간에 오르고, 다음 해에는 사헌부 집의(종3품)에까지 이르렀다. 선조 7년(1574)에는 전주부윤으로 나갔는데, 당시 전라도 감사로 있던 서경덕 문인 박민헌이 전라도 일대의 모범적인 수령들을 임금에 천거했는데, 그 가운데 전주부윤 고경허가 들어 있었고, 재야 인사로는 서경덕 문인인 정개청鄭介淸을 천거했다. 박민헌은 고경허가 "너그러우면서도 절제가 있어 은혜와 위엄이 겸비된 사람"이라고 칭찬했다.

박민헌의 추천으로 이해 서울로 올라와 전시殿試 시관試官의 하나인 대독관對讀官으로 참여하기도 했으나, 구체적으로 무슨 벼슬을 했는지는 알 수 없다. 다만 대독관은 3품 이상의 관원이 맡았다.

그 뒤로 고경허의 거취는 기록에서 사라졌다. 선조 15년(1582)에 이르러 사헌부는 염치가 없는 벼슬아치들을 파직하라고 임금에게 건의했는데, 그 가운데 고경허가 포함되어 있었다. 그러나 무슨 벼슬이며 무슨 죄를 지었는지는 알 수 없다. 당파 간의 갈등으로 파직된 듯하다. 고경허의 인맥은 동인에 가까웠기 때문이다. 이로써 고경허의 벼슬은 끝났는데, 언제 세상을 떠났는지는 알 수 없다. 비교적 깨끗하게 일생을 살다 간 인물이다.

5) 관물재觀物齋 민기閔箕

민기(閔箕; 1504-1568)는 본관이 여흥이고, 아호는 관물재觀物齋라고도 하고 호학재好學齋라고도 한다. 증조는 종친부 전첨(典籤; 정4품)을 지낸 민형閔亨이다. 조부는 연산군의 후궁 숙의淑儀의 아버지로서 형조참의(정3품 당상관)를 지낸 민효손閔孝孫이고, 아버지는 현령(종5품)을 지낸 민세류閔世瑠이다.

조부 민효손은 생원과 진사도 한 일이 없고 문과에도 급제한 사실이 없었으나 딸이 후궁이 된 덕으로 높은 벼슬을 받았다고 알려져 있다. 아버지 민세류도 마찬가지로 소과와 대과를 거치지 않고 현령이 되었으므로 역시 누이의 덕으로 보인다.

그러나 민기는 조부나 아비와는 달랐다. 어려서 모재慕齋 김안국金安國 문하에서 학문을 배웠다. 그런데 김안국은 서경덕과 매우 가까운 시우이자 동지同志였다. 그러나 《화담집》의 〈문인록〉을 보면, 작자 불명의 《동유록東儒錄》에 민기가 서경덕에 종유從遊했다고 기록되어 있다.

서경덕 문인 허엽許曄이 친구 노수신盧守愼에게 보낸 편지를 비롯한 여러 글에 허엽이 서경덕 문하에 들어갈 때 나식羅湜의 학우였던 종성령 이구李球와 민기閔箕가 허엽과 함께 서경덕 문하로 들어갔다는 것을 보면 위 《동유록》의 기록이 거짓이 아님을 알 수 있다.

허엽이 서경덕 문하로 들어간 것은 중종 32년(1537) 무렵이므로, 당시 민기는 34세 때이다. 김안국과 민기가 다 같이 《역학易學》에 밝다고 하는데, 이는 서경덕의 영향이 아닌가 싶다. 당시 민기는 생원으로 아직 벼슬길에 나아가지 않았다.

《화담집》의 〈유사遺事〉를 보면 민기가 서경덕을 다음과 같이 평한 글이 보인다.

화담은 눈썹이 명쾌하고 눈은 마치 샛별처럼 빛났다. 화담 옆에 앉을 때마다 반드시 민기를 경열공(景說公; 민기의 자字)으로 불렀는데, 민기는 항상 화담을 진유眞儒의 정맥正脈이라고 말했다.

이 기록을 보면 민기가 서경덕에게 학문을 배운 것이 확실하고, 또 민기가 서경덕을 매우 존경했음을 알 수 있다. 서경덕이 민기를 공公으로 부른 것은 나이 차이가 15년에 시나시 않기 때문인 듯하다.

민기는 28세 되던 중종 26년(1531)에 생원이 되고, 36세 되던 중종 34년(1539)에 문과에 급제했다. 다음 해 홍문관 저작著作으로 출발하여 42세 되던 해에는 명종이 즉위하자 청요직인 홍문관 부교리로 승진했다. 이어 의정부 검상檢詳과 사인舍人으로 승진했는데, 사인은 의정부 세 정승의 회의 결과를 임금에게 보고하는 일이다.

명종 1년(1546)에는 사헌부 장령, 홍문관 응교(應敎; 정4품) 등 청요직을 계속 맡았고, 명종 2년(1547)에는 사도시 첨정僉正과 군기시정(정3품)을 맡았다가 명종 3년(1548)에는 경상도 어사御史로 나가서 이 지역의 민폐民弊를 시정할 것을 건의했다. 수령들이 군보(軍保; 군인의 保人)를 빼앗아 자신의 조례皂隸로 삼고 그 값을 독촉하여 징수하는데 친족과 이웃에게 부담시키자 모두 도망가 버려 읍이 텅 비게 되었다고 보고했다. 경상도에서 돌아온 뒤 홍문관 전한典翰에 제수되었다.

46세 되던 명종 4년(1549)에는 홍문관 직제학(정3품)을 거쳐 부제학을 맡아 드디어 당상관에 올랐다. 이때 경연에 참석하여 차자箚子를 올려, 당시 소윤파가 을사사화를 일으켜 대윤파를 숙청할 때 역적으로 몰아 사사한 윤임의 아비 윤여필尹汝弼도 역적의 아비라는 이유로 탄핵했다.

윤여필은 중종비 장경왕후章敬王后의 아비로서 그 아들 윤임尹任이 대윤파大尹派의 거두로 알려져 있었는데, 명종 즉위년에 문정왕후文定王后

의 소윤파가 집권하자 윤임을 역적으로 몰아 사사했던 것이다. 그러나 윤여필은 고령으로 죽이지는 않았다.

민기가 윤여필을 탄핵한 것은, 소윤파의 정책을 따른 것을 뜻하는 것으로 선비들은 이를 언짢게 여기고 민기가 공교하게 시류時流를 탄다고 못마땅하게 여겼다. 하지만 민기는 그 뒤에 권신들과 거리를 두고 처신하여 다시 선비들의 칭송을 받았다. 《실록》에는 그가 "육간六奸[63]이 정사를 어지럽힐 때 권세를 두려워하지 않고 중용을 지켰다."고 좋게 평가하는 사론史論을 실었다.

명종 4년(1549) 8월에 민기는 차자箚子를 올려 수령을 잘 간택하지 못해 백성들이 고통을 받고 있다면서, 수령의 자질이 나쁜 이유는 돈을 받고 수령직을 팔고 있기 때문이라고 지적했다. 또 위로는 왕실에서 아래로는 백성에 이르기까지 의식주의 사치풍조가 만연한 것을 개탄하기도 했다.

민기는 47세 되던 명종 5년 이후에는 정3품 당상관에 해당하는 승정원 승지, 공조참의, 병조참지, 대사성 등을 역임하고, 49세 되던 명종 7년(1552)에는 동지사冬至使로 명나라에 다녀오기도 했다.

명종 8년(1553)에는 문정왕후의 동생으로 권세를 누리던 윤원형尹元衡이 자신의 서자庶子를 양인으로 만들어 허통許通시키려고 법을 바꾸려 하자 이조참의로서 이를 반대하여 윤원형과 사이가 벌어지기도 했다.

명종 10년(1555)에 민기는 청홍도관찰사로 내려갔다가 다시 올라와 명종 11년에 공조참판(종2품)이 되고, 명종 12년에 대사간에 올랐는데, 성균관과 4학의 유생들이 학문에 힘쓰지 않고 스승을 능멸하는 풍속을

---

63 6간은 여섯명의 간신奸臣을 말하는데, 이양李樑, 이감李戡, 윤백원尹百源, 신사헌愼思獻, 권신權信, 이영李翎 등을 말한다.

바로잡아야 한다고 건의했다.

그 뒤로 명종 15년까지 민기는 대사헌, 성균관 대사성, 사간원 대사간, 공조참판을 맴돌고 있다가, 59세가 되던 명종 16년(1561)에 다시 청홍도 관찰사로 내려갔다. 《실록》에는 그가 권신 이양李樑의 비행을 탄핵하여 그의 미움을 받아 승진하지 못했다고 한다. 그가 권신과 싸우면서 사림 사이에 그에 대한 평가가 좋게 보이기 시작했다.

그는 청홍도 관찰사를 지내면서, 그 지역의 민폐를 제거하기 위한 95개조의 개혁안을 상신했는데, 주 내용은 역역役과 전세田稅 부담을 줄이자는 것이었다.

민기가 비로소 정2품의 6경에 오른 것은 권신 이양이 명종 18년에 죽은 뒤부터이다. 63세 되던 명종 20년(1565)에 형조판서를 맡았다가 다음 해에는 이조판서와 홍문관 제학(종2품)의 요직에 제수되었다. 이조판서로 있을 때 그는 사림들의 존경을 받고 있던 성수침成守琛, 이희안李希顔, 조식曹植, 성제원成悌元, 조욱趙昱 등을 조정에 천거하기도 했다.

그 뒤로 명종 22년(1567)까지 그는 지중추부사(정2품), 형조판서(정2품), 한성부 판윤(정2품) 등을 맡았다가 만년에는 의정부 우참찬(종1품)에 올랐다.

명종이 재위 22년에 세상을 떠나고 선조가 즉위하자 이해 10월에 65세의 나이로 의정부 우의정(정1품)에 올랐다. 윤원형과 이양 등 이미 죽은 권신들의 여당餘黨을 다스리다가 다음 해인 선조 1년(1568) 3월에 향 《문집》이 없어서 그의 학문을 알기는 어렵다.

6) 운곡雲谷 우남양禹南陽

우남양禹南陽은 본관이 단양丹陽이다. 《씨족원류》의 〈단양우씨보〉와 《실록》을 살펴보면, 우남양의 아버지까지의 가계는 보이나 우남양의 이름은 보이지 않고, 《청구씨보》에는 우남양의 증조까지만 보이고 그 뒤는 끊어져 있다. 다만 《만성대동보》에만 가계가 온전히 보인다.

증조 우희열禹希烈은 고려 말에 호조전서戶曹典書를 지내다가 조선왕조가 개국된 뒤에 음서蔭敍로 벼슬을 받아 태종 때 여러 도의 관찰사를 지냈는데, 특히 농정農政에 밝아 제언堤堰 수축사업에 큰 업적을 남겼다. 조부 우경오禹敬五는 현감을 지내고, 부친 우효종禹孝宗은 성종 때 문화현감을 지냈다. 낮은 벼슬아치 집안이다.

19세기 학자 성해응成海應 문집 《연경재집研經齋集》의 〈일민전逸民傳〉을 보면, 우남양은 평택 사람으로 집안이 대대로 공경을 지냈으나 우남양은 벼슬을 끊고 70여 년 동안 두문불출하면서 학문에만 전념했는데, 서경덕徐敬德, 최수성崔壽峸, 김안국金安國 등과 친하게 지냈다고 한다. 성격이 강직하여 출입할 때마다 부인에게 반절을 했고, 행실이 나쁜 사람과는 사귀지 않았다고 한다.

생몰년을 알 수 없으나 중종 때 사람으로 기묘사화를 보고 나서 벼슬에 뜻을 잃은 듯하다. 자는 몽뢰夢賚이고 아호는 운곡雲谷이나 문집이 전하지 않아 자세한 학문을 알기 어렵다. 원래 집안이 부유하여 노비가 200여 명에 이르렀으나, 모두 친척에게 나누어 주고 자신은 여생을 곤궁하게 살다가 죽었다고 한다.

4. 서경덕과 교유한 시우

서경덕과 나이가 비슷하여 문인은 아니지만 서경덕을 좋아하여 서로 시를 주고받으면서 교유한 명사들이 적지 않다. 예를 들면 대관자(大觀子; 또는 대관재大觀齋) 심의(沈義; 1475-?), 모재慕齋 김안국(金安國; 1478-1543), 문인 박순의 부친 육봉六峰 박우(朴祐; 1476-1547), 문인 신역申湙의 부친 기재企齋 신광한(申光漢; 1484-1555), 보진암葆眞庵 또는 용문거사龍門居士로 불리는 조욱(趙昱; 1498-1557), 수곡守谷 이찬(李澯; 1498-1554) 등이다. 이들의 행적을 살펴보면 다음과 같다.

1) 모재慕齋 김안국金安國

김안국(金安國; 1478-1543)은 본관이 의성義城이고, 아호는 모재慕齋이다. 아우는 명신 사재思齋 김정국(金正國; 1485-1541)이다. 《족보》를 보면, 증조부는 정랑을 지낸 김통金統, 조부는 도호부사를 지낸 김익령金益齡, 아버지는 참봉을 지낸 김련金璉이다. 양반집 후손이다.

어려서 유학자 김굉필金宏弼 문하에서 학문을 배우고, 10대에 부모를 모두 여의었으며, 24세 되던 연산군 7년(1501)에 생원과 진사시에 모두 장원급제하고, 26세에 문과에 급제하여 벼슬길에 나아갔다. 승문원, 승정원, 홍문관 등의 청요직을 거치다가, 중종 2년에 중시重試에 다시 급제하여 사헌부 지평과 장령에 이르렀는데, 이때부터 중종 반정공신反正功臣의 특권을 비판하는 등 날카로운 언론을 펴기 시작했다.

38세 되던 중종 10년(1515)에는 승문원 판교判校를 거쳐 예조참의와 사간원 대사간에 임명되어 젊은 나이에 이미 당상관에 올랐다. 다음 해에는 승정원 동부승지에 올랐는데, 무능한 문음 출신자를 관리로 임용하여 정사가 어지럽다면서 시험을 치러 관직을 주어야 한다고 건의했다.

40세 되던 중종 12년(1517)에는 경상도 관찰사로 내려가서 풍속을 교화하고 농업을 진작시키고 질병 치료에 힘썼다. 특히 《이륜행실도二倫行實圖》를 직접 편찬 보급하여 향촌사회에 장유질서長幼秩序와 붕우 간의 신의를 높이는 일에 도움을 주었다. 이미 삼강三綱에 관한 책자는 반포되었지만, 향촌사회를 안정시키는 데에는 삼강도 필요하지만 이륜질서의 확립이 병행되어야 한다고 믿었다.

또 향촌사회의 교화를 진작시키기 위해 《소학小學》을 널리 보급하고, 《여씨향약呂氏鄕約》을 언문으로 번역하여 향약鄕約을 보급했으며, 《농잠서農蠶書》를 반포하고, 제방을 쌓아 천택川澤을 개발하여 농업생산력을 높이고, 《벽온방辟瘟方》과 《창진방瘡疹方》의 의학서를 간행, 반포하여 질병 치료에 도움을 주었다. 관찰사가 적극적으로 풍속을 교화하고 농업을 장려하고 질병을 구제하는 노력을 기울인 예는 일찍이 없어서 선정善政으로 높은 평가를 받았다.

김안국이 다방면의 치적을 올린 것은 그의 학문 성격과 관련이 깊었다. 그는 기본적으로 정주학을 존숭했지만, 그 밖에 천문, 지리, 의학, 농학, 병학 등 실용학문에도 깊은 조예가 있어서 일반적인 성리학자와는 다른 모습을 지녔다. 천문 역학易學에 대한 조예 때문에 한때 천문시계인 흠경각欽敬閣을 관리하는 일에도 참여한 적이 있었다.

41세가 되던 중종 13년(1518)에는 사은부사謝恩副使로 북경에 다녀왔는데, 이때 성리학에 관한 경전들을 많이 구입해 가지고 와서 임금에게 바쳤다. 그는 전부터 경연에 참석하여 이학理學을 진흥시킬 것을 임금에게 강조했는데, 이번 사행길에 직접 성리학 서적을 사 가지고 온 것이다. 책의 종류는 《주자논맹혹문朱子論孟或問》, 《주자대전朱子大全》, 《주자어류朱子語類》, 《주자연평문답朱子延平問答》, 《양정전도수언兩程傳道粹言》, 《장자어록張子語錄》, 《장자경학이굴張子經學理窟》, 《호자지언胡子知言》, 《구준가례의절丘濬家禮儀節》, 그리고 《고금표선古今表選》 등이다.

성리학 교과서인 《성리대전性理大全》은 이미 세종 때 들어와서 널리 보급되었지만, 그 밖의 성리학 관련 책자는 드물었는데, 이런 공백을 메꾼 것이다. 《고금표선》은 명나라에 올리는 외교문서인 표문表文의 모범적인 글들을 모은 것이다. 조정에서는 이 책들을 홍문관 등에 내려 이용하도록 했다. 중종은 김안국의 공적을 가상하게 여겨 공조판서를 내리고, 다시 의정부 참찬(정2품)과 홍문관 제학의 높은 벼슬을 주었다. 40대 초반에 이미 정승, 판서 반열에 오른 것이다.

중종 13년에 그는 경연석상에서 전세田稅와 관련하여 연분 9등을 매길 때 면面 단위로 넓게 하지 말고, 자정字丁 단위로 좁혀서 시행할 것을 건의하고, 노비종량법奴婢從良法을 시행하여 노비를 줄이고 양민을 늘리는 정책을 건의하기도 했다. 또 조정 행사 때 여악女樂을 폐지하는 것을 반대했는데, 기본적으로 《경국대전》 체제를 무너뜨리지 않으려는 데 목표를 두었다.

그러나 42세 되던 중종 14년(1519) 겨울에 기묘사화己卯士禍가 발생하여 조광조趙光祖 일파가 수난을 당하면서 김안국은 매우 어려운 처지에 빠졌다. 그는 조광조보다는 나이나 지위가 높아서 직접 그 당여에 참여하지는 않았지만, 조광조의 개혁정책을 뒤에서 후원했다. 남곤南袞을 비롯한 권신들은 언관을 사주하여 김안국을 삭탈관직하고 처벌할 것을 지속적으로 들고 나왔다.

임금은 김안국의 벼슬을 삭탈했다. 그로부터 중종 32년(1537)에 남곤 등 권신들이 복주伏誅당하고, 다시 사림정치가 회복되면서 김안국은 거의 20년 가까이 야인으로 살다가 다시 부름을 받아 돌아왔다. 이때 그의 나이 이미 예순에 이르렀다.

그러면 전원에서 보낸 20년 동안 그는 무슨 일을 했을까. 그는 이천 利川과 여주驪州에 내려가서 초막을 짓고 학문에 침잠하면서 후학을 가르치고 있었다. 여주에 초당을 짓고 공부할 때 그 초당의 편액을 '팔이재八怡齋'로 불렀다. 그 뜻은 여덟 가지를 즐긴다는 것이다. 첫째 주자(朱子；晦庵)의 연못, 둘째 주돈이(周敦頤；濂溪)의 연꽃, 셋째 소옹(邵雍；康節)의 바람, 넷째 장자(莊子；莊周)의 물고기, 다섯째 장한張翰의 순채蓴菜, 여섯째 사령운謝靈運의 풀, 일곱째 도잠(陶潛；陶淵明)의 버드나무, 여덟째 태백(太白；이백李白)의 달이다. 여기서 주자, 주돈이, 소옹의 학문을 즐긴다는 말이 바로 김안국 학문의 특성을 그대로 드러낸다.

김안국은 주자학을 따르면서도 소옹의 상수역학象數易學을 함께 존중하고 있었으며, 그 밖에 천문, 지리, 의약, 점복, 농법, 병법 등 실용학에도 조예가 깊은 학자였다. 바로 이 점이 서경덕과 매우 흡사하다. 이때 그에게서 학문을 배운 문도로는 허충길許忠吉, 유희춘柳希春, 김인후金麟厚, 송인수宋麟壽, 정지운鄭之雲, 노공진盧公禛, 민기閔箕 등이다.

김안국 문인 가운데 특히 민기閔箕가 있었는데, 민기는 바로 허엽許曄과 함께 서경덕의 문하로 다시 들어간 인물이다. 또 김안국이 죽고 나서 김안국의 행장行狀과 《모재집慕齋集》의 발문을 써 준 사람이 바로 허엽이었다. 이렇게 김안국과 서경덕의 학풍이 서로 통하고, 또 김안국의 문도가 서경덕의 문도와 서로 겹치고 있으니, 두 사람이 서로 가까운 사이가 된 것은 매우 자연스러운 일이다.

그러나 김안국과 서경덕이 서로 교유한 것은 김안국이 서울로 올라오기 직전 여주에서 학문에 침잠하고 있을 때로 보인다. 서울에 올라와서 바로 벼슬을 받았으므로 한가롭게 시를 주고받기는 쉽지 않았을 것이다. 《모재집》에는 김안국이 서경덕과 교류한 사실은 기록되어 있지 않으나, 《화담집》에는 김안국이 서경덕에게 부채를 선물하자 서경덕이 감사하는 시 두 수首를 써서 보낸 것이 보인다. 그 시의 자세한 내용은 이미 앞에서 소개한 바 있어서 생략한다. 다만 그 요지만을 다시 소개하면 먼저 시 앞에 서문을 써서 부채 바람이 생기는 원인을 기철학氣哲學으로 설명한 것이 이채롭다. 첫 번째 시는 맑은 가을바람이 기氣 때문에 불어온다고 읊으면서 죽장竹杖 짚고 산속으로 떠나고 싶다고 읊었다. 그런데 두 번째 시에는 "장부丈夫는 군생(群生; 백성)의 얼을 씻어야 하니, 서늘한 바람을 온 나라에 뿌리소서."라는 구절을 넣어 김안국이 시원한 정치로 백성의 뜨거운 열기를 씻어 달라고 부탁했다.

서경덕의 시는 자연의 아름다움을 칭송하는 낭만적인 시이면서도 과학적이면서 철학적인 내용을 담고 나아가 정치성을 가미한 그런 시였다.

두 사람의 관계가 이렇게 맺어져 있었기에 김안국은 그 뒤 한성판윤이 되었을 때 52세 된 서경덕을 유일遺逸로 천거했던 것이다. 그때는 조정의 3품 이상 문관들이 모두 천거에 참여했기 때문에 천거된 인물이 수십 명에 이르러 대부분 탈락했다. 서경덕도 천거만 되었지 벼슬을 받지는 못했다. 그러나 김안국이 죽고 난 뒤에 그 영향을 받아 성균관 유생들이 다시 천거하여 후릉 참봉직에 제수되었다.

중종은 김안국을 다시 서울로 불러들였지만, 벼슬은 주되 높은 벼슬을 주지 말라고 명했다. 그리하여 상호군(정3품 당하관)이라는 무관산직과 동지성균관사同知成均館事라는 한직을 주었다. 그저 녹봉이나 받는 자리였다. 중종은 김안국을 올곧은 선비로 보았지만 조광조의 급진성 때문에 사화가 일어난 것을 거울삼아 서서히 그를 길들이고 싶었던 것 같다.

61세 되던 중종 33년(1538)에는 예조판서와 우참찬으로 다시 돌아오고, 그 뒤로 65세까지 한성판윤, 대사헌, 대제학, 병조판서, 우찬성(종1품)에까지 올랐다. 그러나 의정부 정승의 자리는 주지 않았다. 그러다가

66세 되던 중종 38년(1543)에 이르러 신병이 악화되어 벼슬을 사직한 뒤에 세상을 떠났다.

김안국의 문집 《모재집》에는 김안국의 문인 유희춘(柳希春; 1513-1577)이 선조 7년(1574)에 쓴 서문과, 같은 해 허엽(許曄; 1517-1580)이 쓴 발문이 실려 있다. 《모재집》은 후학 허충길許忠吉, 노공진盧公禛, 김계휘金繼輝 등이 노력하여 경상도에서 간행했다. 그러나 현재 전하는 《모재집》은 그 뒤 숙종 때 중간된 것으로, 당시 소론 학자 박세채(朴世采; 1631-1695)가 쓴 서문이 실려 있고, 행장은 허엽許曄이 지었다.

2) 육봉六峰 박우朴祐

박우(朴祐; 1476-1547)는 바로 서경덕 문인 박순朴淳의 아버지다. 박우가 개성 유수를 할 때 박순을 서경덕에게 소개하여 학문을 배우게 했는데, 서경덕이 박우의 집에 와서 강의하는 모습을 보고 서경덕의 학문과 인품에 반했던 것이다. 박우는 서경덕보다 13세 연상이었다.

박우는 본관이 충주忠州이지만 아내의 고향인 전라도 광주光州로 이주하여 호남 선비가 되었다. 그는 유명한 학자 관료이자 시인인 눌재訥齋 박상(朴祥; 1474-1530)의 아우이다. 32세 되던 중종 2년(1507)에 진사가 되고, 35세 되던 중종 5년(1510)에 문과에 급제하여 벼슬길에 올라 예문관, 성균관, 현감 등을 거쳐 50세 되던 중종 20년(1525)에 청요직인 홍문관 교리, 다음 해 부응교(종4품)에 올랐다.

중종 21년(1526) 11월에 그는 경연에 참석하여 수령들의 비행을 고발했다. 수령이 곡식을 백성들에게 대여한 다음에 1석마다 3승升씩 이자를 받아들여 손실된 곡식을 보충해 왔는데, 19두나 20두를 1석으로 받아들이고, 이를 다시 15두로 1석으로 만들어 이득을 취하고 있어서 백성들이 살아갈 수 없으니 이를 시정해야 한다고 촉구했다.

52세 되던 중종 22년(1537)에 박우는 홍문관 전한典翰을 거쳐 직제학 直提學에 오르고, 54세 되던 중종 24년(1529)에는 승정원 동부승지에 올랐다. 다음 해에는 전주부윤全州府尹으로 나갔다가 체직되고, 그 이듬해 우부승지를 거쳐 중종 27년(1532) 5월에 강원도 관찰사, 중종 28년에 첨의에 임명되었으니, 첩이 행실이 나빠 박우까지 독살하려다가 실패하는 사건이 일어나는 등 구설수에 올라 벼슬이 다시 내려갔다.

61세 되던 중종 31년(1536)에 공주목사, 다음 해 병조참지와 광주목사光州牧使, 중종 35년에 해주목사와 병조참의, 다음 해 한성부 우윤에 임명되었다가, 67세 되던 중종 37년(1642) 2월에 개성부 유수(留守; 종2품)로 나가 3년 동안 재직했다.

박우가 아들 박순을 서경덕 문하에서 학문을 배우게 한 것이 바로 이 시기였다. 이때 서경덕을 집으로 초대하여 박순을 가르치게 했는데, 서경덕이 강의하는 모습을 보고 박우는 "진유眞儒로구나." 하면서 서경덕을 존경하기 시작했다. 《화담집》을 보면 서경덕이 박우에게 보낸 시가 여러 편 실려 있다. 그 시는 이미 앞에서 소개했으므로 생략한다.

중종이 세상을 떠나고 인종仁宗 즉위 1년(1545)에 박우는 70세가 되었다. 이때 한성부 좌윤을 지내다가, 다음 해 인종이 죽고, 명종이 즉위하자 동지중부사(종2품)로 있다가 명종 2년(1547) 윤9월에 향년 72세로 세상을 떠났다. 《실록》에는 그가 청렴하고 지조를 지키고 살다가 죽었다고 매우 좋게 평가했다.

아호는 육봉六峰이나 《문집》이 없어서 그의 학문과 사상을 알기는 어렵다.

3) 수곡守谷 이찬李澯

이찬(李澯; 1498-1554)은 본관이 경상도 고성固城이고, 아호는 수곡守谷이다. 고려 말 시중을 지낸 행촌杏村 이암(李嵒; 1297-1364)의 후손으로, 증조는 승문원 참교參校를 지낸 이지李墀, 할아버지는 《청파극담靑坡劇談》의 저자이자 병조참판을 지낸 이륙李陸, 아버지는 군수 이험李嶮이다. 서경덕보다 9세 연하로서 그의 문인은 아니었으나 시를 주고받으면서 가깝게 교류했다.

중종 18년(1523)에 26세로 문과에 급제하여 언관직과 이조와 병조의 낭관郎官을 두루 맡았다. 그러나 권신 김안로金安老, 심정沈貞 등과 갈등을 일으켜 34세 되던 중종 26년(1531)에 부여로 유배당하고, 41세 되던 중종 33년(1538)에 풀려나 의정부 사인舍人, 사간司諫, 홍문관 부제학, 대사간, 예조와 이조의 참의, 부승지, 공조참판(종2품)에 이르렀다.

중종 37년(1542)에는 동지사冬至使로 명나라에 다녀왔다. 귀국 후에 좌부승지를 거쳐 47세 되던 중종 39년(1544) 1월에 개성부 유수(종2품)에 임명되었는데, 이때 56세의 서경덕을 만나 교유하게 되었다. 《화담집》에는 서경덕이 그에게 보낸 시가 실려 있다. 그 시는 이렇다.

티끌 같은 일 끝날 날 없으되	塵事何時盡
가르치는 즐거움 새벽까지 미치네	講歡須及辰
돈이 있으니 술도 살 수 있고	有錢能買酒
어느새 봄이 왔다네	無計可留春
꽃나무 붉게 봉오리 틔우고	花樹紅初綻
실버들 가지 반쯤 푸르러졌는데	柳絲綠半勻
하늘이 보내 주신 아름다운 경치에	東君呈景物

명종 1년에는 한성부 우윤, 강원도 관찰사를 지냈는데, 병으로 체직을 자청하여 물러났다. 명종 3년에는 한성부 우윤과 경주부윤을 지내고 명종 4년에는 유배를 당했다가 돌아와서, 54세 되던 명종 6년(1551)에 동지중추부사의 한직을 맡았다가 명종 8년에는 호군護軍의 무산계를 받았다. 그러나 녹봉을 거절하면서 가난하게 살다가 명종 9년(1554) 8월에 향년 57세로 세상을 떠났다.

그는 중종 때 벼슬하면서 기회 있을 때마다 임금에게 청검淸儉한 생활로 모범을 보여 풍속과 기강을 바로 세울 것과 궁위宮闈가 부정을 저지르는 것을 막으라고 촉구하면서 공납으로 백성이 고통을 받고 있는 것을 시정할 것을 요청했다.《실록》에는 그의 사람됨이 "품성이 대범하고 고요하며, 시세時勢에 붙좇은 적이 없었다. 만년에는 병이 많아 한직을 맡았으나 국가에서 주는 녹을 받지 않았다."고 했다.

그가 죽었을 때 집이 가난하여 장례를 치를 비용조차 없자 나라에서 부조를 도와주었다.

4) 대관재大觀齋 심의沈義

심의(沈義; 1475-?)는 본관이 풍산豊山이고, 아호는 대관재大觀齋다.《족보》를 보면 증조는 심귀령(沈龜齡, 1350~1413)으로 상장군으로 이방원을 도와 정도전 일파를 제거하는 데 공을 세우고 좌명공신이 되었다. 조부 심치沈寘는 성종 때 남원부사를 지냈으며, 부친은 세조 때 이시애 난을 평정하여 적개공신이 되었던 무인 심응沈膺이고, 중종 때 반정공신으로 기묘사화를 일으켜 사림들을 탄압했던 좌의정 심정(沈貞; 1471-1531)이 형이다. 대대로 무인으로서 공을 세운 집안이다.

그러나 그는 형 심정과 달리 중종반정 공신들과 싸우고, 명종 때에는 문정왕후의 불교정책을 신랄하게 비판하는 등 거침없는 직언을 퍼부어 주변에서 과격하다는 비난을 많이 받았는데 이는 그의 성품 때문이었다.

그는 21세 되던 연산군 1년(1495)에 생원과 진사시에 모두 급제했는데, 29세 되던 연산군 9년 4월에는 어머니를 시켜 임금에게 벼슬을 달라고 상소하게 하여 주변에서 비난을 받았다. 문과 시험에 급제하지 못한 처지에 벼슬을 받고자 무리수를 둔 것이다. 형 심정沈貞이 공신이 되어 권력을 휘두르는 것에 대하여 심의는 못마땅하게 여기면서도 자신이 벼슬하여 이런 현상을 바로잡고 싶은 욕망도 매우 컸기 때문이었다고 한다.

33세 되던 중종 2년(1507)에 그는 드디어 문과에 급제하여 예문관 검열檢閱이 되었고, 중종 4년 10월에는 호조좌랑으로 승진하고 독서당에 뽑혀 독서하는 특권도 받았는데, 임금과 윤대輪對하는 자리에서 "지금의 정세는 〔공신들이 권력을 농단하여〕 군약신강君弱臣强이 되었으니 기강을 세워야 한다."는 요지의 발언을 하여 공신들과 공신들을 따르는 일부 대간들의 탄핵을 받았다.

공신들을 누르고 왕권을 강화하라는 그의 말은 사리에 맞는 말이었지만 언사가 항상 과격했다. 대간들은 심술이 비뚤어지고 광포한 사람으로 공격하면서 그를 파직하라고 요청했으나 임금은 그를 감싸고, 공조좌랑과 역사를 편찬하는 겸춘추兼春秋의 직책을 주었다.

그러나 대간들의 비판이 거세지자 파직시키고, 한직인 무반산직武班散職을 주었다가 중종 6년에 주부(종6품)로 임명했으나, 언관들이 또 그를 주부로 임명한 것을 반대하고 나서자 임금은 할 수 없이 여주의 교수

(종6품)로 좌천시켰다.

39세 되던 중종 8년(1513)에 그는 여주 교수로 있으면서 임금의 구언
求言 교지가 내리자 이에 응하여 〈십의잠十宜箴〉이라는 글을 지어 올렸
다. 임금이 지켜야 할 10가지 통치규범을 제시한 것이다. 그 글의 요지
는 다음과 같다.

첫째, 심신心身을 마르게 하라는 것으로, 태조의 정치를 모범적인 예
로 들었다.

둘째, 학문에 부지런하라는 것으로, 세종의 정치를 예로 들었다.

셋째, 천견天譴, 곧 하늘이 내린 재앙에 답하라는 것으로, 역시 세종
의 정치를 모범적인 사례로 들었다.

넷째, 음식을 절약하라는 것으로, 절식이 건강에도 좋거니와 백성을
괴롭히지 않는 일이라고 하면서 역시 세종의 정치를 예로 들었다.

다섯째, 기강을 세우라는 것으로, 권신들의 횡포를 막아야 한다고 강
조하고, 태조와 태종의 정치를 모범적인 예로 들었다.

여섯째, 간쟁諫諍을 가납하라는 것으로, 성종의 정치를 모범으로 들었다.

일곱째, 참언讒言을 물리치라는 것으로, 연산군의 무오사화가 유자광
의 참언 때문에 발생했다고 하면서, 태종의 정치를 모범으로 들었다.

여덟째, 현사賢邪를 분별하라는 것으로, 어진 신하와 어질지 못한 신
하를 잘 가려서 인재를 등용하라고 하면서 문종의 정치를 본보기로 들
었다.

아홉째, 형벌을 신중히 하라는 것으로, 세종의 정치를 모범적인 사례
로 제시했다.

열 번째, 수령을 잘 간택하여 임명하라는 것이다. 그러면서 성종의 정
치를 모범으로 제시했다.

이 〈십의잠〉을 보면 내용도 좋지만, 그가 역사에 대한 지식이 많은 것을 알 수 있다. 임금은 이 글을 보고, "근래 소장疏章을 많이 받았지만 이처럼 내용이 좋고 바른 글은 보지 못했다."고 칭찬하면서 그를 경직京職에 임명하라고 명하여 사헌부 감찰(監察; 정6품)의 요직을 주었다.

그러나 언관들은 중종 9년에 또 그가 공조좌랑에 있을 때 저지른 비행을 들추어내어 탄핵하고 나섰다. 연산군 애첩愛妾들 집에 시정상인市井商人들이 바친 진귀한 물건들을 공조에서 몰수하여 본주인들에게 돌려주었는데, 그때 공조의 낭관들이 물건의 일부를 주인에게 돌려주지 않고 사사로이 사용한 일이 있었다. 그 낭관들 가운데 심의는 놋그릇 대신 무쇠를 본주인에게 돌려주는 부정을 저질렀다는 것이다.

언관들이 탄핵하여 그는 감옥에 갇히고 재판을 받았는데, 장杖 70대에 도(徒; 노동형벌) 1년 반, 그리고 파직을 요청했다. 그러나 임금은 파직만 허용하여 중종 10년에 감찰직에서 파직되었다. 그는 아무런 벼슬이 없는 야인野人으로 돌아갔다.

44세 되던 중종 13년(1518)에 재야생활을 보내던 심의는 임금의 구언교지에 따라 〈십잠十箴〉을 또 지어 올려 재난을 구제하는 방법과 시폐를 혁신하는 방안을 제시했다. 그 10잠 가운데 네 가지가 《중종실록》에 보이는데, 다음과 같다.

(1) '조존잠操存'; 위태하다, 마음을 다잡지 못함이여, 세리勢利가 마음을 유혹하고, 물욕物欲이 마음을 몰락시킴이여! 오직 마음을 다잡아 잃지 않아야 참으로 신명神明을 유지할 수 있습니다.

(2) '용인잠用人箴'; 훈薰과 유蕕는 그 종류가 다르고, 현賢과 우愚는 그 부류가 다르다. 아름답고 추한 것은 저절로 생긴 모습이지만, 취하고 버리는 것은 나에게 있나니, 주周는 취사를 잘하여 훌륭히 다스렸고,

한漢은 취사를 잘못하여 패망했습니다.

(3) '성색잠聲色箴'; 음란한 노래와 아름다운 여자는 멀리해도 친해지는
데, 친하고도 빠지지 않는 자가 몇 사람이나 되겠습니까? 아!

(4) '이단잠異端箴'; 가라지는 오곡五穀의 해독이요, 이단(불교)은 오도
(吾道; 유교)의 적賊입니다. 그 독해를 뽑아야 곡식이 무성해지고, 그
적을 쳐 없애야 오도가 일관하게 됩니다.

윗글은 매우 시적詩的으로 쓰였고, 또 과격한 언사도 없어서 주변의
칭찬을 받았다. 그는 말은 거칠어도 글은 시인처럼 아름답게 쓰는 사람
이었다. 당시 깨끗한 선비였던 경연관 이희민李希閔은 심의가 올린 상소
를 보고 임금이 아무런 반응을 보이지 않는 것을 비판하고 나섰다. 이
희민은 뒤에 조광조와 함께 기묘사화 때 쫓겨난 인물이다. 그런데 조광
조趙光祖는 오히려 심의를 의심하여 "심술이 간사하여 올바르지 못한 사
람", "광포하고 마음이 비꼬인 사람"이라고 임금에게 말했다. 심의의 글
보다는 그의 평소 언행에 보이는 과격성을 비판한 것이다.

중종 14년 8월에 이르러 심의는 또 상소하여 권신 남곤南袞을 비판하
고, 연산군을 수양제에 빗대어 비판하면서 7가지 사항을 건의했다. 관제
를 개혁하여 녹봉을 확정할 것. 임금의 내탕인 내수사內需司를 혁파하여
상의원尚衣院에 합병할 것. 각 시寺와 감監의 제조를 없앨 것. 의정부와
중추부의 녹사를 줄여서 군대로 보낼 것, 야사野史를 편찬할 것, 왕비와
후궁들을 관리하는 여사(女史; 女官)를 설치할 것, 관복을 제정하여 귀천
을 구별할 것 등이다.

심의는 7개조의 개혁안을 진언한 다음, 자신의 처지를 설명했다. "신
이 전원田園에 물러가 있은 지 지금 6년이온대, …… 우리나라 역사의
변천한 내력을 추구하여 야사野史를 써서 후세에 전달하고 싶으니, 사국

(史局; 춘추관)에 들어가서 일하게 해 주십시오."라고 호소했다. 중종 10년에 전원田園으로 쫓겨난 뒤 다시 춘추관에 들어가서 우리나라 역사를 편찬하고 싶다는 희망을 호소한 것이다. 그러나 임금은 신하들의 반발이 두려워 허락하지 않았다.

이때 병조판서 유담년柳聃年은 심의를 "성세盛世의 귀역鬼蜮"이라고 욕하면서 심의가 뒤에서 사주하여 비판하여 쫓겨난 남곤南袞을 불러들여 벼슬을 주자고 건의했다. 중종 14년 11월에 드디어 기묘사화가 발생하여 조광조 일파가 숙청당했는데, 그 배후에 남곤과 심정이 있었다. 평소 남곤과 형인 심정을 함께 비판해 온 심의의 처지가 더욱 어렵게 되었다.

그러나 남곤은 중종 22년에 세상을 떠나고, 심정이 아우 심의를 돌보아주어 다시 벼슬을 받았는데, 그 벼슬이 무엇인지는 알 수 없다. 중종 26년에는 심정마저 세상을 떠나자 사림들이 다시 득세하기 시작했는데, 이런 분위기에서 심의도 재기한 것으로 보인다.

65세 되던 중종 34년(1539)에 심의는 학관學官의 벼슬을 가지고 있었다. 학관은 외교문서를 다루는 승문원 소속의 이문학관吏文學官을 말하는 것으로 중종 19년에 설치된 관직이다. 이때 중국에서 시詩를 잘하는 사신이 왔는데, 이에 대응할 인물로 심의를 선택했다.

그러나 68세 무렵에는 개성부 교수(종6품)로 나갔는데, 이때 3년 동안 봉직하면서 서경덕과 친하게 지내면서 많은 시를 서로 주고받았다. 서경덕이 쓴 시는 만월대滿月臺와 이성계의 사저인 경덕궁敬德宮 등에 놀러 가서 지은 시들, 심의가 성균관 유생들을 데리고 화담을 방문했을 때 지은 시, 그리고 심의가 식량을 보내 주어서 고맙다는 뜻을 표현한 시들이다. 그리고 심의의 문집 《대관자난고》를 보면 심의가 서경덕에게 보낸 시도 매우 많다. 이 시들을 보면 심의도 역학易學에 대한 생각이 서경덕과 매우 유사함을 보여 주고 있다. 시의 자세한 내용은 앞에서 소개했으므로 생략한다.

서경덕보다 14세 연상이었던 그는 70세 되던 중종 39년(1544)에 다시 서울로 돌아와서 벼슬했는데, 이때 그와 작별하는 아쉬움을 달래는 시와 글을 서경덕이 지어 주었다. 그것이 〈송대관서送大觀序〉이다. 중종 39년 3월에 그는 왕실의 태胎를 안장하는 안태사 종사관으로 임명되었다. 그러자 언관들이 또 그의 인물이 비루하다는 이유로 체차遞差를 건의하자 임금이 허락했다.

서경덕의 〈송대관서〉를 보면, 먼저 '그침을 알아야 한다知止'는 요지의 글을 쓴 다음, 다음과 같이 그의 인품에 대한 평을 내렸다.

대관자大觀子는 시詩에 뛰어났는데 젊어서부터 늙을 때까지 그침이 없었다. 그의 글은 우아하고 강건하고 착실하며 풍류가 넓다. 지금 그 원고를 끝냈는데 부지런하다고 하겠다. 벼슬을 할 때에는 작은 벼슬도 낮게 보지 않았으며, 몸을 바쳐 임금에게 진언했으며, 백수白首의 사내가 되었으나 조금도 노여워하지 않고 공손했다.

개성의 교수가 되어서는 하루도 게을리하지 않고 젊은이들을 가르쳐 성공시키려고 애써서 자벌레가 굽혔다가 쭉 뻗듯이 뛰어올라 춤추었다. 참으로 애썼다. 내가 보건대 나이가 70인데도 강건하니 앞으로도 더욱 오래 살 것이다. 벼슬자리는 대부(大夫: 5품)의 아래에 있었으니 귀하지 않다고 할 수 없으며, 시문에 능하다고 알려졌으니 성공하지 않았다고 할 수 없으며, 이미 오래 살고 귀하게 된 데다가 후학들을 가르쳐 불후에 남겼으니, 내가 늘 바라는바 숫자를 채웠다고 할 수 있다. 그러므로 이로써 만족해야 한다. 지금부터는 선생의 힘이 따르지 못할 것이니, 한가로운 곳에서 몸을 쉬고, 담박한 곳에서 마음을 편안케 하시오. 지금은 그럴 때가 아니겠소. ……

서경덕은 이렇게 심의를 평가하고 위로하면서 《주역》, 공자, 소옹, 노자. 장자 등이 '그침을 알라'고 가르쳤다고 다시 한번 강조하면서 몸과 마음을 편안히 가지고 살라고 당부했다. 그 끝에 5언시를 첨가했는데, 개성교수 재직기간이 3년이라고 했다. 서경덕이 제발 벼슬을 그만두고 쉬라고 당부했음에도 안태사 종사관이 되었다가 파직되었으니, 서경덕이 그의 앞날을 예견한 것이 틀리지 않았다. 심의는 성품이 강직한 것이 장점이었으나, 너무나 저돌적인 행동으로 적을 많이 만들고, 평생 좌천만 당하다가 세상을 떠났다. 서경덕이 "그침을 알라."고 경고한 이유가 여기에 있었다.

윗글을 보면 심의는 70세 이전에 3년 동안 개성 성균관의 교수를 지내다가 떠난 것을 알 수 있다. 중종 39년은 바로 서경덕이 죽기 2년 전이다. 서경덕과 심의의 인연은 이것이 끝이었다.

심의는 명종이 즉위한 뒤에 관직에 다시 나아갔다. 77세 되던 명종 6년(1551) 3월에는 소격서령(昭格署令; 종5품)의 직책을 띠고 있었는데, 이는 그가 받은 벼슬 가운데 가장 높은 것이다. 이때 임금에게 전箋을 올려 당시의 정치를 과격한 논조로 비판했다. 명종은 성군聖君이지만, 윤원형 일파의 권신들이 임금을 능멸하면서 '무부무군無父無君'의 정치를 하여 나라가 망할 지경에 이르렀음을 비판하고, 임금의 모후인 문정왕후文定王后가 불교를 옹호하여 선과禪科를 설치한 것을 맹렬히 비난했다. 앞으로 백성들이 모두 부역을 피하기 위해 머리를 깎고 산에 들어가서 승려가 될 것이라고 우려했다. 임금은 그의 건의를 따르지 않았다.

명종 6년을 끝으로 실록에는 그에 관한 기록이 없다. 아마도 벼슬이 또 끊어진 듯하다. 그가 언제 세상을 떠났는지도 모른다.

심의는 중종 만년에 이미 시문집을 낸 일이 있었는데, 그가 죽은 뒤인 선조 10년(1577)에 간행된 《대관재난고大觀齋亂稿》가 지금 세상에 전한다. 대부분 시부詩賦로 구성되어 있다. 문집의 서문이나 발문을 쓴 사람은 홍언필洪彦弼, 김극일金克一, 박민헌朴民獻, 권응인權應仁 등이다. 특히 박민헌은 서경덕의 문인이면서도 스스로 심의의 문인을 자처하기도 했다.

개성에서 서경덕과 헤어질 때 그는 쓴 〈유별서가구留別徐可久〉라는 시를 두 편 지었는데, 먼저 그 시의 서문과 시에서 서경덕의 일생과 학문을 극구 칭송했다. 먼저 서문은 이러하다.

생원 서경덕은 자字는 가구可久이다. 부모에 대한 효성이 순수하고 지극하여 죽을 쎕으면서 상喪을 마쳤다. 화담에다 달팽이 집[廬墓]을 짓고 몸소 제사음식을 올리고 향을 피웠으나 조금도 귀찮은 모습이 없었다. 경학經學과 사학史學에 통달하여 추의樞衣를 모아들이고, 두루두루 오묘한 이치를 탐구하면서 학문을 사업으로 삼았다. …… 어떤 이는 말하기를, "옛도읍의 산수의 정수精粹가 기수氣數와 더불어 다 끝나지 않았다."고 하는데, 이 사람에게 내려진 것이 아닐까? 그래서 시를 써서 그를 찬미하는 바이다.

또 다음과 같은 두 편의 시도 있다.

차라리 굶을지언정 누추한 동네 탐하고	寧餓陋巷貪
입이 있어도 더러운 것은 먹지 않았네	有口不肯近腥膻
차라리 엎드려 항아리 찌꺼기 장 먹을지언정	寧伏甕牖塵
손이 있어도 굽실거리고 아첨하기 싫어했네	有手不肯揖脅肩
출입문을 크게 바꿔 천지에 두고	大易門戶在乾坤
높고 낮음에 드나들면서 선천先天을 밝혔네	出入高下窮先天

가슴속 이수理數가 열황을 빛나게 하고	胸中理數燦列皇
앉아서는 오묘한 율려律呂를 닦았네	律呂秘賾坐可研

염계〔張載〕의 한 줄기 근원으로 흘러들어가고	濂溪一脈浚歸源
두루두루 놀라운 깨달음 이제 몇 년이던가	旁搜警覺今幾年
상처 후비고 신발 벗어 조롱받기도 했으나	磨痒隔韠或譏嘲
채찍 잡고 새롭게 공부한 사람 없었네	新學無人來執鞭
때때로 기를 토하여 천길 무지개 만들고	有時吐氣千丈虹
수많은 주옥珠玉이 남전藍田을 만들었네	珠玉萬枚生藍田
요즘 선비 옛것 알고 새것 만들지 못하니	故知作者非今士
초야에 현인賢人 숨어 있음을 누가 알리	草野誰知有遺賢
깊이 연구하여 마음대로 함은 이롭지 못하니	窮通反衍時不利
행동거지를 누가 그렇게 하겠는가	行歟止歟誰使然
화담 띠집은 비도 막지 못하지만	花邑茅屋不庇雨
꿋꿋이 앉아 사색하니 사람 가운데 신선이네	冥心兀坐人中仙
한번 보고도 저절로 도道가 이미 생기고	傾蓋默會道已存
벗을 삼으니 작은 마음이 금석처럼 굳어졌네	許友寸衷金石堅
오늘 아침 옷소매 흔들며 조정으로 향하나	今朝揮袖向鵷班
꿈속에서라도 헛되이 끊어지지 않으리	空使魂夢相聯翩

이 시를 보면 심의가 서경덕의 청빈한 생활과 주기철학을 얼마나 존경하고 있는지를 절절하게 보여 준다.

또 서경덕에게 보낸 다음과 같은 시도 보인다.

헌 궤짝 속에 좋은 옥玉이 들어 있고	塵櫃藏良玉
거적 문에서 우주를 받아들이네	繩樞納八荒
거친 음식은 도리어 부잣집을 만드네	簞瓢還潤屋
벼슬아치 사회는 붓끝만도 못하네	宦海一毫芒

시끄러운 속세에 가시울타리 두르고	囂塵咫尺隔荊籬
샘과 돌, 쑥대밭에 그림자만 따르네	泉石瓢蕭影獨隨
솔 이슬, 아침 창으로 옷을 적시고	松露曉窓衣欲濕
역易에 붉은 점 찍고 세상과 어긋났네	研朱點易打乖時

〔서경덕은 이학理學에 마음을 쏟고, 역易의 이치에 깊이 빠졌다〕

5) 보진암葆眞庵 조욱趙昱

조욱(趙昱; 1498-1557)은 본관이 평양으로 아호는 우암愚菴, 또는 보진재葆眞齋인데 만년에는 용문산에 은거하면서 용문거사龍門居士로 불렸다. 증조는 공조좌랑을 지낸 조승趙承이고, 조부는 첨지중추를 지낸 조득인趙得仁, 부친은 정주판관을 지낸 조수함趙守諴이다.[64] 서울 청파리靑坡里에서 출생하여 19세에 생원과 진사에 급제하고 나서 조광조趙光祖 문하에서 학문을 배웠다. 22세 되던 중종 14년(1519) 기묘사화 때 조광조 일파와 연루되었으나 나이가 어려 면죄되었다.

기묘사화에 실망한 조욱은 경기도 지평砥平에 집을 짓고 살면서 28세 되던 중종 20년(1525)에 어머니 권유로 과거시험에 응시했다. 그러나 전

---

64 일설에는 조욱이 개국공신 조준趙浚의 후손이라고 하나, 《족보》를 보면 다르다.

시殿試에서 고시관이 그가 기묘당인이라 하여 내쫓아 낙방했다. 이에 또 한번 실망한 그는 학문에 전념하기로 마음을 먹고 지평의 집을 '보진암 葆眞庵'으로 고쳐 불렀다.

보진암 시절부터 조욱은 금강산을 비롯하여 전국 명승지를 유람하다 가 노부모의 봉양을 위해 참봉직을 받기도 했으나 43세 때 모친상까지 당하여 3년 동안 여묘살이를 했다. 그러다가 여묘살이가 끝난 45세부터 산속으로 은거할 것을 결심하고 48세에 용문산龍門山으로 들어갔는데, 45 세 이후로 자신과 뜻이 맞는 선비들과 적극적으로 교유하기 시작했다.

서경덕과의 교유도 이 무렵부터인데, 당시 서경덕은 9세 연상으로 54 세에 이르렀다. 서경덕과 조욱이 주고받은 시는《화담집》과《용문집》에 모두 보인다.

인종이 죽고 명종이 즉위한 뒤로 50대에 들어선 조욱은 양평 용문산 에 은거하면서 학문에 전심하여 후학들을 가르치기 시작하자 문생들이 많이 모여들었다. 55세 되던 명종 7년에 유일로 천거되어 다음 해 내섬 시 주부에 제수되었고, 57세 되던 명종 9년 1월에는 장수현감長水縣監에 제수되었다가 다음 해 6월에 벼슬을 버리고 다시 용문산으로 돌아왔다.

명종 11년(1556)에는 황해도를 유람하면서 최충崔沖을 모신 해주의 문헌서원文憲書院을 찾아가서 참배하고 돌아왔다. 다음 해 말에 그는 서 울의 청파리 옛집으로 돌아와서 향년 60세로 세상을 떠났다. 영조 16년 에 김재로金在魯의 청원으로 그는 이조참의에 증직되고, 양평의 용문서 원龍門書院에 배향되었다. 저서로《용문집龍門集》이 전한다.

서경덕이 조욱에게 써 준 시는 여러 편이 있는데, 다음과 같다. 하나 는 도가수련서인《참동계參同契》[65]를 읽고 있는 것을 보고 장남삼아 쓴

65《참동계》는 후한 때 위백양魏伯陽이 지었다고도 하고, 당나라 때 희천(希遷; 700-790)

시이다. 이 시는 수련도교에서 말하는 단약丹藥을 먹고 현모玄母와 만나서 영해(어린아이)가 된다는 것을, 각각 《역경易經》에서 말하는 '물과 불', '혼돈', '희이(희미함)'로 바꾸어 시를 지은 것이다. 그러니까 단약을 먹는 수련도교보다 역학을 배우는 것이 더 중요하다는 뜻을 담고 있다. 또 하나의 시는 벼슬아치를 무시하지는 않지만 내 뜻이 산속에 은거하는 것이라고 밝힌 것이다. 아마도 조욱이 벼슬을 권하자 그에 대한 답변으로 지은 듯하다. 이 두 시의 본문은 앞에서 이미 소개했으므로 생략한다.

4년 동안 시우로 가까이 지내던 서경덕이 세상을 떠나자 조욱은 그의 죽음을 애도하는 〈곡서가구哭徐可久〉를 썼다. 그 시는 다음과 같다.

우러러 평생의 친구가 되었는데	仰之平生舊
어찌하여 여기에 이르렀는가	胡爲而至斯
시끄러운 세상 그치지 않는데	群咻方未已
홀로 서서 의심하지 않았네	獨立自無疑
소강절의 역易을 좋아하고	玩意邵夫易
두보의 시로 세상을 놀라게 했네	驚人杜甫詩
꽃 연못〔화담〕 천년의 물이	花潭千古水
슬픔에 넘쳐 오열하며 흐르네	嗚咽有餘悲

이 지었다고도 하여 확실치 않다. 원문은 5언 44구 220자로 되어 있는 간단한 책이지만 그 뒤에 많은 주석서가 발간되었다. 내용은 장수를 위한 수련방법으로 불교, 도교, 상수역학이 합쳐져 있는데, 단약丹藥을 만들어 먹기도 하고, 명상과 단전호흡丹田呼吸 등도 가미되어 있다. 말하자면 신선神仙이 되는 수련법이다. 조선시대 재야에 은거한 은둔자들이 이 책을 애용했다.

이 시에서 조욱은 서경덕이 시끄러운 세상을 등지고 외롭게 살면서도 소옹邵雍의 상수역학象數易學과 두보杜甫의 시로써 세상을 놀라게 했다고 하면서 그의 깨끗한 삶과 학문과 시를 격찬했다.

조욱은 명종 때 주부(6품)와 현감(종6품) 등의 낮은 벼슬만 하다가 명종 12년에 60세로 세상을 떠났다. 지평 용문서원에 배향되고, 영조 때 이조참의를 증직받았다.

6) 기재企齋 신광한申光漢

신광한(申光漢; 1484-1555)은 아호가 기재企齋이고, 본관이 고령高靈으로 영의정 신숙주申叔舟의 손자이자 내자시정(內資寺正; 정3품 당하관)을 지낸 신형(申泂; 1474-?)의 아들이다. 아들 신역이 서경덕의 문인이었고, 그 사위도 서경덕과 시우로 교유했다. 부자父子가 함께 서경덕과 교유한 인물은 박우朴祐와 박淳 부자에 이어 두 번째이다.

신광한은 24세 되던 중종 2년(1507)에 진사가 되고, 27세 되던 중종 5년(1510)에 문과에 급제하였다. 청요직을 두루 거쳐 33세 되던 중종 11년에 2월에는 사간원 헌납(정5품)으로 있으면서 임금에게 왕실의 사유재산인 내수사內需司의 장리長利를 혁파할 것을 건의했다. 내수사 장리는 왕실이 고리대금을 하는 사업이기에 뜻있는 선비들이 그 혁파를 이구동성으로 주장해 왔던 일이었다.

34세 되던 중종 12년에는 공조정랑으로서 투기投機와 사리射利를 일삼는 윤순尹珣[66]을 도성 밖으로 내쫓으라고 상소했다. 35세 되던 중종 13

---

66 윤순尹珣은 중종 12년 당시 한성판윤으로 있었는데, 그 아우 윤림尹琳, 조카 윤극

년(1518)에는 성균관 대사성(정3품 당상관)에까지 올랐다. 매우 빠른 승진이다.

36세 되던 중종 14년(1519)에는 승지承旨로 일했는데, 이해 기묘사화己卯士禍가 일어나자 조광조趙光祖 일파로 몰려 중종 15년(1520) 1월에 삼척부사로 좌천되고, 38세 되던 중종 16년(1521) 9월에 파직되어 여주驪州 원형리元亨里로 내려갔다. 그로부터 55세 되던 중종 33년(1538)에 벼슬아치로 되돌아올 때까지 그는 여주에서 18년 동안 우거하면서 독서에 전념하고, 명승지를 유람하기도 했다.

55세 되던 중종 33년(1538)에 임금은 그동안 간신들에게 속아 사림들을 탄압한 것을 후회하고 기묘사화로 쫓겨났던 선비들을 다시 불러들였는데, 이때 신광한도 성균관 대사성에 복직되었다.

이보다 앞서 중종 31년(1536) 10월에 권신 김안로金安老가 동호東湖에 정자를 짓고 백관들을 불러들여 잔치를 베풀었는데, 신광한도 초대를 받았으나, 참석하지 않고 김안로와 정자를 풍자하는 시를 지어 보냈다.

신광한이 서경덕을 찾아간 것은 18년 동안 은거하던 시절로 보인다. 대체로 서경덕이 40대 후반, 신광한이 50대 중반 이후부터로 보인다. 신광한은 서경덕보다 5세 연상이었다.《화담집》과 신광한의《기재집》에는 주고받은 시가 여러 편 실려 있어 두 사람이 매우 밀접했음을 알 수 있다. 그 가운데 중종 39년(1544)에 주고받은 시 한 편이 보이는데, 이때 신광한은 61세, 서경덕은 56세였다.

중종 33년에 대사성으로 복직된 신광한은 다시 중종 37년까지 사간원 대사간을 거쳐 2품 관직인 경기도 관찰사, 한성부 우윤, 병조참판, 대사

인尹克仁, 윤안인尹安仁 등과 더불어 탐욕스러워 사람들의 지탄을 받아 왔으며, 또 그의 부인 구씨具氏도 행실이 나빠 도성 밖으로 쫓겨나기도 했다. 윤순은 중종 17년에 병사했다.

헌 등의 요직을 맡았다가 59세 되던 중종 37년(1542)부터는 한성판윤, 형조판서, 이조판서 등의 요직을 또 맡았다. 그동안 신광한은 기회가 있을 때마다 임금에게 소를 올려 사림정치를 회복할 것과 토목공사, 뇌물의 횡행, 간신의 등용 등을 삼갈 것을 강조하고, 또 경연에서는《역경》의 전문가로 참여하여 강론을 맡기도 했다.

61세 되던 해에 중종이 세상을 떠나고 인종이 즉위했는데, 이때 홍문관 대제학을 맡아 문한의 최고책임자가 되었다. 그러나 인종이 곧 세상을 떠나고 명종明宗이 즉위하여 문정왕후文定王后가 몇 년 동안 청정하고 소윤파少尹派가 정권을 장악하자 신광한은 의정부 우참찬에 올랐다. 을사사화乙巳士禍가 일어난 뒤에는 소윤파에 협조하여 보익공신輔翊功臣으로 책봉되고 영성부원군靈城府院君의 작위를 받았다. 이때만 해도 소윤파의 핵심인 윤원형의 횡포가 크지 않았으므로 이에 협조했던 것이다.

66세 되던 명종 4년(1549)에는 의정부 좌찬성에 오르고, 70세 되던 명종 8년(1553)에는 기로소耆老所에 들어가 궤장(几杖; 의자와 지팡이)을 하사받았다. 다음 해에는 벼슬을 사직하고 은거했다가 명종 10년(1555)에 향년 72세로 세상을 떠났다.

명종 원년에 서경덕이 먼저 세상을 떠나자, 신광한은 그의 죽음을 애도하는 〈만서처사挽徐處士〉라는 애도시를 지었다. 그 내용은 이렇다.

슬프다. 옛날을 좋아하는 사람 늦게 태어나	好古悲生晚
근원을 탐구하여 참된 도道를 알았도다	探源味道眞
겨를 태우면서 바른 도를 이어가고	燃糠繼匡壁
거친 음식 먹으며 안빈安貧을 즐겼네	食糒任安貧
오래도록 몸을 화담에 뉘이고	身臥花潭久
이름을 죽간竹簡에 새롭게 새겼네	名編竹簡新

이제 또 이 사람 죽었으니　　　　　　　　　　斯人今又歿

어디에서 좋은 친구 이웃으로 만날까　　　　　何處善爲隣

신광한은 또 서경덕의 고고한 삶을 부러워하면서 자신의 외로운 처지
를 한탄하는 다음과 같은 시도 지었다.

화담에 뛰어난 사람 있다고 하네　　　　　　聞說花潭有逸人

그저 나무하고 가축 기르며 산다네　　　　　只應樵牧與爲隣

여태 잃고 산 나 마땅히 찾아야 할텐데　　　慕今喪我宜相問

이미 늙어 속세를 떠나 혼자 친하네　　　　　翁已忘機自可親

풀덮인 작은 뜰에 등불을 밝히고　　　　　　青草小庭燈照夜

살구꽃 외로운 관사에 봄비 내리네　　　　　杏花孤館雨聲春

같은 때 같은 마음인데 말을 못하니　　　　　同時不得同心話

옛사람 참모습 어찌 볼 수 있을까　　　　　　尚友何如見面眞

신광한은 매우 학문이 해박했는데, 특히 소옹邵雍의 역학易學을 좋아
하고, 소옹의 상수역학을 칭송하는 여러 편의 시를 남겼다. 그는 또 5경
가운데 《역경易經》을 으뜸으로 배워야 한다고 주장했다. 서경덕의 영향
을 크게 받은 듯하다.

신광한을 사사師事한 시인으로 습재習齋 권벽(權擘; 1520-1593)이 있
었는데, 그 아들이 저항시인으로 이름을 떨친 석주石洲 권필(權韠; 1569-
1612)이다. 권필은 평생 처사로 살면서 허균, 이달 등과 절친한 사이로,
광해군 때 종척 권신 유희분柳希奮 일가를 희롱하는 〈궁류시宮柳詩〉를
지었다가 김직재 옥사 때 연루되어 귀양가다가 세상을 떠났다.

나가면서

난세에 영웅이 난다는 말이 있다. 16세기 후반에서 17세기 초기에 이르는 조선 중기는 '중쇠기中衰期'로 불리던 난세로서 이를 극복하려는 영웅들이 기라성처럼 등장한 시기이기도 했다. 그 영웅들은 두 가지 형태로 갈라졌다. 하나는 무력武力으로 혁명을 시도했던 부류이고, 다른 하나는 정신혁명을 통해 위로부터 개혁을 달성하려는 학자와 학파의 등장이었다.

명종 때 임꺽정은 단순한 도적이었지만, 선조 때 정여립鄭汝立과 광해군 때 허균許筠의 반역은 단순한 권력탈취가 아니라 이상사회를 세우려는 호민혁명豪民革命 운동이었다. 두 사람 모두 천재적인 두뇌와 학문을 겸비한 인물들로서 이상사회의 청사진을 가지고 거사했으나 실패했다. 선행되어야 할 정신혁명을 건너뛰고 무력혁명을 시도한 것이 실패의 원인이었다.

한편 정신혁명을 통해 위로부터 개혁을 달성하여 평화적으로 난세를 구하려는 학문운동을 일으킨 영웅들이 전국 각지에서 기라성처럼 나타나서 각기 학파를 형성하고 임금을 설득하고 나섰다. 그 가운데 중종 때 서경덕(徐敬德; 1489-1546), 명종 때 이황(李滉; 1501-1570)과 조식(曺植; 1501-1572), 선조 때 이이(李珥; 1536-1584)와 성혼(成渾; 1535-1598)이 가장 뛰어나고 영향력이 강한 학계의 대표적 영웅들이었다.

네 학파가 추구한 정신혁명의 방향은 조금씩 달랐다. 서경덕과 이이는 수도권과 기호지역을 대표하는 학파로서 도학道學과 실학實學, 수기修己와 치인治人을 병행하여 국력 신장과 민생 안정을 추구하는 경장更張을 지지했다. 다만, 전자는 실학 쪽에 더 무게를 두었다면 후자는 도학 쪽에 치중했다고 할 수 있다. 기氣와 수학數學에 역점을 둔 서경덕의 상수역학象數易學이 바로 그것이다.

이이의 대표적 저술인 《성학집요聖學輯要》는 성의정심誠意正心에서 출발하여 수신修身, 제가齊家, 치국治國, 평천하平天下의 정치사상을 담은 주자학의 큰 틀을 우리나라 현실에 맞게 수정 보완하고, 여기에 서경덕의 주기설主氣說과 상수역학을 참고하여 민생안정에 도움이 되는 수취체제의 개선과 국방 강화를 도모했다. 그러나 기술과 실용학을 강조하는 서경덕의 학설을 전적으로 받아들이지는 않았다.

영남을 대표하는 이황과 조식의 학풍은 다 같이 도학道學에 치중하여 실용학에는 크게 관심을 두지 않았다. 그러나 같은 도학이라도 이황이 수기修己에 역점을 두었다면, 조식은 불의에 저항하는 행의行義에 방점을 두어 야성野性이 강했다.

각기 개성을 지닌 위 네 학풍은 보완관계를 가져 서로 힘을 합쳤다면 '중쇠기'의 함정을 벗어날 수 있었을 것이다. 그러나 유감스럽게도 네 학파가 네 정당으로 갈라져 권력투쟁에 빠져들면서 어느 노선도 힘을 발휘하지 못한 것이 실패의 원인이었다.

여기에 임금이 무사안일에 빠져 조제보합調劑保合에 힘쓰지 않고, 개혁의 부작용만 걱정하여 경장更張을 실천하지 않은 것도 실패의 큰 몫을 차지했다.

국가정책은 국제정세에 대한 정확한 판단 아래에서 선택되고 결정될 필요가 있다. 조선 중기의 국제정세는 여진족과 왜인의 경제력과 군사력이 급속하게 성장한 데 반하여 조선의 경제력과 군사력은 상대적으로 후퇴하여 주자학朱子學, 곧 도학道學만으로 국가가 유지되기 어려운 상황이었다. 경제력과 군사력을 키울 수 있는 실용학의 필요성이 매우 절실했으며, 그런 점에서 서경덕과 화담학파의 정책을 재평가할 필요가 있다.

화담학파 가운데에는 상공업을 중시한 이지함李之菡이나 유몽인柳夢寅이 있었고, 허균許筠도 상업적 농업을 강조한 실학자였으며, 자주국방 정책을 연구한 한효순韓孝純, 세계적 시야를 강조한 이수광李睟光, 만주 수복을 강조한 한백겸韓百謙의 역사학 등이 있었다. 그러나 이들은 당쟁에 밀려 국가적으로 크게 쓰이지 못하고 말았다.

조선 중기에 축적된 지혜들이 당시에는 실패했다. 그러나 왜란과 호란을 거친 뒤에는 오랑캐에 대한 적개심과 복수심으로 한때 주자학의 전성기를 열기도 했지만, 영조-정조시대에는 실용학이 정책에 반영되면서 왕조의 중흥을 가져오는 힘을 되찾았다. 서경덕과 화담학파는 이 땅에 실용학의 불씨를 만들었다는 점을 간과해서는 안 될 것이다.

화담학파의 비조 서경덕의 인물과 학문은 몇 가지 특성이 있다. 첫째 출신이 가장 한미했다. 조부가 병작농竝作農일 만큼 가난한 평민이었다. 다만 양반 후예 모친의 감화가 매우 컸다. 가난했기에 반체제적 야성野性이 강하고, 자연과 가까이하는 체험이 많았다.

둘째, 개성開城이라는 특수한 환경이 큰 언덕을 만들어 주었다. 고려 500년 왕도의 경제적, 문화적 잠재력이 가난한 소년을 분발시키는 계기가 되었다. 유불선儒佛仙의 삼교三敎를 회통했던 고려문화의 잔재가 개성에 녹아 있었으며, 여기에 수학數學과 물질적 이득을 존중하는 상업문화의 중심지이기도 했다. 서경덕이 삼교를 모두 포용하면서 수학에 빠진 이유가 이런 개성의 풍토와 관련이 있을 것이다.

셋째, 서경덕의 상수역학象數易學은 한 마디로 상象과 수數를 존중하는 과학철학에 가까웠다. 그는 뒤늦게 기氣를 존중하던 북송대 자연철학자였던 장재張載와 소옹邵雍의 학문과 가장 친했다. 그런데 그들의 책을 읽고 비로소 이치를 깨달은 것이 아니고, 일상생활에서 자연을 탐구하면서 체득한 이치가 북송 학자들의 이치와 합치된다는 것을 뒤늦게 깨달은 것이다.

본래 학문의 방법에는 두 길이 있다. 남의 책을 읽고서 지식을 얻는 방법이 그 하나이다. 잘 짜인 교육시스템 속에서 자란 사람들이 이 길을 간다. 그러나 그 지식은 주로 암기에 빠지고 마음과 행동으로 체질화되기가 어렵다. 그래서 언어와 행동이 서로 어긋날 때가 많고 창조력이 약하다.

또 하나의 길은 독학에 가까운 체험적 학습이다. 이렇게 터득된 지식은 살과 피로 녹아들어 체질화되기 쉽다. 그래서 신념과 추진력이 매우 강하다. 서경덕의 경우가 바로 이런 유형에 속한다. 위에 언급한 네 사람의 위인도 크게 보면 뚜렷한 스승이 없이 독학으로 성장한 인물들이지만 그래도 서경덕보다는 환경이 좋았다고 할 수 있다.

서경덕은 저술이 매우 빈약하지만, 촌철살인寸鐵殺人의 시와 짧은 글을 통해서 날카로운 예지를 드러냈다. 그의 시는 상수역학으로 자연을 바라보면서 그 속에 애민정신과 사회비평을 담아 당시唐詩와 비슷한 모습을 보였다.

넷째, 서경덕은 유학자이면서도 후대인들은 그를 도교적인 수행자인 도인전道人傳에 올려놓기도 하고, 또 그 자신이 개성 지역의 사찰을 자주 탐방했다. 그는 유학을 제일로 여기면서도 불교와 도교, 무교 등도 이단으로 취급하지 않고 포용하는 삼교회통三敎會通의 개방적인 자세를 보여 주었다. 그런 개방성 때문에 민중의 사랑을 받게 된 것이다.

다섯째, 서경덕의 학문과 사상은 물질 및 물질문명의 변화를 탐구하는 상수역학象數易學이 핵심이기 때문에 자연히 이것에 뿌리를 두고 천문학, 지리학, 의학, 농학, 언어학 등 자연과학적 기술학이 발전할 수 있는 토대를 만들었다. 화담학파 가운데 실학자들이 성장한 이유가 여기에 있다. 실학이란 기술학을 떠나서는 생각하기 어렵다. 그래서 서경덕은 실학의 선구자로 볼 수 있고, 앞으로 실학과 관련하여 화담학파에 대한 심층적인 연구와 검토가 필요하다.

주요 경력 및 저서

주요 경력

1967~2003	서울대학교 문리과대학 전임조교, 전임강사, 인문대학 교수
1983~1984	미국 하버드대 방문교수
1987~1991	서울대학교 한국문화연구소장
1989~2007	문광부 문화재위원회 사적분과 위원 사적분과위원장
1990~1991	한국사연구회장
1991~2000	국사편찬위원회 위원
1992~1996	서울대학교 규장각 관장
1998~2000	서울대학교 인문대학장
2003년 8월	서울대학교 정년퇴직, 서울대학교 명예교수
2003~2008	한림대학교 한림과학원 특임교수
	한국학연구소장
2008~2013	이화여자대학교 이화학술원 석좌교수
	이화학술원장

현재 서울대학교 명예교수

주요 수상

1. 한국일보사 출판문화상 저술상(1984)
2. 치암학술상(1986)
3. 세종문화상 학술상(대통령상)(1994)
4. 한국간행물윤리위원회 저술상(2004)

5. 대한민국문화유산상 학술상(대통령)(2005)

6. 한국일보사 출판문화상 저작상(2006)

7. 수당학술상(2007)

8. 경암학술상(2007)

9. 민세안재홍상 학술상(2012)

단독 저서

1. 정도전사상연구(서울대 한국문화연구소, 1973)

2. 조선전기 사학사연구(서울대 출판부, 1981)

3. 조선전기 사회경제연구(을유문화사,1983)

4. 정도전사상의 연구(서울대출판부, 1983)

5. 조선전기 사회사상연구(지식산업사, 1983)

6. 한국의 문화전통(을유문화사, 1988)

7. 조선후기 사학사연구(일지사, 1989)

8. 우리 역사와의 대화(을유문화사, 1991)

9. 한국 민족주의 역사학(일조각, 1994)

10. 조선시대 신분사연구(집문당, 1997)

11. 미래를 위한 역사의식(지식산업사, 1997)

12. 다시찾는 우리역사(경세원, 1997, 2004, 2014)

13. 정조의 화성행차 그 8일(효형출판, 1998)

14. 왕조의 설계자 정도전(지식산업사, 1999)

15. 정조대왕 화성능행반차도(효형출판, 2000)

16. 명성황후, 제국을 일으키다(효형출판, 2001, 2006)

17. 역사학의 역사(지식산업사, 2002)

18. 창덕궁과 창경궁(효형출판, 열화당, 2003)

19. 역사를 아는 힘(경세원, 2005)

20. 조선왕조 의궤; 국가의례와 그 기록(일지사, 2005)

21. 조선의 집 동궐에 들다(효형출판, 2006)

22. 실학의 선구자 이수광(경세원, 2007)

23. 반차도로 따라가는 정조의 화성행차(효형출판, 2007)

24. 동궐도(효형출판, 2007)

25. 꿈과 반역의 실학자 유수원(지식산업사, 2007)

26. 조선 수성기 제갈량 양성지(지식산업사, 2008)

27. 규장각: 문화정치의 산실(지식산업사, 2008)

28. 한국선비지성사(지식산업사, 2010)

29. 간추린 한국사(일지사, 2011)

30. 역주 조선경국전(올제, 2012)

31. 율곡 이이 평전(민음사, 2013)

32. 과거, 출세의 사다리(1권, 태조–선조대, 지식산업사, 2013)

33. 과거, 출세의 사다리(2권, 광해군–영조대, 지식산업사, 2013)

34. 과거, 출세의 사다리(3권, 정조–철종대, 지식산업사, 2013)

35. 과거, 출세의 사다리(4권, 고종대, 지식산업사, 2013)

36. 미래와 만나는 한국의 선비문화(세창출판사, 2014)

37. 미래를 여는 우리 근현대사(경세원, 2016)

38. 우계 성혼평전(민음사, 2016)

39. 나라에 사람이 있구나; 월탄 한효순이야기(지식산업사, 2016)

40. 정조평전; 성군의 길 상·하(지식산업사, 2016)

41. 세종평전; 대왕의 진실과 비밀(경세원, 2019)

42. 의궤; 조선왕실문화사(민속원, 2020)

43. 역주 율곡어록(올제, 2021)

44. 허균평전(민속원, 2021)

공저

1. 한국사특강(서울대 출판부, 1990)
2. 한국의 역사가와 역사학(창작과비평사, 1994)
3. 시민을 위한 한국역사(창작과비평사, 1997)
4. 한국인의 미래상(집문당, 1997)
5. 우리 옛지도와 그 아름다움(효형출판, 1999)
6. 행촌 이암의 생애와 사상(일지사, 2002)
7. 21세기 한국학 어떻게 할 것인가(푸른역사, 2005)
8. 다시 실학이란 무엇인가(푸른역사, 2007)
9. 대한제국은 근대국가인가(푸른역사, 2006)

외국어번역본

1. 다시찾는 우리역사
   (1) 영어본; *A Review of Korean History*(함재봉 역, 경세원, 2010)
   (2) 일본어본; 韓國社會の歷史(吉田光男 역, 일본 明石書店, 2003)
   (3) 러시아어본; *Korean History*(Pak Mihail 역, 러시아 모스크바대학, 2010)
   (4) 중국어본; 新編 韓國通史(李春虎 역, 동북아역사재단, 2021)
2. 조선왕조의궤
   (1) 일본어본; 朝鮮王朝儀軌(岩方久彦 역, 일본 明石書店, 2014)
   (2) 중국어본; 朝鮮王朝儀軌(金宰民, 孟春玲 역, 중국 浙江大學出版社, 2012)
3. 한국선비지성사
   영어본; *An Intellectual History of Seonbi in Korea*(조윤정 역, 지식산업사, 2014)
4. 반차도로 따라가는 정조의 화성행차
   (1) 영어본; *A Unique Banchado : the Documentary Painting with Commentary of King Jeongjo's Royal Procession to Hwaseong in 1795*(정은선 역, 영국 Renaissance

Publishing Company, 2016)

(2) 독일어본; *Mit einem Bild auf Reisen gehen : Der achattagige Umzug nach Hwasong unter Koenich Chongjo (1776–1800)*(Barbara Wall 역, 독일 Ostasien Verlag, 2016)

5. 우리 옛지도와 그 아름다움

영어본; *The Artstry of Early Korean Cartography*(최병현 역, 미국 Tamal Vista Publications. 2008)

찾아보기

ㄱ